国家级一流本科专业建设点

辽宁省“十二五”普通高等教育本科省级规划教材

东北财经大学会计丛书

Design of Accounting System

会计制度设计

(第八版)

孙光国 陈艳利 刘英明 编 著

东北财经大学出版社
Dongbei University of Finance & Economics Press
大连

图书在版编目（CIP）数据

会计制度设计 / 孙光国，陈艳利，刘英明编著. —8版，—大连：东北财经大学出版社，2022.12（2024.8重印）
（东北财经大学会计丛书）
ISBN 978-7-5654-4775-4

Ⅰ. 会… Ⅱ. ①孙… ②陈… ③刘… Ⅲ. 会计制度-设计-高等学校-教材 Ⅳ. F233

中国国家版本馆CIP数据核字（2023）第021828号

东北财经大学出版社出版
(大连市黑石礁尖山街217号 邮政编码 116025)
网 址：http://www.dufep.cn
读者信箱：dufep@dufe.edu.cn
大连雪莲彩印有限公司印刷 东北财经大学出版社发行
幅面尺寸：170mm×240mm 字数：412千字 印张：19.5 插页：1
2022年12月第8版 2024年8月第2次印刷
责任编辑：李 彬 王芃南 责任校对：珉 琪
封面设计：原 皓 版式设计：原 皓
定价：45.00元

教学支持 售后服务 联系电话：（0411）84710309

第八版前言

会计制度是会计工作的规范和准则，设计会计制度是会计管理的一项基础性工作。科学地设计企事业单位会计制度，是加强经济管理的要求，也是会计制度设计人员着力研究的重要问题。会计制度设计作为会计学科的分支学科，是对会计学专业基本理论和方法的综合运用和实践。本课程有助于会计学、审计学、财务管理等专业学生全面理解会计制度设计的基本理论与技能，并在会计工作实践中，创造性地设计各具特色的会计制度。

本教材广泛吸收了最新科研成果，遵循最新的会计法律法规的要求而编写，并充分考虑近期我国会计制度改革的最新要求。全书以“设计”为主线，系统地阐述会计制度设计的基本理论、基本组织、基本方法与操作技能，力求体系完善、结构合理，既突出理论深度，又为实践所需。

本次修订是本教材的第八版。为满足财经类院校会计学专业及相关管理类专业培养目标的需要，结合会计制度设计课程的定位与特点，本教材共设置十三章，分为四部分内容，分别是会计制度设计概论、会计组织系统设计、会计信息系统设计、会计业务流程设计。本书在修订过程中做了以下调整：

1. 在全书正文部分增设“思政课堂”栏目，内容涉及古代会计制度建设成就、新时代会计建设成果、坚守准则、规范流程、遵守职业道德和守正创新等，用手机扫二维码即可阅读。

2. 根据最新会计准则、税法及相关法律法规，借鉴2022年版注册会计师考试教材，更新本书各章节内容，配套电子课件、章后习题参考答案可登录www.dufep.cn免费下载使用。

3. 为建立作者与读者的沟通渠道，本书提供作者长期电子信箱：sunbin99@dufe.edu.cn。

会计制度设计是一门技术性很强的学科，为明确各章架构、突出重点，每章前设“学习目标”，每章后有“本章小结”；为帮助学生更好地掌握各章内容，每章后设“思考题”，并附有相当数量的“练习题”。部分章节后设“拓展阅读”栏目，供广大读者了解相关政策变化。此外，本教材在编写过程中，还尝试以“业务题”和“案例分析题”的形式增强会计制度设计方法的可操作性。本书案例除部分由作者编写外，其他摘自公开出版的文献和网络资料，并在引用中加以适当的删改。为此，谨向有关文献资料的作者表示谢意！

本书系“东北财经大学会计丛书”之一，由东北财经大学会计学院教师完成编写任务。编写人员和具体分工如下：孙光国教授撰写第一章至第三章，陈艳利教授撰写第七章至第十二章，刘英明副教授撰写第四章至第六章以及第十三章。

一部优秀的教材要将一个个微末的细节都做到极致，才能成为一件艺术品。对于这部“十二五”普通高等教育本科省级规划教材，我们一直在努力完善的路上，恳请广大读者批评指正、不吝赐教。

编著者

2022年11月

目　　录

第一章　会计制度设计概论

学习目标
通过本章学习，学生要了解会计制度与会计制度设计的相关内容；掌握会计制度设计的基本内容；了解与领会会计制度设计的基本原则；理解会计制度设计的基本程序；掌握会计制度设计的方法。

第一节　会计制度与会计制度设计

一、会计制度

思政课堂

新时代十年会计制度建设的主要成果

会计制度，是进行会计工作的规范。它是进行会计核算、监督工作的规范，是会计工作应该遵守的工作准绳。要使会计工作能够真正发挥其核算与监督的作用，就必须建立科学的会计制度，使会计工作有组织、有秩序地进行。

（一）会计制度的演进

今天会计制度的丰富和完善，是在漫长的历史长河中逐渐形成、演变的结果，是实践经验的总结。会计制度依据会计的发展过程可以分为四个阶段，即自发阶段、随意阶段、准则阶段和法治阶段。

在会计产生的初期，会计只是生产职能的一个附带部分，并没有单独从生产中分离出来，通常由生产者或经营者自行进行操作。此时的会计工作规范大多具有相当程度上的自发性，一般称为会计制度的自发阶段。随着社会生产的不断发展，特别是伴随着工商企业的出现，企业与企业间出现了竞争，企业的所有者或经营者由于精力有限，将更多的时间用于企业的经营管理，而不是会计工作，此时所有者和经营者为了保障会计工作的进行，开始雇用专门的人员，即账房先生进行该项工作，会计规范由从事会计工作的账房先生来掌握，不同的账房先生其会计工作经验各不相同，因此具有一定的随意性，这一阶段称为会计制度的随意阶段。随着科技的飞速发展和商品交易的日益发达，特别是到了20世纪初期，股份公司出现，企业所有权与经营权发生了分离，企业债权、债务增多，经济责任关系日益深化，投资者对会计处理的程序和方法以及财务会计报告（又称财务报告）的要求有所提高。为了取得投资者和社会的信任，使其提供的财务报告具有一定的可比性，经济发达国家制定发布了企业会计准则，用于指导会计工作实践，这一阶段称为会计制度的准则阶段。其后随着工农业生产的发展和市场经济的日益繁荣，为了加强会计管理和维护资产所有者的权益，一些国家制定会计法作为制定会计制度的依据，故这一阶段可称为会计制度的法治阶段。

（二）会计制度的分类

会计制度有广义和狭义之分。广义的会计制度包括：会计组织制度，如《会计专业技术人员继续教育规定》《会计档案管理办法》等；会计核算制度，如《企业会计准则》（包含基本准则和具体准则）、《企业会计制度》等；会计业务流程制度，这类制度散见于相关的会计制度之中。狭义的会计制度仅指会计核算制度。本书中的会计制度均指广义的会计制度。

会计制度还可以按设计权限、单位性质、规范内容等不同标准进行分类，如图1-1所示。

会计制度的分类
- 按设计权限分类
  - 国家统一会计制度
  - 单位内部会计制度
- 按单位性质分类
  - 预算单位会计制度
  - 企业会计制度
- 按规范内容分类
  - 综合性会计制度
  - 业务性会计制度
  - 会计人员制度

图1-1 会计制度的类别

1.会计制度按设计权限可分为国家统一会计制度和单位内部会计制度

国家统一会计制度是指国家权力机关或其他授权机构制定的，用于指导和约束会计核算实务、规范会计管理行为、做好会计基础工作、约束会计机构和会计人员等规范性文件的总和。国家统一会计制度适用面广，规范的主要对象是会计业务处理的共性问题。

单位内部会计制度是指各会计主体根据国家统一的会计制度，结合自身特点自行或委托中介机构设计的会计制度。这类会计制度一般仅适合本单位使用，针对性较强、适用性较强，但适用面较窄。

2.会计制度按单位性质可分为预算单位会计制度和企业会计制度

预算单位会计制度是规范各级政府部门、行政单位和各类非营利组织的会计工作的制度，如政府会计准则制度体系等。这类会计制度反映预算资金的收支过程，一般不涉及成本核算及盈亏计算方面的规定。

企业会计制度是旨在规范营利性单位会计工作，真实完整地提供会计信息的制度，如《企业会计准则》等。这类制度不仅要反映出企业资金运动的循环周转规律，而且要能满足企业核算成本和计算盈亏的需要。

3.会计制度按规范内容可分为综合性会计制度、业务性会计制度、会计人员制度

综合性会计制度是规范全国会计工作，内容较为广泛和综合的制度，如《中华人民共和国会计法》（以下简称《会计法》），《会计基础工作规范》等。这类会计制度具有高度的概括性和普遍的适用性，各单位必须贯彻执行，如违背将受到一定的处罚，甚至可能受到刑事处罚。

业务性会计制度是规范具体交易或事项的政策程序和处理方法的制度，如《企

业会计准则》《会计档案管理办法》等。这类制度规定了业务的具体处理标准和方法，适用面较窄，但具有较强的技术性和可操作性。

会计人员制度是规范会计工作者行为和会计人才选拔、管理方面的制度。这类制度涉及规范会计人员的职责、权限、奖励、选拔办法和管理体制等内容，如《会计人员管理办法》《总会计师条例》《会计专业技术人员继续教育规定》等。这类会计制度规范的对象是会计行为主体，而不是会计业务，充分体现了一个国家对会计人员管理模式规范性的要求。

二、我国现行会计制度体系

从我国国情，主要是经济情况出发，考虑大多数人的传统观念与认识，我国会计制度应该选择广义的会计制度概念，即凡是对会计进行制约、限制和引导的制度都应作为会计制度体系的组成部分，鉴于此，我国现行会计制度体制的构成如图1-2所示。

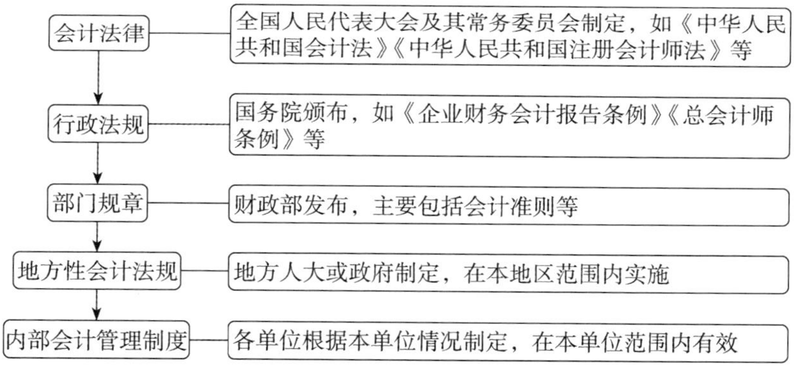

图1-2　我国现行会计制度体系

从图1-2可以看出，我国现行会计制度体系由五个层次构成，按照规范的强制力排列。其中：会计法律是由全国人民代表大会及其常务委员会制定的；行政法规是由我国最高行政机关——国务院颁布的；部门规章主要是指国务院财政部门根据法律、法规的规定发布的指导会计工作的具体规定；地方性会计法规是由省市人大或政府制定的在本地区范围内实施的各种与会计有关的规范；内部会计管理制度是由各单位根据国家统一的会计制度，结合本单位实际情况制定的适合本单位使用的会计制度。

（一）会计法律

法律是由国家最高权力机关——全国人民代表大会及其常务委员会制定、修改并颁布，并由国家强制力保证实施的基本法律和普通法律的总称。在会计领域中，属于法律层次的会计制度主要指《会计法》、《中华人民共和国注册会计师法》（以下简称《注册会计师法》）。它是会计制度体系中权威性最高、最具法律效力的规范，是制定其他各层次会计制度的依据，是会计工作的基本大法。

1.《会计法》

我国的《会计法》经历了多次修订。最早的《会计法》于1985年1月21日经第六届全国人民代表大会常务委员会第九次会议审核通过，并于1985年5月1日实施。1993年12月29日第八届全国人民代表大会常务委员会第五次会议对其进行了第一次修订。随着社会的发展和经济环境的变化，《会计法》于1999年10月31日经第九届全国人民代表大会常务委员会第十二次会议修订通过，从2000年7月1日起施行，也就是现行的《会计法》。该法共七章五十二条：第一章，总则；第二章，会计核算；第三章，公司、企业会计核算的特别规定；第四章，会计监督；第五章，会计机构和会计人员；第六章，法律责任；第七章，附则。2017年11月4日，第十二届全国人民代表大会常务委员会第三十次会议通过对《会计法》作出的修改，自2017年11月5日起施行。

随着我国全面深化改革的持续推进，会计法的实施环境已经发生了重大变化，会计法也在进行修订与完善。2019年10月21日财政部发布关于《中华人民共和国会计法修订草案（征求意见稿）》向社会公开征求意见的通知。2022年5月1日，财政部就《中华人民共和国会计法修订草案》积极配合司法部加快推动修法工作。①截至本书收稿日，新会计法仍在修订中。

2.《注册会计师法》

《注册会计师法》于1993年10月31日经第八届全国人民代表大会常务委员会第四次会议通过，并于1994年1月1日起施行。该法共七章四十六条：第一章，总则；第二章，考试和注册；第三章，业务范围和规则；第四章，会计师事务所；第五章，注册会计师协会；第六章，法律责任；第七章，附则。2021年10月15日财政部发布《中华人民共和国注册会计师法修订草案（征求意见稿）》，向社会公开征求意见。截至本书收稿日，新注册会计师法仍在修订中。

（二）行政法规

行政法规是由国家最高行政机关——国务院制定的。会计行政法规是根据会计法律制定的，是对会计法律的具体化或对某个方面的补充，一般称为条例。

1.《企业财务会计报告条例》

《企业财务会计报告条例》是国务院于2000年6月21日发布的，自2001年1月1日起实施。它共分六章四十六条，包括：第一章，总则；第二章，财务会计报告的构成；第三章，财务会计报告的编制；第四章，财务会计报告的对外提供；第五章，法律责任；第六章，附则。

2.《总会计师条例》

《总会计师条例》是国务院于1990年12月31日发布的，并自发布之日起施行。它共分五章二十三条：第一章，总则；第二章，总会计师的职责；第三章，总会计师的权限；第四章，任免与奖惩；第五章，附则。根据2011年1月8日《国务院关于废止和修改部分行政法规的决定》修订。2012年，财政部启动了修订工作，形成了《总会计师条例（修订稿）》。

① 与现行的会计法相比，征求意见稿将原来的7章52条修订为6章60条，包括总则、会计核算、会计监督、会计机构和会计人员、法律责任、附则等，共修改了39条，增加了11条，删除了2条，合并1条，保持不变11条。

（三）部门规章

部门规章是指国家主管会计工作的行政部门——财政部以及其他部委制定的会计制度。制定会计部门规章必须依据会计法律和会计行政法规的规定。

1.国家统一的会计核算制度

国家统一的会计核算制度指的是狭义的会计制度，即会计准则，它包括企业会计准则和非企业会计准则两个层次。会计准则一般按会计对象要素、经济业务的特点或会计报表的种类分别制定，主要规范会计要素的确认、计量与报告，其中一般不涉及会计科目和会计分录列示。会计准则作为会计制度的一种形式，关键在于确认、计量、报告的标准、方式和内容是否适应本国的社会和经济环境、是否趋同国际惯例以及是否便于国际交流。

我国现行的会计核算制度的具体内容如图1-3所示。

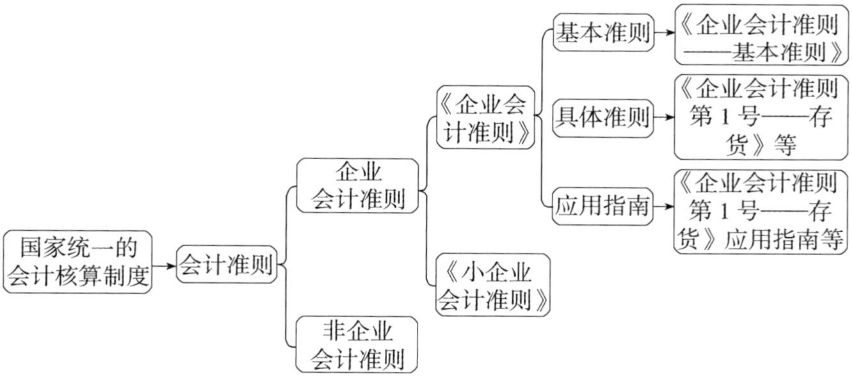

图1-3 国家统一的会计核算制度的构成

会计准则是对会计实践活动的规律性总结，是进行会计工作的标准和指导思想，是一个包括普遍性指导意义和具体指导会计业务处理意义在内的具有一定层次结构的会计规范。会计准则包括企业会计准则和非企业会计准则两个方面。

（1）企业会计准则

企业会计准则是规范企业会计确认、计量、报告的会计准则。现行的企业会计准则包括适用于小企业的《小企业会计准则》和适用于小企业以外其他企业的《企业会计准则》。《企业会计准则》包括基本准则、具体准则和应用指南三个层次。

（2）非企业会计准则

非企业会计准则是企业之外的其他单位适用的会计准则，主要有《政府会计准则》等。2015年10月23日，中华人民共和国财政部令第78号公布《政府会计准则——基本准则》。该准则分总则、政府会计信息质量要求、政府预算会计要素、政府财务会计要素、政府决算报告和财务报告、附则共六章六十二条，自2017年1月1日起施行。财政部于2018年8月份发布《关于贯彻实施政府会计准则制度的通知》，自2019年1月1日起，政府会计准则制度在全国各级各类行政事业单位全面施行。执行政府会计准则制度的单位，不再执行《事业单位会计准则》、《行政单位会计制度》（财库〔2013〕218号）、《事业单位会计制度》（财会〔2012〕22号）等制度。

2.国家统一的会计监督制度

作为会计两大基本职能之一的会计监督，在我国会计规范体系中占有重要的地位。在会计规范体系的第一层次《会计法》中，专门有一章来规定“会计监督”。财政部2019年10月发布的《中华人民共和国会计法修订草案（征求意见稿）》中将原第四章“会计监督”改为第三章，为确保内部控制对规范会计核算行为、提高单位会计信息质量发挥有效作用，增加了对单位建立和实施内部控制的总体性要求；从优化政府监管、社会监督、单位内部会计监督“三位一体”的会计监管体系出发，完善单位内部会计监督和财政部门会计监督的范围。①

财政部根据《会计法》的规定，制定了《会计基础工作规范》。在规范中，要求各单位的会计机构、会计人员对本单位的经济活动进行会计监督。

3.国家统一的会计机构和会计人员管理制度

现行的国家统一的会计机构和会计人员管理制度除了《会计法》中的有关规定外，还有专门规范会计人员的制度。

2018年5月19日，财政部以财会〔2018〕10号文印发《会计专业技术人员继续教育规定》。该规定分为总则、管理体制、内容与形式、学分管理、会计继续教育机构管理、考核与评价、附则共七章二十七条，自2018年7月1日起施行。财政部2013年8月27日印发的《会计人员继续教育规定》（财会〔2013〕18号）同时废止。

4.国家统一的会计工作管理制度

现行的国家统一的会计工作管理制度主要包括：

（1）《会计档案管理办法》

《会计档案管理办法》是2015年12月11日由财政部、国家档案局联合发布，自2016年1月1日起施行。该办法主要就会计档案的内容与种类，会计档案管理的基本要求，会计档案的归档、保管、销毁、交接、保管期限等做了明确规定。会计师事务所分所撤销后，其会计档案应由会计师事务所统一保管。

（2）《企业会计信息化工作规范》

2013年12月6日，财政部以财会〔2013〕20号印发《企业会计信息化工作规范》。该规范分为总则、会计软件和服务、企业会计信息化、监督、附则共五章四十九条，自2014年1月6日起施行。该规范第四十九条规定，1994年6月30日财政部发布的《商品化会计核算软件评审规则》（财会字〔1994〕27号）、《会计电算化管理办法》（财会字〔1994〕27号）同时废止。

三、会计制度设计

会计制度设计，是根据一定的理论、原则和会计法规的规定并结合会计工作实

① 参考财政部2019年10月21日发布的《关于〈中华人民共和国会计法修订草案（征求意见稿）〉的说明》。

际，运用文字、图表等形式对全部会计事务和会计处理手续以及会计人员的职责进行系统规划的工作，它是会计管理的重要组成部分。

（一）会计制度设计的意义

认真制定并严格贯彻执行会计制度，对规范会计行为，保证会计资料的真实、完整，具有重要意义。会计制度设计的意义可概括为以下几个方面：

1.有利于贯彻国家的财经政策和法规制度

设计会计制度时必须以国家的财经政策和法规制度为依据，不能与之相背离。依据《会计法》制定的国家统一的会计制度，是生成会计信息的重要标准，是规范会计行为和会计秩序的重要依据。认真贯彻实施用于规范会计核算、会计监督、会计机构和会计人员以及会计管理工作等的国家统一的会计制度，是贯彻落实《会计法》各项规定的具体措施和重要保证，对于依法进行会计核算、实行会计监督，规范会计秩序、提高信息质量，加强会计监管、维护公众利益，都有十分重要的意义。[①]

2.有利于提高宏观和微观经济管理水平，有效抑制会计工作的混乱局面，保证会计工作顺利进行

从宏观上看，国家在制订计划、决定政策、开展综合平衡工作时需要高度概括的会计资料。这些会计资料是通过编制汇总会计报表提供的，而汇总会计报表的编制要以各地区、各部门会计指标的相互可比为前提。全国统一的会计制度从宏观角度对会计工作提出普遍的、共同的要求，通过强制执行，为汇总会计报表的编制提供了重要的保证，从而综合平衡，提高了全社会的经济管理水平。从微观上看，各单位不但要执行统一的会计制度，还应结合自身经营管理的具体情况，自行设计出适用于本单位的会计制度，解决个性问题，有一定的针对性。通过贯彻执行，有利于保证会计资料的真实、完整、可靠，从而提高经营管理水平。

通过会计制度的约束，可以纠正一些会计工作混乱、管理松懈的现象，有效抑制不设账、造假账等种种违法行为，可以保证会计工作顺利进行，提高会计工作效率，保证会计工作质量。

3.有利于加强会计管理，及时、准确地提供会计信息

加强会计管理工作，是企业发展的重要保证。会计制度设计对会计机构的设置、会计人员的配备、职责分工、岗位责任制以及业务工作程序等进行了科学合理的规划，从而为会计管理工作提供了依据和保障，促进了会计工作的正常、顺利运行。同时，会计的主要任务是为信息使用者提供决策有用的会计信息，会计制度设计也对会计信息收集、加工、对外报出的程序与方法作出了规划，形成了一个系统，保证了会计信息提供的及时性和准确性。

（二）会计制度设计的依据

会计制度设计的依据是社会经济发展状况、会计特征和会计技术水平、财经法规、企业政策和管理需要。

---

① 参考财政部2019年10月22日发布的《关于加强国家统一的会计制度贯彻实施工作的指导意见》（财会〔2019〕17号）。

1.社会经济发展状况

社会经济发展状况对会计制度设计的产生和发展起着非常重要的作用。经济发展状况包括：国家的经济状况和发展水平；国家的经济体制；企业的组织结构和经济活动；币值稳定状况等。例如，国家的经济状况较差时，人们希望设计出的会计制度能够提供更多的信息，帮助利益相关者进行决策。

2.会计特征和会计技术水平

会计在一定时间和空间范围内具有某些稳定的基本特征。这些特征不随客观环境的变化而变化。例如，在现代，会计输出信息主要是用货币计量的，企业会计以持续经营为会计计量的前提，即在可预见的未来不会破产，会计报告必须分期披露等。这些无须证明便为人们所接受的会计特征是会计制度设计的依据。

另外，会计的技术水平也是会计制度设计的影响因素之一。一般来说，会计技术水平高，人们所期望设计的会计制度就能提供更多的信息，以满足管理决策与控制的要求；反之，会计技术水平不高，使用者的部分信息需求可能一时无法满足。会计技术水平取决于会计研究水平、会计人员所掌握的技能和会计技术手段。

3.财经法规

在我国，财经法规也是会计制度设计的依据之一，主要有以下四类：

（1）会计法律制度。我国的会计法律制度主要包括会计法律（如《会计法》《注册会计师法》）、会计行政法规（如《总会计师条例》《企业财务会计报告条例》）、国家统一的会计制度（如《小企业会计准则》《会计档案管理办法》等）。

（2）支付结算法律制度。如《中华人民共和国票据法》《票据管理实施办法》《支付结算办法》《银行卡业务管理办法》等。

（3）税收法律制度。如《中华人民共和国税收征收管理法》《中华人民共和国消费税暂行条例》《增值税专用发票使用规定》《中华人民共和国企业所得税法》等。

（4）财政法律制度。如《中华人民共和国预算法》、《中华人民共和国预算法实施条例》以及有关国家预算管理的其他法规制度。

因此，企业在进行会计制度设计时，必须熟知上述法规，使其设计的会计制度符合财经法规的要求。

4.企业政策和管理需要

企业会计制度的设计是为企业政策和管理需要服务的，会计制度设计的目的是应企业政策和管理的要求简化会计工作，提高工作效率，防止各种财务舞弊，并且随时向利益相关者提供资料，协助管理层治理，加强对公司的控制等。因此，会计制度要以企业政策和管理需要为依据来进行设计。

（三）会计制度设计的任务

会计制度设计的任务是对会计工作进行规范，使会计信息能够完整、及时、真实、经济地反映企业的经营情况，并且为信息使用者提供一个全面的制度系统。会计制度设计的具体任务主要有以下四点：

1.设置会计机构、配置会计人员

首先，会计机构的设置是会计工作行使核算和监督职能的基础，因此，各企业应根据自身生产经营的规模、企业的管理要求以及会计工作量的多少等，合理设置会计机构，保证会计工作的有效进行；其次，会计机构是由会计人员组成，企业应合理配置会计人员，明确规定他们的工作范围、职责、政治素质等，以期提高会计工作的效率和效果。

2.设计一套科学的会计核算制度

会计核算制度主要包括会计科目的设置、会计凭证和会计账簿的设计、会计报表的设计以及会计核算形式的设计等，对日常业务进行确认与计量，并最终生成报表。任何单位的会计业务都是频繁连续发生的，因此运用科学的方法和程序对各项经济业务进行整理、分类、登记、分配、计算和汇总至关重要。设计出一套科学的会计制度，为进行日常会计核算工作提供依据即成为会计制度设计的任务之一。

3.设计一套科学的会计指标体系

会计指标体系是确定会计报告的种类和项目、设置会计科目、设置账户、进行会计分析的依据。会计指标体系应包括：为国家宏观调控提供服务的综合性指标、为企业外部利益相关者提供相关信息的指标、为企业管理当局决策服务的指标。各指标之间要相互联系、相互补充，从而形成一套完整的指标体系。

4.设计一套科学的会计业务流程制度

为了确保各项经济活动不违反国家有关法令、政策和各项财经制度，完成各项计划或预测，保护各项资产物资的安全和完整，就需要对各会计业务流程进行规范和管理，如货币资金业务流程、采购与付款业务流程、销售与收款业务流程等，设计出一套完整、合理、科学的会计业务流程制度。

（四）会计制度设计人员的素质

我国目前尚没有专门从事会计制度设计的人员，通常由财政部门、高等院校的会计专家以及企业的会计人员组成临时性小组进行设计工作。会计制度设计人员素质的高低，直接影响会计制度质量的好坏，为保证设计出良好的会计制度，会计制度设计人员的业务素质和思想道德水平应满足以下几点要求：

1.具有较高的理论水平、较丰富的会计知识和经济管理知识

会计制度设计工作涉及面很广，与企业的生产经营各项业务活动都有密切的关系，是一项综合性很强的工作，会计制度设计人员只有对会计理论有较深刻的理解，才能正确分析会计工作中发生的问题，进而设计合理的规范进行解释和指导。同样，只有具备丰富广泛的会计知识和经济管理知识，才能得心应手地承担会计制度设计的相关工作。

2.拥有丰富的工作经验

会计工作人员通过将理论应用于实践，能够熟悉会计工作流程，切实感受到会计业务中的不足，更容易发现会计制度一些具体内容设计方面的缺陷，及时进行设

计与更改。另外，强调会计制度设计人员应具有丰富的工作经验，也可以保证设计的会计制度符合实际情况，做到理论联系实际，起到指导实际工作的作用。

3.熟悉相关政策、法令及法规

会计制度设计的工作人员一定要熟悉相关的政策、法令及法规，才能保证设计出的会计制度不违背国家有关方针、政策的规定，企业能够正确贯彻执行国家规范。例如，设计企业成本管理办法，就必须学习和掌握关于成本核算与管理的有关文件；设计小企业的相关会计制度，就必须熟悉《小企业会计准则》及相关规定。

4.具备严谨的工作作风、高度的事业心和责任感

会计制度设计的工作很大程度上是对会计管理工作标准的规定，而企业单位会计工作质量的好坏取决于标准制定的高低，因此会计制度设计人员应该对该项工作负起责任，要有务实的工作作风，谨慎认真地制定工作标准，不可马虎行事。

第二节　会计制度设计的内容

会计制度设计是为进行会计工作制定出准则和规范。为此，就必须针对现实的或即将发生的会计工作中存在的问题，提出解决的原则或办法，并以制度的形式固定下来，作为日常会计工作的依据。所以，会计制度设计作为一种实践活动，其具体对象是会计工作过程。会计工作过程就是运用会计方法对经济活动进行反映和控制，提供会计信息的过程。正因为如此，会计制度设计可以理解为是特定会计主体以国家统一会计规范为依据，研究会计事务处理办法、会计核算体系和会计业务工作程序的一项行为设计活动。

会计制度设计的内容可以概括为以下三个系统的设计：

（一）会计组织系统设计

会计工作是由会计机构与会计人员来完成的，它们构成一个会计组织系统。会计组织系统设计主要包括会计机构的设置、会计人员的配备以及二者的协调关系。在设置会计机构时，要明确其职责范围以及具体承担的工作任务。配备会计人员，要确定好会计人员的分工，规定会计人员的岗位责任制和会计人员的工作轮换制度等。另外，会计组织系统还包括会计档案管理和会计工作交接的规定，要求对会计档案的保管、调阅和销毁以及会计工作的交接作出明确规定，保证会计档案的完整性、安全性，会计交接的有序性、责任感。

（二）会计信息系统设计

会计是一个以提供会计信息为主的信息系统。会计信息系统的设计就是规划提供会计信息的诸多方面，包括：一是会计信息载体的设计，主要是确定原始凭证、记账凭证、会计账簿、会计报表的种类与格式以及它们之间的有机结合模式。二是会计信息处理程序的设计，主要是设计会计信息收集、整理、加工、处理、输出的程序，也就是会计核算组织程序。从原始凭证到记账凭证，再到会计账簿，最后到会计报表，需要经过一系列的处理程序，不同的处理程序效率与效果不同，需要根

据企业的实际情况选择合适的程序。三是设计科学的会计指标体系，主要是设计科学合理的会计科目。设置会计科目是会计制度设计的重要内容，每一个会计科目具有特定的内容，能够提供一项会计指标，从而会计科目体系就形成一个完整的会计指标体系。

（三）会计业务流程系统设计

会计业务流程系统是企业为了提高会计信息质量，保护资产的安全完整，确保有关法律法规和规章制度的贯彻执行设计的一系列对会计业务流程进行规范的方法、措施和程序。会计业务流程系统不仅仅是一种制度安排，而且是一种完整的管理体系，是由一系列业务流程规范组成的整体框架，其设计的内容涉及货币资金业务流程设计、采购与付款业务流程设计、生产制造业务流程设计、销售与收款业务流程设计、存货业务流程设计、投资与筹资业务流程设计等。

第三节　会计制度设计的原则

进行会计制度设计时，应遵循一定的设计原则，主要有以下几项：

一、合规性原则

设计会计制度时，必须以国家颁布的各项财经法规为依据。《会计法》是我国会计工作的根本大法，是最高层次的规范，是我们办理会计事务依据的基本法。它对会计核算、会计监督、会计机构、会计人员和法律责任等内容作出了规范。

《企业会计准则》和《企业会计制度》是企业进行会计核算工作的规范，是企业会计工作自由度和统一度相平衡的标准。会计制度设计必须符合基本准则中一般原则的规定，符合会计要素确认、计量的规定，也要与具体会计准则相协调。

二、真实性原则

一个单位的会计核算以及通过会计核算所提供的会计信息不仅仅是单位内部事务，它还关系到投资者、债权人、国家、社会公众等各方面的利益。因此，法律上对会计核算，尤其是对会计信息的生成和披露问题作出了规定，以规范会计核算秩序，保证会计信息真实、完整。所以，企业在进行会计制度设计时，对会计核算的依据、会计核算的内容和基本程序的设计等必须符合法律上有关信息生成和披露的规定，以规范会计核算秩序，保证会计信息真实、完整。

三、科学性原则

科学性有两方面的含义：一是系统性，即设计会计制度时要从整体上考虑，不能顾此失彼。设计出的会计制度与其他制度不能相互矛盾，必须口径一致，相互协调，互为补充，并与之构成一个有机的制度体系。各项内部控制制度之间也应相互照应，协调一致。二是适用性，即设计出的会计制度既要有利于提高会计工作质量，又要简便易行，既要符合会计理论，又要有利于会计实践，既要适应于手工操作，又要能适应会计电算化要求。

四、针对性原则

企业会计制度是企业对其生产经营活动进程进行会计管理的章程，这就决定了企业会计制度设计一定要从实际出发，针对单位的具体实际来进行设计。企业作为国民经济的组成细胞，其设立形式、组织机构、规模大小、经营范围和经营方式等千差万别，即使同一部门的不同行业、同一行业的不同企业之间，也各有其具体特点。例如，企业的规模，生产经营业务的性质和范围，产品的种类和它的工艺技术过程，组织机构的设置，人员的配备以及专业人员的业务水平等千差万别，互不一致。因此，设计会计制度切忌生搬硬套，必须符合客观实际，才能行之有效。

五、 有效性原则

会计制度设计的有效性是指制度实施后能有好的成效，有效的会计制度能够帮助企业合理设置会计机构以及优化会计人员配置，提高会计工作的效率。另外，会计制度的实施应有助于会计信息的产生、加工、处理、存储、传输、反馈与利用，有效使用会计信息，有利于加强经济核算，使企业合理使用资金，促进增产节约，减少损失浪费现象。

六、效益性原则

对任何一个方案或项目均应比较其成本和收益，从中选择效益最好的方案。对会计制度设计来说，就是在目前的经济发展水平和经济政策下，在进行制度设计时，通过制度收益和制度成本的比较来选择制度效益最大的设计方案。一是要尽量节约设计费用，例如，能自行设计的，尽量避免聘请注册会计师或咨询顾问，能小范围修订的，就不要全面修改；二是要充分考虑会计制度运行的经济性，例如，一项会计信息用一个指标能反映出来，就不要设计两个指标。因此，在进行会计制度设计时，要尽量以最少的花费取得最佳的监督、核算效果。

七、适应性原则

会计制度是指导会计工作的规范性文件，一经建立，就应保持相对稳定，不宜经常改变。否则，会使会计人员无所适从，并使会计指标缺乏可比性。但是，会计总要适应一定的经济体制和管理要求，并随经济体制、企业规模、经营特点的变化而变化。这就要求进行会计制度设计时，要对企业未来一定时期内的发展情况作出恰当的估计，以保持会计制度具有一定的适应能力。同时，一个新的制度正式使用前，应采取谨慎的态度进行小范围试验，然后不断修改完善，切不可操之过急。

第四节　会计制度设计的程序

会计制度设计的程序，是指设计各项会计制度时应分为几个阶段，按什么步骤进行，它是从确定设计项目到具体进行设计，然后付诸实践的全过程。会计制度设计的程序主要包括三大阶段：

一、准备阶段

设计工作的准备阶段是基本程序的第一个环节，能否达到预期的目的，在很大程度上取决于设计的准备工作做得是否充分、细致、周全。这一阶段应做好如下工作：

（一）确定设计的内容和目的

会计制度的设计工作，从设计工作所涉及的范围可以分为全面设计和局部设计两种类型。全面设计是指设计整套的会计制度，包括会计机构的设置，会计人员的配备，会计科目的设置及使用说明，会计凭证、账簿、报表的设计，会计核算组织程序的设计，内部控制制度的设计以及主要业务的会计处理程序。局部设计是指对部分经济业务的设计，包括修订性设计和补充性设计两种。会计制度设计从设计内容方面可分为会计组织、会计核算、会计业务流程三方面。不同类型、不同内容的会计制度在设计上有不同的要求。因此，在设计之前，首先要明确设计的内容和设计的目的，以便更合理地安排设计工作，提高工作效率。

（二）制订设计方案和设计规划

制订设计方案，即拟订设计的计划。其内容一般包括以下几方面：

1.确定设计的时间安排

时间安排要根据设计类型来确定，如全面设计，时间要长一些，否则可短一些，要有一个进度表。

2.明确设计的内容

所谓设计的内容，是指设计什么项目。例如，全面设计，要求列出一个设计清单，列明所要设计的项目。局部设计则应列出设计所涉及的具体部分及这些部分所涉及的具体项目。其中，修订性设计要列清修改的项目和修改的内容。

3.配备一定的设计人员

根据设计的内容和工作量，要配备一定数量的设计人员。选派会计制度的设计工作人员时，要配备各方面的人员，包括：具有丰富实践经验、对本单位情况了如指掌的高级会计师、会计师；来自会计教学和会计研究战线、具有深厚理论功底的会计专家；见多识广、对不同行业和不同企业会计工作现状有充分了解的注册会计师等。参加设计的人员数量要根据设计内容来确定。

（三）调查研究

调查研究是设计会计制度的基础，只有在充分调查研究的基础上，才能设计出高质量的会计制度。

调查研究的内容一般包括以下几方面：

1.了解企业生产经营的实际情况

工作人员主要调查企业的性质与规模、产品的特点、生产工艺过程与特点、原材料供应情况、市场情况与产品销售情况、生产设备情况、职工人数、筹资方式与资本构成情况、盈利和利润分配情况、机构设置与人员配备情况、定额管理情况、历年的生产经营情况和经济效益等。凡与会计制度设计有关的所有生产经营情况，均须详细调查，作为会计制度设计的参考。

2.了解企业现行会计制度的执行情况

工作人员可以选择几个主要问题进行调查：材料采购、验收、货款结算的情况；存货的收、发、结存、清查盘存情况；销售的开票、发货、运输与结算情况；生产费用核算与成本计算方法；内部核算情况以及固定资产、职工薪酬、货币资金、往来款项的核算情况等。要了解：现行会计制度基本内容、特点、存在的问题和缺陷；科目、报表（包括内部报表）、凭证、账簿的设置及其格式；原始记录的设置及实施情况；主要产品的成本核算方法；成本核算组织体系及其有关凭证表单格式等。

3.征询意见

征询企业领导、各职能部门特别是会计部门以及主要会计人员对新设计的会计制度的要求和意见。例如，材料按什么成本价格进行日常核算、采用什么产品成本核算方法、是否实行定额成本法、实行定额成本法是否具备条件等。

4.调查其他相关情况

（1）了解目前统计核算、业务核算的实施情况，存在的主要问题，所用凭证、表单、原始记录的种类及格式等。

（2）了解组织机构与人员情况，主要了解企业各职能部门与财会部门的机构与人员情况、分工情况、岗位责任情况等。

（3）搜集本企业的有关规章制度，如厂规、技术操作规程等，分析其与企业会计制度设计的关系，了解财务、统计、业务核算的实施情况和存在的问题，作为设计会计制度的参考。

（4）熟悉企业会计准则、具体会计准则、企业会计制度等国家颁发的有关统一会计制度和财经法令等的内容，特别要了解和掌握国家最近颁布的有关法律、法令、制度和准则，将其作为设计会计制度的依据。

（5）搜集同行业先进企业的会计制度。设计会计制度时，要注意搜集同行业先进企业的各种会计制度，作为设计本企业会计制度的参考。

二、设计阶段

（一）拟定设计大纲

设计大纲是企业会计制度设计的纲领性文件，一个科学的会计制度设计大纲可以引导企业以最快的速度、最高的质量、最少的投入完成企业的会计制度设计工作。一般来说，会计制度的设计大纲应当包括下列内容：

（1）根据国家统一会计制度的要求初步拟定的本企业会计科目。

（2）初步拟定的账簿组织系统图。

（3）主要产品成本流程图。

（4）主要业务工作流程图。

（5）原始记录流程图。

（6）关于采购、销售、筹资、投资、成本和利润等的核算方法与要求。

（7）会计管理工作的总体思路。

（8）会计制度设计的进度计划。

（二）实施设计

1.设计程序

以最合理的程序设计企业会计制度可以少走弯路，提高企业会计制度设计的效率。企业可以按下列先后顺序具体实施会计制度的设计工作。

（1）设计企业的会计机构和人员配备以及机构人员之间的控制与相互制约制度。

（2）设计企业所采用的会计核算程序。

（3）设计收入、成本、费用的核算和业务流程制度。

（4）设计资金、财产的核算和业务流程制度。

（5）系统设计确定会计科目、原始记录、会计凭证、会计账簿和会计报表。

（6）进行全面综合整理，修繁补缺，形成一个完整体系。

（7）写成正式的书面会计制度草案。

2.设计会计制度时应注意的问题

（1）要贯彻国家的方针、政策和法律法规。

（2）要符合企业会计准则、企业会计制度和其他国家会计制度的规定，不能与之抵触。

（3）各项会计制度要具体、全面、准确，满足本企业的需要，但不要脱离企业实际，更不能模棱两可。同时，要防止简单化，只有原则，没有具体内容。

（4）要适应企业业务流程的要求。设计会计制度要充分体现出业务流程的要求，以利于控制，提高管理水平。

（5）正确处理各部门的关系。设计会计制度时，要注意处理好会计部门与其他各有关业务部门的关系，相互配合，相互支持，以便共同搞好企业生产经营管理。

（6）正确处理会计制度与其他制度的关系。设计会计制度时，要注意正确处理会计制度与其他制度的关系，应该从一盘棋出发，相互配合，不能各自为政，相互背离。

三、试行和修正阶段

会计制度设计不可能一次就设计得很完善，因为会计制度涉及面广，难免有考虑不周到之处，因此，必须检查验证。

试行阶段中，设计者应深入基层进行现场观察和测定，去发现草案中的缺陷和薄弱环节，并听取群众意见，尤其应特别注意各职能部门和会计人员对制度草案正反两方面的意见。试行中，对某些部分还可根据反映，另行拟订几种不同方案，对比试验，进行优选。

经过试行后，应将试行情况进行小结，对正反两方面意见进行筛选，肯定正确部分，对缺陷部分进行修改补充，最后修正定稿，作为正式会计制度，贯彻实施。

第五节　会计制度设计的方法

会计制度设计的方法是指对会计制度的内容用一定形式予以反映。这些方法一般包括文字说明法、表格法和流程图法，现分别加以介绍。

一、文字说明法

用文字说明会计制度的有关内容，是会计制度设计中使用最多的方法。该方法在使用时可用文字单独说明，如会计制度的总体说明、会计科目及其使用说明、会计业务流程要点等，也可以文字辅以图示说明，如对会计组织结构及岗位职责、凭证、账簿、报表的使用说明，对各类业务会计处理程序的说明等。不论如何应用文字说明法，都要能恰当表达有关内容，行文要规范，定义要严谨，语句要准确，要避免无关紧要的修饰，要防止过于冗长，避免使用易于误解的句子。以文字说明法表示的会计制度的内容要注意排列得体，同一层次的语句段落要采用相同的字号排列，不同层次的要采用合适的语句段落编号形式，如：一、（一）、1、（1）等。

二、表格法

可以用表格形式反映会计制度中使用的凭证、账页和报表格式。应用表格法主要掌握以下三方面要求：

1.表格尺寸统一

表格尺寸统一也就是会计凭证、账页和报表用纸格式的统一。统一会计凭证用纸大小，有利于会计凭证的编制及装订和保管；统一账页用纸大小，便于账页的登记和装订保管；统一报表用纸大小，则既便于编制、装订、保管又便于阅读。总之，便于装订、保管是统一会计凭证、账页和报表用纸的共同目的。便于会计凭证、账号的编制和登记，是会计人员自身工作的要求，便于会计报表的阅读，则是从使用人的角度来考虑的。

为了保证表格用纸规格统一、节约而有效，有关主管部门应规范用纸规格，以便设计人员能在相对集中的用纸规格中选择适合的纸张尺寸。

2.表格画线标准

在会计工作中所使用的表格，其画线方法通常有以下要求：

（1）表格空边的画线。表格一般由表首、表体和表尾组成。表首反映表的名称、日期等内容；表体以线条划分项目、金额等内容；表尾说明表格经办人员等情况。表格空边则是表体与纸张边缘的空间，设计时，要对表格空边作出统一规定，通常表格装订部分空边和表格表首部分空边要留宽些。另外，表体部分的画线也要统一规定，例如表体外围用粗线，表体内部标题线用次级粗线，表体内部空格线用细线。有条件的，亦可对表格画线的颜色作出规定，以规范醒目。

（2）表格栏次的画线。表格中分为几个大部分的垂直线应该是最显著的线，例如，用垂直线将账页的金额栏划分为借方、贷方及余额栏。在金额栏中不同货币单位的线也应有所区别，例如元与角之间、百元与千元之间、十万元与百万元之间等可用粗线，其他可用细线，以便记账人员定位。表格中的横线在较多、较密的情况下，可每隔五条线采用一条较粗的线，这样既可以防止记录串行，又便于统计记录的笔数。

3.表格制作控制

会计业务中的表格数量，在企业所有管理用表格中一般占有较大的比例，为了降低表格制作成本，提高表格使用效率，应对表格制作予以控制。其方法就是实施表格制作、修改及废止的申请审批程序。其具体做法是：首先，凡表格制定、修改和废止，均须填制申请单。随后连同表格样本，送会计主管审核，表格审核要点主要有：表格是否必要，表格内容是否与其他表格有重复或冲突之处；表格制定和修改对有关部门是否有影响；使用是否经济有效；表格联数、尺寸及印数是否经济合算；表格废止理由是否正当，其相关业务是否已不存在或其内容已由其他表格代替或合并等。申请单位审核批准后，对制定、修改后的表格予以编号，并将其样本及使用说明向有关部门或人员公布，对废止的表格要限期及时收回，集中处理。会计主管部门要定期检查表格使用情况，作为表格使用、改进及审查的依据，同时，定期编制表格控制报告。

三、流程图法

流程图法是会计制度中用一定图形反映各项业务的处理程序。该方法反映业务处理程序要比文字说明法更容易为人们所了解和掌握，使用流程图有利于提高工作效率，能为会计电算化创造条件，同时也有助于审计人员进行内部控制测试，从而确定审计重点和审查的详细程度。流程图有多种类型，常见的有以下几种：

1.框图式流程图

它是用矩形框图和直线组成的一种流程图，框图内反映所处理的内容，直线反映信息及其载体的传递；框图亦可反映信息及其载体，直线反映处理要求。它常用于简单的业务处理流程，如会计核算形式图、业务处理主要环节图等。

2.符号式流程图

它是用具有一定意义的符号，形象反映业务处理过程的图表。它比框图式流程图更直观全面，不仅能反映业务处理部门、人员的情况，还能反映信息传递、变换的过程和信息载体生成、传递、记录、存档的情况。因此，它被广泛用于业务处理程序设计中。符号式流程图要事先规定符号及其含义，并规定绘制方式，现分别阐述。

（1）符号及其含义。目前，用于流程图的符号，国际会计界没有专门统一，但在某些国家已有专门规定，如美国、澳大利亚、日本等均由国家、行业或协会专门规定流程图符号。我国尚未制定出统一的业务流程图符号。

（2）绘制方式。业务流程图的绘制方式一般有两种：一种是纵式流程图，另一种是横式流程图。纵式流程图的绘制方法是：将一项业务处理过程按照次序先后，用一条主线垂直串联起来，业务处理过程中发生的单据、凭证以及凭证的分类、记录、归集、汇总等处理步骤，都用具体图示描绘出来。这种纵式流程图的一个显著特点是：对每个处理步骤都有相应的注释，以简明扼要的文字阐明各步骤的工作内容、业务性质和特点。这种方式较易为人理解，但难以反映各部门之间的联系。横式流程图的绘制方法则以业务处理过程中各部门的操作和实施范围以及部门之间的联系为基础，横向表示凭证、单据在部门之间和部门内部的传递、分配、记录、归档等步骤。这种方式可系统、完整地反映业务处理过程中各职能部门之间的联系，但不便于对各步骤的活动作出简单的文字叙述，如果业务内容过于复杂，或图形符号过多，就较难明了整个业务流程系统。

本章小结

会计制度是进行会计核算、监督工作的规范，是会计工作应该遵守的工作准绳。会计制度是随着会计的不断发展而演进的。会计制度有广义和狭义之分。广义的会计制度包括会计组织制度、会计核算制度和会计业务流程制度，而狭义的会计制度只包括会计核算制度。另外，会计制度还可以按设计权限、单位性质、规范内容等不同标准进行分类。会计制度设计，就是根据一定的理论、原则和会计法规的规定并结合会计工作实际，运用文字、图表等形式对全部会计事务和会计处理手续以及会计人员的职责进行系统规划的工作。做好会计制度设计有利于贯彻国家的财经政策和法规制度，有利于提高宏观和微观经济管理水平，保证会计工作顺利进行，有利于加强会计管理，及时、准确地提供会计信息。会计制度要依据社会经济发展情况、会计特征和会计技术水平、财经法规、企业政策和管理的需要而设计。会计制度设计的主要任务为：设置会计机构、配置会计人员；设计一套科学的会计核算制度；设计一套科学的会计指标体系；设计一套科学的会计业务流程制度。会计制度设计人员的业务素质和思想道德水平应满足的要求为：具有较高的理论水平、较丰富的会计知识和经济管理知识；拥有丰富的工作经验；熟悉相关政策、法令及法规；具备严谨的工作作风、高度的事业心和责任感。

会计制度设计的内容可以概括为以下三个系统的设计：会计组织系统设计、会计信息系统设计、会计业务流程系统设计。

进行会计制度设计时，应遵循一定的设计原则，主要有以下几项：合规性原则、真实性原则、科学性原则、针对性原则、有效性原则、效益性原则、适应性原则。

会计制度设计的程序主要包括：准备阶段，主要工作包括确定设计的内容和目的，制定设计方案和设计规划，调查研究；设计阶段，主要工作包括拟定设计大纲，实施设计；试行和修正阶段。

会计制度设计方法是指对会计制度的内容用一定形式予以反映。这些方法一般包括文字说明法、表格法和流程图法。

思考题

1.什么是会计制度？会计制度可以如何分类？

2.什么是会计制度设计？为什么要进行会计制度设计？

3.会计制度设计的基本内容有哪些？

4.在进行会计制度设计时，需要遵循哪些原则？

5.会计制度设计有哪些步骤？每一个步骤有哪些具体工作？

6.设计会计制度时，有哪些方法可供选择？

练习题

1. 单项选择题

(1) 根据规定，我国制定企业会计准则和统一会计制度的部门是（　　）。

A. 全国人大常委会　　B. 国务院　　C. 财政部　　D. 中国会计学会

(2) 根据设计权限的不同可以将会计制度分为（　　）。

A. 国家统一会计制度和单位内部会计制度

B. 预算单位会计制度和企业会计制度

C. 综合性会计制度、业务性会计制度和会计人员制度

D. 统一会计制度和行业会计制度

(3) 下列各项中，不属于会计制度体系内容的是（　　）。

A. 企业会计准则　　B. 会计法　　C. 企业所得税法　　D. 小企业会计准则

(4) 会计制度设计程序的第一个环节是（　　）。

A. 调查研究阶段　　B. 设计编写阶段　　C. 试点修改阶段　　D. 组织准备阶段

(5) 不属于会计制度设计内容的是（　　）。

A. 会计组织系统设计　　B. 会计信息系统设计

C. 会计档案管理设计　　D. 会计业务流程系统设计

(6) 会计指标的设计主要是设计好（　　）。

A. 会计科目　　B. 会计凭证　　C. 会计账簿　　D. 会计报表

(7) 在我国会计规范体系中，居于最高层次的规范是（　　）。

A.《会计法》　　B.《企业财务会计报告条例》

C.《企业会计制度》　　D.《会计基础工作规范》

(8) 不属于会计制度设计准备阶段工作的是（　　）。

A. 明确设计的内容和目的　　B. 制订设计方案和设计规划

C. 调查研究　　D. 拟订设计大纲

2. 多项选择题

(1) 我国统一的会计制度包括（　　）。

A. 统一的会计核算制度　　B. 统一的会计监督制度

C. 统一的会计机构和会计人员制度　　D. 统一的会计工作管理制度

(2) 会计制度设计的任务包括（　　）。

A. 设置会计机构、配置会计人员　　B. 设计一套科学的会计核算制度

C. 设计一套科学的会计指标体系　　D. 设计一套科学的会计业务流程制度

(3) 会计制度设计人员的业务素质和思想道德水平应满足的要求有（　　）。

A. 具有较高的理论水平、较丰富的会计知识和经济管理知识

B. 拥有丰富的工作经验

C. 熟悉相关政策、法令及法规

D. 具备严谨的工作作风、高度的事业心和责任感

(4) 会计信息的载体通常有（　　）。

A. 原始凭证　　B. 记账凭证　　C. 会计账簿　　D. 会计报表

(5) 从会计制度设计工作所涉及的范围来看，其类型有（　　）。

A.全面设计　　B.会计核算制度设计
C.局部设计　　D.会计控制制度设计

(6) 会计制度设计应遵循的原则有（　　）。

A.合法性　　B.科学性　　C.针对性　　D.适应性

(7) 会计制度设计的方法主要包括（　　）。

A.文字说明法　　B.表格法　　C.全面设计法　　D.流程图法

3.判断题

(1) 我国的《企业会计准则》包括基本准则和具体准则两个层次。（　　）

(2) 会计制度作为指导会计工作的规范性文件，一经建立，不允许修改。（　　）

(3) 会计制度设计的基本内容主要有三个方面：会计组织系统设计、会计信息系统设计、会计业务流程系统设计。（　　）

(4) 会计工作是会计人员的职责，也是一份具有很强专业性的工作，因此，会计工作任务应当全部由会计人员承担。（　　）

(5) 会计制度设计的准备阶段要求首先制订出设计方案和设计规划。（　　）

(6) 企业会计工作中，应该将能应用到的表格、凭证、账簿和报表进行统一。（　　）

(7) 在设计会计制度时，必须遵循成本效益原则。（　　）

(8) 会计制度设计方法包括文字说明法、表格法和流程图法。（　　）

业务题

请你想办法联系一家企业，以会计制度设计为目的，了解该企业的以下基本情况：

(1) 该企业生产经营情况；

(2) 该企业机构设置情况及会计机构设置与会计人员配备情况；

(3) 该企业执行会计制度情况；

(4) 该企业在会计机构与会计人员方面和会计制度执行中存在哪些问题？

第一章　拓展阅读

第二章　会计制度总则设计

学习目标

通过本章学习，学生要了解会计制度总则的作用；了解会计制度总则的内容；掌握会计制度总则内容的设计方法；掌握会计机构与会计人员总则、会计核算总则、会计业务流程系统总则的设计。

第一节　会计制度总则的作用

思政课堂

中国是世界上最早建立法典式会计制度的国家

会计制度总则是指写在会计制度最前面的概括性的适用于会计工作各个环节的总的原则。在我国，一项会计制度的第一章的名称基本上是总则，有时也称为总说明。

在第一章中已经述及会计制度设计的内容包括三个方面：会计组织系统设计、会计信息系统设计和会计业务流程系统设计。企业在设计本企业适用的会计制度时，应该将这三部分内容放在一起，但为了总括说明这几部分内容，有必要在会计制度开头设计一个总则部分。

会计制度总则一般包括会计制度制定的目的与依据、适用范围、会计组织机构设置、会计工作任务、会计核算一般原则、记账方法、计量货币、文字选择、财务报告要求等。这些内容概括地规定了一些指导性的原则和总的要求、总的任务，是企业组织会计工作的重要依据。通过会计制度总则，企业的财会人员和其他人员可以了解会计制度制定的目的、实施的要求，掌握会计制度的总精神，可以掌握一些指导会计工作的规范，对会计制度的贯彻实施、明确会计工作任务、做好会计工作具有重要的意义。

会计制度总则的作用体现在以下方面：

一、统领整个会计制度

任何一个企业设计适用于本企业的会计制度，都必须说明该制度的制定目的与依据、适用范围和会计工作任务等。这些要求对该制度所包含的内容起统领作用。会计制度后续的所有内容都必须遵循这些要求，在这个框架下制定。比如，某集团公司制定了一部会计制度，在适用范围内规定：“本制度适用于本集团内所有纳入合并报表合并范围的母公司和子公司的会计核算。”从这个规定可以得知，该集团公司在制定会计制度时，仅仅考虑了纳入合并报表范围的公司的会计核算，不纳入合并范围的公司的会计核算不受此约束。

二、指导做好会计工作

会计制度总则是写在最前面的概括说明，简要概括了会计制度的基本内容和一些原则规定，如会计核算一般原则、计量货币、文字选择和记账方法的选择等，这些内容对会计工作都会有全面的指导意义。

第二节 会计制度总则内容的设计

总则内容涉及范围很广，各条规定又比较概括，这就要求总则内容必须简明易懂，切实可行。根据会计制度总则的内容，可以将其分为四个方面：

一、会计制度制定前提的设计

会计制度制定前提主要指会计制度制定的目的与依据、适用范围与要求。

（一）会计制度制定的目的与依据

目的与依据是制定会计制度的主要前提。不同要求的会计制度，其制定目的与依据也有所不同。现举例说明如下：

1.财政部制定的《企业会计准则——基本准则》（2006年2月15日发布，2014年7月23日修订）第一章第一条指出："为了规范企业会计确认、计量和报告行为，保证会计信息质量，根据《中华人民共和国会计法》和其他有关法律、行政法规，制定本准则。"企业会计准则是管理会计工作的基本要求，对我国会计工作起到了规范与监督作用。因此，该准则的主要目的就是规范企业会计确认、计量和报告行为，保证会计信息质量，并且依据的是《会计法》和其他有关法律、行政法规。

2.财政部制定的《企业会计制度》（2000年12月29日发布）第一章第一条指出："为了规范企业的会计核算，真实、完整地提供会计信息，根据《中华人民共和国会计法》及国家其他有关法律和法规，制定本制度。"由于该制度仅仅是关于企业会计核算方面的会计制度，所以其目的比较单一，即规范企业的会计核算，保证真实、完整地提供会计信息，且依据也只是笼统地指出依据《会计法》和其他法律法规。

3.财政部、国家档案局制定的《会计档案管理办法》（2015年12月11日发布，2016年1月1日施行新修订的《会计档案管理办法》）第一章第一条说明："为了加强会计档案管理，有效保护和利用会计档案，根据《中华人民共和国会计法》和《中华人民共和国档案法》等有关法律和行政法规，制定本办法。"从这里可以看出，由于会计档案属于档案范畴，在制定依据方面还要遵从《中华人民共和国档案法》的规定。

4.某集团公司制定的适用于该集团公司的会计制度第一章第一条说明："为了加强集团公司会计管理工作，统一集团会计核算，促进内部会计控制建设和内部会计监督，改善经营管理，提高经济效益，适应市场经济发展，根据《会计法》《企业财务会计报告条例》《企业会计准则》《企业会计制度》《会计基础工作规范》《会计档案管理办法》《企业内部控制应用指引》等法律法规，特制定本制度。"从这些规定来看，该集团公司将会计组织系统、会计信息系统、会计业务流程系统三方面的内容综合在一个会计制度中进行了规范，因此，其目的与依据也复杂多样。

上述举例说明了会计制度设计的目的与依据。由于国家发布的会计规范较多，形式多样，制定目的各具针对性，而企业会计制度的设计需要将这些规范融合在一起，因此，制定目的与依据也就有所区别。

（二）会计制度适用范围与要求

会计制度适用范围与要求，是会计制度存在的另一个必要前提条件。

1.财政部制定的《企业会计准则——基本准则》（2006年2月15日发布，2014年7月23日修订）第一章第二条指出：“本准则适用于在中华人民共和国境内设立的企业（包括公司，下同）。”这一条指出了该准则的适用范围，即在中华人民共和国境内设立的企业均适用。

2.财政部发布的《小企业会计准则》（2011年10月18日发布）第一章第二条规定：“本准则适用于在中华人民共和国境内依法设立的、符合《中小企业划型标准规定》所规定的小型企业标准的企业。下列三类小企业除外：（一）股票或债券在市场上公开交易的小企业。（二）金融机构或其他具有金融性质的小企业。（三）企业集团内的母公司和子公司。”从这条规定可以看出，除了三类公司不适用该准则外，其他小企业均适用。

该准则第三条规定：“（一）执行本准则的小企业，发生的交易或者事项本准则未作规范的，可以参照《企业会计准则》中的相关规定进行处理。（二）执行《企业会计准则》的小企业，不得在执行《企业会计准则》的同时，选择执行本准则的相关规定。（三）执行本准则的小企业公开发行股票或债券的，应当转为执行《企业会计准则》；因经营规模或企业性质变化导致不符合本准则第二条规定而成为大中型企业或金融企业的，应当从次年1月1日起转为执行《企业会计准则》。（四）已执行《企业会计准则》的上市公司、大中型企业和小企业，不得转为执行本准则。”该条规定对企业使用该规定的条件提出了具体要求。

3.某集团公司的会计制度规定：“本制度适用于下列单位的会计核算：公司本部、事业部制企业、控股子公司及所有纳入公司合并报表范围的单位或企业。集团所属其他企业可参照执行本制度。”这一条明确了该集团会计制度的适用范围。

二、会计机构与会计人员总则的设计

《会计法》第三十六条规定：“各单位应当根据会计业务的需要，设置会计机构，或者在有关机构中设置会计人员并指定会计主管人员；不具备设置条件的，应当委托经批准设立从事会计代理记账业务的中介机构代理记账。”这条规定明确了单位进行会计工作时对于会计机构与会计人员设置的要求。

在设计会计制度总则时，也应当考虑到会计机构与会计人员，但在总则中，只需要作出一个原则性的规定，具体规定可以在后续的各章内容中体现。一般来说，以下几个方面需要予以说明：

1.是否设置专门的会计机构？是在有关机构中指定会计人员还是委托代理

记账？

2.会计机构与财务机构是否分别设置？财务机构的职责是资金的筹集、管理和使用，而会计机构履行会计核算和监督的职能。这需要考虑企业规模大小以及管理要求。

3.是否设置总会计师岗位？根据《会计法》的规定，国有的和国有资产占控股地位或主导地位的大、中型企业必须设置总会计师。

4.会计工作岗位按什么原则设置？在内部设置工作岗位时，可以按照企业交易循环涉及的业务设置工作岗位，也可以按照报表项目设置工作岗位。

5.对会计人员的总体要求。例如，会计人员应当具备从事会计工作所需的专业能力。

6.会计档案管理的规定。会计档案是指会计凭证、会计账簿、财务会计报告等会计核算专业资料，会计档案管理需要说明会计档案的整理、分类、编号、保管、利用和销毁等内容。

7.会计人员的交接规定。会计人员因工作调动或其他原因离职，必须与接管人员办理交接手续，这样可以使会计工作前后衔接，防止账目不清、财务混乱，同时也是分清责任的重要措施。

三、会计核算规则的设计

会计核算规则是单位会计核算中约定俗成、须共同遵守的法则或章程，如采用的会计期间、记账方法、会计处理基础、会计记录、所使用的文字、会计政策和会计估计变更的规定、会计科目的编号及运用、会计凭证填制、会计账簿登记、编制和提供财务报告的规定以及会计制度与税收制度的关系等。这些内容，在国家统一会计制度中都有原则规定，但具体到各个单位业务性质、经营规模和管理组织形式都不相同，有些会计核算规则在不违背国家统一会计制度的前提下，各单位有一定的选择权。因此，在进行会计制度设计时，必须在会计制度总则中加以明确。

（一）会计期间的确定

会计期间的确定是单位会计核算的基本前提之一，也是单位设计和选择会计方法的重要依据。为了适应单位管理者和利害关系人及时利用有用会计信息来安排与改进他们行动方针的需要，会计人员必须确定从何时开始到何时截止对经济活动进行核算，也就是说，需要人为地将单位持续不断的经济活动划分为若干个间隔相等的期间，以提供分阶段的会计信息。单位通常以一年作为划分会计期间的标准，也可以其他的标准来划分会计期间。以一年为会计期间，称为会计年度。在一个会计年度内，为了满足管理上的需要，还可以划分若干较短的会计期间，一般按月份或季度来划分。

（二）记账方法的选用

记账方法是根据一定的原理和规则，采用一定的符号，利用账户记录经济业务的会计核算方法。科学的记账方法，对提供正确、全面的会计信息，实现会计职能，完成会计工作的各项任务有着重要的意义。

记账方法有单式记账和复式记账之分。单式记账法是指对发生的经济业务，只在一个账户中作单方面登记的一种方法。由于该方法账户设置不完整，不能全面、系统地反映经济业务的来龙去脉，无法了解各会计要素有关项目的增减变动情况，也不便于检查账户记录的正确性和真实性。所以，这种方法已不适应现代经济管理的需要。复式记账法是对发生的每一笔经济业务，用相等的金额在两个或两个以上相互联系的账户中进行登记的一种方法。复式记账法虽然记账手续比单式记账法复杂，但它能完整地反映每一项经济业务的过程和结果，在全部经济业务登记入账以后，可以通过账户之间的相互关系，对记录的结果进行试算平衡，以检查账户记录的正确性。因此，复式记账是一种科学的记账方法，是填制会计凭证、登记会计账簿、进行试算平衡和编制会计报表的基础。

（三）会计处理基础的确定

会计处理基础是在确定会计期间的基础上区分本期与非本期的收入和费用的入账基准。有两种方法可供选择：一是权责发生制，二是收付实现制。

权责发生制也称应计制或应收应付制，是指本期的收入和费用是以其归属期或权责关系为标准确定。采用权责发生制，对有关收入和费用就要按照其归属期或权责关系在本期和非本期之间进行分配确认，因此需要在会计上运用应收、应付、预收、预付、待摊等一些特殊的会计处理方法。采用权责发生制进行会计核算，其优点是收入和费用两者之间存在合理的因果关系，能较好地体现收入和费用相配比的原则，据此计算的损益能够真实地反映企业一定时期的经营成果和获利能力，也能够真实地反映企业在该会计期间终了时的财务状况；其缺点是不能真实地反映企业一定时期的现金流量。

收付实现制又称为现金制或实收实付制，是指确认本期的收入和费用是以其收支期为标准。采用收付实现制，对于收入和费用的确认只认其是否收到或支付了款项，因此，会计上一般不需要运用应收、应付、预收、预付、待摊等一些特殊的会计处理方法。采用收付实现制进行会计核算，手续比较简便，可以真实地反映单位一定时期的现金流量，但难以真实地反映单位一定时期的经营成果。

目前，我国财政总预算会计和行政事业单位会计实行了双会计处理基础，预算会计实行收付实现制，财务会计实行权责发生制。企业会计均以权责发生制为会计处理基础，只有在编制现金流量表和为了简化会计核算工作、节约核算成本、处理一些不重要的会计事项时才运用收付实现制。因此，单位在设计会计制度时，必须在总则中明确本单位所采用的会计处理基础。

（四）记账本位币和会计记录文字的确定

记账本位币是指一个单位在会计核算时统一使用的记账货币。在会计核算时，采用人民币记账还是采用人民币以外的货币记账，《会计法》作出了原则性规定——会计核算应以人民币为记账本位币。业务收支以人民币以外的货币为主的单位，可以选定其中一种货币作为记账本位币，但是编报的财务会计报告应当折算为人民币。这就给外币业务发生频繁的单位如实反映和简化会计核算手续、选择适合本单位情况的记账本位币，提供了理论和法律依据。因此，单位在设计会计制度总则时应明确规定本单位所选用的记账本位币，并且编报的财务会计报告应当折算为人民币，即单位对外报出的财务会计报告应以人民币金额反映，各个外币账户的期末余额应以期末市场汇率折合为人民币，作为编制财务报告的依据。我国在境外设立的企业，一般以当地的币种进行经营活动和会计核算，但为了便于国内有关部门了解企业的财务状况和经营成果，在向国内报送财务会计报告时，应当折合为人民币来反映企业情况。

会计记录文字是指会计凭证、账簿、财务会计报告等会计专业核算资料的书面表达形式，它是会计信息交流的工具。《会计法》对会计记录文字的规定既讲原则又比较灵活，一方面规定单位会计记录的文字应当使用中文，另一方面又规定在民族自治地方，会计记录可以同时使用当地通用的一种民族文字，在中华人民共和国境内的外商投资企业、外国企业和其他外国组织的会计记录可以同时使用一种外国文字。这就给我国少数民族地方的单位和涉外单位在选择会计记录文字时提供了理论和法律依据。

（五）运用会计科目的规定

单位会计核算制度一般包括总则、会计科目、会计报表、主要会计事项分录举例等。会计科目的分类、编号、名称以及对会计科目使用的详细说明都应在会计科目设计中进行规定，而在会计制度总则中对运用会计科目的规定只是原则性的要求。一般有以下几点：

1.单位会计核算制度应按照国家统一会计制度规定的会计科目编号，以便于编制会计凭证、登记账簿、查阅账目、实行会计电算化并保证提供会计信息的统一性。单位所属各核算部门（包括分公司、分支机构）不应随意改变或打乱重编会计科目的编号。会计制度在某些会计科目之间留有空号，主要供增设会计科目之用。

2.各核算部门（包括分公司、分支机构）应按会计制度的规定，设置和使用会计科目。在不影响会计核算要求和会计报表指标汇总以及对外提供统一财务会计报告的前提下，可以根据实际情况自行增设、减少或合并某些会计科目。除单位会计制度已有规定者外，在不违反统一会计核算要求的前提下，各核算部门（包括分公司、分支机构）可以根据需要自行规定明细科目的设置。

3.各核算部门在填制会计凭证、登记账簿时，应填制会计科目的名称，或者同时填列会计科目的名称和编号，不应只填科目编号，不填科目的名称。

（六）会计凭证填制的规定

单位办理经济业务事项，必须填制或者取得原始凭证并及时送交会计机构，会计机构、会计人员必须按照国家统一的会计制度的规定对原始凭证进行审核。对不真实、不合法的原始凭证有权不予接受，并向单位负责人报告；对记载不准确、不完整的原始凭证予以退回，并要求按照国家统一的会计制度的规定更正、补充。原始凭证记载的各项内容不得涂改，原始凭证有错误的，应当由出具单位重开或者更正，更正处应当加盖出具单位印章。原始凭证金额有错误的，应当由出具单位重开，不得在原始凭证上更正。记账凭证应当根据经过审核的原始凭证及有关资料编制。利用纸质会计凭证的电子影像件等电子副本文件进行会计核算的，应当确保纸质会计凭证的电子副本文件及会计核算系统符合前款关于利用电子会计凭证进行核算的有关要求，并建立纸质会计凭证与其电子副本文件的检索关系。①

（七）会计账簿登记的规定

会计账簿登记必须以经过审核的会计凭证为依据，并符合有关法律、行政法规和国家统一的会计制度的规定。会计账簿应当按照连续编号的页码顺序登记。会计账簿记录发生错误或者隔页、缺号、跳行的应当按照国家统一的会计制度规定的方法更正，并由会计人员和会计机构负责人（会计主管人员）在更正处盖章。使用电子计算机进行会计核算的，其会计账簿的登记、更正，应当符合国家统一的会计制度的规定。

（八）编制和提供财务会计报告的规定

编制和提供财务会计报告的详细说明应在财务会计报告设计中进行规定，在会计制度总则中只对编制和提供财务会计报告提出原则性的要求。

1.合法性要求。单位应当按照《会计法》、国家统一的会计制度关于财务会计报告的编制要求、提供对象和提供期限的规定，根据经过审核的会计账簿记录和有关资料编制与提供真实、完整的财务会计报告。

2.财务会计报告的内容。单位向外提供的财务会计报告包括：资产负债表、利润表、现金流量表、有关附表、附注以及财务情况说明书。报表种类和格式、会计报表附注的主要内容应符合国家统一的会计制度的要求。单位内部管理需要的会计报表由单位会计制度规定。

3.财务会计报告提供的时间。单位的财务会计报告应当按相关法规规定的时间向有关各方提供。需要向股东提供财务会计报告的，还应按公司章程规定的期限向股东提供。

4.财务会计报告使用的货币计量单位。财务会计报告的填列，一般以人民币“元”为金额单位，“元”以下填至“分”。

5.编制和提供财务会计报告的责任。单位向外提供的财务会计报告应依次编定页数，加具封面，装订成册，加盖公章。单位对外提供的财务会计报告应当由单位负责人和主管会计工作的负责人、会计机构负责人（会计主管人员）签名并盖章。设置总会计师的单位，还须由总会计师签名并盖章。《会计法》还特别强调了单位负责人应当保证财务会计报告真实、完整，加大了单位负责人的责任。

① 财政部2019年10月21日发布的《中华人民共和国会计法修订草案（征求意见稿）》，增加了电子会计凭证的相关内容。

四、会计业务流程系统总则的设计

会计业务流程系统是为了提高会计信息质量，保护资产的安全、完整，确保有关法律法规和规章制度的贯彻执行而制定与实施的一系列方法、措施和程序。在总则设计中，也需要对会计业务流程系统进行概括说明，包括会计业务流程系统的目标，建立会计流程系统的依据，会计流程系统的内容等。

本章小结

会计制度总则是指写在会计制度最前面的概括性的适用于会计工作各个环节的总的原则。通过会计制度总则，企业的财会人员和其他人员可以了解会计制度制定的目的、实施的要求，掌握会计制度的总精神，可以掌握一些指导会计工作的规范，对贯彻实施会计制度，明确会计工作任务，做好会计工作有着重要的意义。

根据会计制度总则的内容，可以将会计制度总则设计分为四个方面：会计制度制定前提的设计，主要指会计制度制定的目的与依据、适用范围与要求；会计机构与会计人员总则的设计，在总则设计中，只需要一个原则性的规定，具体规定可以在后续的各章内容中体现；会计核算总则的设计，主要有采用的会计期间、记账方法、会计处理基础、会计记录所使用的文字、会计科目的编号及运用、会计凭证填制、会计账簿登记、编制和提供财务报告的规定等；会计业务流程系统总则的设计，在总则设计中，需要对会计业务流程系统进行概括说明，包括会计业务流程的目标，建立会计业务流程的依据、会计业务流程的内容等。

思考题

1.会计制度总则指的是什么？它有什么作用？

2.会计制度总则设计包括哪几个方面的内容？

3.会计制度制定前提包括哪些内容？如何设计？

4.会计机构和会计人员设计有哪些需要注意的问题？

5.会计核算总则的设计主要包括哪几个问题？

6.如何确定企业的记账本位币？

7.财务会计报告的编制和提供有哪些要求？

练习题

1.单项选择题

(1) 一般写在规章条例前面概括性的条文是（　　）。

A.前言　　B.序言　　C.说明　　D.总则

(2) 下列各项不属于会计制度总则作用的是（　　）。

A.明确制定会计制度的目的　　B.明确贯彻实施的范围

C.掌握会计制度的总精神　　D.规范会计工作的操作

(3) 按照《会计法》和统一会计制度的要求，建立会计账册，进行会计核算，及时提供真实、完整的会计信息，这是对（　　）。

A.会计记录工作的要求　　B.会计基础工作的要求

C.会计记录质量的要求　　D.会计制度的要求

(4) 我国会计制度总则设计的内容不包括（　　）。

A.会计机构与会计人员总则的设计　　B.会计核算规则的设计

C.会计业务流程系统总则的设计　　D.会计档案管理办法的设计

2.多项选择题

(1) 会计制度制定的前提有（　　）。

A.依法制定　　B.执行单位　　C.目的明确　　D.实施要求

(2) 一般会计制度总则的主要内容有（　　）。

A.会计制度制定的前提　　B.会计工作的一般原则规定

C.会计基础工作的要求　　D.会计组织机构的设置原则

(3) 属于会计核算规则内容的有（　　）。

A.会计期间的确定　　B.记账方法的选择

C.会计处理基础的确定　　D.会计记录文字的选择

(4) 会计核算总则设计的内容包括（　　）。

A.会计期间的确定　　B.记账方法的选用

C.运用会计科目的规定　　D.会计凭证填制的规定

3.判断题

(1) 目前，我国的事业单位可以根据实际情况，分别采用收付实现制和权责发生制。（　　）

(2) 我国的会计法规规定，只能选择人民币作为记账本位币。（　　）

(3) 会计制度总则中对会计科目的使用只需要作原则性的规定。（　　）

(4) 为适应现代经济管理的需要，应采用复式记账法。（　　）

(5) 会计账簿登记需以经过审核的会计凭证为依据，并符合有关法律、行政法规和国家统一的会计制度的规定。（　　）

业务题

1.星海公司要根据《企业会计制度》设计内部会计制度，试为其内部会计制度总则编写第一条和第二条。

2.假如你是某公司负责会计核算业务的会计主管人员，现在要求你将该公司有关会计核算业务的基本规则进行总结，设计成会计核算规则，请你想想应该包括哪些方面？如何来表述？

3.根据国家相关法规，简单阐述应如何对某公司进行会计机构与会计人员总则的设计。

案例分析题

[案例 2-1]

资料：以下是财政部于2000年发布的《企业会计制度》中第一章总则的内容。

第一章　总　则

第一条　为了规范企业的会计核算，真实、完整地提供会计信息，根据《中华人民共和国会计法》及国家其他有关法律和法规，制定本制度。

第二条　除不对外筹集资金、经营规模较小的企业，以及金融保险企业以外，在中华人民共和国境内设立的企业（含公司，下同），执行本制度。

第三条　企业应当根据有关会计法律、行政法规和本制度的规定，在不违反本制度的前提下，结合本企业的具体情况，制定适合于本企业的会计核算办法。

第四条　企业填制会计凭证、登记会计账簿、管理会计档案等要求，按照《中华人民共和国会计法》《会计基础工作规范》和《会计档案管理办法》的规定执行。

第五条　会计核算应以企业发生的各项交易或事项为对象，记录和反映企业本身的各项生产经营活动。

第六条　会计核算应当以企业持续、正常的生产经营活动为前提。

第七条　会计核算应当划分会计期间，分期结算账目和编制财务会计报告。会计期间分为年度、半年度、季度和月度。年度、半年度、季度和月度均按公历起讫日期确定。半年度、季度和月度均称为会计中期。

本制度所称的期末和定期，是指月末、季末、半年末和年末。

第八条　企业的会计核算以人民币为记账本位币。

业务收支以人民币以外的货币为主的企业、可以选定其中一种货币作为记账本位币，但是编报的财务会计报告应当折算为人民币。

在境外设立的中国企业向国内报送的财务会计报告，应当折算为人民币。

第九条　企业的会计记账采用借贷记账法。

第十条　会计记录的文字应当使用中文。在民族自治地方，会计记录可以同时使用当地通用的一种民族文字。在中华人民共和国境内的外商投资企业、外国企业和其他外国组织的会计记录可以同时使用一种外国文字。

第十一条　企业在会计核算时，应当遵循以下基本原则：

（一）会计核算应当以实际发生的交易或事项为依据，如实反映企业的财务状况、经营成果和现金流量。

（二）企业应当按照交易或事项的经济实质进行会计核算，而不应当仅仅按照它们的法律形式作为会计核算的依据。

（三）企业提供的会计信息应当能够反映企业的财务状况、经营成果和现金流量，以满足会计信息使用者的需要。

（四）企业的会计核算方法前后各期应当保持一致，不得随意变更。如有必要变更，应当将变更的内容和理由、变更的累积影响数，以及累积影响数不能合理确定的理由等，在会计报表附注中予以说明。

（五）企业的会计核算应当按照规定的会计处理方法进行，会计指标应当口径一致、相互可比。

（六）企业的会计核算应当及时进行，不得提前或延后。

（七）企业的会计核算和编制的财务会计报告应当清晰明了，便于理解和利用。

（八）企业的会计核算应当以权责发生制为基础。凡是当期已经实现的收入和已经发生或应当负担的费用，不论款项是否收付，都应当作为当期的收入和费用；凡是不属于当期的收入和费用，即使款项已在当期收付，也不应当作为当期的收入和费用。

（九）企业在进行会计核算时，收入与其成本、费用应当相互配比，同一会计期间内的各项收入和与其相关的成本、费用，应当在该会计期间内确认。

（十）企业的各项财产在取得时应当按照实际成本计量。其后，各项财产如果发生减值，应当按照本制度规定计提相应的减值准备。除法律、行政法规和国家统一的会计制度另有规定者外，企业一律不得自行调整其账面价值。

（十一）企业的会计核算应当合理划分收益性支出与资本性支出的界限。凡支出的效益仅及于本年度（或一个营业周期）的，应当作为收益性支出；凡支出的效益及于几个会计年度（或几个营业周期）的，应当作为资本性支出。

（十二）企业在进行会计核算时，应当遵循谨慎性原则的要求，不得多计资产或收益、少计负债或费用，但不得计提秘密准备。

（十三）企业的会计核算应当遵循重要性原则的要求，在会计核算过程中对交易或事项应当区别其重要程度，采用不同的核算方式。对资产、负债、损益等有较大影响，并进而影响财务会计报告使用者据以作出合理判断的重要会计事项，必须按照规定的会计方法和程序进行处理，并在财务会计报告中予以充分、准确地披露；对于次要的会计事项，在不影响会计信息真实性和不至于误导财务会计报告使用者作出正确判断的前提下，可适当简化处理。

要求：请你分析上述总则主要说明了哪些问题。如果你是一家企业的会计主管，请你设计一下该企业会计制度总则中的部分内容。

[案例2-2]

资料：假定以下是星海股份有限公司会计制度总则部分。

星海股份有限公司会计制度

第一章 总 则

第一条 为了规范星海股份有限公司（以下简称公司）本部和所属事业部、控股子公司及其他相关企业的会计核算，提供统一、可比的会计信息，根据《会计法》《企业财务会计报告条例》《企业会计准则》《企业会计制度》及财政部发布的其他有关法规，结合公司的实际情况，特制定本制度。

第二条 本制度适用于下列单位的会计核算：公司本部、事业部制企业、控股子公司及所有纳入公司合并报表范围的单位或企业（以下简称“公司各单位”）。

第三条 为保证会计工作的正常进行和会计信息质量，公司各单位在进行会计核算时，应遵循会计核算的基本前提和一般原则。

（一）会计核算应当划分会计期间。会计期间分为年度、半年度、季度和月度，均按公历起讫日期确定。半年度、季度和月度均称为会计中期。各会计期期末均应按照有关规定进行结账和编制财务报告工作。会计期末是指月末、季末、半年末和年末。

（二）公司各单位的会计核算均以人民币为记账本位币。若会计核算中涉及外币业务，按照本制度中有关外币业务的相关规定进行。

（三）会计核算时，除特殊业务（如结账等）和自行编制原始凭证的业务（如制造费用分配业务等）以外，其他经济业务的核算必须取得合法、有效的原始凭证并经审核无误后才能编制记账凭证，据以登记入账。

（四）公司各单位经济业务的会计核算方法由本制度规定，未经公司批准，公司各单位不得擅自改变会计核算方法。

（五）在对各项经济业务进行核算时，应当切实遵守权责发生制原则、收入与费用之间的配比原则、财产物资计价的实际成本原则、划分收益性支出与资本性支出原则以及谨慎性原则等。公司各单位未经公司同意，不得随意改变确认与计量原则。

第四条 公司各单位的会计记账均采用借贷记账法。

第五条 公司各单位的会计记录文字均使用中文。

第六条 公司各单位使用统一的财务软件进行会计业务的处理工作。会计软件的操作与管理规范另行规定，作为本制度的补充。

第七条　为了规范和加强公司各单位的会计档案管理工作，根据《会计基础工作规范》和《会计档案管理办法》的规定，制定《星海股份有限公司会计档案管理暂行办法》，作为本制度的补充。

要求：请你分析该公司这份会计制度总则的内容，并指出该总则存在的不足之处。

第二章　拓展阅读

第三章　会计组织系统设计

学习目标

通过本章学习，学生要了解会计组织及其设计的意义与内容，领会会计机构设计的原则；了解会计机构与财务机构分设与合并的区别；掌握会计机构设计的方式和内容；熟悉会计人员从业资格的基本要求、会计专业职务与会计专业技术资格以及会计人员的聘任方式；了解会计人员配备与分工设计的原则、会计工作岗位责任制的具体设计方法；掌握会计人员职业道德规范和继续教育；了解会计档案管理制度和会计工作交接制度的设计。

会计组织是开展会计工作的组织，由专门的机构和专职会计人员组成。会计组织系统是由科学的机构设置、合理的人员分工、明确的岗位责任、完善的会计工作制度等有机组成的。会计组织系统设计就是拟订有关会计组织系统的办法、措施和制度。

思政课堂

勇于开拓创新，迎接新的机遇与挑战

第一节　会计机构的设计

会计机构是各单位进行会计管理工作的职能机构，建立会计机构是做好会计工作的组织保证，也是保证会计制度实施的重要条件。

一、会计机构设计的原则

由于各个单位的组织机构、管理体制和经营管理情况有所不同，会计机构设计有不同的模式，在设计会计机构时，一般应遵循下列原则：

（一）会计机构设计要与各单位的规模和管理要求相适应

单位的规模和管理要求是设计会计机构的依据，它决定经济业务的内容和数量，也影响组织会计工作的方法和会计机构的内部分工。如果规模较大、业务量较大、管理要求高，会计机构就要相应地大一些，内部分工也要细一些；如果规模较小、经营过程比较简单，业务量很小，则机构可以小一些，内部分工也可以粗一些。

（二）会计机构设计应能提高工作效率

会计机构是为了完成任务，加强管理，提高经济效益而设计的，因此，会计机构的设计应当贯彻精简、高效、节约的原则，合理设计，防止机构重叠、人浮于事，避免人力、物力的浪费。

（三）会计机构设计应注意内部分工明确具体

每一个单位的会计机构内部，对会计人员都应根据会计业务的不同进行明确的分工。这就要求每个部门和工作人员应有明确的职权、责任和具体的工作内容，做到部门之间职责清楚、任务确切，有利于实行岗位责任制。同时，在内部分工中，要贯彻内部控制制度，做到在工作中相互制约、相互监督，防止工作中的失误和舞弊。

二、会计机构与财务机构的分设与合并

在理论上说，会计与财务是相互独立的，财务部门的主要职责是筹集与使用资金，负责管理各项财务收支和分配企业的财务成果，监督检查各项财务活动和企业财务计划的执行情况。会计部门的主要职责是对由经济活动引起的资金运动进行事前、事中和事后的核算与监督，对资金运动的过程及结果进行确认、记录、计算、报告和分析。因此，会计与财务的管理内容是有区别的，两者不能相互替代，不能视为同一项工作。在实际工作中，会计工作与财务工作往往相互交叉，同时进行，很难进行区分。

因此，会计机构与财务机构的设置有两种形式：分设与合并。一般来说，会计机构与财务机构分设适合会计人员数量多、经济业务复杂的大型公司，特别是集团化公司。这种设置方式的优点为分工明确、各司其职、各负其责、便于内部的管理，但存在信息传递慢、手续程序多、协调困难、费用多的缺点。会计机构与财务机构合并适合财会人员配备少、生产经营过程和业务往来关系比较简单的中小型企业，其优点为可以加强财务会计的联系、便于协调、减少信息传递环节、提高工作效率，但可能导致职责分工不清、内部管理不力等问题。

机构的分设与合并一般不会影响财务工作与会计工作的关系，因为在一个机构中可以对它们作出明确的分工。但在设计会计制度时，必须明确两者的区别与联系，根据企业的经营规模、业务量的大小来决定如何设置会计机构与财务机构。

三、会计机构设计的方式与内容

《会计法》第三十五条规定，单位应当根据会计业务的需要，设置会计机构，或者在有关机构中设置会计人员并指定会计主管人员，或者委托经批准从事代理记账业务的中介机构代理记账，或者采取国务院财政部门认可的其他方式组织本单位的会计工作。①

（一）总会计师的设置

《会计法》第三十六条规定：国有独资和国有资本占控股地位或者主导地位的大、中型企业必须设置总会计师。总会计师的任职资格、任免程序、职责权限由国务院规定。其他单位需要设置总会计师的，应当参照执行。②这条规定要求国有大中型企业必须设置总会计师，其他单位需要设置总会计师的，应当参照执行。总会

① 财政部2019年10月21日发布的《中华人民共和国会计法修订草案（征求意见稿）》中“第四章 会计机构和会计人员”修改了对单位会计工作的组织方式的强制性规定。截至本书发稿，新会计法仍在修订中。

② 财政部2019年10月21日发布的《中华人民共和国会计法修订草案（征求意见稿）》中“第四章 会计机构和会计人员”进一步保护总会计师的法定职责。截至本书发稿，新会计法仍在修订中。

计师一般是在单位负责人直接领导下进行工作的单位领导决策层的成员。总会计师作为单位会计工作的主要负责人，全面负责本单位的财务会计管理和经济核算，参与本单位的重大经营决策活动，是单位负责人的参谋和助手。为了保障总会计师的职权，《总会计师条例》还规定，凡设置总会计师的单位不能再设置与总会计师职责重叠的副职。

1.总会计师的任职条件

按照《总会计师条例》的规定，担任总会计师，应当具备以下条件：

（1）坚持社会主义方向，积极为社会主义建设和改革开放服务；

（2）坚持原则，廉洁奉公；

（3）取得会计师任职资格后，主管一个单位或者单位内一个重要方面的财务会计工作时间不少于3年；

（4）有较高的理论政策水平，熟悉国家财经法律、法规、方针、政策和制度，掌握现代化管理的有关知识；

（5）具备本行业的基本业务知识，熟悉行业情况，有较强的组织领导能力；

（6）身体健康，能胜任本职工作。

2.总会计师的职责

总会计师的职责主要包括两个方面。

（1）由总会计师负责组织的工作主要有：

①编制和执行预算、财务收支计划、信贷计划，拟订资金筹措和使用方案，开辟财源，有效地使用资金；

②进行成本费用预测、计划、控制、核算、分析和考核，督促本单位有关部门降低消耗、节约费用、提高经济效益；

③建立健全经济核算制度，利用财务会计资料进行经济活动分析；

④承办单位主要行政领导人交办的其他工作；

⑤负责对本单位财会机构的设置和会计人员的配备、会计专业职务的设置和聘任提出方案；

⑥组织会计人员的业务培训和考核；

⑦支持会计人员依法行使职权。

（2）由总会计师协助、参与的工作主要有：

①协助单位负责人对企业的生产经营、行政事业单位的业务发展以及基本建设投资等问题作出决策；

②参与新产品开发、技术改造、科技研究、商品（劳务）价格和工资奖金等方案的制订；

③参与重大经济合同和经济协议的研究、审查。

3.总会计师的权限

为保证总会计师履行自己的职责，有关法规赋予总会计师以下权限：

（1）对违反国家财经法律、法规、方针、政策、制度和有可能在经济上造成损失、浪费的行为，有权制止或者纠正。制止或者纠正无效时，提请单位主要行政领导人处理。

（2）有权组织本单位各职能部门、直属基层组织的经济核算、财务会计和成本管理方面的工作。

（3）主管审批财务收支工作。除一般的财务收支可以由总会计师授权的财会机构负责人或者其他指定人员审批外，重大的财务收支，须经总会计师审批或者由总会计师报单位主要行政领导人批准。

（4）预算、财务收支计划、成本和费用计划、信贷计划、财务专题报告、会计决算报表，须经总会计师签署。涉及财务收支的重大业务计划、经济合同、经济协议等，在单位内部须经总会计师会签。

（5）会计人员的任用、晋升、调动、奖惩，应当事先征求总会计师的意见。财会机构负责人或者会计主管人员的人选，应当由总会计师进行业务考核，依照有关规定审批。

（二）会计机构负责人与会计主管的设置

独立设置会计机构的单位应指定会计机构负责人。没有独立设置会计机构的单位，也需要在会计人员中指定会计主管人员。会计机构负责人和会计主管人员属于单位中层管理人员，具体组织管理本单位的会计工作。

在单位负责人和总会计师的领导下，会计机构负责人负有组织管理本单位所有会计工作的责任，其工作水平、质量直接关系到整个单位会计工作的水平和质量。任命会计机构负责人，应该考虑以下几个方面：

1.政治素质

会计机构负责人应遵纪守法、坚持原则、廉洁奉公，具备良好的职业道德。

2.专业技术资格条件

担任单位会计机构负责人（会计主管人员）的，还应当具备会计师以上专业技术职务资格或者具有会计专业知识背景并从事会计工作3年以上经历。

3.政策业务水平

会计机构负责人要熟悉国家财经法律、法规、规章制度，掌握财务会计理论及本行业业务的管理知识。

4.组织能力

作为会计机构的负责人，不仅要求自己是会计工作的行家里手，更重要的是要领导和组织好本单位的会计工作，因此要求其必须具备一定的领导才能和组织能力，包括协调能力、综合分析能力等。

在大中型企业里，一般设置专门的会计机构，称为“财务部”或“财务会计部”。这些机构的负责人称为“部长”或者“经理”。

（三）会计机构内部分工的设计

实行总会计师制的大中型企业一般有较多的财务和会计人员，在总会计师的监督和财务部部长（经理）的领导下实行分工协作，形成一个以总会计师为首，以财务部部长为主管的，包括许多小组的财务会计组织体系。

在设计会计机构内部分工时，应考虑企业规模、业务特点、管理要求和会计信息需要。企业会计组织中可以设置以下几个小组：

1.总账报表组

本组负责汇总记账凭证的登记、总账的登记以及报表的编制。本组还负责月终结账、利润结转等工作。

2.采购和应付款组

本组负责反映和监督采购业务，查核全部采购原始凭证是否经过采购部门和主管会计人员批准，核算采购成本，反映在途商品（材料）、登记应付款明细账。经审核的发票在本组填付款单，由财务部门负责人签署后支付。

3.销售和应收款组

本组负责反映和监督销售业务，审核销售发票及有关凭证并按编号顺序登记，同时负责收货款和发出商品，并经常或定期向有关部门反映应收账款的明细情况和编制商品的销售分析报告。

4.工资核算组

本组负责监督工资基金、控制工资奖金支出总额，审查和核算职工工资额，编制工资单。另外，根据成本计算的要求，将工资总额按其类别进行分类，编制工资分配表。

5.仓库核算组（或存货核算组）

本组负责审核各仓库的收发退领商品材料、物资凭证，检查账存与实存是否相符。其核算范围包括原材料、辅料、燃料、低值易耗品、产成品以及商品的收、发、储存记录，并定期进行盘点，保证账实相符。

6.固定资产核算组

本组负责登记企业厂房设备及其他固定资产的分类账和折旧账以及在建工程有关账户。凡属企业添置和减少固定资产有关业务，如新建、购置、大修理、更新重置和调出报废等，都由该组核算。

7.成本核算组

本组负责计算、登记基本生产、辅助生产、制造费用和管理费用等明细分类账簿，按期编制生产成本报表，反映各种产品的单位成本，并进行分析。

8.对外投资核算组

本组负责登记企业对外长期投资和短期投资的有关账簿，投资的付出、收回及投资效益的分析等由该组核算。

上述各组人数视工作需要而定，少则一人，多则若干人。在分工中应贯彻内部控制原则，便于相互制约。会计机构内部应当建立稽核制度，有些大中型企业设有稽核组，或者在总账报表组内设稽核员。

根据上述会计机构设置的基本思路，可以归纳出大中型企业会计机构设置的示意图（如图3-1所示）。

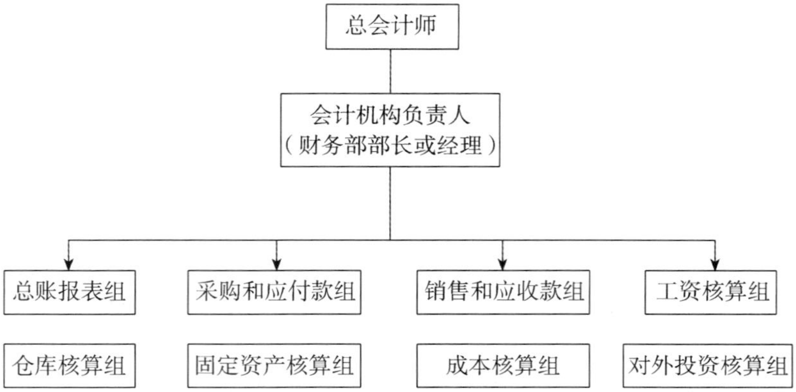

图 3-1　会计机构设置示意图

第二节　会计人员及其岗位责任制设计

企业会计机构应当设计安排一定数量的会计人员，以顺利完成会计工作。从事会计工作的会计人员应当具备从事会计工作所需要的专业能力，在以后的工作中晋升专业技术职务并接受继续教育。单位应按要求聘任会计人员。

一、会计专业职务与会计专业技术资格

会计工作的专业性要求会计人员必须具备一定的专业知识和专业技能。通过设置会计专业职务、举办会计专业技术资格考试，可以考核和确认会计人员的专业知识和业务技能，能够有效地鼓励会计人员提高职业道德和专业素质。

（一）会计专业职务

会计专业职务分为高级会计师、会计师、助理会计师和会计员。高级会计师为高级职务，会计师为中级职务，助理会计师和会计员为初级职务。会计专业职务，是各单位按照会计工作的需要，在规定的限额和批准的编制内设置的。

不同级别会计专业职务的任职条件及其基本职责不同，国家也对其作出了明确的规定。会计员的基本职责为负责具体审核和办理财务收支，编制记账凭证，登记会计账簿，编制会计报表和办理其他会计事务。助理会计师的职责为负责草拟一般的财务会计制度、规定、办法、解释，解答财务会计法规、制度中的一般规定，分析检查某一方面或某些项目的财务收支和预算的执行情况。会计师的基本职责是负责草拟比较重要的财务会计制度、规定、办法、解释，解答财务会计法规、制度中的重要问题，分析检查财务收支和预算的执行情况，培养初级会计人才。高级会计师的基本职责是负责草拟和解答在一个地区、一个部门、一个系统或在全国施行的财务会计法规、制度、办法，组织和指导一个地区或一个部门、一个系统的经济核算和财务会计工作，培养中级以上会计人才。

高级会计师分为正高级会计师和副高级会计师。通常所说的高级会计师为副高级会计师。正高级会计师是我国会计专业技术职务系列里最高的职称级别，相当于

正高级工程师、研究员级高级工程师、教授级高级工程师，目前财政部仅在东北地区及内蒙古、河南、河北、江苏、浙江等省（自治区）试点，将逐步推广，以充分尊重和体现长期从事财会工作，具有相当于研究员的研究能力、取得重大研究成果和成就，具有相当于教授的学术教研水平、能培养高级会计人才、取得重大教学理论成果，具有正高级工程师的实务经验和业绩、为财务会计管理和实务作出突出贡献的高级会计师人才。

（二）会计专业技术资格

会计从业技术资格分为初级资格、中级资格和高级资格三个级别，分别对应助理会计师或会计员、会计师和高级会计师。初级、中级会计资格的取得实行全国统一考试制度；高级会计师资格实行考试与评审相结合制度。

报考初级会计资格考试的人员必须具备教育部认可的高中以上学历。报考中级会计资格考试的人员除具备基本条件外，还必须符合下列条件之一：取得大专学历的，从事会计工作满5年；取得大学本科学历的，从事会计工作满4年；取得双学士学位或研究班毕业的，从事会计工作满2年；取得硕士学位的，从事会计工作满1年；取得博士学位。其中会计工作年限是指取得相应学历前、从事会计工作时间的总和。申请参加高级会计师资格考试的人员，须符合下列条件之一：《会计专业职务试行条例》规定的高级会计师专业职务任职资格评审条件，各地具体规定有所不同，需查阅当地的报考条件；经省级人事、财政部门批准的申报高级会计师专业职务任职资格评审的破格条件。

初级会计资格的考试科目是：初级会计实务和经济法基础。参加初级资格考试的人员必须在一个考试年度内通过全部两个科目的考试，才能取得初级资格。中级会计资格的考试科目是：中级会计实务、财务管理和经济法。中级资格考试成绩实行单科累计制，单科合格成绩在连续两个考试年度内有效，各科考试成绩合格标准均以考试年度当年标准确定。凡在连续两个考试年度内取得以上三个考试科目合格成绩者，均可取得中级资格。取得初、中级会计资格表明已具备相应级别会计专业职务的任职资格，可以被单位聘任或任命为会计员、助理会计师、会计师。

凡申请参加高级会计师资格审评的人员，须经过考试合格后方可参加评审。考试科目为：高级会计实务。高级会计师考试实行国家统一考试，考试大纲由财政部制定并公布。参加国家统一考试并达到合格标准的人员，由全国会计专业技术资格考试办公室核发高级会计师资格考试成绩合格证，该证书在全国范围内3年有效。考试合格并符合规定条件的可在考试合格成绩有效期内，向所在省、自治区、直辖市或中央单位会计专业高级职务评审委员会申请评审，通过后即表示其已具备担任高级会计师的资格，经单位聘任或任命后可担任高级会计师。

二、会计人员的聘任方式

各单位会计人员的聘任，通常有以下三种方式：（1）由国家的会计管理机构或上级主管单位直接任命；（2）由各单位自行聘任；（3）由各单位征得上级主管部门的同意后聘任。采用第一种方式，会计人员直接对国家或上级负责，对于执行国家或上级的各项规定，行使会计的监督职能有利，但不便于所在单位的统一领导，在发挥一个单位的职能作用方面，将受到一定的影响。采用第二种方式，其利弊正好与第一种方式相反。采用第三种方式，则兼有上述两种方式的优点，但在企业的局部利益与国家的整体利益发生矛盾时，往往将矛盾集中在会计人员身上，需要会计人员坚持原则，妥善处理。

为了保证会计人员行使国家赋予的监督职能，认真执行国家的各项规定，不受到其他人员的打击报复，各单位会计人员的任免应经过上级主管部门的同意；如果会计主管人员玩忽职守、丧失原则，不宜担任会计工作，上级主管单位应责成所在单位予以撤换。对于一般会计人员的调动，应征得所在单位会计机构负责人或会计主管人员的同意。

三、会计人员配备与分工设计的原则

会计人员配备与分工设计的基本原则是：

（1）根据会计工作需要，配备会计人员。会计工作任务很重，配备人员必须能满足工作需要。

（2）会计人员必须具备一定的资格条件。这些资格包括政治素质与业务素质，必须坚持经过专业教育与岗位培训才能正式上岗，切实保证会计人员的任职资格。

（3）结构要合理，人数要适当。会计机构所需会计人员，既要有领导人员，业务骨干，又要有一般工作人员。各岗位对业务能力要求不同，因此人员安排应合理，人数要适当。

此外，会计人员的分工，还应该注意平衡工作负荷，有利于提高会计人员的业务水平，根据工作情况，会计工作岗位可以一人一岗、一人多岗或者一岗多人，但出纳人员不得兼任稽核、会计档案保管和收入、费用、债权债务账目的登记工作。在岗位设定以后，应当有计划地实行会计人员岗位轮换制度。

四、会计岗位责任制的具体设计

岗位责任制是企业按照工作岗位建立的责任制度。会计岗位责任制应按照“事事有人管、人人有专责、办事有标准、工作有检查”的原则来设计。其设计要求是：设计的责任制要将工作任务和工作方法、职责和权限、专门核算和群众核算有机地结合起来，保证会计任务的完成。会计岗位责任制应以会计的职能为设计依据。现以制造业企业为例，说明会计岗位责任制的设计情况。

（一）会计部门主管岗位

（1）领导本单位的会计工作。

（2）组织制定本单位的各项会计制度，并监督贯彻执行。

（3）参加生产经营管理会议，参与经营决策。

（4）审查或参与拟订经济合同、协议及其他经济文件。

（5）负责向本单位领导和职工代表大会报告财务状况和经营成果，审查对外提供的会计资料。

（6）组织会计人员学习政治理论和业务技术，负责会计人员的考核，参与研究会计人员的聘任和调整工作。

（二）采购及应付款核算岗位

（1）审查汇编材料采购用款计划，控制材料采购成本，分析采购计划的执行情况。

（2）认真审核各类材料的采购凭证，分别按材料的采购地点、类别、品种、规格、保管地点、供货单位和采购成本等进行登记。对在途材料要督促清理催收。已验收入库尚未付款的材料，月终应估价入账。

（3）应付账款要登记明细账，经常对账，及时办理结算手续，认真审核有关发票、账单等结算凭证，防止错付、漏付、多付和重付等现象发生。

（三）销售及应收款核算岗位

（1）审查销售业务的有关凭证，严格执行国家的价格政策，认真履行销售合同，分析销售计划的完成情况。

（2）根据销货发票等凭证，正确计算销售收入、销售成本、费用、税金和销售利润，登记有关明细账。

（3）对应收账款要及时登记往来明细账，经常对账，催收欠款。

（4）经常核对产成品、发出商品账户的定额和实际库存，保持账实、账账相符。

（5）对购销业务以外的各项往来款项，要按照单位和个人分户设置明细账，根据审核后的记账凭证逐笔顺序登记，并经常核对余额。

（四）工资核算岗位

（1）监督工资基金的使用。

（2）审核发放工资和奖金。

（3）负责工资分配的核算。

（4）计提职工福利费和拨交工会经费。

（五）固定资产核算岗位

（1）建立健全固定资产管理办法，编制固定资产目录，负责固定资产的明细核算，定期核对，保持账、卡、物相符，按期编报固定资产增减明细表。

（2）计提固定资产折旧。

（3）定期清查盘点固定资产，认真审核并正确处理盘盈、盘亏以及使用不当的设备等，分析固定资产的使用效果，促进提高固定资产的利用率。

（4）负责核算在建工程及无形资产。

（六）成本核算岗位

（1）制定成本核算办法，编制成本、费用计划；健全基础工作，实行责任成本，指标分解、归口分级落实，促进成本计划实现。

（2）严格按成本制度规定，正确归集和分配生产费用，计算产品实际成本。

（3）登记成本费用明细账，编制成本、费用报表；进行成本、费用分析和考核，加强成本的日常控制，促进成本降低。

（4）加强对在产品和自制半成品的管理和核算，建立车间、班组的在产品台账和半成品登记簿，经常盘点，保持账实相符。

（5）开展部门、车间和班组经济核算。

（七）总账报表岗位

（1）编制汇总记账凭证，登记总账。

（2）编制资产负债表、利润表和现金流量表以及其他明细报表，核对其他报表。

（3）管理会计凭证、账簿和账表。

（八）出纳岗位

（1）办理库存现金收付和银行结算业务。

（2）登记库存现金和银行存款日记账。

（3）保管库存现金和各种有价证券。

（4）保管有关印章、空白收据和支票。

（九）稽核岗位

（1）审查财务成本计划执行情况。

（2）审查各项财务收支。

（3）复核会计报表。

（4）其他稽核事项。

（十）综合分析岗位

（1）综合分析财务状况和经营成果。

（2）编制财务情况说明书和专题分析报告。

（3）进行财务预测，提供经营决策参考资料。

五、会计专业技术人员职业道德规范和继续教育

会计人员作为特殊的从业人员，既要有良好的业务素质，又要有较强的政治观念和职业道德水平，因此应当借助必要的外部力量，促进各地区、各部门、各单位重视和加强会计人员职业道德水平和教育培训，督促会计人员提高政治和业务素质。

（一）会计人员职业道德

党的十八大以来，党中央、国务院部署加快社会信用体系建设、构筑诚实守信的经济社会环境，将会计人员作为职业信用建设的重点人群，要求引导职业道德建设与行为规范。党的十九大报告明确要求“深入实施道德建设工程，推进社会公德、职业道德、家庭美德、个人品德建设”。党的二十大报告进一步提出“实施公民道德建设工程，弘扬中华传统美德……推动明大德、守公德、严私德，提高人民道德水准和文明素养”“弘扬诚信文化，健全诚信建设长效机制”。

会计人员承担着生成和提供会计信息、维护国家财经纪律等重要职责，会计人员职业道德素质直接影响会计工作和会计信息质量。加强会计人员职业道德建设，有利于引导会计人员形成正确的价值追求和行为规范，提高会计职业形象和行业声

誉；有利于提高会计工作水平和会计信息质量，服务经济社会高质量发展；有利于完善会计诚信体系，推动社会信用体系建设。

为贯彻落实党中央、国务院关于加强社会信用体系建设的决策部署，推进会计诚信体系建设，提高会计人员职业道德水平，根据《会计法》《会计基础工作规范》，财政部研究制定了《会计人员职业道德规范》（财会〔2023〕1号），提出了新时代会计人员职业道德的三条要求，具体包括以下内容：

（1）坚持诚信，守法奉公。牢固树立诚信理念，以诚立身、以信立业，严于律己、心存敬畏。学法知法守法，公私分明、克己奉公，树立良好职业形象，维护会计行业声誉。

（2）坚持准则，守责敬业。严格执行准则制度，保证会计信息真实完整。勤勉尽责、爱岗敬业，忠于职守、敢于斗争，自觉抵制会计造假行为，维护国家财经纪律和经济秩序。

（3）坚持学习，守正创新。始终秉持专业精神，勤于学习、锐意进取，持续提升会计专业能力。不断适应新形势新要求，与时俱进、开拓创新，努力推动会计事业高质量发展。

“坚持诚信、守法奉公”是对会计人员的基本要求，“坚持准则、守责敬业”是对会计人员的核心要求，“坚持学习、守正创新”是对会计人员的发展要求。上述“三坚三守”24个字的内涵与其后面的内容保持了高度统一，强调了会计人员“坚”和“守”的职业特性和价值追求。

（二）会计专业技术人员的继续教育

1.会计人员继续教育的对象和特点

根据《会计专业技术人员继续教育规定》，会计人员继续教育的对象为：国家机关、企业、事业单位以及社会团体等组织，具有会计专业技术资格的人员，或不具有会计专业技术资格但从事会计工作的人员。

会计人员继续教育有三个特点：（1）针对性，即针对不同对象确定不同的教育内容，采取不同的教育方式，解决实际问题；（2）适应性，即联系实际工作需要，学以致用；（3）灵活性，即继续教育在培训内容、方法、形式等方面具有灵活性。

2.会计专业技术人员继续教育的内容

会计专业技术人员继续教育的内容主要包括公需科目和专业科目。公需科目包括专业技术人员应当普遍掌握的法律法规、政策理论、职业道德、技术信息等基本知识，专业科目包括会计专业技术人员从事会计工作应当掌握的财务会计、管理会计、财务管理、内部控制与风险管理、会计信息化、会计职业道德、财税金融、会计法律法规等相关专业知识。

3.会计专业技术人员继续教育的形式和学时要求

会计专业技术人员继续教育的形式有：（1）参加县级以上地方人民政府财政部门、人力资源社会保障部门，新疆生产建设兵团财政局、人力资源社会保障局，中共中央直属机关事务管理局，国家机关事务管理局（以下统称继续教育管理部门）组织的会计专业技术人员继续教育培训、高端会计人才培训、全国会计专业技术资格考试等会计相关考试、会计类专业会议等。（2）参加会计继续教育机构或用人单位组织的会计专业技术人员继续教育培训。（3）参加国家教育行政主管部门承认的中专以上(含中专，下同)会计类专业学历（学位）教育；承担继续教育管理部门或行业组织（团体）的会计类研究课题，或在有国内统一刊号（CN）的经济、管理类报刊上发表会计类论文；公开出版会计类书籍；参加注册会计师、资产评估师、税务师等继续教育培训。（4）继续教育管理部门认可的其他形式。

会计专业技术人员参加继续教育实行学分制管理，每年参加继续教育取得的学分不少于90学分。

六、会计人员诚信制度建设[①]

依法成立的会计人员、会计中介服务机构的自律组织，应当切实维护行业利益和会员合法权益，建立健全守信激励与失信惩戒相结合的会员执业诚信管理制度，引导和督促会员遵照本法和国家统一的会计制度开展会计工作。

会计人员、会计中介服务机构的自律组织应当接受与其登记管理机构同级的财政部门的指导和监督。

第三节　会计档案管理制度和会计工作交接制度的设计

一、会计档案管理制度的设计

会计档案是机关、团体、企事业单位和其他组织在会计活动中自然形成的，并按照法律规定保存备查的会计信息载体（包括会计凭证、会计账簿、财务会计报告和其他会计资料），是记录和反映经济业务的重要史料与证据，是检查遵守财经纪律情况的书面证明，也是总结经营管理经验的重要参考资料。《会计法》规定，各单位对会计凭证、会计账簿、财务会计报告和其他会计资料应当建立档案，妥善保管。在设计会计制度时，应根据《会计法》和《会计档案管理办法》，明确规定本单位会计档案管理的要求及整理、保管、利用、销毁办法。需要说明的是，会计档案管理虽然属于会计工作管理的一个方面，但也是会计制度的重要组成部分。有的企业在设计会计制度时，单独将其作为一个管理办法来对待。有的企业在会计制度总则中做简单说明，而将具体办法作为附录放在制度的最后。

（一）会计档案管理设计的原则

1.统一管理、分工负责的原则

统一管理是指会计档案由档案、财政部门统一管理。会计档案既是本单位全部

① 财政部2019年10月21日发布的《中华人民共和国会计法修订草案（征求意见稿）》中“第四章会计机构和会计人员”增加对依法成立的会计人员、会计机构的自律组织开展自律管理、自我服务的总体要求。截至本书收稿，新会计法仍在修订中。

档案的一部分，又是国家全部档案的重要组成部分，因此，会计档案应由各级档案部门实行统筹规划，统一制度，进行监督和指导。同时会计档案政策性、专业性强，分布面广，作为会计工作法定管理部门的财政部门对会计档案又负有业务指导、检查和监督的责任。分工负责是指各单位每年形成的会计档案，应由本单位财务会计部门负责整理、立卷、装订成册，按期移交档案部门，由档案部门管理。财会部门与档案部门分工合作，共同做好档案管理工作。

2.齐全完整的原则

会计档案要全部归档。财会部门或经办人员必须按期将应归档的会计档案，全部移交给档案部门，保证档案的齐全完整。不得以方便工作为借口而自行封包保存，档案部门也不能以库房紧张、装备不足为由而拒绝保管。如果会计档案残缺不全，将会大大降低会计档案的保存和利用价值。

3.简便易行的原则

会计档案的工作制度、管理办法等应当力求简便易行、通俗易懂、操作简单、利用方便，以便提高工作效率，充分发挥会计档案的作用。

4.依法管理的原则

会计档案涉及面广、政策性强、使用价值大，因此，必须加强会计档案管理的法治建设，依法管理会计档案。单位应根据法律法规规定，建立健全会计档案的立卷、归档、调阅、保存和销毁等管理制度，切实把会计档案管好、用好。

（二）会计档案整理的设计

会计档案整理是指将会计档案分门别类、按序存放的工作。整理工作是会计档案管理的重要内容，是保存、利用会计档案的前提。

会计档案整理包括会计凭证的整理、会计账簿的整理、财务会计报告的整理和其他会计资料的整理。定期或每个月份终了，应将所有应归档的会计凭证收集齐全，并根据记账凭证分类整理其附件，剔除不属于会计档案范围和没有必要归档的资料，补充遗漏的必不可少的核算资料，按适当厚度分成若干本，填制凭证封面，统一编号，装订成册，并由专人负责保管；年度终了，各种账簿（包括仓库的材料、产成品或商品的明细分类账）在结转下年、建立新账后，一般都要把旧账送交总账会计集中统一整理，活页账还要按页码顺序排好加封面后装订成本；财务会计报告一般在年度终了后，由专人（一般是主管报表的人员或会计机构负责人）统一收集，将全年财务会计报告按时间顺序整理装订成册，经会计机构负责人审核、盖章后立卷归档；其他会计资料，包括年（季）度成本、利润计划，月度财务收支计划，经济活动分析报告都应视同正式会计档案进行收集整理，但这部分资料不全部移交档案部门，有的在一个相当长的时期内，仍由财会部门保存，因此，应逐件进行筛选、鉴别，将需移交档案部门保存的，另行组卷装订并移交，其余的则由财会部门保存，以便随时利用。

会计档案的整理要规范化。封面、盒、袋要按统一的尺寸、规格制作，卷脊、封面的内容要按统一的项目印制、填写。做到按范围收集，按标准装订，按规范整理。

（三）会计档案分类的设计

会计档案的分类，要遵循会计档案的形成规律和本身固有的特点，从本单位会计档案的实际出发，可选择以下分类方法：

（1）年度–形成分类法，即把一个年度形成的会计档案分为凭证、账簿、财务会计报告三大类，然后分别组成若干保管单元（卷）。这一方法适用于一般的企业事业单位。

（2）年度–机构分类法，即先把一个年度内形成的会计档案按机构分开，然后再在机构内按凭证、账簿、财务会计报告分别组成保管单元。这种方法，一般适用于各级财政、税务、银行等部门和所属单位多的大型企业。

（四）会计档案编号的设计

为了实现会计档案管理规范化，有利于电算化处理，根据会计档案排列“年”（所属年度）、“类”（种类）、“限”（保管期限）三要素的多种组合方式，可以选用以下两种排列编号方法：

（1）一般的企业、单位可采用“年、限、类”的排列编号方法，即以每一年度的会计档案为一单元，将每个案卷按不同保管期限，从永久到最短的期限依次排列，然后将同一保管期限的案卷分类排列，最后以第一卷“永久”卷为1号，按顺序编制目录号，这些号码也作为案卷号。

（2）对由于种种原因会计档案仍由财会部门保管的单位，可将当年的“永久”卷集中按时间先过去、后现在的顺序排列，用大流水方法编号，即首卷为1号，以后各卷按顺序编下去。其余定期保管案卷，仍以每一年度为一单元，按上述“年、限、类”方式排列编号。

（五）会计档案保管的设计

会计档案的保管要严格执行安全和保密制度。做到会计档案完好无缺，不丢失、不破损、不霉烂、不被虫蛀；会计档案的信息不超过规定的传递范围。

各单位每年形成的会计档案，在财务会计部门整理立卷或装订成册后。如果是当年的会计档案，在会计年度终了后，可由本单位会计管理机构临时保管1年，再移交单位档案管理机构保管。因工作需要确需推迟移交的，应当经单位档案管理机构同意。

各类会计档案的保管期限，根据其特点，可分为永久和定期两类。一般年度决算财务会计报告和会计档案保管、销毁清册需永久保存，其他会计资料作定期保存，定期保存期限分为10年和30年两种。各种会计档案的保管期限，从会计年度终了后的第一天算起。各类会计档案所适用的保管期限为最低保管期限，各单位不得擅自变更。

（六）会计档案利用和销毁的设计

1.会计档案的利用

保存会计档案的最终目的是利用会计档案，因此，必须重视和加强会计档案的利用工作。各单位保存的会计档案一般不得对外借出。确因工作需要且根据国家有关规定必须借出的，应当严格按照规定办理相关手续。会计档案借用单位应当妥善保管和利用借入的会计档案，确保借入会计档案的安全完整，并在规定时间内归还。查阅或复制会计档案的人员，不得在会计档案上做任何记录、勾、划和涂改，更不能拆封或抽撤单据。

2.会计档案的销毁

单位应当定期对已到保管期限的会计档案进行鉴定，并形成会计档案鉴定意见书。经鉴定，仍需继续保存的会计档案，应当重新划定保管期限；对保管期满，确无保存价值的会计档案，可以销毁。会计档案鉴定工作应当由单位档案管理机构牵头，组织单位会计、审计、纪检监察等机构或人员共同进行。经鉴定可以销毁的会计档案，应当按照以下程序销毁：①单位档案管理机构编制会计档案销毁清册，列明拟销毁会计档案的名称、卷号、册数、起止年度、档案编号、应保管期限、已保管期限和销毁时间等内容。②单位负责人、档案管理机构负责人、会计管理机构负责人、档案管理机构经办人、会计管理机构经办人在会计档案销毁清册上签署意见。③单位档案管理机构负责组织会计档案销毁工作，并与会计管理机构共同派员监销。监销人在会计档案销毁前，应当按照会计档案销毁清册所列内容进行清点核对；在会计档案销毁后，应当在会计档案销毁清册上签名或盖章。电子会计档案的销毁还应当符合国家有关电子档案的规定，并由单位档案管理机构、会计管理机构和信息系统管理机构共同派员监销。

二、会计工作交接制度的设计

会计人员在调动工作或因故长期离职时，必须有人接替其工作，会计工作的这种移交和接替过程称为会计工作的交接。为保证会计工作的连续性，明确交接人员各自的经济责任，防范因会计工作交接而可能出现的混乱和差错，各单位应该设计严密、完善的会计工作交接制度。

（一）交接的范围

（1）会计人员工作调动或因故离职，应与接管人员办理会计工作交接手续。

（2）会计人员临时离职或因病暂时不能工作且需要接替或者代理的，会计机构负责人、会计主管人员或单位领导人必须指定有关人员接替或者代理，并办理交接手续；临时离职或者因病不能工作的会计人员恢复工作后，应当与接替或者代理人员办理交接手续。

（3）移交人员因病或特殊原因不能亲自办理移交手续的，经单位负责人批准，可由移交人委托他人代办交接手续，但委托人应当对所移交的会计凭证、会计账簿、会计报表和其他会计资料的真实性和完整性承担法律责任。

会计人员未与接管人员办清工作交接手续的，不得调动或离职。

（二）交接的程序

1.交接前的准备工作

会计人员离职前，必须向接替人员办理正式的会计交接手续，在正式办理交接手续前，必须做好以下准备工作：

（1）已经受理的经济业务尚未填制会计凭证的，应填制完毕。

（2）尚未登记的账目，应登记完毕，并在最后一笔余额后加盖经办人员印章。

（3）编制移交清单，列明应移交的会计凭证、会计账簿、会计报表、印章、库存现金、有价证券、支票簿、发票、文件、其他会计资料和物品等内容。

（4）分类整理全部移交资料，做到账证相符、账账相符、账表相符、账实相符。

（5）对于未了会计事项，应写出书面资料，说明其内容、原因、处理办法及相关责任。

（6）实行会计电算化的单位，从事该项工作的移交人员还应在移交清册中列明会计软件及密码、会计软件数据磁盘及有关资料、实物等内容。

2.会计工作交接的内容

移交人员在办理移交时，要按移交清册逐项移交；接替人员要逐项核对点收。

（1）库存现金、有价证券要根据会计账簿有关记录进行点交。库存现金、有价证券必须与会计账簿记录保持一致；不一致时，移交人员必须限期查清。

（2）会计凭证、会计账簿、会计报表和其他会计资料必须完整无缺。如有短缺，必须查清原因，并在移交清册中注明，由移交人员负责。

（3）银行存款账户余额要与银行对账单核对，如不一致，应当编制银行存款余额调节表调节相符，各种财产物资和债权债务的明细账户余额要与总账有关账户余额核对相符；重要实物要实地盘点，余额较大的往来账户要与往来单位、个人核对。

（4）移交人员经管的票据、印章和其他实物等，必须交接清楚。

（5）移交人员从事会计电算化工作的，有关电子数据要在实际操作状态下进行交接。

（6）会计主管人员移交时，还应将全部财务工作、重大财务收支、会计人员状况等，向接替人员详细介绍。

对需要移交的遗漏问题，应写出书面材料。

3.会计工作交接的监交

为明确责任，会计人员在办理会计工作交接手续时，必须由专人负责监交，并要注意移交后的相关事宜。

（1）一般会计人员办理交接手续，由单位的会计机构负责人、会计主管人员负责监交。

（2）会计机构负责人、会计主管人员办理交接手续时，由单位领导人负责监交，必要时，主管单位可以派人会同监交。

（3）会计工作交接完毕后，交接双方和监交人要在移交清册上签名盖章。移交清册应填制一式三份，交接双方各执一份，存档一份。

（4）接管人员应继续使用移交前的账簿，不得擅自另立账簿，以保证会计记录前后衔接，内容完整。

（三）移交人员的责任

移交人员对移交的会计凭证、会计账簿、会计报表和其他会计资料的合法性、真实性承担法律责任。会计资料移交后，如发现是在其经办会计工作期间内所发生的问题，由原移交人员负责。原移交人员不应以会计资料已经移交为由而推脱责任。

本章小结

会计组织是开展会计工作的组织，由专门的机构和专职会计人员组成。会计组织系统是由科学的机构设置、合理的人员分工、明确的岗位责任、完善的会计工作制度等有机组成的。会计组织系统设计就是拟订有关会计组织系统的办法、措施和制度。

会计机构是各单位进行会计管理工作的职能机构，建立会计机构是做好会计工作的组织保证，也是保证会计制度实施的重要条件。

由于各个单位的组织机构、管理体制和经营管理情况有所不同，会计机构设计有不同的模式，在设计会计机构时，一般应遵循下列原则：会计机构设计要与各单位的规模和管理要求相适应；会计机构设计应能提高工作效率；会计机构设计应注意内部分工明确具体。

会计机构与财务机构的设置有两种情况：分设与合并。在设计会计制度时，必须明确两者的区别与联系，根据企业的经营规模、业务量的大小来决定如何设置会计机构与财务机构。

单位应当根据会计业务的需要，设置会计机构，或者在有关机构中设置会计人员并指定会计主管人员，或者委托经批准从事代理记账业务的中介机构代理记账，或者采取国务院财政部门认可的其他方式组织本单位的会计工作。

总会计师一般是在单位负责人直接领导下进行工作的单位领导决策层的成员。总会计师作为单位会计工作的主要负责人，全面负责本单位的财务会计管理和经济核算，参与本单位的重大经营决策活动，是单位负责人的参谋和助手。

在独立设置会计机构的单位，应指定会计机构负责人。在没有独立设置会计机构的单位，也需要在会计人员中指定会计主管人员。会计机构负责人和会计主管人员属于单位中层管理人员，具体组织管理本单位的会计工作。

实行总会计师制的大中型企业一般有较多的财务和会计人员，在总会计师的监督和财务部部长（经理）的领导下实行分工协作，形成一个以总会计师为首，以财务部部长为主管的，包括许多小组的财务会计组织体系。

在设计会计机构内部分工时，应考虑企业规模、业务特点、管理要求和会计信息需要。企业会计组织中可以设置以下几个小组：总账报表组、采购和应付款组、销售和应收款组、工资核算组、仓库核算组（或存货核算组）、固定资产核算组、成本核算组、对外投资核算组。

企业会计机构应当设计安排一定数量的会计人员，以顺利完成会计工作。会计专业职务分为高级会计师、会计师、助理会计师和会计员，相应的职务的会计人员需要达到高级资格、中级资格、初级资格。

各单位会计人员的聘任，通常有以下三种方式：(1) 由国家的会计管理机构或上级主管单位直接任命；(2) 由各单位自行聘任；(3) 由各单位征得上级主管部门的同意后聘任。三种方式各自都具有相应的特点。

在进行会计人员配备与分工设计时，应遵循一定的原则。在建立会计岗位责任制时，应做到将工作任务和工作方法、职责和权限、专门核算和群众核算有机地结合起来，保证会计任务的完成。其主要岗位包括会计部门主管岗位、采购及应付款核算岗位、销售及应收款核算岗位、工资核算岗位、固定资产核算岗位、成本核算岗位、总账报表岗位、出纳岗位、稽核岗位、综合分析岗位。

会计人员需遵循一定的会计职业道德规范，我国会计职业道德规范的主要内容包括：(1) 坚持诚信，守法奉公；(2) 坚持准则，守责敬业；(3) 坚持学习，守正创新。会计人员继续教育的特点为：针对性、适应性、灵活性。会计人员继续教育的内容主要包括公需科目和专业科目。

公需科目包括专业技术人员应当普遍掌握的法律法规、政策理论、职业道德、技术信息等基本知识，专业科目包括会计专业技术人员从事会计工作应当掌握的财务会计、管理会计、财务管理、内部控制与风险管理、会计信息化、会计职业道德、财税金融、会计法律法规等相关专业知识。

会计专业技术人员继续教育的形式包括：(1) 参加县级以上地方人民政府财政部门、人力资源社会保障部门，新疆生产建设兵团财政局、人力资源社会保障局，中共中央直属机关事务管理局，国家机关事务管理局（以下统称继续教育管理部门）组织的会计专业技术人员继续教育培训、高端会计人才培训、全国会计专业技术资格考试等会计相关考试、会计类专业会议等。(2) 参加会计继续教育机构或用人单位组织的会计专业技术人员继续教育培训。(3) 参加国家教育行政主管部门承认的中专以上(含中专，下同)会计类专业学历（学位）教育；承担继续教育管理部门或行业组织（团体）的会计类研究课题，或在有国内统一刊号（CN）的经济、管理类报刊上发表会计类论文；公开出版会计类书籍；参加注册会计师、资产评估师、税务师等继续教育培训。(4) 继续教育管理部门认可的其他形式。会计专业技术人员参加继续教育实行学分制管理，每年参加继续教育取得的学分不少于90学分。

会计档案是机关、团体、企事业单位和其他组织在会计活动中自然形成的，并按照法律规定保存备查的会计信息载体（包括会计凭证、会计账簿、财务会计报告和其他会计资料），是记录和反映经济业务的重要史料与证据，是检查遵守财经纪律情况的书面证明，也是总结经营管理经验的重要参考资料。

会计档案管理设计的原则包括统一管理、分工负责、齐全完整、简便易行、依法管理。会计档案管理的设计主要包括会计档案整理的设计、会计档案分类的设计、会计档案保管的设计、会计档案利用和销毁的设计。

为了保证会计工作的连续性，明确交接人员各自的经济责任，防止会计工作因交换而造成混乱和差错，杜绝可能出现的各种不法行为，必须设计严密完善的会计工作交接制度。设计会计工作交接制度，应主要对交接的范围、交接的程序和交接人员的责任作出具体的规定。

思考题

1. 什么是会计组织？什么是会计组织系统？
2. 在进行会计机构设计时，需要遵循哪些原则？
3. 会计机构与财务机构的设置有哪些方式？进行方式选择时的依据是什么？
4. 会计组织系统设计的基本内容有哪些？
5. 会计机构设计的方式有哪些？
6. 如何进行会计机构内部分工的设计？
7. 在进行会计人员配备与分工设计时，应考虑哪些因素？
8. 如何建立会计工作的岗位责任制？

9. 如何理解总会计师的地位？有哪些任职条件？有关法规中规定的职责与权限是什么？
10. 作为一名会计人员，如何培养自己的职业道德？
11. 会计档案管理设计应坚持哪些原则？
12. 会计档案如何分类？如何编号？
13. 如何建立会计档案保管、利用和销毁等方面的管理制度？
14. 会计工作交接的程序和内容有哪些？
15. 会计工作交接时应该注意哪些问题？

练习题

1. 单项选择题

（1）《会计法》规定，国有的和国有资产占控股地位或主导地位的大中型企业必须设置（　　）。

A. 总经济师　B. 总会计师　C. 财务总监　D. 审计人员

（2）企业组织结构设计的出发点和依据是（　　）。

A. 权责利关系　B. 一项管理职能　C. 分工合作关系　D. 实现企业目标

（3）根据《会计基础工作规范》，下列不属于会计岗位工作的是（　　）。

A. 成本费用核算　B. 会计电算化　C. 环境绩效核算　D. 出纳

（4）会计专业职务是区别会计人员业务技能的技术等级，会计专业职务分为（　　）。

A. 总会计师、高级会计师、会计师、会计员
B. 高级会计师、注册会计师、会计师、会计员
C. 总会计师、注册会计师、会计师、助理会计师
D. 高级会计师、会计师、助理会计师、会计员

（5）我国现代化会计之父潘序伦先生倡导："信以立志，信以守身，信以处事，信以待人。"这主要体现了会计职业道德的（　　）。

A. 守法奉公　B. 坚持诚信　C. 守责敬业　D. 守正创新

（6）按原则办事，在对待职业对象的态度上，要一视同仁、秉公办事，不因职位高低、贫富亲疏的差别而区别对待。这是会计职业道德中（　　）的具体体现。

A. 守责敬业　B. 坚持诚信　C. 坚持准则　D. 守法奉公

（7）《会计法》规定，对本单位的会计工作和会计资料的真实性与完整性负责的，即会计责任的主体是（　　）。

A. 会计机构　B. 会计主管　C. 单位负责人　D. 总会计师

（8）根据《会计档案管理办法》的规定，会计档案保管期间分为永久和定期两类。定期保管会计档案的期限最短的是（　　）。

A. 10 年　B. 20 年　C. 30 年　D. 40 年

（9）根据《会计基础工作规范》的规定，在会计工作交接以后，（　　）对已经移交的会计凭证、会计账簿、会计报表和其他会计资料的真实性、完整性承担法律责任。

A. 监交人　B. 移交人　C. 接受人　D. 会计机构负责人

2. 多项选择题

（1）在进行机构设置和分工时，应该考虑的因素有（　　）。

A. 企业规模　B. 管理要求　C. 业务特点　D. 会计信息需求

（2）会计组织系统的有机组成部分包括（　　）。

A.科学的机构设置　B.合理的人员分工
C.明确的岗位责任　D.完善的会计工作制度
(3) 会计机构设计的原则有（　　）。
A.与单位的规模和管理要求相适应　B.有利于提高工作效率
C.要配备合适的会计人员　D.内部分工要明确具体
(4) 会计人员设计的要求有（　　）。
A.根据会计工作需要配备会计人员　B.不相容职务相互分离
C.各岗位人员必须符合任职资格　D.结构合理，人数适当
(5) 会计机构负责人的任命应考虑的因素有（　　）。
A.政治素质　B.专业技术资格条件
C.政策业务水平　D.组织能力
(6) 以下属于会计部门主管岗位应负责的有（　　）。
A.组织制定本单位的各项会计制度并监督贯彻执行
B.审查或参与拟订经济合同、协议及其他经济文件
C.参加生产经营管理会议，参与经营决策
D.负责向本单位领导和职工代表大会报告财务状况与经营成果
(7) 下列各项中，体现会计职业道德“坚持诚信”要求的有（　　）。
A.言行一致，表里如一　B.执业谨慎，信誉至上
C.保守商业秘密，不为利益所诱　D.做老实人、说老实话、办老实事
(8) 会计职业道德教育途径包括（　　）。
A.通过会计学历教育进行会计职业道德教育
B.通过会计继续教育进行会计职业道德教育
C.通过会计人员的自我教育与修养进行会计职业道德教育
D.网络远程教育
(9) 会计档案管理设计主要包括（　　）。
A.会计档案整理的设计　B.会计档案的分类和编号设计
C.会计档案保管的设计　D.会计档案利用和销毁的设计
(10) 会计档案管理设计的原则有（　　）。
A.统一管理、分工负责　B.齐全完整
C.简便易行　D.依法管理

3.判断题

(1) 任何单位都必须设置独立的会计机构，以保证会计工作的正常开展。（　　）

(2) 只有国有大中型企业有必要设置总会计师职务。（　　）

(3) 设置总会计师的单位，还可以根据工作需要设置副总会计师，以达到相互牵制的目的。（　　）

(4) 一般来说，由于无形资产业务较少，所以可以不单独设置核算岗位，而将其并入固定资产岗位核算。（　　）

(5) 出纳人员不得兼任稽核、会计档案保管岗位，但可以登记收入、费用账目。（　　）

(6) 会计人员所在单位应当将会计人员遵守职业道德的情况作为会计人员任职、晋升的依据之一。（　　）

(7) 会计档案的保管期限，从会计年度终了后的第一天算起。（　　）

（8）会计档案的年度-形成分类法适用于一般的企业事业单位。 （ ）

业务题

1. 如果你是一家企业的财务经理，组建了会计制度设计小组。请你想想，应该如何来设置该企业的会计机构和会计人员。

2. 某国有企业财务部现有10名会计人员，其中1名总会计师，1名财务部经理，其余人员分别负责相关会计业务的处理，请你为该企业设计一份会计人员岗位责任制。

3. 设计小型工业企业的会计机构，并说明各岗位的责任？

4. 根据国家相关法规，设计一家企业的会计档案管理办法。

第三章 拓展阅读

第四章　会计科目设计

学习目标
通过本章学习，学生要了解会计科目设计的意义；理解会计科目设计的基本内容；了解与领会会计科目设计的基本原则；掌握各类会计科目设计的方法。

第一节　会计科目设计的意义与原则

思政课堂

遵守职业规范，完善会计监督职能

会计科目是对会计对象进行具体分类项目的名称。会计对象是会计核算的基本内容。设置会计科目是对会计对象的具体内容进行归类反映和监督的一种会计核算方法。由于企业的经济业务特点不同，会计对象的具体内容也不一样，所以在设计企业会计制度时，首先要根据企业的实际情况确定合适的会计科目分类并具体规定需要设置的会计科目名称。

会计科目是会计制度的重要组成部分。会计科目设计是会计制度设计的一个重要环节，是确定会计对象经济内容的分类体系，为会计凭证、会计账簿、会计报表及会计业务处理程序等的设计奠定基础。做好会计科目的设计对保证会计制度设计质量，完成会计制度设计任务具有重要意义。

一、会计科目设计的意义

进行会计科目设计主要有以下几个方面的意义：

（一）对会计核算内容进行具体分类

会计是企业内部的一个信息与控制系统。会计核算的系统性主要体现在对其核算内容的分类上。会计核算内容的分类，就是对会计对象六大要素，即资产、负债、所有者权益、收入、费用、利润的内容所做的进一步分类。因此，会计科目设计，就是对经济业务内容做具体分类，以系统地、连续地进行会计核算的一个重要步骤。

（二）为编制会计凭证提供依据

连续、系统、全面地反映企业经济业务活动是会计核算的特点。在取得原始凭证后，要根据会计科目进行分类整理，编制记账凭证。再按会计科目对记账凭证进行分类整理，作为登记账簿的依据。

（三）为设计会计账簿提供依据

账簿是账户的载体，会计科目是开设账户、建立总分类账和明细分类账的依据。因此，会计科目设计是开设账户、建立完整账簿体系的基础。

（四）便于编制会计报表

在会计科目设计时规定了一系列反映财务状况和经营成果的会计科目，会计账户就是按照会计科目进行设置的，期末就可以根据有关总分类账户以及明细分类账户的本期发生额和余额情况，编制资产负债表、利润表等各类会计报表。

二、会计科目设计的原则

根据2014年企业会计准则体系的规定，企业在不违反会计准则中确认、计量和报告规定的前提下，可以根据本单位的实际情况自行增设、分拆、合并会计科目。企业不存在的交易或者事项，可不设置相关会计科目。对于明细科目，企业可以比照《企业会计准则（2014）》附录中的规定自行设置。会计科目编号供企业填制会计凭证、登记会计账簿、查阅会计账目、采用会计软件系统参考，企业可结合实际情况自行确定会计科目编号。在设计会计科目时，应当遵循以下具体原则：

（一）合法性原则

为了适应国家宏观管理和行业管理需要，会计科目分类口径必须符合企业会计准则和有关会计法规的要求，在此基础上设计适应企业实际情况的会计科目体系。

（二）全面性原则

全面性是会计科目设计的重要原则，要求在设计会计科目时必须保证会计科目能够全面反映经济业务活动，防止有所遗漏。

（三）满足企业经济管理的需要

会计是经济管理的重要组成部分，通过提供会计信息，发挥控制作用，履行其职能。会计科目设计要考虑到企业经济业务特点和生产经营过程，如制造业企业的生产经营活动、商业企业的商品购销活动、租赁企业的租赁活动、服务业的收支活动对经济管理都有不同的要求，会计科目设计就应有所差别，否则难以满足需要。会计科目设计还要考虑到企业规模大小、经济管理的不同需要。例如，大中型企业经济业务活动比较复杂、业务量大，会计科目应当细一些；反之，小企业业务量小、业务性质比较单一，会计科目应力求简明。

（四）会计科目名称能明确地反映其内容并简明实用

会计科目是分门别类地反映经济业务活动的，因此，会计科目的名称必须与其所反映的经济业务内容相一致。为了便于记忆和记账，会计科目的名称应简明扼要，核算内容要明确，界限清楚，以避免引起混乱和误解。

第二节 会计科目设计的内容

会计科目设计的基本内容包括会计科目的总体设计、会计科目的编号设计和会计科目的使用说明设计。

一、会计科目的总体设计

一个企业要设计会计科目，主要取决于该企业的业务特点和管理上的要求。不同行业具有不同的业务经营特点，其资金运动过程有所区别，因此会计科目的设计也不同。此外，各企业的内部管理体制不同，这就要求核算上提供的指标有所差别，进而也会影响其会计科目的设计。会计科目的总体设计基本上是由粗到细地对企业的经济业务进行逐步分类。

首先，对企业进行全面调查，了解企业情况，包括经济性质、经营方式、组织形式、经营规模、业务特点、筹资渠道以及各有关利益团体对会计核算的要求，当前生产经营情况和财务状况（包括资金的筹资、财产物资的增减、货币资金的收付、往来款项的结算以及对外投资等情况），在调查研究基础上进行设计。

其次，根据经济业务性质和企业会计准则及有关会计规范的规定，将企业经济业务划分为财务状况和生产经营过程两大类。

再次，企业财务状况是由资产的取得及增减变化、负债的形成与偿还、资本的投入与增减变动等经济业务活动组成的，根据产权关系又可将其划分为资产类经济业务、负债类经济业务、资本类经济业务。生产经营过程是由材料物资的采购、材料投产与资金耗费、成本费用的发生、资金的收回及利润的形成和分配等业务活动组成的，在此基础上又可分为采购供应类经济业务、成本费用类经济业务、收入和利润类经济业务。

最后，将各类经济业务细分，如资产划分为货币资金、投资、应收款项、存货等，再具体到会计科目，如货币资金由于核算与管理的需要可以划分为库存现金、银行存款、其他货币资金。所选定的会计科目就是在经济业务细化分类基础上产生的。

二、会计科目的编号设计

会计科目编号就是确定会计科目的编码，具体地说，是根据会计科目的经济内容及其在会计科目体系中的地位和特点进行分类，为每一会计科目确定一个号码作为科目的代号。会计科目编号一经确定不得随意变更。编码的形式体现了会计科目的分类和每一类别中各科目的排列次序，能使会计科目体系得以科学、系统的体现，有利于会计事项的归类，便于记忆和查阅，便于在分类账中按会计科目的排列次序开设账户以及进行归类汇总和编表。

（一）会计科目编号的要求

为了达到上述目的，会计科目编号应考虑以下几项要求：①要简明实用，即会计科目编号应尽可能简单以提高工作效率；②要便于记忆；③要有弹性，即在每类账户的编码之间留有适当的余地，以便于业务变更而增设或更换会计科目；④要排列有序，层次分明，根据科目编号就能判断会计科目的经济内容。

（二）会计科目编号的方法

会计科目的编号方法有很多，如数字编号法，文字编号法和文字、数字混合编号法等，但多年实践证明，有些编号方法很难达到上述会计科目编号的各项要求，一般都使用数字编号法，因此以下只介绍数字编号方法的使用。

1.顺序编号法

顺序编号法是从1号开始，有多少科目编多少号。这种编号法最为简明，但没有增添科目的余地，也不能反映账户的性质。它一般适用于业务简单、账户比较固定的单位。

2.数字组编号法

该编号方法是给每一类会计科目以一定的数字组，该类有关会计科目就在一定的数字组内进行编号。例如，给予资产类会计科目的数字组编号为100～199，则有关流动资产、固定资产和无形资产的会计科目就均在这一数字组内进行编号；给予负债类会计科目的数字组编号为200～299，则有关负债的会计科目就在这一范围内进行编号，以此类推。同时，在每一数字组内又可根据会计科目明细分类规定相应的数字组编号，如在资产类会计科目的100～199数字组内进一步分类规定，货币资金类会计科目编号在101～109，固定资产类会计科目编号在161～169。

3.十进制编号法

该编号方法将会计科目按类别（大类、小类）、总分类会计科目和明细分类会计科目的顺序排列，并把每一顺序向前推进十位。例如，设资产类会计科目分为流动资产、固定资产、无形资产等三大类，可分别给予1、2、3的编号，其中流动资产又分为货币性流动资产和非货币性流动资产两小类，可分别给予1、2两个编号；余下的总分类会计科目可给予两位数的编号，具体见表4-1。

表4-1　**十进制编号法**

1.流动资产	1.货币性流动资产 2.非货币性流动资产	01库存现金 02银行存款 03其他货币资金 ⋮ 01材料采购 02原材料 03周转材料 ⋮
2.固定资产		01固定资产 02累计折旧 03固定资产清理 ⋮
3.无形资产及长期待摊费用		01无形资产 02长期待摊费用 ⋮

按以上的编号顺序排列，“库存现金”会计科目的编号为1101，“材料采购”会计科目的编号为1201，“固定资产”会计科目的编号为2001等。

上述数字组编号法和十进制编号法都能显示会计科目的类别，对会计科目所反映的经济内容能起到一定的说明作用，但编号的数字可能较多些，因而不便于记忆。

至于明细会计科目的编号，可以在总分类会计科目编号后用点号或连字符表示。编号的数字位数，可根据明细账户的多少决定。多的可给予三位数或四位数编号，少的可给予一位数或两位数编号。例如，上述原材料会计科目的明细会计科目较多，可给予四位数编号，表示方法为“2102.××××”或“2102-××××”。点号或连字符之前为总分类会计科目编号，点号或连字符后为明细分类会计科目编号，其中前面的数字又可表示材料的类别，后面的数字可表示材料的品种规格。

4.数字定位编号法

该编号方法是对每个数字给予特定的含义，并按一定的位置进行排列。例如，第1位数字代表大类会计科目，第2位数字代表小类会计科目，第3、4位数字代表总分类会计科目，第5、6位数字代表明细分类会计科目等。如账户的编号为210304，它表示该账户是属于第二大类第一小类中的第3个总分类会计科目的第4个明细分类会计科目。采用这种编号方法时，总分类会计科目和明细分类会计科目之间不需用点号或连字符隔开。

数字定位编号法也适用于对财产物资明细账的编号，以表示该项物资的存放地点。例如，第1位数字表示库号，第2位数字表示货架号，第3位数字表示层次号，第4位数字表示货位号。设某一物资的编号为1532，则表示该项物资存放于第1仓库第5号货架第3层的第2个货位。

数字定位编号法是十进制编号法的扩展，其缺点是编号数字较长，不便于记忆，但是它对账户的经济内容或物资的存放地点都可明确显示，也便于实行会计电算化。企业会计准则体系中的会计科目编号采用的就是这种方法（见表4-2）。

表4-2 **会计科目表**

序号	编号	会计科目名称	序号	编号	会计科目名称
		一、资产类			
1	1001	库存现金	55	2201	应付票据
2	1002	银行存款	56	2202	应付账款
3	1012	其他货币资金	57	2203	预收账款
4	1101	交易性金融资产	58	2205	合同负债
5	1121	应收票据	59	2211	应付职工薪酬
6	1122	应收账款	60	2221	应交税费
7	1123	预付账款	61	2231	应付利息
8	1131	应收股利	62	2232	应付股利

续表

序号	编号	会计科目名称	序号	编号	会计科目名称
9	1132	应收利息	63	2241	其他应付款
10	1221	其他应收款	64	2245	持有待售负债
11	1231	坏账准备	65	2401	递延收益
12	1401	材料采购	66	2501	长期借款
13	1402	在途物资	67	2502	应付债券
14	1403	原材料	68	2701	长期应付款
15	1404	材料成本差异	69	2702	未确认融资费用
16	1405	库存商品	70	2703	租赁负债
17	1406	发出商品	71	2801	预计负债
18	1408	委托加工物资	72	2901	递延所得税负债
19	1411	周转材料	三、共同类		
20	1471	存货跌价准备	73	3101	衍生工具
21	1473	合同资产	74	3201	套期工具
22	1474	合同资产减值准备	75	3202	被套期项目
23	1475	合同履约成本	四、所有者权益类		
24	1476	合同履约成本减值准备	76	4001	实收资本
25	1477	合同取得成本	77	4002	资本公积
26	1478	合同取得成本减值准备	78	4401	其他权益工具
27	1481	持有待售资产	79	4003	其他综合收益
28	1482	持有待售资产减值准备	80	4101	盈余公积
29	1485	应收退货成本	81	4103	本年利润
30	1501	债权投资	82	4104	利润分配
31	1502	债权投资减值准备	83	4201	库存股
32	1503	其他债权投资	五、成本类		
33	1504	其他权益工具投资	84	5001	生产成本
34	1511	长期股权投资	85	5101	制造费用
35	1512	长期股权投资减值准备	86	5301	研发支出
36	1521	投资性房地产	87	5402	工程结算
37	1531	长期应收款	六、损益类		
38	1532	未实现融资收益	88	6001	主营业务收入
39	1601	固定资产	89	6051	其他业务收入
40	1602	累计折旧	90	6101	公允价值变动损益
41	1603	固定资产减值准备	91	6111	投资收益
42	1604	在建工程	92	6115	资产处置损益
43	1605	工程物资	93	6117	其他收益

续表

序号	编号	会计科目名称	序号	编号	会计科目名称
44	1606	固定资产清理	94	6301	营业外收入
45	1701	无形资产	95	6401	主营业务成本
46	1702	累计摊销	96	6402	其他业务成本
47	1703	无形资产减值准备	97	6403	税金及附加
48	1704	使用权资产	98	6601	销售费用
49	1711	商誉	99	6602	管理费用
50	1801	长期待摊费用	100	6603	财务费用
51	1811	递延所得税资产	101	6701	资产减值损失
52	1901	待处理财产损溢	102	6702	信用减值损失
二、负债类			103	6711	营业外支出
53	2001	短期借款	104	6801	所得税费用
54	2101	交易性金融负债	105	6901	以前年度损益调整

三、会计科目的使用说明设计

前面介绍了如何根据企业经营业务的经济内容、企业管理与核算的要求设置会计科目并进行科学的分类。为了使会计人员能够正确地使用会计科目，还需要为每个会计科目设计使用说明，对每个会计科目的设置目的、核算的内容范围和方法、应当执行的原则以及明细分类科目的设置等，进行详细的说明。会计科目的使用说明设计应包括以下几项主要内容：

（一）阐明会计科目的核算内容与范围

其撰写方法是先正面说明该科目的核算内容与范围，有些会计科目还需区别易混淆的内容，指出不在该科目核算的内容。例如，“库存现金”科目，核算的内容是企业的库存现金，因此，应明确科目核算范围，指出企业内部各部门使用的备用金，可以单独设置“备用金”科目。

（二）说明所属明细科目的设置

会计科目所属明细科目的编写方法有两种：一是概括地说明设置明细科目的要求；二是具体写明所需设置的各个明细科目及其核算内容。例如，按第一种方法设置“管理费用”科目的明细科目，“本科目可按费用明细项目进行明细核算”。按第二种方法设置“交易性金融资产”科目的明细科目，“本科目可按交易性金融资产的类别和品种，分别以‘成本’‘公允价值变动’等进行明细科目核算”。

（三）说明会计科目的主要账务处理

其撰写方法是以该科目为主，写明借记本科目、贷记有关科目的业务，以及借记有关科目，贷记本科目的业务。例如，“库存现金”科目，企业增加库存现金，借记本科目，贷记“银行存款”等科目；减少库存现金作相反的会计分录。

（四）撰写主要会计事项会计分录举例

在说明会计科目的主要账务处理时，应扼要地说明借贷两方的对应关系，而撰写主要会计事项会计分录举例比较具体，要结合企业的实际业务情况，要有经济业务内容，要有对应的会计科目，以便会计人员参考学习。

下面以“库存现金”科目为例，简要介绍会计科目的使用说明设计。

“库存现金”科目使用说明如下：

（1）本科目核算企业的库存现金。企业内部周转使用的备用金，在“其他应收款”科目核算，或单独设置“备用金”科目核算，不在本科目核算。

（2）企业应当严格按照国家有关现金管理的规定收支现金，超过库存现金限额的部分应当及时交存银行，并严格按照本制度规定核算现金的各项收支业务。

（3）现金收支的主要账务处理如下：

①从银行提取现金，根据支票存根所记载的提取金额，借记本科目，贷记“银行存款”科目；将现金存入银行，根据银行退回的进账单第一联，借记“银行存款”科目，贷记本科目。

②企业因支付内部职工出差等原因所需的现金，按支出凭证所记载的金额，借记“其他应收款”等科目，贷记本科目；收到出差人员交回的差旅费剩余款并结算时，按实际收回的现金，借记本科目，按应报销的金额，借记“管理费用”等科目，按实际借出的现金，贷记“其他应收款”科目。

（4）企业应当设置“库存现金日记账”，由出纳人员根据收付款凭证，按照业务发生顺序逐笔登记。每日终了，应当计算当日的现金收入合计数、现金支出合计数和结余数，并将结余数与实际库存数核对，做到账款相符。

（5）每日终了结算现金收支、财产清查等发现的有待查明原因的现金短缺或溢余，应通过“待处理财产损溢”科目核算：属于现金短缺，应按实际短缺的金额，借记“待处理财产损溢——待处理流动资产损溢”科目，贷记本科目；属于现金溢余，按实际溢余的金额，借记本科目，贷记“待处理财产损溢——待处理流动资产损溢”科目。

（6）单独设置“备用金”科目的企业，由企业财务部门单独拨给企业内部各单位周转使用的备用金，借记“备用金”科目，贷记本科目或“银行存款”科目。自备用金中支付零星支出，应根据有关的支出凭单，定期编制备用金报销清单，财务部门根据内部各单位提供的备用金报销清单，定期补足备用金，借记“管理费用”等科目，贷记本科目或“银行存款”科目。除了增加或减少拨入的备用金外，使用或报销有关备用金支出时不再通过“备用金”科目核算。

（7）本科目期末借方余额，反映企业实际持有的库存现金。

第三节 各类会计科目的设置方法

会计科目的设置是对会计对象进行的分类。会计对象可用资金运动及其成果进行表述。根据资金运动过程和结果，可以把会计科目分为两大类。实际上这两类经济业务是交错进行的，有着密切的联系。因此，在具体设置会计科目时，应以经济业务为主，把财务状况和经营成果两类科目结合起来进行。现将会计科目设置的方法分别介绍如下：

一、总分类会计科目的设置

(一) 筹资业务会计科目的设置

资金是企业存在的基础，企业从事生产和经营，发生各项经济业务，都需要一定数量的资金。因此，通过各种形式和途径取得资金，是企业生存和发展的首要条件之一。企业取得资金的渠道主要有投资者投入企业的资本金，从银行和其他金融机构借入的信贷资金，发行债券取得的资金。现分别介绍如下：

1.筹集资本金会计科目的设置

根据《企业会计准则》、《企业财务通则》以及《中华人民共和国公司法》等财经法规的规定，投资者可以用现金、实物和无形资产等形式向企业投资。筹资业务发生后，一方面形成企业的所有者权益，另一方面增加了企业的资产，两者形成了对应关系。因此，一方面一般企业都应当设置“实收资本”科目，另一方面相应设置“库存现金”“银行存款”“库存商品”“原材料”“固定资产”“无形资产”等科目。

为突出股份制企业的特点，应当设置“股本”科目，代替“实收资本”科目。

另外，在筹集资本金过程中，如果投资者缴付的出资额超出资本金，为保持资本金原貌，执行资本金保全制度，应设置“资本公积”科目核算出资额超出资本金的差额（或股票发行的溢价收入）。直接计入所有者权益的利得和损失，在“资本公积”和“其他综合收益”科目进行核算。

“实收资本”（或“股本”）和“资本公积”是为维护所有者权益，明确经济责任，加强资本金管理所设置的两个重要科目。

2.借款业务会计科目的设置

企业经营资金不足时，从银行或其他金融机构借款是筹集资金的一个重要途径。按照借款期限不同，分为长期借款和短期借款。其中，期限在一年以上（不含一年）的借款为长期借款；期限在一年以下（含一年）的借款为短期借款。为反映两种借款的增减变化情况，就应当设置“短期借款”和“长期借款”两个科目。

短期借款多用于企业的日常经营活动，其借款利息应计入当期损益，因此，还要求相应设置“财务费用”科目。长期借款既可用于企业的生产和经营，又可用于固定资产的购建，借款利息既可能计入当期损益，又可能计入固定资产建造成本，所以还要相应设置“在建工程”或“固定资产”科目。

3.发行债券业务会计科目的设置

为解决经营资金的不足，企业除向银行借款外，还可通过发行债券方式筹集资金。为了反映各种债券及应付利息的增减变化情况，便于确认债务责任，应设置“应付债券”科目，其相对应的一般是“银行存款”科目。

另外，还有其他筹资方式，如企业采用补偿贸易方式引进设备应设置“长期应付款”科目进行核算。

（二）采购供应业务会计科目的设置

采购供应过程是企业生产经营过程的重要环节。采购业务是企业为从事产品生产或商品销售，采购各种材料、商品或物资储备待用。

采购供应业务主要是以库存现金、银行存款支付各种材料、商品或物资的价款及各种采购费用；计算材料或商品的采购成本；处理因采购材料或商品等发生的相应债务，如应付账款、应付票据等。其主要包括以下几个方面：

1.计算采购成本会计科目的设置

材料和商品是企业存货的重要组成部分。为了计算采购成本，应当设置“在途物资”或“材料采购”科目，用以反映材料和商品的采购成本。其中，“材料采购”科目核算企业采用计划成本进行材料日常核算而购入材料的采购成本；采用实际成本进行材料日常核算的，购入材料的采购成本，在“在途物资”科目核算；购入的工程用材料，在“工程物资”科目核算。

采购材料或商品的价款和各种采购费用，一般以库存现金、银行存款、外埠存款、银行汇票、银行本票等支付或采用赊购、预付货款方式，所以要求相应设置“库存现金”“银行存款”“其他货币资金”“应付票据”“应付账款”“合同负债”“预付账款”等科目。

2.各种存货会计科目的设置

企业购买的各种材料物资，在生产中的用途各不相同，有的直接构成产品实体，有的只有助于产品形成，有些则用于保护产品，在它们的存续期间都属于存货。针对存货的不同用途，应分别设置“原材料”“库存商品”“发出商品”“周转材料”等科目。

“原材料”科目核算企业库存的各种材料，包括原料及主要材料、辅助材料、外购半成品（外购件）、修理用备件（备品备件）、包装材料、燃料等的计划成本或实际成本。

采用计划成本核算的企业，还应当设置“材料成本差异”科目，用于核算计划成本与实际成本的差异。

“库存商品”科目核算企业库存的各种商品的实际成本（或进价）或计划成本（或售价），包括库存产成品、外购商品、存放在门市部准备出售的商品、发出展览的商品以及寄存在外的商品等。

“发出商品”科目核算企业未满足收入确认条件但已发出商品的实际成本（或进价）或计划成本（或售价）。

“周转材料”科目核算企业周转材料的计划成本或实际成本，包括包装物、低值易耗品以及企业（建造承包商）的钢模板、木模板、脚手架等。企业的包装物、低值易耗品也可以单独设置“包装物”“低值易耗品”科目。

如有向外加工业务，还应设置“委托加工物资”科目，核算企业委托外单位加工的各种材料、商品等物资的实际成本。

采用售价进行日常核算的商业企业应设置“商品进销差价”科目核算商品售价与进价之间的差额。

对各种存货在存续期间发生的溢余或短缺应当设置“待处理财产损溢”科目进行核算，以保证存货核算的真实性，便于加强存货的管理。

企业对存货发生的跌价损失，在提取跌价准备金时，应当设置“存货跌价准备”科目进行核算。

企业接受其他单位委托代销和寄销商品，或受托代管商品和物资，应当设置相应的备查账进行登记，以便分清自有“库存商品”和其他单位代销、代管商品物资的所有权，加强财产管理。

3.采购付款业务会计科目的设置

企业采购材料或商品时，除了以库存现金、银行存款和其他货币资金支付以外，还会采用赊购的方式，这就会与供货单位之间发生结算关系。为了清晰地反映这些债务，需设置“应付账款”“合同负债”“应付票据”科目。

（三）生产过程业务会计科目的设置

企业在生产过程中形成的生产费用，有些是为生产某种产品发生的直接费用，可以直接计入某种产品的生产成本；有些则是为生产几种产品发生的间接费用，需要通过一定的分配方式，在几种产品之间进行合理分配，还有一些则是为组织生产经营活动而发生的，属于管理费用。具体的生产业务主要有原材料的领用、职工薪酬和各种费用的支付、固定资产折旧的计提、产品生产成本的计算、完工产品的入库。根据上述情况生产过程业务会计科目的设置如下：

1.各种费用会计科目的总体设置

根据《企业会计准则》的规定，企业在一定期间内发生的各项费用，有些费用是当期受益，有些费用则是若干会计期间受益，所以应当执行权责发生制原则。

根据核算与管理的需要，生产性企业的生产业务应当设置“生产成本”“制造费用”科目，分别核算直接生产费用、间接生产费用。此外，单独核算废品损失、停工损失的企业，还可以增设“废品损失”和“停工损失”科目。大型制造业企业需要加强成本核算与管理时，可将“生产成本”科目分设为“基本生产成本”和“辅助生产成本”两个科目。小型制造业企业，也可将“生产成本”和“制造费用”合并为“生产费用”科目。

2.职工薪酬业务会计科目的设置

生产部门职工薪酬的核算包括生产部门人员的工资、福利费、社会保险费、住房公积金、工会经费、职工教育经费、非货币性福利、辞退福利等的计算和结算以及职工薪酬的支付。职工薪酬结算引起的是生产成本或制造费用的增加，支付职工薪酬引起的是货币资金的减少。因此，职工薪酬业务的核算除涉及前述的各种成本费用科目和“库存现金”“银行存款”科目外，还应设置“应付职工薪酬”科目，用来核算根据有关规定应付给职工的各种薪酬。

3.提取折旧业务会计科目的设置

企业生产经营用的房屋、建筑物、机器和设备，由于其使用期限较长，其价值应逐期计入各期的成本费用。“固定资产”科目反映的是固定资产的原价，即历史成本，为反映其已计入各期成本费用的价值，应当设置“累计折旧”科目，作为固定资产的备抵科目。

4.核算完工产品成本业务会计科目的设置

制造业企业生产的产品完工，经过检验合格以后，应交给仓库保管，为了反映产成品入库、出库及结存情况，应设置“库存商品”科目。实行计划成本核算的企业，还应设置“产品成本差异”科目，用以核算产品实际成本与计划成本的差额。“库存商品”和“产品成本差异”两科目并在一起，才能反映库存产成品的实际成本。

（四）销售业务会计科目的设置

销售业务是指企业销售产品及其他非产品，收回货币资金等的过程。其主要业务有出售产品、商品和材料以及提供劳务等取得的各种收入，结转销售成本，支付各种销售费用，核算因销售业务而产生的各种应收款项。销售业务会计科目设置，包括以下各项：

1.营业收入会计科目的设置

营业收入包括主营业务收入和其他业务收入。企业在销售商品、提供劳务及让渡资产使用权等日常活动中所产生的收入，称为主营业务收入，应当设置“主营业务收入”科目进行核算。企业除主营业务收入以外的其他销售或其他业务的收入，如生产性企业销售材料、代购代销、包装物出租等收入，称为其他业务收入，应当设置“其他业务收入”科目核算。

2.营业成本会计科目的设置

营业成本包括主营业务成本和其他业务成本。

企业因销售商品、提供劳务等日常活动而发生的实际成本，称为主营业务成本，应设置“主营业务成本”科目进行核算。

企业除主营业务成本以外的其他销售或其他业务所发生的支出，包括销售材料、出租包装物等发生的相关成本、费用，称为其他业务成本，应当设置“其他业务成本”科目进行核算。

3.税金及附加会计科目的设置

税金及附加是企业日常活动应负担的税金及附加费用，包括消费税、城市维护建设税、资源税、土地增值税、教育费附加、环境保护税、房产税、车船税土地使用税、印花税等，应当设置“税金及附加”科目进行核算。

4.应收款项会计科目的设置

企业销售业务发生以后，由于赊销或结算方式等，可能发生暂时收不回的应收款项，形成结算债权，是企业流动资产的重要组成部分，应当设置会计科目进行反映。根据各种应收款项的不同形式，应分别设置“应收票据”“应收账款”“合同资产”等科目，反映其发生、收回和结存情况。

“应收票据”科目用以核算各种应收票据的增减变化及结存情况；“应收账款”科目用以核算无条件收取合同对价权利增减变动及结存情况；“合同资产”科目用以核算企业已向客户转让商品或提供劳务而有权收取对价的权利，该权利取决于时间流逝之外的其他因素。“其他应收款”科目用以核算各种赔款、备用金和各种垫付款。

根据企业会计核算的谨慎性原则，均衡各会计期间的负担，企业按照规定，可按应收账款的一定比例或一定金额，提取坏账准备金，因此应当设置“坏账准备”科目，作为“应收账款”科目的备抵账户。

此外，如有预收货款业务，应设置“预收账款”“合同负债”科目，如有分期收款销售业务，可相应设置“分期收款发出商品”科目。

（五）利润形成及分配过程业务会计科目的设置

1.利润形成业务会计科目的设置

企业从事生产和经营一定时期之后，会实现一定数额的利润。企业利润主要是由营业利润、营业外收入和营业外支出组成的。

营业利润是由营业收入抵减营业成本、税金及附加、销售费用、管理费用、财费用、研发费用，加其他收益、投资收益（减投资损失）、公允价值变动收益公允价值变动损失）、净敞口套期收益（减损失），减信用减值损失、资产减值，加资产处置收益（减资产处置损失）所构成的。

业收入项目反映企业经营主要业务和其他业务所确认的收入总额，分别设置务收入”和“其他业务收入”科目核算。

成本项目反映企业经营主要业务和其他业务所发生的成本总额，分别设置成本”和“其他业务成本”科目核算。

设置“税金及附加”科目，核算企业经营过程中承担的除增值税、企业其他税费，包括消费税、资源税、城市维护建设税、教育费附加、车城镇土地使用税、印花税等。

品和材料、提供劳务的过程中发生的各种费用，包括保险费、包装费、商品维修费、预计产品质量保证损失、运输费、装卸费等以品而专设的销售机构的职工薪酬、业务费、折旧费等经营费用，”科目进行核算。企业发生的与专设销售机构相关的固定资产也在该科目核算。

生产经营所发生的管理费用，包括企业在筹建期间发生的开理部门在企业的经营管理中发生的或者应由企业统一负担的公司经费（包括行政管理部门的职工薪酬、物料消耗、低值易耗品摊销、办公费和差旅费等），董事会费（包括董事会成员津贴、会议费和差旅费等），聘请中介机构费，咨询费（含顾问费），诉讼费，业务招待费，技术转让费，研究费用，存货盘盈或盘亏（因管理不善造成的盘亏部分）等，应当设置“管理费用”科目进行核算。

企业为核算计入其他收益的政府补助，以及其他与日常活动相关且计入其他收益的项目，应当设置“其他收益”科目进行核算。

企业对外投资取得的投资收益或投资损失，应当设置“投资收益”科目进行核算。

企业计提除金融资产（不包括长期股权投资）以外的其他各项资产减值准备所形成的损失，还应当设置“资产减值损失”科目进行核算。

企业为核算出售固定资产、在建工程、生产性生物资产、无形资产等而产生的利得或损失，应设置“资产处置损益”科目。

企业为核算采用公允价值模式计量的资产、负债项目（如交易性金融资产、交易性金融负债、采用公允价值模式计量的投资性房地产和衍生工具等）公允价值变动形成的应计入当期损益的利得或损失，应当设置“公允价值变动损益”科目进行核算。

企业除了正常生产经营业务以外，还有一些利得与损失，包括固定资产盘亏、报废固定资产和无形资产等净损失、非常损失、公益性捐赠支出等。由于这些利得与损失和企业经营无直接关系，故设置“营业外收入”和“营业外支出”两个科目进行反映。为反映固定资产处理收支情况，应当设置“固定资产清理”科目，为反映固定资产盘盈、盘亏情况，应当设置“待处理财产损溢”“以前年度损益调整”科目。

2. 利润结算会计科目的设置

企业在一定时期内实现的全部收入减去全部支出即为实现的利润，如为负数时，则为亏损。由于各收入与支出要由各相关科目转入，并结出当期实现的利润或亏损。为反映这些情况应当设置“本年利润”科目。

3. 利润分配会计科目的设置

根据现行企业会计制度的规定，利润分配的去向主要有弥补以前年度的亏损，提取法定盈余公积，提取任意盈余公积，向投资者分配利润。为了反映利润分配情况，企业应当设置“利润分配”“盈余公积”“应付股利”等科目。

其中，“利润分配”科目用以核算企业利润的分配或亏损的弥补情况。

“盈余公积”科目用以核算企业按规定提取的法定盈余公积金和任意盈余公积的增减变动情况。

“应付股利”科目用以核算企业应付给投资者的现金股利利润，包括应付给国家、其他单位和个人的投资利润（或股利）。

以上总分类会计科目的设计是以生产经营过程为主，结合经济业务内容而设置的，从中可以看出会计科目设置的要求和基本原理，并了解各科目特定的内容。但是，由于会计科目设置是根据业务要求提出的，显得比较零散。根据我国目前企业会计准则的规定，会计科目按经济内容分类，分为资产类、负债类、共同类、所有者权益类、成本类和损益类六大类。具体分类情况如下：

（1）资产类会计科目，包括库存现金、银行存款、其他货币资金、交易性金融资产、应收票据、应收账款、合同资产、预付账款、应收股利、应收利息、其他应收款、坏账准备、材料采购、在途物资、原材料、材料成本差异、库存商品、发出商品、商品进销差价、委托加工物资、周转材料、存货跌价准备、债权投资、债权投资减值准备、其他债权投资、其他权益工具投资、长期股权投资、投资性房地产、长期应收款、固定资产、累计折旧、固定资产减值准备、在建工程、工程物资、固定资产清理、无形资产、累计摊销、无形资产减值准备、长期待摊费用、递延所得税资产等科目。

（2）负债类会计科目，包括短期借款、应付票据、应付账款、预收账款、合同负债、应付职工薪酬、应交税费、应付利息、应付股利、其他应付款、长期借款、应付债券、长期应付款、租赁负债、预计负债和递延所得税负债等科目。

（3）共同类会计科目，包括清算资金往来、货币兑换、衍生工具、套期工具、被套期项目5个科目。此类科目的特点是需要从其期末余额所在方向界定其性质。

（4）所有者权益类会计科目，包括实收资本、资本公积、盈余公积、本年利润、利润分配和其他综合收益等科目。

（5）成本类会计科目，包括生产成本、制造费用、劳务成本、研发支出、工程施工等科目。

（6）损益类会计科目，包括主营业务收入、其他业务收入、汇兑损益、公允价值变动损益、投资收益、营业外收入、主营业务成本、其他业务成本、税金及附加、销售费用、管理费用、财务费用、资产减值损失、营业外支出、所得税费用和以前年度损益调整等科目。

二、明细分类会计科目的设置

总分类会计科目只能总括地反映经济活动情况，而经营管理还需要比较明细的核算资料，为此需要在总分类会计科目下设置明细科目。明细科目一般是分设二、三级，如有特殊需要可以设置四级明细科目，形成一个完整的科目级别体系。由于在企业会计准则附录中对大部分会计科目的明细科目没有做详细规定，只提出一般要求，所以企业对明细科目的设计应当予以重视。明细科目是总分类科目核算内容的进一步分类，因此它的内容和使用方法应与总分类科目保持一致。企业经营管理上对各类会计科目反映的详细经济内容和用途的要求各不相同，对明细科目设置的要求也就不一样。

（一）实物资产按种类和品名设置明细科目

企业的各种存货和固定资产科目的用途是划分类别的标准之一，还应详细反映各种资产的增减变动情况及结存额，用以检查资产的实有数，揭示其盘盈和盘亏情况。因此，必须按资产的种类、品名设置明细科目，以便为加强管理、明确经济责任提供会计信息，如企业存货中的“原材料”“辅助材料”“发出商品”“库存商品”“在途物资”等科目。

此外，如果按品种核算盈亏，“主营业务收入”和“主营业务成本”等科目也应按品名设置明细账。

（二）债权、债务类资产、负债按单位或个人名称设置明细科目

企业的债权、债务类科目的用途是反映各种债权、债务事项的发生、收回或偿付以及结存情况，属于结算类科目，各种债权、债务需按户结清，所以，应当按照债权、债务单位或个人名称设置明细科目。例如，“应收账款”“应付账款”“预付账款”“预收账款”“其他应收款”“应付职工薪酬”等科目应按单位或个人名称设置明细科目。

（三）成本计算科目按对象设置明细科目

企业的产品成本是按成本计算对象归集和分配费用的，因此，对“生产成本”科目应按成本计算对象设置明细科目。例如，制造业企业用这种方法计算各种产品和工程成本，考核成本计划的执行情况。除“生产成本”外，“在建工程”等科目也按此方法设置明细科目。

（四）费用类科目主要按项目设置明细科目

企业对费用进行核算，需要按管理与会计核算的需要，按项目设置明细账户。在大中型企业内部都设几个部门和若干车间，为了加强管理、分清责任、考核业绩，还需要结合部门设置明细账户。例如，制造业企业的“销售费用”“管理费用”“财务费用”需要按项目设置明细科目；“制造费用”可以按车间设置明细科目，项目用多栏式账户反映。商品流通企业的“销售费用”“管理费用”“财务费用”虽是按项目设置明细科目，但在实行分项目管理责任制时，也要结合部门设置明细科目。另外，实行售价金额核算的零售企业的“库存商品”科目，还应按实物负责人分设明细科目。

（五）一些收入和支出科目按业务种类和项目设置明细科目

企业的“其他业务收入”“其他业务成本”“营业外收入”“营业外支出”以及不实行分项目管理责任制的企业的“管理费用”“财务费用”等科目都应按业务种类或费用项目设置明细科目，用以反映收入和支出的情况，扩大收入，控制支出。

本章小结

会计科目设计是会计制度设计的一个重要环节，主要有以下几个方面的意义：①对会计核算内容进行具体分类；②为编制会计凭证提供依据；③为设计会计账簿提供依据；④便于编制会计报表。

在设计会计科目时，应当遵循以下原则：①合法性原则；②全面性原则；③满足企业经济管理的需要；④会计科目名称能明确地反映其内容并简明实用。

会计科目设计的基本内容包括：会计科目总体设计、会计科目编号设计、会计科目的使用说明设计。

在具体设置会计科目时，以经济业务为主，把财务状况和经营成果两类科目结合起来进行。

总分类会计科目的设计。按经济业务分类设计：①筹资业务会计科目的设置；②采购供应业务会计科目的设置；③生产过程业务会计科目的设置；④销售业务会计科目的设置；⑤利润形成及分配过程业务会计科目的设置。按经济内容分类设计：①资产类会计科目；②负债类会计科目；③共同类会计科目；④所有者权益类会计科目；⑤成本类会计科目；⑥损益类会计科目。

明细分类会计科目的设计。由于在企业会计制度中对有些明细科目不做详细规定，只提一般要求，所以对明细科目的设计应当予以重视。企业经营管理中总分类科目反映的经济内容和用途各不相同，对明细科目设置的要求也就不一样。①实物资产按种类和品名设置明细科目；②债权、债务类资产、负债科目按单位或个人名称设置明细科目；③成本计算科目按对象设置明细科目；④一些收入和支出科目按业务种类和项目设置明细科目。

思考题

1.会计科目设计有什么意义？

2.设计会计科目应遵循什么原则？

3.会计科目设计的基本内容有哪些？

4.按经济内容分类，会计科目可以分为几大类，每一大类又可分为哪些科目？

5.会计科目编号的原则有哪些？

6.会计科目编号的方法有哪些？

7.你能否为某单位的应收账款科目编写使用说明？

练习题

1.单项选择题

(1) 会计科目设计要考虑到企业经济业务特点和生产经营过程，这符合的原则是（　　）。

A.合法性　　B.全面性

C.满足经济管理的需要　　D.简明实用

(2) 我国现行的企业会计制度中的会计科目编号采用的方法是（　　）。

A.顺序编号法　　B.数字组编号法

C.十进制编号法　　D.数字定位编号法

(3) 在筹集资本金过程中，如果投资者缴付的出资额超出资本金，为保持资本金原貌，执行资本金保全制度，应设置的会计科目是（　　）。

A.“实收资本”　　B.“资本公积”　　C.“盈余公积”　　D.“利润分配”

(4) 设计核算长期借款利息的会计科目时，不涉及的账户是（　　）。

A.“长期借款”　　B.“财务费用”　　C.“在建工程”　　D.“应收利息”

(5) 为保证各会计期间费用的合理负担，应当设置“长期待摊费用”科目，遵循的会计原则是（　　）。

A.权责发生制　　B.收付实现制　　C.客观性　　D.重要性

2.多项选择题

(1) 会计科目设计的基本内容包括（　　）。

A.会计科目的总体设计　B.会计科目的编号设计
C.会计科目的使用说明设计　D.会计科目类别的设计
E.会计核算程序的设计

（2）会计科目的使用说明设计包括的主要内容有（　）。
A.阐明会计科目的核算内容与范围
B.说明会计科目基本业务的账务处理方法
C.说明所属明细科目的设置及核算内容
D.撰写主要会计事项会计分录举例
E.会计科目编号

（3）进行筹资业务核算需要设计的会计科目有（　）。
A.实收资本　B.资本公积　C.盈余公积
D.应付债券　E.长期借款

（4）会计科目设计应遵循的原则有（　）。
A.合法性　B.全面性　C.重要性
D.满足企业经济管理的需要　E.简明实用

（5）核算企业存货需要设计的会计科目有（　）。
A.原材料　B.工程物资　C.库存商品
D.周转材料　E.在途物资

3.判断题

（1）会计科目设计是会计制度设计的一个重要环节，有助于确定会计对象经济内容的分类体系，为会计凭证、会计账簿、会计报表及会计业务处理程序等的设计奠定基础。（　）

（2）会计科目的总体设计基本上是由粗到细地对企业的经济业务进行逐步分类。（　）

（3）所有企业核算接受投资者投入的资本金设置的会计科目都是“实收资本”。（　）

（4）债权债务类资产、负债应按照具体的构成项目设置明细科目。（　）

（5）在企业会计制度中对总分类会计科目不做详细规定，只提出了一般要求，因此企业可以根据需要自行设计。（　）

业务题

资料：2×22年9月10日，王科开设了一家装修公司——永科装饰公司，在本月剩下的时间里，王科完成了以下业务（假定不考虑相关税费）：

（1）9月10日，王科将现金15 000元存入永科装饰公司的银行账户；

（2）9月11日，购买价格为50 000元的二手卡车，支付20 000元现金，其余款项开出商业承兑汇票支付；

（3）9月13日，赊购办公用品3 500元；

（4）9月14日，以现金购买备用品，价格为1 000元；

（5）9月14日，支付本年度的财产保险和意外保险的保费500元；

（6）9月15日，完成装修服务，收取收入3 000元；

（7）9月16日，支付9月13日购买办公用品所欠账款3 500元；

（8）9月20日，对客户提供装修服务，开出发票，应向客户收取5 000元；

（9）9月24日，支付水电费800元；

（10）9月27日，支付各项杂费300元；

（11）9月28日，收回客户所欠账款5 000元；

（12）9月29日，支付员工工资2 500元；

（13）9月30日，从银行提取现金1 000元备用；

（14）9月30日，向银行贷款50 000元，期限为2年，存入公司账户。

要求：

（1）根据以上业务编制一个适合永科装饰公司的会计科目表；

（2）设计资产负债表及利润表，并编制9月份的资产负债表及利润表。

案例分析题

资料：宝洁公司（Procter & Gamble）的账户编号达30位数，反映公司不同的经营业务和经营地域。

要求：请你分析一下，宝洁公司为什么采用如此长的账户编号？这属于哪一种账户编号方法？有何优缺点？

第五章　会计核算系统设计

学习目标

通过本章学习，学生要了解会计凭证、会计账簿、会计报表和会计核算组织程序的概念、种类及设计的意义，理解会计凭证、会计账簿、财务报告和会计核算组织程序设计的原则和内容，掌握会计凭证、会计账簿、财务报告和会计核算组织程序的设计方法及各种会计凭证、会计账簿、财务报告和会计核算组织程序的适用范围。

会计是一个信息系统，目的是及时提供客观、可靠的会计信息，将其作为会计信息使用者决策的依据。企业根据实际发生的经济业务事项进行会计核算，填制会计凭证、登记会计账簿、编制会计报表，形成了会计核算的系统。其中，凭证、账簿和会计报表是会计信息的载体。进行会计核算的首要任务就是设计会计核算系统，这样才能保证会计信息的质量，提高会计工作效率。

思政课堂5-1

信守承诺，诚信兴商

第一节　会计凭证设计

思政课堂5-2

规范财报编制　内部控制　提升会计信息质量

会计凭证是根据经济业务的内容，按照一定格式编制的一种书面单据。填制和审核会计凭证是会计核算的重要组成部分。会计凭证证明了经济业务已发生，明确业务处理过程中有关部门或人员的经济责任，并作为登记账簿的依据。会计凭证在会计核算系统中的地位十分重要。会计核算程序的基本形式可以概括为“凭证—账簿—报表”，会计凭证是会计核算的起点和基础。离开会计凭证，会计核算就无从进行。

会计凭证包括原始凭证和记账凭证两种。会计凭证设计主要就是原始凭证的设计和记账凭证的设计以及凭证传递程序和保管制度的设计。

思政课堂5-3

与时俱进，推动世界一流财务标准化体系建设

一、原始凭证设计

原始凭证又称单据，是在经济业务发生时取得或填制，用以证明经济业务的发生和完成情况的书面证明。原始凭证包括自制原始凭证和外来原始凭证两大类。在进行原始凭证设计时，主要考虑自制原始凭证的设计。

（一）原始凭证的基本要素

各种原始凭证所记载的经济业务是多种多样的，每一种原始凭证的具体内容都

不相同，但每一种原始凭证都必须具有下列基本内容：

（1）原始凭证的名称。

（2）填制原始凭证的单位名称。

（3）原始凭证填制的日期和凭证编号。

（4）接受原始凭证单位的名称。

（5）经济业务内容（摘要、计量单位、数量、单价和金额等）。

（6）经办人员的签名或盖章。

有些原始凭证不仅要满足会计核算工作的需要，还需要满足计划、统计以及其他业务管理方面工作的需要，因此可以根据具体情况增设一些补充性的内容，如有些凭证可以注明与该业务有关的生产计划、合同和预算项目等。对于对外自制原始凭证来说，上述内容应该齐全。对于一些对内的自制原始凭证，有些内容，如填制原始凭证单位名称、接受原始凭证的单位等，则可适当省略。

（二）原始凭证的设计要求

在设计原始凭证格式时，应该考虑原始凭证的设计要符合经济业务的客观要求。对于一般性的业务，在凭证设计时可以设置一些共同性的基本内容；对于一些特殊的业务，则应该设置一些特殊的内容。原始凭证设计的要求主要有如下几个方面：

（1）基本内容要求设计完整。原始凭证既是业务证明，又是记账的依据，能够证明经济业务确实发生以及发生的情况。因此，这就要求凭证各要素设计完整，避免出现法律纠纷和影响账务处理的情况。

（2）与相关业务管理相结合。在设计原始凭证时，要求广泛征求相关部门的意见，照顾其他部门核算和管理的需要，尽量做到一“证”或一“单”多用。

（3）要有利于内部控制。在设计原始凭证时应特别注意存根、连续编号、复写联次和相关人员盖章，充分考虑内部控制，确保经济业务的真实性、合法性和有效性。

（三）原始凭证格式的设计

原始凭证一般采用固定的印制格式来反映经济业务的基本要素。为了使原始凭证简明实用，在绘制原始凭证时，应考虑以下因素：

（1）凭证格式的大小。设计凭证格式的大小主要考虑两个因素：一是经济内容的多少。经济内容多，凭证格式可大一些；反之，则可小一些。二是与记账凭证的相互协调性。一般原始凭证的大小不应超过所使用的记账凭证，以便装订成册，使凭证美观。

（2）内容位置的安排。凭证内容要素要合理地安排在一张凭证上，凭证要素排列的顺序要考虑凭证传递顺序的要求。各个要素的安排应便于登记。一般项目名称在左边，要填制的内容在右边。整个凭证要素的排列要突出重点，重要的项目应设置在主要位置上。

（3）凭证的联数。为了满足不同部门对信息的需求，一般设计一式多联的原始凭证。凭证的联数主要取决于企业的组织机构、管理要求及与企业外部的关系。在设计一式多联的凭证时，应当注明每一联凭证的用途和传递顺序。各联凭证的名称应与该联凭证所起作用保持一致，注明不同用途的各联凭证不能互相代替。

（4）凭证的版式。凭证纸质的优劣应根据凭证使用的频率、复写联数和保存期限来确定；凭证的颜色应使用比较柔和的浅色，不同联次应使用不同颜色加以区别，如收款联用红色、付款联用绿色。在印刷字体上一般采用比较庄重的字体，如宋体或仿宋体。凭证的线条应醒目，粗细得当。

（四）主要原始凭证的设计

为了进一步掌握原始凭证的设计要求及设计技巧，现按照企业生产经营过程，对重要、常用的原始凭证设计介绍如下：

1. 对外投资原始凭证的设计

对外投资业务主要涉及对外投资申请和投资确认两个过程的原始凭证。设计这类原始凭证须注意要有投资性质、投资申请人和审批人、投资的有关成本费用项目等内容。

从投资申请过程看，应当设计“对外投资付款申请单”，作为投资部门的投资依据和财务部门的付款依据。该申请单是企业内部凭证，主要内容包括投资项目和性质、投资依据或文件、投资金额、投资期限和投资回报等。为了明确投资责任，还应具有经办人、投资负责人、审批人以及财务负责人的签字。为了加强内部控制，对外投资付款申请单还应采用复写凭证，即一式三联，投资部门、财务部门和总经办各留一份。按以上要求，对外投资付款申请单的参考格式见表5-1。

表5-1　××公司对外投资付款申请单

年　月　日　单位：元

投资项目和性质			被投资人		
投资依据或文件		投资期限		投资回报	
投资金额（大写）：				投资金额（小写）	

审批人　投资负责人　财务负责人　经办人

企业办理付款手续后，应当取得收款人填制的收款收据，在设计该凭证时应当明确收款单位名称、投资金额和经办人以及收款单位加盖的印章等，常见的收款收据见表5-2。此外，对发生的投资业务还必须有相应的交割单据，在单据中应标明投资性质、品种、金额以及成本费用和收益等，常见的投资交割单据见表5-3。

表5-2　××证券公司××营业部资金流水凭证

年　月　日

资金账号		姓名		银行	
发生日期		流水		币种	
上次金额			本次金额		
发生金额	（小写）		备注		
发生金额	（大写）				

操作员　审核　客户签章

表 5-3 **××证券公司买卖成交报告书**

××股票代码： 委托人： 资金账号： 成交日期：

资金栏目

性质	证券名称	合同号	平均价	数量	金额	手续费	印花税	过户费	通信费	应收/付金额

当日发生金额

性质	证券名称	合同号	平均价	数量	金额	手续费	印花税	过户费	通信费	应收/付金额

总计应收/应付（合计应收-合计应付）：

当日存入金额： 当日取出金额：

上日金额： 当日金额：

操作员 委托人

2. 材料采购及入库原始凭证的设计

材料采购是生产经营活动的起点，从业务环节看主要有材料采购和验收入库两个环节。设计这类凭证要有商品的品名、规格、数量、价格等内容，便于购货单位检查和验收，在凭证上要注明与供货单位的联系方式；在订货单上，应设购货单位经手人的签章栏，便于查明责任，明确购销关系。

从采购环节业务看，为了防止重复采购和对所需采购物资资金进行估算，应设计材料请购单和询/报价单。当采购方案被批准后，应与供货方签订订货合同和订货单，传送给生产、销售、保管和财务部门。供货方根据订货单，填制发货单。因此，应设计订货单和发货单作为采购环节的重要凭证。在设计请购单时，要明确以下内容：申请人、请购物资名称、规格、数量、用途、需用日期、前次购价等，具体格式见表 5-4。在设计询/报价单时，要明确商品的数量、名称、价格、结算方式和包装物的处理方式等，具体格式见表 5-5。在设计订货单时，除了基本要素外，还应设有合同号、交货方式、运输方式、运费承担方式、货款结算方式等，具体格式见表 5-6。在设计发货单时，除应具备订货单的内容外，还应设计发货单号、发货日期、发货仓库和发货人等栏目，具体格式见表 5-7。

表 5-4 **××公司材料（商品）请购单**

请购部门： 年 月 日 字第 号

材料种类		品名		规格		用途	
请购数量		最低储量			现存数量		
前次购价		可替代材料名称			可替代材料名称		
需用日期		预计到货日期			备注		

批准 审核 请购部门 制单

表 5-5

询／报价单

单号：　发出日期：　有效期限：　□询价　□报价　□询价回复/原询价单号：　页次：

收货方	需货方	
编码：	编码：	交货方式：
单位名称：	单位名称：	运输方式：
地址：	地址：	销售方式：
邮编：	邮编：	销售折扣：
联系部门：　电话：	联系部门：　电话：	付款方式：
联系人：　传真：	联系人：　传真：	付款折扣：
发货日期：	发货日期：	货款结算方式：
发货地址：	发货地址：	运费承担方式：

序号	商品代码	商品名称	规格型号	等级	产地	可保质期	包装单位	计量单位	数量	无税单价	税率	建议售价	最低订量	包装物处理方式

备注：

需方主管　询价人　供方主管　报价人

表 5-6

订货单

订货单号：　订货日期：　原订货单号：　原订货日期：　□新单　□修改　□取消　页次：

收货方	需货方	
编码：	编码：	合同号：
单位名称：	单位名称：	交货方式：
地址：	地址：	运输方式：
邮编：	邮编：	货款结算方式：
联系部门：　电话：	联系部门：　电话：	运费承担方式：
联系人：　传真：	联系人：　传真：	收货日期：
		收货地址：

序号	商品代码	商品名称	规格型号	等级	产地	可保质期	包装单位	计量单位	数量	无税单价	无税金额	税率	税额	含税总金额

备注：

主管　订货人

表 5-7 **发货单**

发货单号： 填写日期： 发货日期： 订货单号： 订货日期： 页次：

收货方	需货方	
编码： 单位名称： 地址： 邮编： 联系部门： 电话： 联系人： 传真：	编码： 单位名称： 地址： 邮编： 联系部门： 电话： 联系人： 传真：	合同号： 订货单执行情况：□全部 □部分 交货方式： 运输方式： 运费承担方式： 发货地址： 预计收货日期： 收货地址：

序号	商品代码	商品名称	规格型号	等级	产地	可保质期	包装单位	计量单位	数量	无税单价	无税金额	税率	税额	含税总金额

销售方式：	付款方式：	合计					
销售折扣：	付款折扣：	总金额（大写）					
备注：							

记账 审核 发货仓库 发货人

从材料或商品入库环节看，涉及的原始凭证主要为收货单或商品入库单两种。由于采购数量和质量与实际入库数量和质量有差异，还要设计商品验收报告单等。收货单主要应标明材料或商品的运输和检验情况、名称、规格、单位、数量和成本等事项。该凭证应设计为一式三联，一联由收货人留存、一联由收货仓库留存、一联为财务核算联。收货单的参考格式见表 5-8。

材料或商品验收报告单是对收货进行的补充说明，其主要内容为说明材料或商品的验收情况，该凭证一般为一式四联，第一联为仓库留底，第二联为公司业务部门留存，第三联为公司财务或结算部门留存，第四联交供货单位。参考格式见表 5-9。

表 5-8

公司收货单

年　月　日　　　　　　　　　编号：

起运站		车（船）号		进货单号	
供应单人		发票号		提货单号	
		检验凭证号		技术证明号	
方式					

材料类别	材料编号	材料名称及规格	单位	数量		计划成本		实际成本	
				应收	实收	单价	金额	单价	金额

备注：

仓库主管　　　检验　　　收货　　　核算　　　制单

表 5-9

××公司商品验收报告单

供货单位：

发票或送货号：　　　　　　制单日期：　　　　　　第　　号

收货单位：	仓库：	运输工具：	车（船）号：
原发件数：	重量：	实收件数：	实收重量：
溢余件数：	溢余重量：	短缺件数：	短缺重量：
质检情况：		负责人：	经办人：
公司处理意见：		负责人：	经办人：

验收　　　　　审核　　　　　制单

3.产品生产、成本计算及产品入库原始凭证设计

在工业企业中，产品生产主要涉及原材料的领用、工资及福利费分配
旧费用及其他制造费用的分摊等。通常涉及的主要原始凭证为领料单、限
单、职工薪酬分配表、固定资产折旧费用分配表、长期待摊费用分配表、
等。在设计这类原始凭证时，必须与本企业的生产经营特点结合起来，
目划分要正确、详细；应在各种费用分配凭证的明显位置注明费用的分
分配比率，必须有制单人员和主管会计人员的签章。具体格式见表 5-10
表 5-12、表 5-13、表 5-14、表 5-15。

表 5-10 **领料单**

领用部门： 仓库： 编号：

用途： 年 月 日

材料编号	材料名称及规格	单位	数量		计划单价	额
			请领	实发		

审核 仓库保管员 领用人 制单人

表 5-11 **限额领料单**

领用部门： 编号：

用途： 计划产量：

材料类别、编号： 名称、规格： 单位消耗定额：

领用限额： 计量单位： 单价：

日期	请领数量	实发数量	累计实发数量	领料人签章

…金额：

仓库保管员 制单人

职工薪酬分配表

年 月 日 金额单位：

…项目	职工薪酬					合计
	分配标准	分配率	分配金额	工资	福利费	
—明细						
…细						

制表人

…表、折
…额领料
…工资表
…成本项
…配标准和
表 5-11、

表5-24

固定资产盘点表

年　月　日

固定资产编号	名称	单位	保管单位	存放地点	盘点数量	备注

主管　　　　盘点人　　　　保管人

表5-25

固定资产盘盈、盘亏报告单

年　月　日

<table>
<tr><th rowspan="2">固定资产编号</th><th rowspan="2">名称</th><th rowspan="2">单位</th><th rowspan="2">数量</th><th colspan="2">盘盈</th><th colspan="2">盘亏</th><th colspan="2">毁损</th><th rowspan="2">原因</th></tr>
<tr><th>重置价值</th><th>估计折旧</th><th>原价</th><th>已提折旧</th><th>原价</th><th>已提折旧</th></tr>
<tr><td></td><td></td><td></td><td></td><td></td><td></td><td></td><td></td><td></td><td></td><td></td></tr>
</table>

财务负责人　　　　盘点负责人　　　　制表人

7.往来结算业务的原始凭证设计

往来结算业务是指企业赊销、赊购业务和其他应收、应付款业务的结算。这类业务除使用正常销售发票外，还应有证明赊购、购销已经生效的结算凭证，如商业承兑汇票、银行承兑汇票、双方通过协议约定的结算时间和方式等。设计这类凭证时，应在凭证上设有付款人、付款条件、日期和违约责任等项目。

8.转账、结账业务的原始凭证设计

转账、结账业务是指会计期末，结平收入、支出等账户，计算并结转成本、利润的账务处理工作。由于转账和结账是由会计人员根据账簿记录进行的，一般不做固定格式的原始凭证，只需将会计人员说明各项结转业务的书面摘要作为自制的原始凭证。

二、记账凭证设计

记账凭证是由会计人员根据审核无误的原始凭证或原始凭证汇总表加以归类而填制的，是进行账簿登记的直接依据。记账凭证的作用在于根据经济业务的性质确定应借应贷的会计科目，分门别类地在不同的账户中进行记录，避免出现登账差错。由于一切业务的账簿登记主要根据记账凭证进行，因此，记账凭证的编制也有利于对业务的审核和制约，并能保护原始凭证的安全。记账凭证的编制也为日后的审计提供了方便。记账凭证主要有以下几种类型：①通用记账凭证；②专用记账凭证（收、付款凭证和转账凭证）；③单式记账凭证（借项凭证和贷项凭证）；④汇总记账凭证（汇总收款凭证、汇总付款凭证和汇总转账凭证）；⑤科目汇总表。在选用记账凭证时，应根据各种记账凭证的适用性及企业的实际情况加以选择。

（一）记账凭证的基本要素

记账凭证的内容分为基本内容和其他内容两部分。记账凭证的基本内容是指记账凭证发挥其作用所必需的基本要素和基本项目。无论记账凭证格式如何设计，都应具备以下基本内容：

（1）记账凭证填制单位的名称。

（2）记账凭证的名称。

（3）凭证的编号和填制日期。

（4）经济业务的摘要。

（5）应借应贷的科目和金额。

（6）记账的标记。

（7）所附原始凭证的张数。

（8）会计主管、审核、记账和编制人员的签章。

（二）记账凭证格式设计要求

记账凭证格式设计是记账凭证设计的重要内容。在设计时应符合以下要求：

（1）基本内容要完整，重点内容要突出。

（2）会计科目、金额的栏数和各主要栏次的排列要合理，书写分录的行次要适当。

（3）各种不同的记账凭证要用不同的颜色印刷。

（三）主要记账凭证的设计

1.通用记账凭证

通用记账凭证可用于反映收、付款业务及转账业务。采用通用记账凭证，所有的业务均编制统一格式的记账凭证，一般一笔业务编制一张，同类业务可适当地合并起来加以编制。通用记账凭证的格式见表5-26。

表5-26 **通用记账凭证**

年 月 日 第 号

摘 要	借方科目		贷方科目		金 额	记账符号
	一级科目	明细科目	一级科目	明细科目		
合 计						

会计主管 记账 复核 制单

通用记账凭证编制比较简单，业务反映比较明确，对应关系比较清楚，但是在记账时每一张记账凭证需逐笔过账，登记总账的工作量比较大。对于业务比较简单，采用记账凭证核算组织程序的企业，可以采用通用记账凭证。业务繁多、会计核算实现了电算化的企业，也适合使用通用记账凭证。

2. 专用记账凭证

专用记账凭证包括收款记账凭证（简称“收款凭证”）、付款记账凭证（简称“付款凭证”）和转账记账凭证（简称“转账凭证”）。专用记账凭证的特点是固定了凭证的适用范围，即与货币资金有关的业务分别编制收款凭证和付款凭证，与货币资金收付无关的业务编制转账凭证。收款凭证可分设银行存款收款凭证和库存现金收款凭证，付款凭证可分设库存现金付款凭证和银行存款付款凭证。其具体格式如下：

（1）收款凭证的设计（见表5-27）。如果收款凭证分别采用库存现金收款凭证和银行存款收款凭证，可直接以“库存现金收款凭证”和“银行存款收款凭证”作为收款凭证的名称，并在收款凭证上省略借方科目的内容。

表5-27　**收款凭证**

借方科目：　年　月　日　第　号

摘　要	贷方科目		金　额	记账符号
	一级科目	明细科目		
合　计				

会计主管　记账　复核　制单

（2）付款凭证的设计（见表5-28）。付款凭证的格式与收款凭证格式基本相同，只是调换借方科目和贷方科目的位置。如果付款凭证分别采用库存现金付款凭证和银行存款付款凭证，可直接以“库存现金付款凭证”和“银行存款付款凭证”作为付款凭证的名称，并在付款凭证上省略贷方科目的内容。

表5-28　**付款凭证**

贷方科目：　年　月　日　第　号

摘　要	借方科目		金　额	记账符号
	一级科目	明细科目		
合　计				

会计主管　记账　复核　制单

（3）转账凭证的设计（见表5-29）。转账凭证是反映不涉及库存现金、银行存款收付的其他业务，其格式与通用记账凭证的格式基本相同。

表5-29 转账凭证

年　月　日　　　　第　　号

摘　要	会计科目	借方金额		贷方金额		记账符号
		一级科目	明细科目	一级科目	明细科目	
合　计						

会计主管　　　　记账　　　　复核　　　　制单

在发生收付款业务时，收款凭证和付款凭证只需填制一栏金额，编制手续简单，业务对应关系清楚，同时也便于登记库存现金日记账和银行存款日记账，在进行科目汇总时比较方便。在收付款业务比较多的企业可以采用分别设置收款凭证、付款凭证和转账凭证的方法。这种方法适用于业务比较简单、采用记账凭证核算组织程序的企业，也可适用于业务比较复杂，采用汇总记账凭证核算组织程序、科目汇总表核算组织程序和多栏式日记账核算组织程序的企业。

3.单式记账凭证

单式记账凭证中每一笔经济业务的应借、应贷科目分别在几张凭证上加以记录，每一张单式记账凭证只反映一个科目的情况。因此，单式记账凭证分为借项凭证和贷项凭证。一笔业务涉及几个科目时，就分别编制几张凭证。例如，生产领用材料，会计分录为：借记“生产成本”科目，贷记“原材料”科目，则应编制一张借方凭证和一张贷方凭证。如果发生一借多贷和一贷多借的业务，则应分别编制多张单式记账凭证。设置收、付款凭证的企业，可以对转账部分的业务采用单式记账凭证。单式记账凭证的格式见表5-30和表5-31。

表5-30 转账借方凭证

年　月　日

借方科目：　　　　对方科目：　　　　第　　号

摘　要	明细科目	金　额
合　计		

会计主管　　　　记账　　　　复核　　　　制单

表5-31　**转账贷方凭证**

年　月　日

贷方科目：　　对方科目：　　第　号

摘　要	明细科目	金　额
合　计		

会计主管　　记账　　复核　　制单

采用单式记账凭证，便于分科目汇总。例如，在编制科目汇总表时，只要把同一科目的借、贷凭证归在一起，该科目的借、贷方发生数就会很容易地计算出来。但是，如果把一项业务分别在几张凭证上反映，以后对业务的查对就较为不便。为弥补这一缺点，在凭证过账后，应把同一笔业务的凭证放在一起装订，同时在同一业务的凭证上采用合适的编号方法，以便日后查对。编号方法可以采用如“$20\frac{1}{3}$、$20\frac{2}{3}$、$20\frac{3}{3}$”的方法，其中“20”表示第20号业务，编号相同表示是同一笔业务；“$\frac{1}{3}$”表示该业务有3张凭证，这是3张中的第1张，以此类推。单式记账凭证适用于业务繁多，需要编制科目汇总表的企业。

4.汇总记账凭证

汇总记账凭证是分别根据收、付款凭证和转账凭证加以汇总而编制的记账凭证。根据汇总依据的不同分别有汇总收款凭证、汇总付款凭证和汇总转账凭证三种。汇总收款凭证按库存现金、银行存款分别设置汇总收款凭证，涉及库存现金、银行存款的业务分别以这些科目为主加以汇总。汇总收款凭证的格式见表5-32。

表5-32　**汇总收款凭证**

借方科目：　　年　月　日—　月　日　　第　号

贷方科目	金　额	总账页数	
		借　方	贷　方

附注：收款凭证自　　号至　　号共　　张

会计主管　　记账　　复核　　制单

汇总付款凭证和汇总转账凭证格式与汇总收款凭证的格式类似。汇总付款凭证以“库存现金”“银行存款”科目为主汇总，涉及库存现金与银行存款相互结转的业务，以贷方为主汇总，汇总转账凭证以贷方科目为主加以汇总。在汇总记账凭证上应注明收款凭证、付款凭证和转账凭证的起讫编号及张数，并把它们作为附件附在汇总记账凭证后。汇总记账凭证的汇总期限根据业务量大小来决定，3天、5天、10天或1个月汇总一次都可以。采用汇总记账凭证的方式，账户的对应关系比较清晰，便于进行业务分析，简化了登记总账的工作。汇总记账凭证的编制工作量较大，适合业务比较繁多、采用汇总记账凭证核算组织程序的企业。汇总付款凭证和汇总转账凭证的格式见表5-33、表5-34。

表5-33 **汇总付款凭证**

贷方科目：　　　　年　月　日—　月　日　　　　第　号

借方科目	金　额	总账页数	
		借方	贷方

附注：付款凭证自　　号至　　号共　　张

会计主管　　记账　　复核　　制单

表5-34 **汇总转账凭证**

贷方科目：　　　　年　月　日—　月　日　　　　第　号

借方科目	金　额	总账页数	
		借方	贷方

附注：转账凭证自　　号至　　号共　　张

会计主管　　记账　　复核　　制单

5.科目汇总表

科目汇总表可以根据通用记账凭证，收、付款记账凭证和转账凭证或单式记账凭证编制而成。在采用科目汇总表核算组织程序下，科目汇总表要列示全部会计科目。在多栏式日记账核算组织程序下，科目汇总表只需列示转账部分的科目。科目汇总表的编制期限由业务量大小来决定。在业务量较为繁多的企业，编制的间隔期可以短一些，反之，编制的间隔期可以长一些。科目汇总表的基本格式见表5-35。

表5-35 **科目汇总表**

年 月 日— 月 日 第 页

会计科目	总账页数	本期发生额	
		借方	贷方
合计			
付款凭证	第 号至第 号共 张		
收款凭证	第 号至第 号共 张		
转账凭证	第 号至第 号共 张		

会计主管 记账 复核 制单

采用科目汇总表对业务汇总后再登账，可以大大减少登记总账的工作量，并且汇总记账凭证还可起到试算平衡的作用，但科目汇总表只反映借、贷的总数，不能反映账户的对应关系，这样就降低了总账的作用，无法很好地分析利用，仅仅满足了编制报表的要求。科目汇总表适用于规模较大、业务较多、采用科目汇总表核算组织程序以及多栏式日记账核算组织程序的企业。

三、会计凭证传递程序与保管制度的设计

为了保证会计工作有条不紊地进行和及时提供会计资料，防止会计凭证的失散和账户记录的遗失，对会计凭证的传递程序和保管制度也应在会计制度中加以规定。

（一）会计凭证传递程序的设计

会计凭证传递程序是指会计凭证从填制或取得起到归档止，在本单位内各有关部门和人员之间的传递过程和停留时间。制定合理的凭证传递程序有利于企业各部门明确分工，并相互协调和配合；有利于督促经办业务的部门和人员及时正确地完成经济业务，完成凭证编制手续；有利于考核有关人员是否按规定的程序处理业务，从而加强岗位责任制。

会计凭证传递程序设计的要点概括如下：

（1）会计凭证传递程序应根据各项经济业务的特点，结合本单位各部门和人员的分工情况加以制定，以满足内部控制的要求。

（2）会计凭证传递程序应结合业务处理的程序绘制成流程图，使有关人员能够按照流程图准确地传递凭证，也便于分析、追踪和监督业务处理的过程。

（3）会计凭证在传递过程中既要有利于各有关部门充分利用会计凭证所提供的信

息，满足经济管理的需要，又应避免不必要的传递环节，以免造成传递时间上的浪费。

（4）会计凭证在各个环节上停留的时间应根据各部门和人员办理各项业务手续需要的时间来确定，既要防止停留时间过短，影响必要的业务手续的完成，又要防止停留时间过长，影响凭证的及时传递。

（5）会计凭证传递程序要根据业务情况的变动及时加以修订。

会计凭证的一般传递程序如图5-1所示。

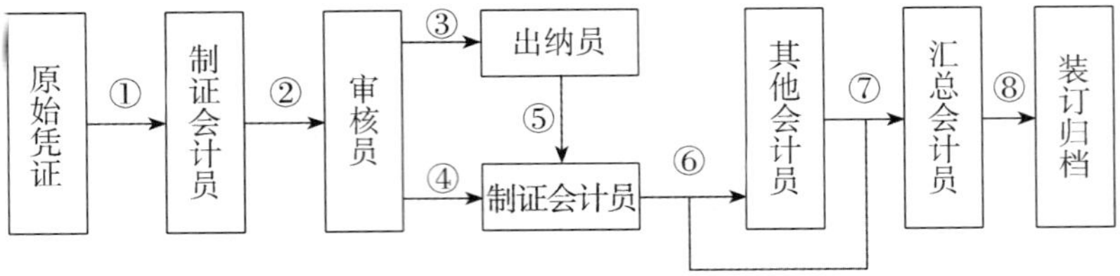

图5-1　会计凭证的一般传递程序图

说明如下：

①财务部门收到原始凭证后，按其内容和会计人员的分工，交有关会计人员编制记账凭证；

②制证后，立即交给负责凭证审核的会计人员审核；

③审核无误的收、付款凭证立即转出纳收、付款，并编号和登记库存现金、银行存款日记账；

④审核无误的转账凭证立即退还制证会计员进行编号，并登记其经管的账簿；

⑤出纳过账后的收、付款凭证转原制证会计员登记明细账；

⑥记账凭证由制证会计员传给其他有关会计员过明细账；

⑦采用汇总记账凭证核算组织程序和科目汇总表核算组织程序的企业，月末将全部凭证集中到负责凭证汇总的会计人员，以编制汇总记账凭证或科目汇总表，并据以登记总账；

⑧次月初，全部凭证交给负责装订凭证的会计人员装订成册，暂存财务档案室保管。

（二）会计凭证保管制度的设计

会计凭证的保管制度设计主要考虑凭证的保管措施和办法，便于本单位随时检查和利用，也便于上级领导机关和审计机关检查与评价工作。

会计凭证保管制度的设计主要包括以下内容：

（1）会计凭证在登记入账以后，应将各种记账凭证连同所附原始凭证按照凭证编号顺序定期装订成册，以防散失。装订时间间隔的长短视业务量多少而定。

（2）装订成册的凭证应加贴封面和封底，载明单位名称、凭证名称、凭证张数、凭证起讫号数、凭证所属年度月份或起讫时间等内容。

（3）装订成册的凭证应加贴封条，并由会计主管人员签章，以防抽换凭证。

（4）如原始凭证较多时，可将原始凭证单独装订成册，但必须在记账凭证封面上注明原始凭证另存。

（5）如果原始凭证属于十分重要的业务单据，则应单独予以保管，但必须在有关记账凭证上加注说明，以便日后查考。

（6）确定会计凭证的保管期限，凭证保管期满才能销毁。

（7）确定会计凭证的保管人员，非保管人员不得私自接触归档的凭证等。

四、电子会计凭证①

电子会计凭证是指单位从外部接收的电子形式的各类会计凭证，包括电子发票、财政电子票据、电子客票、电子行程单、电子海关专用缴款书、银行电子回单等电子会计凭证。来源合法、真实的电子会计凭证与纸质会计凭证具有同等法律效力。

（一）电子会计凭证的设计

单位利用电子会计凭证进行会计核算的，应当保证电子会计凭证的生成、传输、存储安全可靠，对电子会计凭证的任何篡改能够被发现，且在会计核算系统中设置必要的程序，防止电子会计凭证重复入账。

单位利用纸质会计凭证的电子影像件等电子副本文件进行会计核算的，应当确保纸质会计凭证的电子副本文件及会计核算系统符合上述关于利用电子会计凭证进行核算的有关要求，并建立纸质会计凭证与其电子副本文件的检索关系。

（二）电子会计凭证保管制度的设计

单位以电子会计凭证的纸质打印件作为报销入账归档依据的，必须同时保存打印该纸质件的电子会计凭证。符合档案管理要求的电子会计档案与纸质档案具有同等法律效力。除法律、行政法规另有规定外，电子会计档案可不再另以纸质形式保存。

单位也可以仅使用电子会计凭证进行报销入账归档，需要满足以下条件：

（1）接收的电子会计凭证经查验合法、真实。

（2）电子会计凭证的传输、存储安全、可靠，对电子会计凭证的任何篡改能够及时被发现。

（3）使用的会计核算系统能够准确、完整、有效接收和读取电子会计凭证及其元数据，能够按照国家统一的会计制度完成会计核算业务，能够按照国家档案行政管理部门规定格式输出电子会计凭证及其元数据，设定了经办、审核、审批等必要的审签程序，且能有效防止电子会计凭证重复入账。

（4）电子会计凭证的归档及管理符合《会计档案管理办法》等要求。

第二节 会计账簿设计

会计账簿是用来序时地、分类地记录各项经济业务的簿籍。为了连续地、系统地记录企业的经济活动情况，就有必要设置和登记账簿。账簿记录既可提供总括核算资

---

① 参考财政部2019年10月21日发布的《中华人民共和国会计法修订草案（征求意见稿）》相关内容。

料，又可提供明细核算资料，反映企业的资产、负债和所有者权益的增减变动情况以及各种收入、费用的发生和利润的实现、分配等情况。账簿记录又是编制会计报表的主要依据。会计报表的数字是否真实，编制报表是否及时，都同账簿登记有密切关系。因此，根据企业实际需要设置各种账簿是企业会计制度设计的重要内容之一。

一、会计账簿种类及设计要求

（一）会计账簿的分类

会计账簿按不同的标准有不同的分类方法，主要有以下两种：

1.会计账簿按其用途不同，可以分为序时账、分类账和备查账

（1）序时账是按经济业务发生的时间先后顺序逐日登记的账簿，又称为日记账。日记账按其记录的内容不同，又分为普通日记账和特种日记账。普通日记账是用来序时登记全部经济业务发生情况的日记账，如日记总账。特种日记账是用来序时登记某一类经济业务发生情况的日记账，如库存现金日记账、银行存款日记账。

（2）分类账是指对全部经济业务按照总分类账户和明细分类账户进行分类登记的账簿。分类账有总分类账和明细分类账两种。按照总分类账户进行登记的分类账，称为总分类账或总账；按明细分类账户登记的分类账，称为明细分类账或明细账。

（3）备查账是对某些在日记账和分类账中未能登记的经济事项进行补充登记的账簿，如租入固定资产登记簿、受托加工材料登记簿等。

2 会计账簿按外表形式不同分为订本式账簿、活页式账簿和卡片式账簿

（1）订本式账簿是指把许多账页装订成册的账簿。这种账簿的账页固定，不能增减抽换，可防止账页散失和抽换账页的现象，但由于账页固定，使用起来缺乏灵活性，所以必须预先估计每个账户所需要的账页，否则，账页多了浪费，而少了不够用，影响账户登记的连续性。另外，一本账簿在同一时间内只能由一人登记，不便于记账分工。

（2）活页式账簿是指账簿页数不固定，采用活页形式的账簿。

（3）卡片式账簿是指印有专门格式的卡片组成的登记各种经济业务的账簿。

活页式账簿和卡片式账簿都不是预先装订成册的，页数可以根据需要来确定，并能根据记账的需要随时将空白账页和账卡插入其中，便于记账分工。但由于账簿的页数不固定，可能出现散失或被抽换的现象。

（二）会计账簿设计的要求

会计账簿设计得好坏，对及时、清楚地提供管理所需信息，简化核算工作，加速编制会计报表等都有影响。它的设计主要涉及两个方面的问题：一是账簿本身的设计，包括要设置哪些种类和数量的账簿、各种账簿之间的关系、账簿的设置地点、采用的形式等；二是账页格式的设计，包括一张账页要提供哪些信息、信息的时间性、采用的登记方法、信息的版式安排等。

因此，会计账簿的设计应遵循以下基本要求：

（1）适应企业规模和特点。账簿的种类和数量要与企业的经济业务数量和管理要求相适应。一般业务量大、管理要求细的企业，可以设置单独的账簿进行登记。

业务量多，核算工作量大，就要考虑会计分工，从而要进行账簿的分工。因此，经济业务数量是决定账簿设计的关键因素之一。

（2）适应会计报表编制的要求。账簿是编制会计报表的依据，会计报表的主要数据来源于账簿，因此，在设计账簿种类和明细时，除了考虑企业规模外，应尽可能地与会计报表项目口径一致，以便加快报表编制速度，提高会计报表数据的质量。

（3）简明实用，便于审核、查阅和保管，满足业务需要。在满足业务需要的前提下，设计账簿时，账页的格式应当简单明了，账本的册数不应过多，账页的尺寸不宜过大，栏次不宜过多，还应考虑账簿的查阅和保管。在设计账簿的内容时，一方面，应与报表相对应；另一方面，应与会计凭证相对应，以便于账簿的审核。

（4）账簿与账簿之间的关系，应结合账务处理程序做通盘考虑。例如，日记账与分类账、总账与明细账之间的信息关系怎样安排，是逐笔登记还是汇总登记，如何保证账簿记录的正确性等。这些问题都会影响到对账簿的设计。

二、序时账的设计

序时账的作用主要有两个：一是对经济业务进行序时登记，完整地反映经济活动的情况，保护原始凭证的安全；二是编制会计分录，确定应借、应贷的会计科目和金额，据以过入分类账，故又称分录簿。由此可见，序时账可用作序时记录经济业务、确定会计分录并据以过入分类账的依据。在我国，由于目前大多数企业采用记账凭证核算组织程序，通过记账凭证编制会计分录，然后据以记入分类账，因而，上述日记账的作用已为记账凭证所代替。随着经济业务的复杂化，登记分类账的工作需要简化，记账需要分工，管理上要求提供更多的信息，因此日记账也就不断加以改进和发展，从普通日记账发展为专栏日记账，进而发展为特种日记账和多栏式特种日记账。日记账主要向如下两个方面发展：一是向专栏设置方面发展，这是简化过账工作和提供更多管理信息的需要；二是向账簿分割方面发展，这是记账分工的需要。

普通日记账、专栏日记账、特种日记账和多栏式特种日记账的基本格式的设计如下：

（一）普通日记账的设计

普通日记账用来序时、全面地登记一个单位的经济业务发生情况，它由原始的日记账簿和分录簿相结合而成。其格式见表5-36。

表5-36 **普通日记账**

年		凭证号	摘要	账户名称	借方金额	贷方金额	过账
月	日						

普通日记账中的摘要栏，是扼要说明经济业务内容的，账户名称和金额栏则是记录会计内容的。这种日记账的优点是可以全面地反映一个单位的经济业务情况，对原始凭证起保护作用。它的主要缺点是要根据会计分录逐笔过入分类账，过账工作量大，如果业务繁多，也不便于分工记账。

（二）专栏日记账的设计

专栏日记账又称为多栏式日记账。它是在普通日记账中，将经常重复发生的经济业务所涉及的有关账户，设置一些专栏，根据专栏汇总数一次过入有关分类账户，以减少逐笔过账的工作。其格式见表5-37。

表5-37 **专栏日记账**

年		凭证号数	摘要	银行存款		材料采购借方	生产成本借方	制造费用借方	其他账户			
月	日			借方	贷方				账户名称	借方	贷方	过账

表5-37中的专栏设置仅是举例，企业可以根据自己的情况，选择业务量发生多的账户设置专栏。至于业务量发生不多的账户，则在“其他账户”中登记。过入分类账时，凡设有专栏的账户，可在期末根据汇总数一次过入有关账户，无须逐笔过账；对其他账户栏的数字，则仍需逐笔过入有关分类账户。这种日记账的作用主要是通过设置专栏减少过账工作量。其缺点是只能由一人登记，不便于会计分工。

（三）特种日记账的设计

在经济业务大量发生的情况下，为了解决会计分工的需要，日记账就需进行分割。把大量重复发生的同类经济业务集中在一本日记账中登记，这就产生了特种日记账。特种日记账是专门用来序时地登记某一类经济业务的日记账。

企业经常重复发生的经济业务，归纳起来主要是库存现金收支业务、银行存款收支业务、购货业务和销售业务等几类，而各种费用支出和应收、应付款项结算等，多数与上述业务相联系，可以结合在上述业务中登记。因此，特种日记账的设计，主要设置库存现金日记账、银行存款日记账、购货日记账和销货日记账等几种。现举例说明如下：

1.库存现金日记账和银行存款日记账格式的设计

库存现金日记账是专门用来登记库存现金收支业务的，其格式见表5-38。银行存款日记账的格式与库存现金日记账的格式基本相同，不同之处在于，为了方便同银行对账，需增设“结算方式”栏，再将凭证号数栏中的现收、现付改为银收、银付即可。银行存款日记账格式见表5-39。

表5-38　**库存现金日记账**

年		凭证号数		摘要	对应账户	过账	借方	贷方	余额
月	日	现收	现付						

表5-39　**银行存款日记账**

年		凭证号数		结算方式	摘要	对应账户	过账	借方	贷方	余额
月	日	银收	银付							

2.购货日记账格式的设计

购货日记账是专门用来登记购货业务的。购货业务较多的企业，对采购业务的发生及完成情况，要设置购货日记账。企业购货业务按结算方式分为付现购入和赊购两种情况，因此，购货日记账的设计也有两种：一种是只登记赊购业务，在购货日记账中只设“应付账款”和“应付票据”科目，付现购入业务在库存现金和银行存款日记账设“材料采购”专栏进行登记；另一种是登记全部购进业务，而库存现金日记账和银行存款日记账不设“材料采购”专栏。登记全部购进业务的购货日记账格式见表5-40。

表5-40　**购货日记账（全部购进业务）**

年		凭证号数	摘要	供货单位	过账	材料采购借方				库存现金贷方	银行存款贷方	应付账款贷方	应付票据贷方
月	日					买价	运费	其他	合计				

购货日记账如只登记赊购业务，则无须设置库存现金和银行存款栏目，具体格式见表5-41。

表5-41 **购货日记账（赊购业务）**

年		凭证号数	摘要	供货单位	过账	材料采购借方				应付账款贷方	应付票据贷方
月	日					买价	运费	其他	合计		

3.销货日记账格式的设计

销货日记账是专门用来反映企业销售业务的一种日记账。销售业务按结算方式分为现销和赊销两种，因此设置销货日记账也有两种方法：一种是只登记赊销业务，现销业务在库存现金和银行存款日记账设“主营业务收入”专栏进行登记；另一种是登记全部销售业务，而在库存现金、银行存款日记账中没有设“主营业务收入”专栏。其格式分别见表5-42、表5-43。

表5-42 **销货日记账（赊销业务）**

年		凭证号数	摘要	购货单位	过账	库存现金借方	银行存款借方	应收账款借方	产品销售收入贷方					
									××产品			××产品		
月	日								数量	单价	金额	数量	单价	金额

表5-43 **销货日记账（全部销售业务）**

年		凭证号数	摘要	购货单位	过账	应收账款借方	产品销售收入贷方					
							××产品			××产品		
月	日						数量	单价	金额	数量	单价	金额

在设置特种日记账的情况下，还须设置一本普通日记账，用来登记特种日记账以外的经济业务，如领用原材料和低值易耗品、固定资产折旧、成本结转、期末结账等。

（四）多栏式特种日记账的设计

特种日记账的作用主要是解决会计分工问题，同时由一人专门登记某一类经济业务，可以提高工作效率。另外，不少总分类账户可以根据日记账的汇总数一次过入，从而减轻过账工作量，但是可以看出，在库存现金日记账和银行存款日记账中，其对应账户仍需逐笔过账，工作量较大。而在购货日记账和销货日记账中，还不能给企业管理提供更多的信息，如考核每个采购小组的采购量、每个售货小组的销售额等。为了进一步减少过账工作量和提供更多的管理或编表资料，在特种日记账中还可以进一步设置一些专栏，这样就产生了多栏式特种日记账。下面以多栏式银行存款日记账和多栏式销货日记账为例加以说明。

多栏式银行存款日记账的作用主要是进一步减少对应账户的过账工作，将经常重复出现的对应账户设置专栏登记，较少出现的账户则在其他栏中登记，其格式见表5-44。如果对应账户的专栏设置过多，账页过长，会给记账工作带来不便，也可将该日记账分割为银行存款收入日记账和银行存款支出日记账两本账簿，并在收入日记账中增设“支出合计”和“余额”两栏，定期将支出日记账的支出合计数转记到收入日记账中，并结出余额。

表5-44　**多栏式银行存款日记账**

年		凭证号数	对应账户贷方						银行存款借方	对应账户借方							银行存款贷方	余额
			库存现金	产品销售收入	应收账款	其他				库存现金	材料采购	应付账款	制造费用	其他				
月	日					账户名称	金额	过账						账户名称	金额	过账		

多栏式库存现金日记账的格式设计，可比照多栏式银行存款日记账设计。

多栏式销货日记账的专栏设置，主要是提供管理所需的信息或编表的资料。例如，对于销售额，可以按照营业小组、产品种类、应税税率或销售地区等进行分类，并设置专栏，提供各种不同的数据作为管理上的参考。按营业小组分设专栏的格式见表5-45。

多栏式购货日记账也可比照多栏式销货日记账的格式设置专栏。

表5-45 多栏式销货日记账

年		凭证号数	摘要	购货单位	过账	库存现金借方	银行存款借方	应收账款借方	产品销售收入贷方	其中				
月	日									一组	二组	三组	四组	…

三、分类账的设计

分类账是对经济业务按一定的类别分别设立账户进行登记的账簿。它的作用在于能够分门别类地提供各种经济信息，进而满足管理的需要。它分为总分类账（简称“总账”）、明细分类账（简称“明细账”）和备查账三种。设计分类账的多少，取决于以下几个因素：

(1) 企业的规模和业务特点。在企业中，经济业务越多、越复杂，涉及的账户则越多；反之，则越少。因此，账户的多少直接涉及所需要设计的分类账的多少。

(2) 管理的需要。设计分类账的目的之一在于为管理提供信息。因此，在设计分类账时，要考虑管理的要求。一般说来，管理越细，要求设计的账户越多；反之，则越少。

(一) 总分类账的设计

1.总分类账设计要点

在总分类账的设计中，主要考虑以下几个问题：

(1) 登记方法的设计。在业务繁多的情况下，怎样减少总分类账的登账工作，是总账设计中的一个关键问题。许多汇总表的设计、日记账中的专栏设计，都和这个问题相关。总账的登记方法和会计核算组织程序有关，主要有逐笔登记、汇总登记、汇总登记与逐笔登记相结合、以表代账等。

逐笔登记是根据记账凭证或普通日记账所编制的会计分录，逐笔记入总分类账。显然，这种登账方式工作量很大，比较适用于业务简单的企业。

汇总登记是根据记账凭证编制科目汇总表或汇总记账凭证，然后根据每个账户的汇总数登记总账。这种方法可以大量减少总账的登记工作，适用于业务繁多的单位。

汇总登记与逐笔登记相结合是对经常重复发生的业务，采用汇总登记，对发生较少的业务，采用逐笔登记。例如，上面所讲的专栏账、特种日记账和多栏式特种日记账，凡是设有专栏的账户按汇总数登记，不设专栏的账户则采取逐笔登记，这种方法可大量简化总账的登记工作，适用于业务繁多的单位。

另外，还可以科目汇总表代替总分类账。它主要适用于科目汇总表核算组织程序。采用这一方法时，应在科目汇总表中设置期初、期末余额栏，以反映每个账户的变动情况和结果。其格式见表5-35。

（2）保持账户对应关系。在总分类账中账户是否保持对应关系，是设计总账需要考虑的另一个问题。在总账中保持账户对应，有助于分析经济业务内容，了解发生额的变动原因，但会增加登记总账的工作量，需依据分类汇总记账凭证来登记，其格式见表5-32、表5-33、表5-34；反之，在总分类账中不保持对应关系，可以减少总账的登记工作，总账格式设计选择余地就较大。

2.总分类账格式的设计

总分类账格式一般有以下几种。

（1）三栏式总账。三栏式总账即“借”“贷”“余”三栏式，它是总账的基本格式，其特点是在账页上设置借方、贷方和余额三个金额栏，见表5-46。

表5-46　　三栏式总账

账户名称（或会计科目）：　　第　页

年		凭证号数	摘要	借方	贷方	借或贷	余额
月	日						

（2）多栏式总账。多栏式总账是将许多账户集中于一张账页中登记，适用于科目汇总表核算组织程序，其格式见表5-47。如果总账采用逐日汇总登记，则表中每10天汇总登记一次可改为第10天登记一张或数天登记一张。

表5-47　　多栏式总账

年　月　　第　页

账号	会计科目	上月余额	1—10日		汇总表号	11—20日		汇总表号	21—30日		汇总表号
			借方	贷方	余额	借方	贷方	余额	借方	贷方	余额

（3）对应账户式总账。对应账户式总账是在总账中保持账户对应关系，以反映借、贷方发生额的来龙去脉。其格式见表5-48。

表5-48 **对应账户式总账**

账户名称（或会计科目）： 第 页

年		凭证号数	摘要	对应账户	借方	贷方	借或贷	余额
月	日							

（4）日记总账式。日记总账式是将日记账和总账结合为一体，其格式见表5-49，也可按借方和贷方分设两个对应账户栏。该格式主要适用于汇总记账凭证核算组织程序。这种格式在登记时，先登记期初余额，后按经济业务的发生顺序登记借、贷方发生额，最后结出期末余额。它的优点是可以简化账簿设置，缺点是科目不能太多，否则账页过长，记账不便，故目前已很少采用。

表5-49 **日记总账** 第 页

年		凭证号数	摘要	××科目		××科目		××科目		××科目	
月	日			借方	贷方	借方	贷方	借方	贷方	借方	贷方

（5）以表代账格式。以表代账格式即以改进的科目汇总表代替总账，以简化总账的登记工作。其格式见表5-50。如采用逐日汇总，则只需将月份改为日期。增设本年累计发生额一栏，以便于编制季报、半年报或年报。

表5-50 **科目汇总表（代总账）** 第 页

会计科目	凭证号数	月初余额		本期发生额		本年累计发生额		月末余额	
		借方	贷方	借方	贷方	借方	贷方	借方	贷方

（二）明细分类账的设计

1.明细分类账设计要点

明细分类账的设计必须适应不同业务特点和管理的需要，在设计时主要考虑以下几个方面：一是设置地点，即明细账应放在何处，作用最大；二是账簿形式，即采用订本式、活页式还是卡片式，这主要根据登记的手段（手工、计算机等）和业务的性质（一般财物、贵重财物等）而定；三是登记方式，即采用分户登记还是分栏登记，这取决于明细账的多少，多则分户登记，少则分栏集中登记；四是简化实用，有些明细账可能重复，如会计部门的材料明细账与仓库的保管账等，在满足业务的前提下应考虑简化实用。

2.明细分类账格式的设计

明细账常用的格式主要有以下几种。

（1）三栏式明细账。其格式如三栏式总账（见表5-46），一般适用于登记金额类的明细账，如应收账款、应付账款、其他应收款、其他应付款等债权债务性质的账户。

（2）数量金额式明细账。数量金额式明细账是在三栏式明细账的基础上增加数量和单价栏而形成的。企业的原材料、产成品、库存商品等实物资产的明细账都适用这种格式。因为实物性资产通常数量众多，进出业务频繁，而且价格或成本经常变动，在经营管理上既需要金额核算，又需要进行数量核算加强实物资产的控制，所以这类经济业务的明细账要求既有价值指标，又要有实物指标。其具体格式见表5-51。

表5-51　**原材料明细账**　第　页

编号________名称________规格________计量单位________

储存定额________最高储存量________最低储存量________

年		凭证		摘要	收入			发出			结存		
月	日	种类	编号		数量	单价	金额	数量	单价	金额	数量	单价	金额

（3）多栏式明细账。多栏式明细账又称分析式明细账。它主要是在借、贷两栏或单栏增设专栏，以提供分析资料或编制明细账表的资料。多栏式明细账包括借贷式和合计式两种。借贷式主要用于资产、负债和所有者权益账户，其格式是在借贷项下再设专栏，起到分析和控制的作用，如"应交税费——应交增值税"明细账（见表5-52）。合计式主要用于成本类和损益类明细账，是对经济事项进一步分类，简化记账手续，如管理费用明细账（见表5-53）。

表5-52　**应交税费——应交增值税明细账**

年		凭证号数	摘要	借方			贷方				余额
月	日			进项税额	已交税金	…	销项税额	出口退税	进项税额转出	…	

表5-53 **管理费用明细账**

年		凭证号数	摘要	材料费	职工薪酬	办公费	差旅费	水电费	电话费	…	合计
月	日										

（4）特殊明细账格式。在有些账户中，由于其业务特性以及管理上的需要，在设计明细分类账时，需要增加一些栏目，反映完整的业务过程或提供完整的会计信息。例如，应收账款明细账（见表5-54）需要提供每笔应收账款的回收情况，应收票据账户需要提供票据到期、票款收回或贴现情况，固定资产账户需要增设使用年限和折旧率，外币式明细账需要提供汇率情况（见表5-55）等。

表5-54 **应收账款明细账** 单位：元

年		凭证号数	摘要	户名	金额	年		凭证号数	摘要	金额	转销“√”
月	日					月	日				
4	6	11	销货应收	××公司	60 000	4	26	90	收回货款	20 000	√
						5	6	46	收回货款	40 000	

表5-55 **外币式明细账**

年		凭证号数	摘要	外币别	汇率	借方		贷方		余额	
月	日					外币	人民币	外币	人民币	外币	人民币

四、备查账的设计

有些会计事项，在日记账和分类账中不予或无法记录，但管理上需要加以控制或掌握情况，通常用备查账来记录，以弥补日记账和分类账的不足。

备查账的数量和格式，通常根据企业实际需要来设计，比较灵活。在企业中，常用的备查账有以下几种：

（1）代管财产物资登记簿。对保管的不属于本单位的资产设置的账簿，如租入固定资产登记簿、受托加工材料登记簿等。

（2）分类账或统计资料整理登记的备查账。例如，按销售地域设置的产品销售分类登记簿。

（3）其他登记簿。不能用货币表现，但必须进行业务登记的账簿。例如，合同执行情况登记簿、固定资产使用情况、重要空白凭证领用簿等。

备查账设计的主要特点是强调业务和管理的需要。现以租入固定资产备查簿和空白凭证领用备查簿为例，其格式见表5-56、表5-57。

表5-56 **租入固定资产备查簿**

资产名称	规格	合同号	租出单位	租入日期	租期	租金	使用地点	备注

表5-57 **空白凭证领用备查簿**

购入日期	凭证类型	起止号码	领用日期	领用人	领用号	交回记录

第三节 财务报告设计

财务报告是一个单位依法向国家有关部门提供和向社会公开披露的、反映该单位某一特定日期财务状况和某一会计期间经营成果、现金流量的文件。财务报告是企业所提供会计信息的最终载体。在进行财务报告设计时，应当在符合企业会计准则的前提下，从实际出发，结合各单位自身的生产特点和管理要求，同时力求财务报告的内容、格式、项目简明易懂，便于会计人员编制和报告，阅读者理解、分析。

一、对外财务报告的设计

对外财务报告按编报期间的不同，可以分为中期财务报告和年度财务报告。中期财务报告是以短于一个完整会计年度的报告期间为基础编制的财务报告，包括半年报、季报和月报。一套完整的财务报表至少应当包括“四表一注”，即资产负债表、利润表、现金流量表、所有者权益变动表以及附注。中期财务报告至少应当包括资产负债表、利润表、现金流量表和附注。其中，中期资产负债表、利润表和现金流量表应当是完整报表，其格式和内容应当与年度财务报告相一致，中期财务报告中的附注披露可适当简略。

财政部2014年修订的会计准则体系规定的报表体系见表5-58。

表5-58 **会计报表体系**

编号	会计报表名称	编报期
会企01表	资产负债表	中期报告、年度报告
会企02表	利润表	中期报告、年度报告
会企03表	现金流量表	中期报告、年度报告
会企04表	所有者权益变动表	年度报告
	附注	中期报告、年度报告

（一）资产负债表的设计

资产负债表是反映企业某一特定日期（月末、季末、年末）全部资产、负债和所有者权益及其构成情况的报表，它是一张静态报表，是企业主要的会计报表。资产负债表是根据“资产=负债+所有者权益”这一会计基本等式设计的。

会计报表通常是由表头、表体和补充资料三大部分组成的，每一部分的具体内容及反映形式有所不同，资产负债表也不例外。

1.表头的设计

表头包括报表名称、编制单位名称、日期、金额单位等内容，这是任何会计报表都必备的。

报表名称即为资产负债表。我国曾将其称为资金平衡表。1992年11月财政部颁布的企业会计准则将其改为资产负债表。

资产负债表上的日期应是结账的日期，即表中所列金额为结账当日的资产、负债和所有者权益金额。按现行企业会计制度规定，资产负债表要按月、按年编制报送，因此，资产负债表上的日期应是月末、年末的日期。

资产负债表各项目的金额均以人民币“元”为单位。如果企业是采用某一外币作为记账本位币的，为了便于阅读、比较，应将以外币反映的资产负债表折合为人民币反映的资产负债表。

由财政部制定的企业会计制度中还规定了报表的编号，资产负债表为会企01表。

2.表体的设计

资产负债表表体的格式主要有账户式和报告式两种。

（1）账户式资产负债表。账户式资产负债表将报表分为左、右两方，左方列资产类项目，右方列负债和所有者权益类项目。其具体结构见表5-59。

从表5-59可以看到，资产负债表的资产项目按流动性（变现能力）进行排列，流动性强的资产排在前面，流动性弱的资产排列在后面。负债项目按偿还期限的长短进行排列，偿还期限短的排列在前，偿还期限长的排列在后。所有者权益类项目按在企业留存时间进行排列，留存时间长的排列在前，留存时间短的排列在后。资产负债表项目按此方法排列能够比较清楚地反映企业的偿债能力，便于分析企业的财务实力、所有者权益的保障程序以及企业清算能力等，使得会计报表的阅读者能够从资产负债表中比较容易地取得各自需要的有关信息。

表5-59　**资产负债表**　会企01表

编制单位：　2×22年12月31日　单位：元

资产	期末余额	上年年末余额	负债和所有者权益（或股东权益）	期末余额	上年年末余额
流动资产：			流动负债：		
货币资金			短期借款		
交易性金融资产			交易性金融负债		
衍生金融资产			衍生金融负债		
应收票据			应付票据		
应收账款			应付账款		
应收款项融资			预收款项		
预付款项			合同负债		
其他应收款			应付职工薪酬		
存货			应交税费		
合同资产			其他应付款		
持有待售资产			持有待售负债		
一年内到期的非流动资产			一年内到期的非流动负债		
其他流动资产			其他流动负债		
流动资产合计			流动负债合计		
非流动资产：			非流动负债：		
债权投资			长期借款		
其他债权投资			应付债券		
长期应收款			其中：优先股		
长期股权投资			永续债		
其他权益工具投资			租赁负债		
其他非流动金融资产			长期应付款		
投资性房地产			预计负债		
固定资产			递延收益		
在建工程			递延所得税负债		
生产性生物资产			其他非流动负债		
油气资产			非流动负债合计		
使用权资产			负债合计		
无形资产			所有者权益（或股东权益）：		
开发支出			实收资本（或股本）		

续表

资产	期末余额	上年年末余额	负债和所有者权益（或股东权益）	期末余额	上年年末余额
商誉			其他权益工具		
长期待摊费用			其中：优先股		
递延所得税资产			永续债		
其他非流动资产			资本公积		
非流动资产合计			减：库存股		
			其他综合收益		
			专项储备		
			盈余公积		
			未分配利润		
			所有者权益（或股东权益）合计		
资产总计			负债和所有者权益（或股东权益）总计		

（2）报告式资产负债表。报告式资产负债表将资产、负债和所有者权益项目按此顺序排在一列，反映“资产-负债=所有者权益”的关系。其基本结构见表5-60。

表5-60 **资产负债表（简表）**

编制单位：东方集团股份有限公司　　2×22年12月31日　　单位：元

项目	行次	年初数	期末数
资产			
流动资产			
非流动资产			
资产总计			
减：负债			
流动负债			
非流动负债			
负债合计			
所有者权益			
实收资本			
资本公积			
盈余公积			
未分配利润			
所有者权益合计			

在我国现行企业会计准则中，规定资产负债表采用账户式格式。

（二）利润表的设计

利润表又称损益表，是反映企业一定会计期间经营成果的报表。它是一张动态报表，通过把一定期间的营业收入与此期间相关的销售费用进行配比，从而计算出企业一定时期的净利润（或净亏损）。

利润表的表头与资产负债表相同，一般应列明报表的名称、编制单位名称、会计期间、报表编号和货币单位等。

利润表内的项目，一般应列示出：营业收入、营业成本、税金及附加、销售费用、管理费用、财务费用、资产减值损失、公允价值变动收益、投资收益、营业外收入、营业外支出、利润总额、所得税费用、净利润、基本每股收益和稀释每股收益等。

设计利润表，就是将上述项目及其他资料以什么方式和格式进行有规律的排列组合。利润表项目的排列方式和格式一般有“单步式”和“多步式”两种。

（1）单步式。在单步式利润表中，将所有收益类项目列在前面，再列示所有费用支出类项目，最后计算出净利润。这种格式的利润表有利于反映企业的全部收入和全部支出等指标，但不利于反映企业利润的来源及构成情况。其基本格式见表5-61。

表5-61　**利润表（简表）**

编制单位：　年　月　单位：元

项目	行次	本期金额	本期金额
一、收入合计			
营业收入			
投资收益			
公允价值变动收益			
营业外收入			
二、支出合计			
营业成本			
税金及附加			
销售费用			
管理费用			
财务费用			
资产减值损失			
营业外支出			
所得税费用			
三、净利润			

由于单步式利润表不利于掌握利润的构成情况和分析利润升降原因，因此，目前很少应用。

（2）多步式。多步式利润表的设计依据是：

营业利润=营业收入-营业成本-税金及附加-销售费用-管理费用-财务费用-资产减值损失-信用减值损失±公允价值变动收益±投资收益±资产处置收益

其中：

营业收入=主营业务收入+其他业务收入

营业成本=主营业务成本+其他业务成本

利润总额=营业利润+营业外收入-营业外支出

净利润=利润总额-所得税费用

综合收益总额=净利润+其他综合收益税后净额

其基本格式见表5-62。

表5-62　　**利润表**　　会企02表

编制单位：　　年　　月　　单位：元

项目	本期金额	上期金额
一、营业收入		
减：营业成本		
税金及附加		
销售费用		
管理费用		
研发费用		
财务费用		
其中：利息费用		
利息收入		
加：其他收益		
投资收益（损失以“-”号填列）		
其中：对联营企业和合营企业的投资收益		
以摊余成本计量的金融资产终止确认收益（损失以“-”号填列）		
净敞口套期收益（损失以“-”号填列）		
公允价值变动收益（损失以“-”号填列）		
信用减值损失（损失以“-”号填列）		
资产减值损失（损失以“-”号填列）		
资产处置收益（损失以“-”号填列）		
二、营业利润（亏损以“-”号填列）		
加：营业外收入		
减：营业外支出		
三、利润总额（亏损总额以“-”号填列）		
减：所得税费用		
四、净利润（净亏损以“-”号填列）		
（一）持续经营净利润（净亏损以“-”号填列）		
（二）终止经营净利润（净亏损以“-”号填列）		
五、其他综合收益的税后净额		
（一）不能重分类进损益的其他综合收益		

续表

项目	本期金额	上期金额
1.重新计量设定受益计划变动额		
2.权益法下不能转损益的其他综合收益		
3.其他权益工具投资公允价值变动		
4.企业自身信用风险公允价值变动		
……		
（二）将重分类进损益的其他综合收益		
1.权益法下可转损益的其他综合收益		
2.其他债权投资公允价值变动		
3.金融资产重分类计入其他综合收益的金额		
4.其他债权投资信用减值准备		
5.现金流量套期储备		
6.外币财务报表折算总额		
……		
六、综合收益总额		
七、每股收益：		
（一）基本每股收益		
（二）稀释每股收益		

这种格式的利润表有利于企业对不同业务采用不同的利润计算方法，采用不同的管理方式，加强对主要业务的管理，分析利润的构成及升降原因，区分追求实现利润的主要途径。我国2014年修订的会计准则体系规定利润表采用多步式格式。利润表上的每个项目应设计两个金额栏，一个是“本期金额”，反映该项目的本期实际数，根据与该项目相对应的账户的本期发生额填列；另一个是“上期金额”，反映该项目上一期间的发生数。

（三）现金流量表的设计

现金流量表是反映企业一定会计期间内现金和现金等价物流入与流出的报表。通过编制现金流量表，可以为财务报表使用者提供企业一定会计期间内现金和现金等价物流入与流出的信息，以便财务报表使用者了解与评价企业获取现金和现金等价物的能力，并据以预测企业未来的现金流量。

1.现金流量表的编制基础

现金流量表以现金及现金等价物为编制基础。这种编制基础目前被广泛采用。

现金是指企业的库存现金以及可以随时用于支付的存款。不能随时用于支付的存款不属于现金。现金包括库存现金、银行存款和其他货币资金。

现金等价物是指企业持有的期限短、流动性强、易于转换为已知金额现金、价值变动风险很小的投资。

现金流量表也可以以现金和流动资产为编制基础，但这种做法目前很少被采用。

2.现金流量的分类

现金流量是指现金和现金等价物的流入和流出。设计现金流量表必须对现金流量的分类进行合理的设计。对现金流量可以有不同的分类方法，目前，国际上最为流行的做法是将现金流量分为经营活动现金流量、投资活动现金流量和筹资活动现金流量。这种分类能够反映企业各种经济活动获取现金流量的能力，因为企业全部的经济活动就概括为经营活动、投资活动和筹资活动三类。国际会计准则和澳大利亚等国均采用此种分类方法。我国《企业会计准则》也采用这种方法，以便与国际惯例协调。

3.现金流量表编制方法的设计

一般来说，企业经营活动的业务比较多，而投资活动和筹资活动的业务则较少，所以，投资活动和筹资活动产生的现金流量可以直接从“库存现金”“银行存款”等有关账户的记录中找到，而经营活动产生的现金流量用这种方法查找则不太可能。企业在确定经营活动产生的现金流量时有直接法和间接法两种方法。

（1）直接法。直接法是通过现金收入和支出的主要类别反映来自企业经营活动的现金流量的，一般以利润表中的营业收入为起点，通过调整与经营活动有关的项目的增减变动计算经营活动的现金流量。由于直接法列示了各项现金流入的来源及金额和各项现金流出的用途及金额，所以直接法更有助于预测企业未来的经营活动的现金流量、揭示企业用经营活动产生的现金来偿付其债务的能力以及进行再投资和支付股利的能力。

（2）间接法。间接法是以本期净利润为起点，调整不涉及现金的收入、费用、营业外收支等项目的增减变动，据以计算出经营活动的现金流量。间接法有助于分析影响现金流量的原因以及从现金流量的角度分析企业净利润的质量。

我国《企业会计准则》规定，现金流量表以直接法编制，在现金流量表附注中披露采用间接法将净利润调节为经营活动现金流量的信息。

4.现金流量表格式的设计

现金流量表的格式因行业特点的不同而有所区别，按一般企业、商业企业、保险公司、证券公司等企业类型予以确定。企业应当根据其经营活动的性质，确定本企业适用的现金流量表格式。

政策性银行、信托投资公司、租赁公司、财务公司、典当公司应当执行商业银行现金流量表格式的规定，如有特别需要，可结合本企业的实际情况，进行必要的调整和补充。

资产管理公司、基金公司、期货公司应当执行证券公司现金流量表格式的规定，如有特别需要，可结合本企业的实际情况，进行必要的调整和补充。

在直接法下，现金流量表主要包括四部分，依次为经营活动产生的现金流量、投资活动产生的现金流量、筹资活动产生的现金流量、现金及现金等价物净增加额。根据需要还可以增加某些项目。一般企业现金流量表的具体格式见表5-63。

表5-63 **现金流量表** 会企03表

编制单位： ____年____月 单位：元

项目	本期金额	上期金额
一、经营活动产生的现金流量：		
销售商品、提供劳务收到的现金		
收到的税费返还		
收到其他与经营活动有关的现金		
经营活动现金流入小计		
购买商品、接受劳务支付的现金		
支付给职工以及为职工支付的现金		
支付的各项税费		
支付其他与经营活动有关的现金		
经营活动现金流出小计		
经营活动产生的现金流量净额		
二、投资活动产生的现金流量：		
收回投资收到的现金		
取得投资收益收到的现金		
处置固定资产、无形资产和其他长期资产收回的现金净额		
处置子公司及其他营业单位收到的现金净额		
收到其他与投资活动有关的现金		
投资活动现金流入小计		
购建固定资产、无形资产和其他长期资产支付的现金		
投资支付的现金		
取得子公司及其他营业单位支付的现金净额		
支付其他与投资活动有关的现金		
投资活动现金流出小计		
投资活动产生的现金流量净额		
三、筹资活动产生的现金流量：		
吸收投资收到的现金		
取得借款收到的现金		
收到其他与筹资活动有关的现金		
筹资活动现金流入小计		
偿还债务支付的现金		
分配股利、利润或偿付利息支付的现金		
支付其他与筹资活动有关的现金		
筹资活动现金流出小计		
筹资活动产生的现金流量净额		
四、汇率变动对现金及现金等价物的影响		
五、现金及现金等价物净增加额		
加：期初现金及现金等价物余额		
六、期末现金及现金等价物余额		

5.现金流量表附注的设计

一般企业、商业企业、保险公司、证券公司等各类企业都要求编报现金流量表附注。现金流量表附注具体包括：现金流量表补充资料；企业当前取得或处置子公司及其他营业单位；现金及现金等价物。以下列示的现金流量表附注披露格式适用于一般企业、商业银行、保险公司、证券公司等各类企业。

（1）现金流量表补充资料披露格式（见表5-64）。

表5-64　**现金流量表补充资料披露格式**

补充资料	本期金额	上期金额
1.净利润调节为经营活动现金流量：		
净利润		
加：资产减值准备		
固定资产折旧、油气资产折耗、生产性生物资产折旧		
无形资产摊销		
长期待摊费用摊销		
处置固定资产、无形资产和其他长期资产的损失（收益以“-”号填列）		
固定资产报废损失（收益以“-”号填列）		
公允价值变动损失（收益以“-”号填列）		
财务费用（收益以“-”号填列）		
投资损失（收益以“-”号填列）		
递延所得税资产减少（增加以“-”号填列）		
递延所得税负债增加（减少以“-”号填列）		
存货的减少（增加以“-”号填列）		
经营性应收项目的减少（增加以“-”号填列）		
经营性应付项目的增加（减少以“-”号填列）		
⋮		
经营活动产生的现金流量净额		
2.不涉及现金收支的重大投资和筹资活动：		
债务转为资本		
一年内到期的可转换公司债券		
融资租入固定资产		
3.现金及现金等价物净变动情况：		
现金的期末余额		
减：现金的期初余额		
加：现金等价物的期末余额		
减：现金等价物的期初余额		
现金及现金等价物净增加额		

企业应当采用间接法在现金流量表附注中披露将净利润调节为经营活动现金流量的信息。

（2）企业当期取得或处置子公司及其他营业单位的有关信息的披露格式（见表5-65）。

表5-65 **企业当期取得或处置子公司及其他营业单位的有关信息的披露格式**

项目	金额
一、取得子公司及其他营业单位的有关信息	
1.取得子公司及其他营业单位的价格	
2.取得子公司及其他营业单位支付的现金及现金等价物	
减：子公司及其他营业单位持有的现金及现金等价物	
3.取得子公司及其他营业单位支付的现金净额	
4.取得子公司的净资产	
流动资产	
非流动资产	
流动负债	
非流动负债	
二、处置子公司及其他营业单位的有关信息	
1.处置子公司及其他营业单位的价格	
2.处置子公司及其他营业单位收到的现金及现金等价物	
减：子公司及其他营业单位持有的现金及现金等价物	
3.处置子公司及其他营业单位收到的现金净额	
4.处置子公司的净资产	
流动资产	
非流动资产	
流动负债	
非流动负债	

（3）现金及现金等价物披露格式（见表5-66）。

表5-66 现金及现金等价物披露格式

项目	本期金额	上期金额
一、现金		
库存现金		
可随时用于支付的银行存款		
可随时用于支付的其他货币资金		
存放同业款项		
拆放同业款项		
二、现金等价物		
其中：三个月内到期的债券投资		
三、期末现金及现金等价物余额		
其中：母公司或集体内子公司使用受限制的现金及现金等价物		

（四）所有者权益变动表的设计

所有者权益变动表是反映构成所有者权益的各组成部分当期的增减变动情况的报表。所有者权益变动表应当全面反映一定时期所有者权益变动的情况，不仅包括所有者权益总量的增减变动，还包括所有者权益增减变动的重要结构性信息，特别是要反映直接计入所有者权益的利得和损失。

所有者权益变动表的表头与前述报表基本相同，一般应列明报表的名称、编制单位名称、会计期间、报表编号和货币单位等。

所有者权益变动表的具体列报格式有两种：

（1）按照所有者权益的各组成部分反映所有者权益变动情况。我国在2006年企业会计准则体系颁布前一直采用这种方法。

（2）以矩阵的形式列报。一方面，列示导致所有者权益变动的交易或事项，按所有者权益变动的来源对一定时期所有者权益的变动情况进行全面反映；另一方面，按照所有者权益各组成部分（包括实收资本、资本公积、盈余公积、未分配利润和库存股）及其总额列示交易或事项对所有者权益的影响。为了清楚地表明构成所有者权益的各组成部分当期的增减变动情况，按照2014年修订的企业会计准则体系的规定，所有者权益变动表应当以矩阵的形式列示。同时，企业需要提供比较所有者权益变动表。所有者权益变动表中各项目分为“本年金额”和“上年金额”两栏分别填列，其具体格式见表5-67。

表 5-67　　**所有者权益（或股东权益）变动表**　　会企 04 表

编制单位：　　______年度　　单位：元

项目	本年金额											上年金额										
	实收资本（或股本）	其他权益工具			资本公积	减：库存股	其他综合收益	专项储备	盈余公积	未分配利润	所有者权益合计	实收资本（或股本）	其他权益工具			资本公积	减：库存股	其他综合收益	专项储备	盈余公积	未分配利润	所有者权益合计
		优先股	永续债	其他									优先股	永续债	其他							
一、上年年末余额																						
加：会计政策变更																						
前期差错更正																						
其他																						
二、本年年初余额																						
三、本年增减变动金额（减少以“-”号填列）																						
（一）综合收益总额																						
（二）所有者投入和减少资本																						
1.所有者投入的普通股																						
2.其他权益工具持有者投入资本																						
3.股份支付计入所有者权益的金额																						
4.其他																						

续表

项目	本年金额											上年金额										
	实收资本（或股本）	其他权益工具			资本公积	减：库存股	其他综合收益	专项储备	盈余公积	未分配利润	所有者权益合计	实收资本（或股本）	其他权益工具			资本公积	减：库存股	其他综合收益	专项储备	盈余公积	未分配利润	所有者权益合计
		优先股	永续债	其他									优先股	永续债	其他							
（三）利润分配																						
1. 提取盈余公积																						
2. 对所有者（或股东）的分配																						
3. 其他																						
（四）所有者权益内部结转																						
1. 资本公积转增资本（或股本）																						
2. 盈余公积转增资本（或股本）																						
3. 盈余公积弥补亏损																						
4. 设定受益计划变动额结转留存收益																						
5. 其他综合收益结转留存收益																						
6. 其他																						
四、本年年末余额																						

（五）一般企业报表附注的设计

附注是财务报表不可或缺的组成部分，是对在资产负债表、利润表、现金流量表和所有者权益变动表等报表中列示项目的文字描述或明细资料，以及对未能在这些报表中列示项目的说明等。

1.附注披露的基本要求

（1）附注披露的信息应是定量、定性信息的结合，从而能从量和质两个角度对企业经济事项完整地进行反映，也能满足信息使用者的决策需求。

（2）附注应当按照一定的结构进行系统、合理的排列和分类，有顺序地披露信息。由于附注的内容繁多，因此更应按逻辑顺序排列，分类披露，具有一定的组织结构披露，以便使用者理解和掌握，也能更好地实现财务报表的可比性。

（3）附注相关信息应当与资产负债表、利润表、现金流量表和所有者权益变动表等报表中列示的项目相互参照，以有助于使用者联系相关联的信息，并由此从整体上更好地理解财务报表。

2.附注披露的内容

根据2014年修订的企业会计准则体系的规定，财务报表附注应当按照如下顺序披露有关内容：

（1）企业的基本情况。

①企业注册地、组织形式和总部地址。

②企业的业务性质和主要经营活动。

③母公司以及集团最终母公司的名称。

④财务报告的批准报出者和财务报告批准报出日，或者以签字人及其签字日期为准。

⑤营业期限有限的企业，还应当披露营业期限的信息。

（2）财务报表的编制基础。

（3）遵循企业会计准则的声明。

企业应当明确说明编制的财务报表符合企业会计准则的要求，真实、公允地反映了企业的财务状况、经营成果和现金流量等有关信息。以此明确企业编制财务报表所依据的制度基础。

如果企业编制的财务报表只是部分地遵循了企业会计准则，附注中不得作出这种表述。

（4）重要会计政策和会计估计。

根据财务报表列报准则的规定，企业应当披露采用的重要会计政策和会计估计，不重要的会计政策和会计估计可以不披露。

①重要会计政策的说明。由于企业经济业务的复杂性和多样化，某些经济业务可以有多种会计处理方法，即存在不止一种可供选择的会计政策。例如，存货的计价可以有先进先出法、加权平均法、个别计价法等；固定资产的折旧可以有平均年限法、工作量法、双倍余额递减法、年数总和法等。企业在发生某项经济业务时，

必须从允许的会计处理方法中选择适合本企业特点的会计政策。企业选择不同的会计处理方法，可能极大地影响企业的财务状况和经营成果，进而编制出不同的财务报表。为了有助于报表使用者理解，有必要对这些会计政策加以披露。

需要特别指出的是，说明会计政策时还需要披露下列两项内容：

A.财务报表项目的计量基础。会计计量属性包括历史成本、重置成本、可变现净值、现值和公允价值。财务报表项目的计量基础直接显著影响报表使用者的分析。这项披露要求便于使用者了解企业财务报表中的项目是按何种计量基础予以计量的，如存货是按成本还是可变现净值计量等。

B.会计政策的确定依据，主要是指企业在运用会计政策过程中所作的对报表中确认的项目金额最具影响的判断。例如，企业如何判断持有的金融资产是持有至到期的投资而不是交易性投资；对于拥有的持股不足50%的关联企业，如何判断企业拥有控制权因此将其纳入合并范围；企业如何判断与租赁资产相关的所有风险和报酬已转移给企业，从而符合租赁的确认标准；投资性房地产的判断标准是什么等。这些判断对在报表中确认的项目金额具有重要影响。因此，这项披露要求有助于使用者理解企业选择和运用会计政策的背景，增加财务报表的可理解性。

②重要会计估计的说明。财务报表列报准则强调了对会计估计不确定因素的披露要求。企业应当披露会计估计中所采用的关键假设和不确定因素的确定依据。这些关键假设和不确定因素在下一会计期间内很可能导致对资产、负债账面价值进行重大调整。

在确定报表中确认的资产和负债的账面金额过程中，企业有时需要对不确定的未来事项在资产负债表日对这些资产和负债的影响加以估计。例如，固定资产可收回金额的计算需要根据其公允价值减去处置费用后的净额与预计未来现金流量的现值两者之间的较高者确定，在计算资产预计未来现金流量的现值时需要对未来现金流量进行预测，并选择适当的折现率，应当在附注中披露未来现金流量预测所采用的假设及其依据、所选择的折现率为什么是合理的等。又如，为正在进行中的诉讼提取准备时最佳估计数的确定依据等。这些假设的变动对这些资产和负债项目金额的确定影响很大，有可能会在下一个会计年度内作出重大调整。因此，强调这一披露要求，有助于提高财务报表的可理解性。

（5）会计政策和会计估计变更以及差错更正的说明。

企业应当按照《企业会计准则第28号——会计政策、会计估计变更和差错更正》的规定，披露会计政策和会计估计变更以及差错更正的有关情况。

（6）报表重要项目的说明。

企业应当以文字和数字描述相结合，尽可能以列表形式披露报表重要项目的构成或当期增减变动情况，并且报表重要项目的明细金额合计应当与报表项目的金额相衔接。在披露顺序上，一般应当按照资产负债表、利润表、现金流量表、所有者权益变动表的顺序及其项目列示的顺序。

（7）其他需要说明的重要事项。

这主要包括或有和承诺事项、资产负债表日后非调整事项、关联方关系及其交易等需要说明的事项。

（8）有助于财务报表使用者评价企业管理资本的目标、政策及程序信息。

二、对内财务报告的设计

对外财务报告的指标体系、格式、编制方法等都由国家统一规定，而且不能反映涉及企业内部机密的一些资料，不能完全满足企业内部管理的需要，因此，企业需要编制一些内部报表，作为对外财务报告的补充，更能为企业经营管理提供内部管理所需的信息资料。内部报表是企业会计部门根据本单位的需要而编制的，其指标体系、格式和编制方法均可自行确定。在进行内部报表设计时，一定要注意指标体系的完整性和可比性，要符合本单位管理的要求，使得企业内部管理所需要的资料在内部报表中都能得到。

内部报表的种类很多，按时间分类有日报、旬报、半月报、月报、季报、年报等，按经济内容分主要有成本费用报表、资金报表和经营业绩报表。

（一）成本费用报表的设计

成本费用报表是根据日常成本核算资料定期编制，用以反映企业生产费用与产品成本水平及构成情况，以考核和分析企业在一定时期内各项费用与生产成本计划执行情况及结果的报告等文件。由于成本费用是企业生产经营活动的综合性指标，所以对于一个企业来说，成本费用报表是十分重要的对内报表之一。费用报表主要有生产费用明细表、管理费用明细表、制造费用明细表和销售费用明细表等。成本报表主要有商品产品成本表、主要产品单位成本表等。

成本费用报表一般由企业自行设计。

费用类报表的设计是为了反映企业在年度内发生的各种费用，分析各项费用的构成及增减变动情况，考核各项费用计划的执行结果，以便进一步采取措施、压缩开支、降低费用。其中制造费用明细表的格式见表5-68。生产费用明细表、管理费用明细表与销售费用明细表的基本格式同制造费用明细表，在费用项目设计上有所差异。

表5-68 **制造费用明细表**

编制单位： 年 月 日 单位：

费用项目	本年计划数	上年同期实际数	本月实际数	本年累计实际数
职工薪酬				
办公费				
水电费				
折旧费				
修理费				
租赁费				
劳动保护费				
机物料消耗				
其他				
合计				

商品产品成本表的设计是为了反映企业在月份、年度内生产的全部商品产品的总成本与各种主要商品产品的单位成本和总成本，同时考核全部商品产品和主要商品产品成本计划的执行结果，分析各种可比产品成本降低任务的完成情况。商品产品成本表见表 5-69。

表 5-69 **商品产品成本表**

编制单位： 年 月 金额单位：元

产品名称	计量单位	实际产量		单位成本				本月总成本			本年累计总成本		
		本月	本年	上年实际平均	本年计划	本月实际	本年实际平均	按上年实际平均单位成本计算	按本年计划单位成本计算	本月实际	按上年实际平均单位成本计算	按本年计划单位成本计算	本年实际
可比产品合计													
甲	件												
乙	件												
不可比产品合计													
丙	台												
产品生产成本合计													

主要产品单位成本表的设计是为了反映企业在月份、年度内生产的各种主要产品单位成本的构成情况，考核各种主要产品单位成本计划的执行结果，分析各成本项目和消耗定额的变化及其原因，并便于在生产同种产品的企业之间进行成本对比。主要产品单位成本表见表 5-70。

表 5-70 **主要产品单位成本表**

产品名称：

编制单位： 年 月 单位：元

成本项目	历史先进水平	上年实际平均	本年计划	本月实际	本年实际平均
直接材料					
直接人工					
其他直接支出					
制造费用					
合计					
主要技术经济指标					
1. 主要材料					
2.…					
3.…					

（二）资金报表的设计

资金报表的设计可根据企业资金管理的需要灵活进行，其设计要点是：首先，确定分析对象；其次，明确分析目的；最后，简明表格设计。其主要包括资金结构分析表、资金定额分析表、资金结构变化分析表、资金使用效益分析表4类。资金结构分析表见表5-71。

表5-71　资金结构分析表

编制单位：　年　月　日　金额单位：

资产项目	金额		百分比	负债及所有者权益项目	金额		百分比
	小计	合计			小计	合计	

资金定额分析表，如储备不正常材料报告单，其基本格式见表5-72。

表5-72　储备不正常材料报告单

编制单位：　年　月　日　金额单位：

材料名称	规格	计量单位	结存数量	最高储备量	最低储备量	与最高或最低储备量的差额	建议措施	备注

资金结构变化分析表，如主要流动资产结构变化分析表，其基本格式见表5-73。

表5-73　主要流动资产结构变化分析表

年　月　日　金额单位：

流动资产项目	期末		期初		增减变动	
	金额	比重	金额	比重	金额	比重
1.货币资金						
2.应收款项						
3.原材料						
4.在产品						
5.产成品						
合　计						

资金使用效益分析表，如流动资金周转率分析表，其基本格式见表5-74。

表5-74 **流动资金周转率分析表**

____年度　　　　金额单位：

项目		上年数	计划数	本年实际数	差异		差异分析
					与上年比	与计划比	
基本数据	1.销售额 2.全部流动资金平均余额 3.商品资金平均余额						
周转率	4.全部流动资金周转次数 5.全部流动资金周转天数						
	6.商品资金周转次数 7.商品资金周转天数						

以上各类资金报表可用来反映企业的资金结构、各种资金定额占用、资金结构变化以及资金的使用效益情况，以此评价企业资金使用的效率和效果。

（三）经营业绩报表的设计

经营业绩报表（或称“内部利润报表”）的设计，主要用于满足利润预测和利润分析检查的需要。各单位具体需要不同，内部经营业绩报表的种类和格式设计也不同。常用的内部利润报表有利润计划完成情况分析表、利润预测报告和主营业务利润分析表等。

利润计划完成情况分析表是反映一个企业经济效益的综合性报告。此表可反映利润实际数比计划数或上期数等的增减变化情况及各个环节的影响程度。利润计划完成情况分析表可以利润表为基础进行编制，其一般格式见表5-75。

表5-75 **利润计划完成情况分析表**

报送单位：　　　　年　月　　　　金额单位：

项目	本期				累计金额			
	计划数	实际数	增或减	百分比	计划数	实际数	增或减	百分比

利润预测报告集中反映利润预测结果，为企业领导确定企业管理目标提供数据，同时为企业财会部门编制财务计划、进行利润管理提供科学依据。其一般格式见表5-76。

表5-76　**利润预测报告**

报送单位：　年　月　金额单位：

项目	金额	甲产品		乙产品		丙产品	
		金额	百分比	金额	百分比	金额	百分比
单价							
预计销售量							
预计销售收入							
变动费用							
边际贡献							
固定费用							
利润							

主营业务利润分析表主要反映影响产品销售利润的因素、各个因素对利润的影响方向及金额、各个因素影响的主次程度，以便采取改善措施，提高企业的经济效益。其一般格式见表5-77。

表5-77　**主营业务利润分析表**　金额单位：

影响主营业务利润变动的因素	行次	影响利润变动金额	各影响因素占总变动额的百分比
产品销售价格变动影响	1		
产品销售数量变动影响	2		
主营业务税金变动影响	3		
主营业务成本变动影响	4		
产品销售结构变动影响	5		
合计			

第四节　会计核算组织程序设计

会计核算组织程序设计，又称会计核算形式，即在会计核算中，以账簿体系为核心，把会计凭证、会计账簿、会计报表、记账程序和记账方法有机结合起来的技术组织方式。账簿体系是指账簿的种类、格式和各种账簿之间的相互关系。记账程序是指凭证的填制、账簿的登记以及根据账簿编制会计报表的顺序。记账方法是指用手工登记还是用机器登记。会计核算组织程序设计与会计凭证、会计账簿设计有着直接的关系，就是要提出在会计制度中选用哪些账簿；这些账簿如何构成记录企业全部经济业务的体系，各种账簿之间怎样进行联系；确定原始凭证和记账凭证的种类格式，它们与账簿记录怎样进行联系；确定在哪些环节上编出何种会计报告；确定如何整理、传递会计凭证，如何登记各种账簿，根据账簿记录如何编制会计报表等各项工作的顺序。会计核算组织程序设计具有较大的灵活性，设计得是否得当，对会计工作的组织与管理意义极大。现在常用的会计核算组织程序的设计方法主要有非汇总型和凭证汇总型两大模式。

一、非汇总型核算组织程序设计

非汇总型核算组织程序，是指记账凭证不需要经过汇总直接据以登记总账的核算组织程序。这种模式主要有记账凭证核算组织程序（如图5-2所示）和日记总账核算组织程序（如图5-3所示）两种类型。

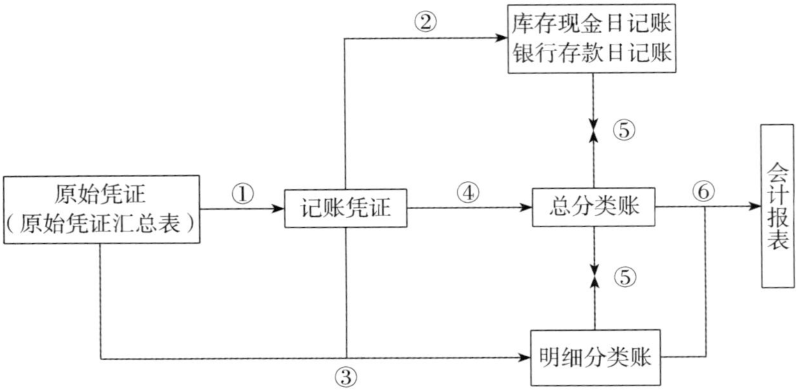

图5-2 记账凭证核算组织程序图

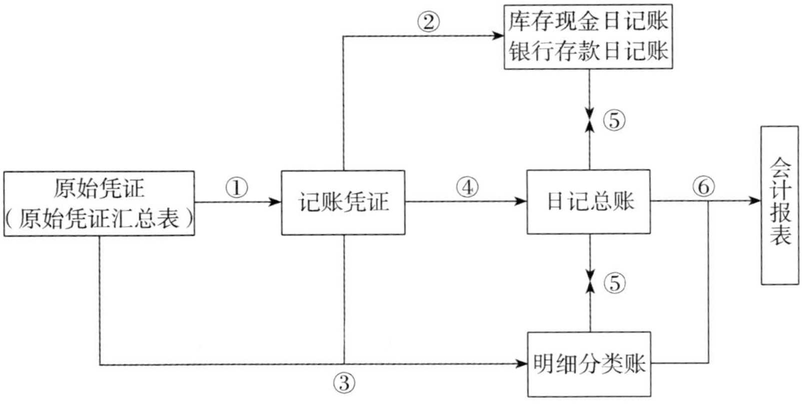

图5-3 日记总账核算组织程序图

记账凭证核算组织程序和日记总账核算组织程序的不同点在于总账的设置与登记方法不同。日记总账核算组织程序的总账设置有特殊要求，需设置一本既序时又分类的联合账簿——日记总账（格式见表5-49）。共同点在于：记账凭证都不需要汇总，直接据以登记总账；记账凭证的设置相同；账务处理程序都是6步，即填制记账凭证、登记日记账、登记明细账、登记总账、对账和编表。

这种模式程序简明，凭证不汇总可以减少汇总工作量，但是如果业务较多，将会增加登记总账的工作量。因此，该模式一般适用于经营规模不大、业务较少的小型企业。

二、凭证汇总型核算组织程序设计

凭证汇总型核算组织程序是指记账凭证需要经过汇总编制汇总凭证，然后根据汇总凭证登记总账的核算组织程序。这种模式包括科目汇总表核算组织程序（如图5-4所示）和汇总记账凭证核算组织程序（如图5-5所示）两种类型。

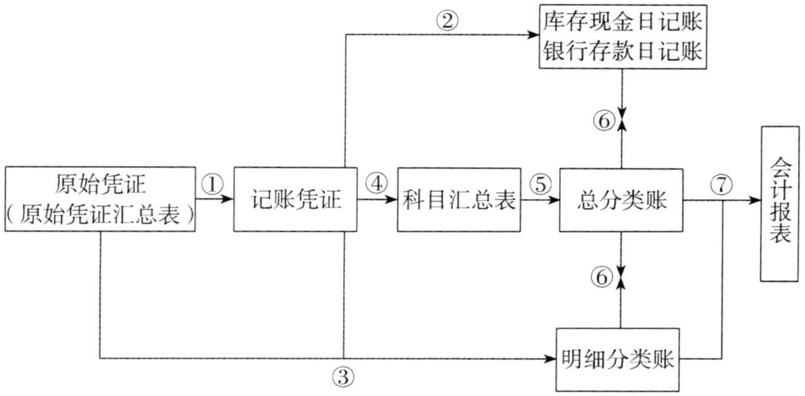

图5-4　科目汇总表核算组织程序图

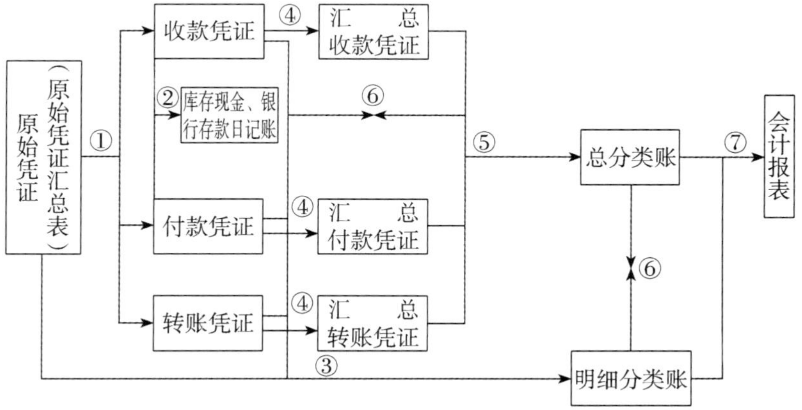

图5-5　汇总记账凭证核算组织程序图

科目汇总表核算组织程序和汇总记账凭证核算组织程序的相同点在于：记账凭证都是汇总之后再登记总分类账。其不同之处在于：①前者记账凭证既可统一设计1种，也可分别设计收、付、转3种，后者必须分别设计收、付、转3种记账凭证；②前者只设计1种汇总凭证——科目汇总表，后者必须分别设计汇总收款凭证、汇总付款凭证和汇总转账凭证3种；③两者汇总凭证的汇总方法不同，前者是大汇总，汇总后不反映账户之间的对应关系，后者是分类汇总，汇总后的账户对应关系清晰；④相比较而言，前者汇总起来较为简便容易，后者汇总时较为复杂，难度大。

凭证汇总型核算组织程序简化了登记总账的手续，但凭证汇总比较复杂，一般适用于经济业务较多的大中型企业。科目汇总表核算组织程序在我国手工记账条件下使用较为广泛。

本章小结

会计核算系统设计主要包括会计凭证的设计、会计账簿的设计、会计报告的设计和会计核算组织程序的设计。

会计凭证设计主要是原始凭证的设计和记账凭证的设计以及凭证传递程序和保管制度的设计。在原始凭证设计时，主要考虑自制原始凭证的设计，重点是拟订一个基层单位原始凭证的种类、格式。记账凭证的设计包括：①通用记账凭证；②专用记账凭证；③单式记账凭证；④汇总记账凭证；⑤科目汇总表。记账凭证设计的重点是拟订一个基层单位采用复式凭证的种类、每种凭证基本项目的设计。

会计账簿按其用途不同，可以分为序时账、分类账和备查账；会计账簿按外表形式不同分为订本式账簿、活页式账簿和卡片式账簿。账簿设计应遵循的基本要求：①适应企业规模和特点；②适应会计报表的要求；③简明实用，便于审核、查阅和保管，满足业务需要；④账簿与账簿之间的关系，应结合账务处理程序。详细介绍了序时账、分类账和备查账的设计，列出了主要账簿的基本格式。会计账簿设计的重点是会计账簿体系设计以及不同会计账簿采用的外表形式与账页格式设计。

财务报告按报送的对象可分为对外财务报告和对内财务报告。按现行企业会计准则规定，对外财务报告包括：资产负债表、利润表、现金流量表、所有者权益变动表及附注。对内财务报告按经济内容主要分为：成本费用报表、资金报表和经营业绩报表。财务报告设计的重点是各种会计报表的设计原理和结构要求，对外报表和对内报表在设计方面的区别及设计方法。

会计核算组织程序设计，又称会计核算形式，即在会计核算中，以账簿体系为核心，把会计凭证、会计账簿、会计报表、记账程序和记账方法有机结合起来的技术组织方式。现在常用的主要有非汇总型和凭证汇总型两大模式。非汇总型模式主要有记账凭证核算组织程序和日记总账核算组织程序两种类型。凭证汇总型模式包括科目汇总表核算组织程序和汇总记账凭证核算组织程序两种类型。会计核算组织程序设计的重点是各种会计核算组织程序的特点及适用范围。

思考题

1. 原始凭证设计有哪些要求？
2. 原始凭证设计的基本内容有哪些？
3. 对外投资业务应设计哪些原始凭证？
4. 材料采购业务应设计哪些原始凭证？
5. 产品生产、成本计算及产品入库业务应设计哪些原始凭证？
6. 产品或商品销售业务应设计哪些原始凭证？
7. 货币资金收付业务应设计哪些原始凭证？
8. 固定资产业务应设计哪些原始凭证？
9. 往来结算业务应设计哪些原始凭证？
10. 记账凭证设计有哪些要求？

11.记账凭证设计的基本内容有哪些？

12.专用记账凭证有哪些？

13.什么是单式记账凭证？其优缺点如何？

14.什么是汇总记账凭证？其适用于何种类型的企业？

15.会计账簿有哪几种？各自设计要求如何？

16.总分类账格式一般有哪几种？

17.明细账常用的格式主要有哪几种？

18.常用的备查账有哪几种？

19.现行企业会计准则规定的报表体系是什么？

20.我国现行企业会计准则规定资产负债表是什么格式？有何特点？

21.资产负债表中补充资料的内容有哪些？

22.资产减值准备明细表项目有哪些？

23.利润表项目的排列方式和格式一般有哪两种？

24.什么是单步式利润表？有何优缺点？

25.什么是多步式利润表？有何优缺点？

26.现金流量表项目有哪些？

27.附注主要内容有哪些？

28.财务情况说明书至少应当对哪些情况作出说明？

29.对内会计报表主要有哪些？各有什么作用？

30.你认为，会计报表与附注是何关系？将来的发展趋势如何？

31.从信息质量的及时性和相关性的角度来考虑，现金流量表按年度披露是否合适？

32.我国现有的会计报告体系的内容和形式能否满足信息使用者的要求？未来会计报告的发展趋势如何？

33.通过对现金流量表的设计，可以使信息使用者获得哪些信息？

34.利润表内容设计上列示其他综合收益以及综合收益项目有什么意义？

35.为了提高信息使用的效率，是否有必要在现有的会计报告中增加财务数据分析的内容？如何设计？

36.累计折旧、利润分配、各种资产减值准备等特殊项目是否应列示在资产负债表中？如果可以，如何列示？

37.现在常用的会计核算组织程序的设计方法主要有哪两大模式？

38.什么是非汇总型核算组织程序？其优缺点及适用范围如何？

39.什么是凭证汇总型核算组织程序？其优缺点及适用范围如何？

练习题

1.单项选择题

(1) 在订货单上，为便于明确该项业务的经济责任，应设计的栏目是（　　）。

A.订货日期　　B.购货单位经手人的签章

C.供应商单位名称　　D.订货商品的数量、单价

(2) 企业自行设计的关于固定资产业务的原始凭证不包括（　　）。

A.固定资产交接使用凭证

B.固定资产折旧费用分配表

C.固定资产报废单、盘点表和盘盈盘亏报告单

D.固定资产购置时处置的发票

(3) 现在企业中最常用的日记账的格式是（　　）。

A.普通日记账　　B.专栏日记账

C.特种日记账　　D.多栏式特种日记账

(4) 企业的原材料、产成品等实物性资产应设计的明细账的格式为（　　）。

A.三栏式　　B.数量金额式　　C.多栏式　　D.特殊形式

(5) 我国现行的利润表的格式为（　　）。

A.单步式　　B.多步式　　C.账户式　　D.报告式

2.多项选择题

(1) 原始凭证都必须具备的基本内容有（　　）。

A.原始凭证的名称　　B.填制原始凭证的单位名称

C.原始凭证填制的日期和凭证编号　　D.接受原始凭证单位的名称

E.会计分录内容

(2) 企业设计的内部货币资金收付凭证，包括（　　）。

A.收款收据和领款单　　B.借据　　C.差旅费报销单

D.专用记账凭证　　E.工资单

(3) 无论记账凭证格式如何设计，都应具备的基本内容包括（　　）。

A.记账凭证的名称　　B.会计主管、审核、记账和编制人员的签章

C.经办人员签章　　D.所附原始凭证的张数

E.应借应贷的科目和金额

(4) 会计账簿在设计时应遵循的基本要求包括（　　）。

A.合法性　　B.适应会计报表编制的要求

C.简明实用　　D.考虑到账务处理程序

E.适应企业规模和特点

(5) 下列报表中属于资产负债表附表的有（　　）。

A.资产减值准备明细表　　B.股东权益增减变动表

C.应交增值税明细表　　D.利润表

E.分部报表

(6) 经营规模不大、业务较少的小型企业适合采用的会计核算组织程序有（　　）。

A.记账凭证核算组织程序　　B.科目汇总表核算组织程序

C.汇总记账凭证核算组织程序　　D.凭证汇总型核算组织程序

E.日记总账核算组织程序

3.判断题

(1) 原始凭证在设计时要充分考虑内部控制的问题。（　　）

(2) 原始凭证的主要作用在于根据经济业务的发生确定会计分录的内容。（　　）

(3) 业务繁多、会计核算实现了电算化的企业，适合使用专用记账凭证。（　　）

(4) 备查账的数量和格式通常根据企业实际需要来设计，比较灵活。（　　）

(5) 对内财务报告的指标体系、格式、编制方法等都由国家统一规定。（　　）

业务题

资料：中北公司是一家小型私营企业，自创办以来一直请会计师事务所代理记账。公司6月份发生的业务如下（假定不考虑相关税费）：

（1）6月1日，开出支票支付5月份的房屋租金1 200元；

（2）6月2日，从A公司赊购办公用品，价格为3 600元；

（3）6月4日，开出支票支付6月2日购买办公用品的运输费320元；

（4）6月8日，给B公司提供服务，尚未收到款项，开具发票金额为4 500元；

（5）6月9日，支票支付450元购买办公用品；

（6）6月11日，从C公司赊购办公设备，价格为15 000元；

（7）6月12日，开出支票支付5月2日从A公司赊购办公用品的账款3 600元；

（8）6月16日，给D公司提供服务，尚未收到账款，开具发票金额为8 000元；

（9）6月18日，收到B公司支付6月8日服务款项4 500元；

（10）6月20日，追加现金投资10 000元；

（11）6月25日，给E公司提供服务，收到现金15 900元；

（12）6月30日，开出支票提取现金1 000元备用；

（13）6月30日，开出支票支付水电费690元；

（14）6月30日，开出支票支付6月份的工资15 800元，其中，办公人员5 800元和销售人员10 000元。

要求：为公司设计记账凭证和相关账簿格式，编制记账凭证并予以登账。

案例分析题

资料：康乐医药公司经营医疗方面的业务。在开始经营的几年中，该公司业务量较少，公司的会计师采用普通日记账登记所发生的业务。从2×22年开始，公司业务量激增，这样会计师花费在登记普通日记账和编制报表的时间越来越多。康乐医药公司决定对其会计核算系统进行改良，增加特种日记账和明细账。

要求：假如你是康乐医药公司的会计师，由你来完成以下工作：

（1）根据该公司的实际情况分析在什么样的环境下需要以特种日记账和明细账来代替普通日记账。

（2）为该公司设计需设置的特种日记账和明细账的格式。

第六章　货币资金的业务流程与核算方法设计

学习目标
通过本章学习，学生要了解货币资金业务流程设计与核算方法设计的意义，领会货币资金业务流程设计的要求；理解货币资金业务流程设计的基本内容；掌握货币资金业务的会计政策选择设计的具体内容；掌握货币资金业务核算程序的具体设计内容和要点。

思政课堂

规范资金资产内部控制，提升会计信息质量

货币资金是流通的手段，是企业流动资金中最活跃的部分，容易引发非法挪用、侵吞的犯罪行为，因此，无论是投资者、债权人，还是企业管理当局都非常关心、重视企业货币资金的核算与管理。因此，根据企业自身的经营管理特点进行货币资金的业务流程与核算方法设计，对加强货币资金的管理、核算与监控，保证货币资金安全和正常有效使用，促进生产经营活动的正常进行，进而实现企业的经营目标具有重要意义。

第一节　货币资金的业务流程设计

一、货币资金业务流程设计目标

货币资金业务流程设计应实现以下目标：

（一）经营目标

通过规范货币资金业务流程，加强资金营运全过程的管理，确保货币资金满足企业内部各机构在经营过程中的资金需要，提高货币资金的使用效率，避免资金冗余或资金链断裂。

（二）会计目标

加强对营运资金的会计系统控制，严格规范资金的收支条件、程序和审批权限，确保货币资金业务核算的及时、规范进行，保证有关货币资金会计信息的可靠、完整。

（三）合规目标

保证货币资金业务的处理符合国家有关法律法规以及公司的内部规定，强化货币资金的内部控制制度，防范和控制资金风险，保证货币资金的安全。

二、货币资金业务风险

由于货币资金业务流程设计得不合理或控制不当，可能会导致以下风险出现，因此在业务流程设计过程中应注意规避。

（一）经营风险

对货币资金管控不力，管理混乱，资金被挪用、侵占、抽逃或遭受欺诈。

（二）财务风险

货币资金使用不合理、营运不畅，导致企业陷入财务困境或资金冗余。

会计信息不能及时、可靠地反映货币资金的增减变化及结存金额。

（三）合规风险

可能导致货币资金管理业务违反国家有关部门和公司的相关规定而受到处罚。

三、营运活动中货币资金业务的总流程设计①

资金运动包括筹资、投资和资金营运活动。筹资、投资业务在以后章节进行讲解，本章主要介绍营运过程中的货币资金业务。为保证资金价值运动的安全、完整、有效，企业资金营运活动应按照设计严密的流程进行控制。其主要包括以下步骤：

第一，资金收付需要以业务发生为基础。企业资金收付，应该有根有据，不能凭空付款或收款。所有收款或者付款需求，都由特定的业务引起，因此，有真实的业务发生，是资金收付的基础。

第二，企业授权部门审批。收款方应该向对方提交相关业务发生的票据或者证明，收取资金。资金支付涉及企业经济利益流出，应严格履行授权分级审批制度。不同责任人应该在自己授权范围内，审核业务的真实性，金额的准确性，以及申请人提交票据或者证明的合法性，严格监督资金支付。

第三，财务部门复核。财务部门收到经过企业授权部门审批签字的相关凭证或证明后，应再次复核业务的真实性，金额的准确性，以及相关票据的齐备性，相关手续的合法性和完整性，并签字认可。

第四，出纳或资金管理部门在收款人签字后，根据相关凭证支付资金。

资金运营活动业务流程的关键风险控制点、控制目标及控制措施见表6-1。

表6-1　**资金运营活动业务流程的关键风险控制点、控制目标及控制措施**

风险控制点	控制目标	控制措施
审批	合法性	未经授权不得经办资金收付业务；明确不同级别管理人员的权限
复核	真实性与合法性	会计人员对相关凭证进行横向复核和纵向复核
收支点	收入入账完整，支出手续完备	出纳人员根据审核后的相关收付款原始凭证收款和付款，并加盖戳记

① 根据财政部颁布的《企业内部控制应用指引第6号——资金活动》以及《强化资金风险管控 不断提升企业效益——财政部会计司解读〈企业内部控制应用指引第6号——资金活动〉》编写。

续表

风险控制点	控制目标	控制措施
记账	真实性	出纳人员根据资金收付凭证登记日记账，会计人员根据相关凭证登记有关明细分类账；主管会计登记总分类账
对账	真实性和财产安全	账证核对、账表核对与账实核对
保管	财产安全与完整	授权专人保管资金；定期、不定期盘点
银行账户管理	防范小金库；加强业务管控	开设、使用与撤销的授权；是否有账外账
票据与印章管理	财产安全	票据统一印制或购买；票据由专人保管；印章与空白票据分管；财务专用章与企业法人章分管

四、营运活动中货币资金业务的具体流程设计

企业应当加强对营运资金的会计系统控制，严格规范货币资金的收支条件、程序和审批权限。[①]根据企业办理资金收付方式的不同，货币资金业务流程可分为现金收付业务流程和银行存款收付业务流程。

（一）现金收付业务流程图

现金收付业务流程图如图6-1所示。

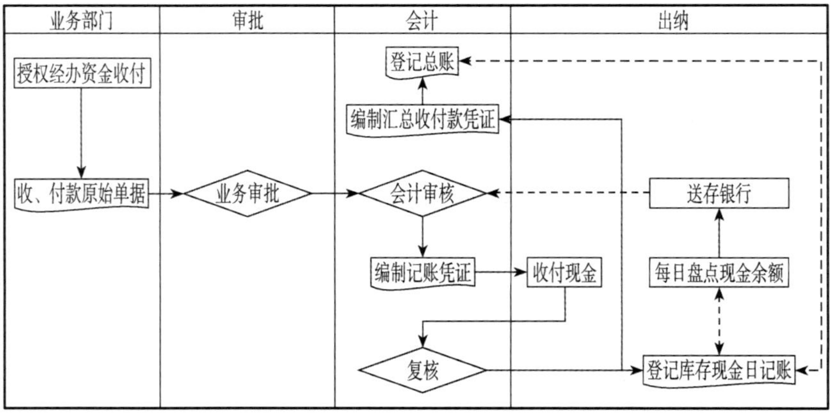

图6-1 现金收付业务流程图

（二）现金收付业务流程步骤与控制点

1.规定授予权限

企业管理部门或业务部门规定或指派业务人员办理有关现金结算的经济业务。业务经办人员办理现金收支业务，须得到一般授权或特殊授权。经办人员须在反映经济业务的原始凭证上签章；经办部门负责人审核原始凭证，并签字盖章。授权批准，可以保证现金收支业务按照授权进行，增强经办人员和负责人员的责任感，保

① 参考《企业内部控制应用指引第6号——资金活动》相关内容。

证现金收付的真实性和合法性，避免乱收乱支、假收假支及现金舞弊等问题的发生。

2.及时填制或取得原始凭证

及时填制或取得原始凭证，并由有关人员签字或盖章，作为收付现金的书面证明。

3.收付审批

对于现金收支业务，主管部门负责人或上级主管负责人应作批示。

4.审核原始凭证

会计部门收到有关现金收支业务原始凭证后，由会计主管人员或指定的分管会计负责进行审核。不符合规定的凭证，可拒不受理或责成经办人员补办手续。其主要审核原始凭证反映的现金收支业务是否真实合法，原始凭证的填制是否符合规定要求；审核无误后，签章批准方可办理现金收、付款记账凭证。审核原始凭证，可以保证现金收支凭证真实合法，提供正确的现金支付和核算依据，保证出纳人员支付现金正确、合法。

5.编制记账凭证

分管会计根据审核后的原始凭证，填制收款凭证或付款凭证，签章后通知办理现金收支事项。

6.收付现金

出纳人员再次复核收、付款记账凭证及原始凭证，按凭证上所开列金额收付现金，并在凭证上加盖“收讫”或“付讫”戳记。出纳员复核现金收支记账凭证及所附原始凭证；按照凭证所列数额，收付现金；在凭证上加盖“收讫”或“付讫”戳记及私章。为了加强现金收付控制，必须建立严格的出纳责任制，对不相容职务进行分离，主要包括：出纳员必须根据经过审签的记账凭证收支现金，而不能直接根据原始凭证办理现金结算；出纳员不能编制收、付款记账凭证，不能兼管收入、费用、债权、债务账簿的登记工作及稽核工作和会计档案保管工作；现金支票、印鉴不能全部由出纳人员保管；非出纳人员不能兼职现金管理工作等。加强现金收付控制是保证现金实物安全完整的主要环节，对于明确现金收付责任，防止贪污、挪用、私存现金以及重付、漏收现金等都具有重要作用。

7.复核记账凭证

稽核人员或指定人员审查收款凭证及付款凭证。审查合格后，签章传递。稽核员复核现金收支记账凭证及所附原始凭证，并签字盖章。复核记账凭证可以保证现金收支业务的正确性和会计核算的真实性，防止记账失实并及时纠正收付错误。

8.登记账簿

出纳人员根据经过复核的收、付款记账凭证，登记库存现金日记账；分管会计人员根据审签合格的收、付款记账凭证，登记相关明细账；总账会计编制汇总现金收付款记账凭证，经复核后登记总分类账“库存现金”账户。出纳员根据现金收、付款记账凭证登记库存现金日记账；分管会计人员根据收、付款记账凭证登记库存现金对应科目相关明细账；总账会计登记总分类账。分工登记库存现金账簿，可以保证现金收支业务有据可查，并保证各账之间相互制约，及时提供准确的现金核算会计信息。

9.盘点现金

出纳人员每日营业结束后，结出库存现金日记账的收支和结余额，清点库存现金实有数，相互核对。出纳员每日清点库存现金，并与日记账余额进行核批，发现现金短缺或溢余，应及时查明原因，报经审批后予以处理。每天清点现金，能够防止现金丢失和收支、记账发生差错，经常保持账实相符。

10.送存银行

对于超过库存限额的现金，由出纳员登记现金送存簿后，及时送存银行，并收取现金送存回单。

11.清查库存

定期或不定期由清查小组盘点库存现金，并同库存现金日记账余额进行核对。根据清查结果编制现金盘点报告单，填列账存与实存的符合情况。由财务部门主管、审计人员和稽核人员组成清查小组，定期或不定期清查库存现金，核对库存现金日记账。清查时，需有出纳人员在场，核对账实；根据清查结果编制现金盘点报告单；账实不符须报批准后予以调整处理。通过清查，有利于加强对出纳工作的监督，防止贪污盗窃和挪用现金等非法问题的发生。

五、银行存款业务流程设计

（一）银行存款收付业务流程图

银行存款收付业务流程图如图6-2所示。

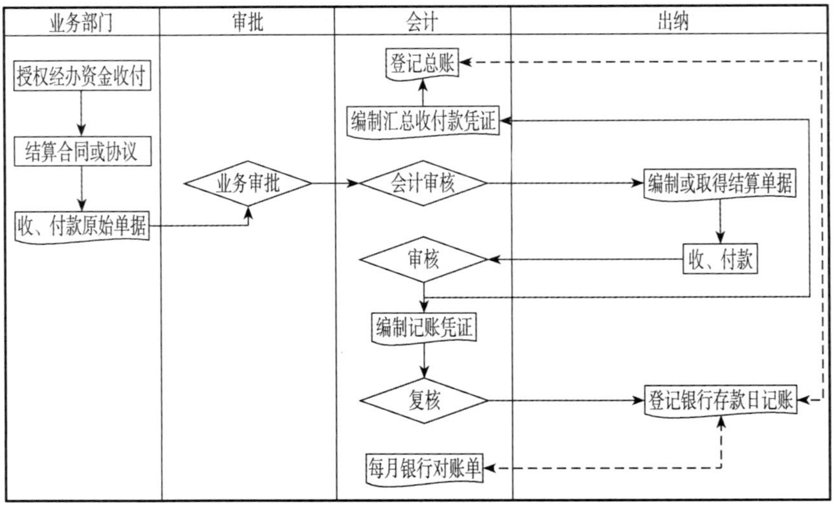

图6-2 银行存款收付业务流程图

（二）银行存款收付业务流程步骤与控制点

1.授权经办业务

业务部门负责人根据单位规定和业务需要，授权业务人员办理涉及银行存款收支的经济业务或收付往来账款事项。业务部门批准的业务人员办理有关银行存款事项或经办有关业务，需核实原始凭证内容并签章，交业务部门负责人审核并签章；超出业务部门权限规定的银行存款收支业务，须报上级主管部门审批并签字盖章。审批银行存款收支业务，可以保证业务办理的正确性和合法性，加强经办人员的责任感，避免违纪违规情况发生。

2.签订结算合同或协议

经办人员办理经营业务，应同对方商定收付款结算方式和结算时间等，以合同或协议方式加以明确。

3.填制或取得原始凭证

业务经办人员按照财务会计制度规定，填制或取得原始凭证，作为办理银行存款收付业务的书面凭证，如购货发票、销货发票等。

4.审核原始凭证

会计主管或指定人员审核原始凭证及其反映的经济业务，批准办理银行存款收支结算，对于不合规定的凭证，应拒绝受理或责成经办人员补正手续。会计主管人员或指定人员审核原始凭证和结算凭证，签章同意办理银行存款结算。审核原始凭证，可以检查经济业务是否合理合法，保证银行存款结算正确有效；审核结算凭证，可检查银行存款结算是否正确，保证存款安全和核算正确。

5.填制或取得结算凭证并办理结算业务

出纳员根据已审签的原始凭证，按照会计规定手续和结算方式填制或取得银行存款结算凭证。例如，办理货款托收需填制托收承付结算凭证，办理货款承付需取得银行承付通知单等。出纳员送交或留存结算凭证及有关记录，向银行办理存款收付业务。出纳人员根据审签的凭证，或按照授权办理银行存款收付业务；出纳员办理结算前，复核原始凭证及有关合同文本；按不同的结算方式填制结算凭证或取得结算凭证；结算凭证应加盖财务专用章和出纳员私章；财务专用章、签发支票印鉴和财务负责人印鉴应由主管会计和出纳人员分别保管；转账支票和结算凭证必须按编号顺序连续使用；作废的转账支票应加盖“作废”戳记；收款后应在凭证上加盖“收讫”或“付讫”戳记；非出纳人员不得经管银行存款业务。按此办理银行存款结算，能够有效监督银行存款收付工作，防止套取存款、出借账户和转让支票等弊端的发生。

6.审核结算凭证

会计主管人员或指定人员审核结算凭证回联，并同原始凭证进行核对。

7.编制证账凭证

会计人员根据审签的结算凭证及原始凭证，编制银行存款收、付款记账凭证。

8.复核记账凭证

稽核员或指定人员复核记账凭证及所附结算凭证、原始凭证。稽核员审核银行存款收、付款记账凭证是否附有原始凭证及结算凭证，结算金额是否一致，记账科目是否正确，有关人员是否签章等，审核无误后签字盖章。复核记账凭证，可以发现银行存款收付错误和记账凭证编制差错，保证银行存款核算正确。

9.登记账簿

出纳员根据审签的记账凭证，逐笔登记银行存款日记账；分管会计人员根据审签的记账凭证，登记相应的明细分类账；总账会计按照规定的核算组织程序登记总分类账。出纳员根据银行存款收、付款记账凭证登记银行存款日记账；会计人员根据收付凭证登记相关日记账；总账会计登记银行存款总分类账；各记账人员在记账凭证上签章。登记银行存款日记账，可以保证银行存款收支业务的可查性，防止或发现结算弊端，及时提供可靠的银行存款核算信息。

10.核对对账单并编制银行存款余额调节表

由非出纳人员逐笔核对银行存款日记账和银行对账单，并编制银行存款余额调节表，调整未达账项。核对对账单，可以及时发现企业或银行记账差错，防止发生银行存款非法行为，保证银行存款真实和货款结算及时。

11.账账核对

由非记账人员核对银行存款日记账和有关明细账、总分类账。如发现不符要报经批准后予以处理。稽核员或其他非记账人员核对银行存款日记账和有关明细账、总分类账；如有误差，报经批准后予以处理；核对人员签字盖章。核对银行存款账簿可以及时发现银行存款核算错误及记账失误，保证账账相符和记录正确。

六、货币资金业务涉及的科目

货币资金业务涉及的会计科目有：库存现金、银行存款、应收账款、预付账款、应收票据、其他应收款、在途物资、固定资产、无形资产、交易性金融资产、债权投资、其他债权投资、其他权益工具投资、长期股权投资、长期待摊费用、短期借款、应付账款、预收账款、应付职工薪酬、应交税费、其他应付款、实收资本、资本公积、主营业务收入、其他业务收入、投资收益、营业外收入、管理费用、销售费用、财务费用等。

第二节　货币资金业务的会计管理制度设计

货币资金业务的会计管理制度设计包括库存现金业务的会计管理制度设计、备用金业务的会计管理制度设计、银行存款业务的会计管理制度设计以及其他货币资金业务的会计管理制度设计。

一、库存现金业务的会计管理制度设计

（一）库存现金开支范围的规定

现金作为企业流动性最强的资产，可以直接用于支付或结算。根据国务院和中国人民银行有关规定，企业可以使用现金的范围包括：职工工资、津贴；个人劳务报酬；按照国家规定颁发给个人的科学技术、文化艺术、体育等奖金；各种劳保、福利费及国家规定的对个人的其他支出；向个人收购农副产品和其他物资的价款；出差人员必须随身携带的差旅费；结算起点以下的零星支出；中国人民银行确定的需要支付现金的其他支出。除按照规定的收支范围可以使用现金进行结算，其他收支应该通过开户银行办理转账结算。

（二）库存现金最高限额的规定

在银行开户的企业，对其库存现金量必须核定最高限额。企业库存现金限额由企业提出计划，报开户银行审批。企业由于业务范围、内容发生变化，需要增加或减少限额时，应向开户银行提出申请，经过开户银行批准之后方可调整库存现金限额。

（三）日常支付现金的来源的规定

企业在日常发生的经济业务中收入的现金，应及时入账，于当日送存开户银行；当日送存有困难的，由开户银行确定具体的送存时间。企业单位因业务需要必须支付现金的，可以用库存现金支付或从开户银行提取现金支付，不得从本单位收入的现金中直接支付现金支出，即现金不得坐支。因特殊情况确需坐支的，要事先报经开户银行审查批准，由开户银行核定坐支的范围及限额。坐支单位必须在库存现金日记账上如实地反映坐支的具体金额，并按月向开户银行报告坐支的金额及具体情况。

（四）现金核算账户的设置

企业必须设立库存现金日记账和总账。根据日常收付取得的收付款单据编制现金收付款记账凭证，并在库存现金日记账根据企业现金收付记账凭证逐笔登记现金的收入和支出。库存现金日记账要做到日清月结，保证账实相符。

（五）库存现金的日常管理

不得用不符合财务制度的凭证顶替库存现金，即不准白条抵库；企业单位之间不准相互借用现金；不准利用银行账号谎报用途，套取现金；不准将单位收入的现金以个人名义存入银行；不得账外设账，严禁收款不入账、设立小金库。

（六）库存现金的清查方法及清查制度的选择

库存现金的清查，应采用实地盘点的方法，来确定库存现金的实存数，然后与库存现金日记账的账面余额相核对，确定账存数与实存数是否相等。按照清查人员和清查目的不同，库存现金清查可以分为以下两种类别：

1.出纳人员每日进行的现金清查

由出纳人员每日清点库存现金实有数，并与库存现金日记账的账面余额核对。这是出纳人员的一项日常工作。通过每日清查盘点，出纳人员可以及时发现现金收支和库存现金日记账登记中的错误。

2.其他人员进行的定期或不定期清查

由有关领导和专业人员组成清查小组，定期或不定期地对库存现金情况进行清查盘点。清查时，出纳人员必须在场。库存现金由出纳人员经手盘点，清查人员从旁监督。同时，清查人员还应认真审核库存现金收、付款记账凭证和有关账簿，检查财务处理是否合理合法、账簿记录有无错误，以确定账存数与实存数是否相符。重点检查账款是否相符、有无白条抵库、有无私借公款、有无挪用公款、有无账外资金等违纪违法行为。这种清查是为了加强对出纳工作的监督，及时发现出纳工作中存在的问题，防止贪污、盗窃、挪用公款等不法行为的发生，确保库存现金安全完整。各单位需建立这种由非出纳人员清查的库存现金清查制度。定期清查是指在规定的时间对财产进行的清查。不定期清查是指事先并无具体规定清查的时间，而是根据特定的需要，对有关的财产物资所进行的临时的清查。与定期清查相比较，不定期清查更有利于加强对库存现金的管理与控制。

（七）库存现金盘盈、盘亏的会计处理方法

库存现金盘点后如果账款不符，应及时查明原因，并将短款或长款记入“待处理财产损溢——待处理流动资产损溢”科目。查明原因后，应分别情况处理：

1.若为现金短缺，由于出纳人员失职造成的短款应由出纳人员赔偿，或者保险公司理赔等，借记“其他应收款”等科目，贷记“待处理财产损溢——待处理流动资产损溢”科目，无法查明的其他原因，借记“管理费用”科目，贷记“待处理财产损溢——待处理流动资产损溢”科目。

2.若为现金盈余，属于应付给有关人员或单位的，借记“待处理财产损溢——待处理流动资产损溢”科目，贷记“其他应付款”科目；对无法查明原因的长款，借记“待处理财产损溢——待处理流动资产损溢”科目，贷记“营业外收入”科目。

二、备用金业务的会计管理制度设计

（一）会计部门“备用金”账户的设置

企业备用金的核算可以在“其他应收款”总分类账户下设置“其他应收款——××部门备用金”明细账户来核算，或单独设置“备用金”总分类账户进行核算。一般企业的备用金数额较大且收支频繁时，根据重要性的要求，可以单独设置账户进行核算。

备用金使用部门领用时记入借方，收回时记入贷方。尚未收回时，本账户的余额表示核定的备用金定额。平时备用金使用部门报账时不通过本账户核算。

（二）备用金核算制度的选择设计

备用金的核算制度分为定额备用金制度和临时备用金制度。

1.定额备用金制度

定额备用金制度就是企业的会计部门协同使用备用金的单位，根据日常零星开支的需要，事先核算备用金定额。由使用备用金单位填制借款单一次领出现金，报销时由会计部门根据审核后的报销凭证，用现金补足备用金定额。

备用金额度根据支出业务变化，每年审定一次。定额备用金实行专人借支专人负责的办法，不得全部或部分转借或以临时备用金性质借支他人。因人员调动或离职等原因造成有关责任人更换的，必须办理变更手续，原责任人办理还款，新负责人办理借款。

定额备用金制度主要用于因支出频繁等原因而需要周转的现金，具有使用时间长、比较固定的特点。采用这种核算方式既可以加强资金管理，避免过多占用资金，又可以提高备用金核算的工作效率。

2.临时备用金制度

非定额备用金是指满足临时性需要而暂付给有关部门和个人的现金，事后经批准实报实销。这种方式随借随用，用后报销，无规定的金额限制，主要适用于不经常使用备用金的单位和个人。

临时备用金主要用于差旅费、临时采购款、行政临时事务借支等工作性质的一次性借支款。

（三）使用部门的收支登记办法

备用金使用部门必须对支付现金的所有原始凭证顺序编号，与库存现金一起妥善保管，并设立库存现金日记账，按原始凭证号码顺序、逐笔反映备用金的收支情况。

三、银行存款业务的会计管理制度设计

（一）银行账户的开立

企业应根据《人民币银行结算账户管理办法》和《支付结算办法》的规定，在银行开立基本存款账户、一般存款账户、临时存款账户和专用存款账户。

基本存款账户是指企业办理日常转账结算和现金收付业务的账户，包括工资、奖金等现金的支取等。

一般存款账户是指企业在基本存款账户以外的银行借款转存、与基本存款账户的存款人不在同一地点的附属非独立核算单位开立的账户。该账户不能办理现金支取。

临时存款账户是企业因临时经营活动需要而开立的账户。该账户可办理转账结算和现金的收付业务。

专用存款账户是指企业因特定用途的需要而开立的账户。企业对特定用途的资金包括基建资金、更新改造资金、特准储备资金等，可以通过该账户办理。

一个单位只能选择一家银行的一个营业机构开立一个基本存款账户，不得在多家银行机构开立基本存款账户，也不得在同一家银行的几个分支机构开立一般存款账户。

（二）银行存款入账时间的确定以及银行结算方式的选择

理论上，银行存款的入账时间应以实际收付时间为标准，即在实际收到银行存款时记增加，实际付出银行存款时记减少，但在实际工作中，由于银行多种转账结算方式的存在，企业无法确认银行存款何时实际收入和付出，因此，企业必须按照会计制度的规定，根据不同的转账结算下收到的不同原始凭证来分别确认银行存款的入账时间。不同银行存款结算方式具有不同的特点，企业应注意选择适合本企业的结算方式。

1.采用银行汇票方式

在这种结算方式下，收款单位应当将汇票、解讫通知和进账单送交银行，根据银行退回的进账单和有关的原始凭证编制收款凭证；付款单位应在收到银行签发的银行汇票后，根据“银行汇票申请书（存根）”联编制付款凭证。有多余款项或因汇票超过付款期限等原因而退款时，应根据银行的多余款收账通知或退票通知编制收款凭证。银行汇票是目前异地结算中较为广泛采用的一种结算方式。

银行汇票结算方式具有如下特点：

（1）适用范围广。凡是单位需要在异地进行商品交易、劳务供应和其他经济活动及债权债务的结算，都可以使用银行汇票，并且银行汇票既可以用于转账结算，也可以支取现金。

（2）票随人走，钱货两清。实行银行汇票结算，购货单位交款，银行开票，票随人走；购货单位购货给票，销售单位验票发货，一手交票，一手交货；银行见票付款，可以减少结算环节，缩短结算资金在途时间，方便购销活动。

（3）信用度高，安全可靠。银行汇票是银行在收到汇款人款项后签发的支付凭证，因而具有较高的信誉，银行保证支付，收款人持有票据，可以安全、及时地到银行支取款项。

（4）使用灵活，适应性强。使用银行汇票结算，持票人可以将汇票背书转让给销货单位，也可以通过银行办理分次支取或转让，另外还可以使用信汇、电汇或重新办理汇票转汇款项，使用灵活方便。

（5）结算准确，余款自动退回。一般情况下，交易之前，购货单位很难确定准确的购货金额。使用银行汇票方式结算，凡在汇票的汇款金额之内的，可按实际金额支付，多余款项由银行自动退回。这样可以有效地防止交易尾欠的发生，降低多余款项因长时间得不到清算而给购货单位带来不便和损失。

银行汇票的签发和解付只能由参加“全国联行往来”的银行机构办理。银行汇票结算金额有起点限制——500元以下款项，银行不予办理银行汇票结算。另外，银行汇票的付款期为1个月，逾期的汇票，兑付银行将不予办理。

2.采用商业汇票方式

商业汇票分商业承兑汇票和银行承兑汇票。

在商业承兑汇票结算方式下，收款单位将要到期的商业承兑汇票连同填制的邮划或电划委托收款凭证，一并送交银行办理转账，根据银行的收账通知，编制收款凭证；付款单位在收到银行的付款通知时，据以编制付款凭证。

采用银行承兑汇票方式的，收款单位将要到期的银行承兑汇票连同填制的邮划或电划委托收款凭证，一并送交银行办理转账，根据收账通知，编制收款凭证；付款单位在收到银行的付款通知时，据以编制付款凭证。收款单位将未到期的商业汇票向银行申请贴现时，应按规定填制贴现凭证，连同汇票一并送交银行，根据银行的收账通知，编制收款凭证。

商业汇票结算方式具有以下特点：

（1）商业汇票的适用范围相对较窄，各单位之间只有根据购销合同进行合法的商品交易，才能签发商业汇票。除商品交易以外，其他方面的结算，如劳务报酬、债务清偿、资金借贷等不可采用商业汇票结算方式。

（2）商业汇票的使用对象也相对较少。使用商业汇票的收款人、付款人以及背书人、被背书人等必须同时具备两个条件：一是在银行开立账户，二是具有法人资格。

（3）商业汇票既可以由付款人签发，也可以由收款人签发，但都必须经过承兑。只有经过承兑的商业汇票才具有法律效力。承兑人负有到期无条件付款的责任。商业汇票的承兑期限由交易双方商定，一般为3个月至6个月，最长不得超过9个月，属于分期付款的应一次签发若干张不同期限的商业汇票。

（4）未到期的商业汇票可以到银行办理贴现，从而使结算和银行资金融通相结合，有利于企业及时地补充流动资金，维持生产经营的正常进行。

（5）商业汇票在同城、异地都可以使用，而且没有结算起点的限制。

（6）商业汇票一律记名并允许背书转让。商业汇票到期后，一律通过银行办理转账结算，银行不支付现金。商业汇票的提示付款期限为自汇票到期日起10日内。

3.采用银行本票方式

在这种结算方式下，收款单位按规定受理银行本票后，应将本票连同进账单送交银行办理转账，根据银行盖章退回的进账单第一联和有关原始凭证编制收款凭证；付款单位再填送“银行本票申请书”并将款项交存银行，待收到银行签发的银行本票后，根据申请书存根联编制付款凭证。企业因银行本票超过付款期限或其他原因要求退款时，在交回本票和填制的进账单经银行审核盖章后，根据进账单第一联编制收款凭证。

商业汇票结算方式具有以下特点：

（1）使用灵活、方便。企业事业单位在同城范围内的所有商品交易、劳务供应以及其他款项的结算都可以使用银行本票。收款单位和个人带银行本票可以办理转账结算，也可以支取现金，同样也可以背书转让。银行本票见票即付，结算迅速。

（2）信誉度高，支付能力强。银行本票是由银行签发，并于指定的到期日由签发银行无条件支付的，因而信誉度很高，一般不存在得不到正常支付的问题。

（3）银行本票一律记名，允许背书转让。银行本票只能在指定城市的同城范围内使用。不定额银行本票结算的金额起点为100元，定额银行本票的面额为1 000元、5 000元、10 000元、50 000元。银行本票的付款期自出票日起最长不超过两个月。逾期的银行本票，兑付银行不予受理，需在签发银行办理退款。另外，银行本票见票即付，不予挂失。遗失的不定额银行本票在付款期满后一个月确未被冒领，方可办理退款手续。

4.采用支票方式

在这种结算方式下，收款单位收到支票，应在收到支票的当日填制进账单，连同支票送交银行，根据银行盖章退回的进账单第一联和有关的原始凭证编制收款凭证，或由签发人将支票送交银行后，根据银行转来的经银行审查盖章的进账单第一联和有关的原始凭证编制收款凭证；付款单位应根据付出支票的支票存根和有关原始凭证编制付款凭证。

以现金存入银行的，应根据银行盖章退回的存款单联编制现金付款凭证；以现金支票向银行提取现金的，应根据取款存根编制银行付款凭证。

支票结算方式具有如下特点：

（1）使用支票办理结算手续简便。只要付款人在银行有足够的存款，就可以签发支票给收款人。银行凭支票就可以办理款项的划拨或现金的支付。

（2）灵活。支票既可以由付款人向收款人签发以直接办理结算，也可以由付款人出票委托银行主动付款给收款人。另外，转账支票在指定的城市中还可以背书转让。

（3）迅速。使用支票办理结算，收款人将转账支票和进账单送交银行，一般当天或次日即可入账，而使用现金支票当时即可取得现金。

（4）安全可靠。因为银行严禁签发空头支票，各单位必须在银行存款余额内签发支票，因而收款人凭支票就能取得款项，一般不存在无法兑付的情况。

（5）适用范围较广泛。凡是在银行开立账户的单位在同一城市或票据交换地区的商品交易、劳务供应、债务清偿和其他款项结算等均可使用支票。

支票在使用过程中也受到一些限制。例如，支票结算的金额起点为100元；支票的付款有效期一般为10天，过期银行不予受理，支票即作废；签发支票书写严格，如不符合规定银行即拒付。

5.采用汇兑结算方式

在这种结算方式下，收款单位对于汇入的款项，应在收到银行的收账通知时，据以编制收款凭证；付款单位对于汇出的款项，应在向银行办理汇款后，根据汇款回单编制付款凭证。汇兑结算是一种目前应用比较广泛的结算方式。

汇兑结算方式具有以下特点：

（1）适用范围广。单位之间、单位和个人之间的各种款项支付都可以采用汇兑方式。

（2）汇兑结算没有金额起点的限制，不管款多款少都可以使用。

（3）汇兑结算属于汇款人向异地主动付款的一种结算方式。它对于异地上下级单位之间的资金调剂、清理旧欠以及往来款项的结算等都十分方便。汇兑结算方式还广泛地用于先汇款后发货的交易结算方式。如果销货单位对购货单位的资信情况缺乏了解或者商品较为紧俏，可以让购货单位先汇款，等收到货款后再发货，以免收不回货款。

（4）汇兑结算手续简便易行，容易办理。

6.采用委托收款结算方式

在这种结算方式下，收款单位对托收款项，根据银行的收账通知，编制收款凭证；付款单位在收到银行转来的委托收款凭证后，根据委托收款凭证的付款通知和有关的原始凭证编制付款凭证。如在付款期满前提前付款，应于通知银行付款之日编制付款凭证。如拒绝付款，不作账务处理。

委托收款结算方式具有以下特点：

（1）适用范围广泛。在银行和其他金融机构开立账户的单位和个体经济户的商品交易、劳务款项以及其他应收款项的结算都可以使用委托收款结算方式。

（2）委托收款结算没有金额起点的限制。收款单位发生的各种应收款项，不论金额大小，只要委托银行就给办理。

（3）委托收款不受地点的限制，在同城、异地都可以办理。

（4）委托收款有邮寄和电报划回两种方式。收款单位可以根据需要灵活选择。

7.采用托收承付结算方式

托收承付结算，即异地托收承付结算。在这种结算方式下，收款单位对于托收款项，根据银行的收账通知和有关的原始凭证编制收款凭证；付款单位对于承付的款项，应于承付时根据托收承付结算凭证的承付支款通知和有关发票账单等原始凭证，编制付款凭证。如拒绝付款，属于全部拒付的，不作账务处理；属于部分拒付的，付款部分按上述规定处理，拒付部分不作账务处理。

托收承付结算具有使用范围较窄、监督严格和信用度较高的特点。

（1）适用范围较窄。托收承付只适用于国有企业、供销合作社，以及经营较好，并经开户银行审查同意的城乡集体所有制工业企业之间的商品交易，其他性质的单位和除商品交易外的其他款项结算无法使用托收承付结算。

（2）托收承付的监督较为严格，从收款单位提出托收到付款单位承付款项，每一个环节都在银行的严格监督下进行。

（3）由于托收承付是在银行严格监督下进行的，付款单位理由不成立的不得拒付，因而收款单位收款有一定的保证，信用度相对较高。

托收承付结算款项的划回方法分为邮寄和电报两种，由收款人选用。收付双方使用托收承付结算必须签有符合民法典的购销合同，并在合同上载明使用异地托收承付结算方式。托收承付结算每笔的金额起点为10 000元。新华书店系统每笔的金额起点为1 000元。

（三）银行存款核算账户的设置

企业必须设立银行存款日记账和银行存款总账。根据日常收付取得的收付款单据编制银行存款收付款记账凭证，并在银行存款日记账根据企业现金收付记账凭证逐笔登记现金的收入和支出。银行存款日记账要做到日清月结，保证账实相符。

（四）外币银行存款折算汇率的选择及核算方法

按照现行制度规定，外币货币资金、外币债权债务发生时，应以业务发生时的汇率或发生当期期初的汇率折合为人民币记账。采用业务发生时的汇率进行折算，虽然可以使记账的金额更为准确，但如果外币业务比较多，每发生一项外币业务，就需要确定一次折合汇率，这样会增加会计核算的工作量。按期初汇率折合，则大大减少了在折合计算上的工作。但是，不论哪一种折算方法，在会计期末，均需按照期末汇率进行调整，确认汇兑损益。这样，两种方式下当期所产生的汇兑损益的计算结果会有所不同。相对来说，采用业务发生时的汇率进行折算记账，所计算的汇兑损益更为准确。一般来说，企业的汇兑损益金额不大。为提高会计核算的成本效益，可按期初汇率进行折算。

期末，各种外币账户的期末余额按照期末汇率折合的人民币金额与原账面人民币金额之间的差额，作为汇兑损益，分别情况处理：与购建固定资产有关的外币专门借款产生的汇兑损益，按借款费用的处理原则处理；除上述情况外，汇兑损益均计入当期财务费用。

（五）银行存款的清查方法

企业银行存款的清查采用银行存款日记账余额与银行对账单核对的方法。核对前，首先把清查日止所有银行存款的收、付业务登记入账，对发生的错账、漏账应及时查清更正，然后再与银行的对账单逐笔核对。发现二者余额相符，一般说明无错误。发现二者不相符，可能存在未达账项。如果存在未达账项，则需通过编制银行存款余额调节表来检查企业、银行是否存在记账上的错误并借此了解企业实际可以动用的款项。

四、其他货币资金的会计政策设计

（一）其他货币资金核算的账户设置

企业设置“其他货币资金”总分类科目核算企业的外埠存款、银行汇票存款、银行本票存款、信用卡存款、信用证保证金存款、存出投资款等各种其他货币资金。本科目应设置“外埠存款”“银行汇票”“银行本票”“信用卡”“信用证保证金”“存出投资款”等明细科目，并按外埠存款的开户银行，银行汇票或本票、信用证的收款单位等设置明细账。有信用卡业务的企业应当在“信用卡”明细科目中按开出信用卡的银行和信用卡种类设置明细账。

（二）其他货币资金核算方法的设计

1.外埠存款，是指企业到外地进行临时或零星采购时，汇往采购地银行开立的采购专户的款项。企业将款项委托当地银行汇往采购地专户时，根据银行盖章退回的“汇款委托书”回单联和有关凭证借记“其他货币资金——外埠存款”科目，到采购业务完成后清户，将多余的外埠存款转回当地银行时，凭银行的收账通知，贷记“其他货币资金——外埠存款”科目。

2.银行汇票存款，是指企业为了取得银行汇票，按规定存入银行的款项。企业在填写“银行汇票申请书”并将款项交存银行，取得银行汇票后，根据银行盖章退回的申请书存根联，借记“其他货币资金——银行汇票”科目，企业使用银行汇票后，根据发票账单等有关凭证，贷记“其他货币资金——银行汇票”科目。如有多余款或因汇票超过付款期等原因而退回款项，根据开户行转来的银行汇票第四联（余额收账通知），贷记“其他货币资金——银行汇票”科目。

3.银行本票存款，是指企业为了取得银行本票，按规定存入银行的款项。企业向银行提交“银行本票申请书”，并将款项交存银行，取得银行本票后，根据银行盖章退回的申请书存根联，借记“其他货币资金——银行本票”科目。企业使用银行本票后，根据发票、账单等有关凭证，贷记“其他货币资金——银行本票”科目。

因本票超过付款期等原因而要求退款时，应当填制进账单一式两联，连同本票一并送交银行。根据银行盖章退回的进账单第一联，贷记“其他货币资金——银行本票”科目。

4.信用卡存款，是指企业为了取得信用卡，按规定存入银行的款项。企业应按规定填制信用卡申请表，连同支票和有关资料一并送交发卡银行，根据银行盖章退回的进账单第一联，借记“其他货币资金——信用卡”科目。企业用信用卡购物或支付有关费用时，贷记“其他货币资金——信用卡”科目。企业信用卡在使用过程中，需要向其账户续存资金的，借记“其他货币资金——信用卡”科目。

5.信用证保证金存款，是指企业为取得信用证，按规定存入银行的保证金。企业向银行申请开立信用证，应按规定向银行提交开证申请书、信用证申请人承诺书和购销合同。企业向银行交纳保证金，根据银行退回的进账单第一联，借记“其他货币资金——信用证保证金”科目，根据开证行交来的信用证来单通知书及有关单据列明的金额，贷记“其他货币资金——信用证保证金”科目。

6.存出投资款，是指企业已存入证券公司但尚未进行短期投资的现金。企业向证券公司划出资金时，应按实际划出的金额，借记“其他货币资金——存出投资款”科目；购买股票、债券等时，按实际发生的金额，贷记“其他货币资金——存出投资款”科目。

第三节　货币资金业务核算程序的设计

企业因经营特点、管理方式不同，货币资金业务的核算程序也不相同。下面介绍几种常见的货币资金业务的核算程序。

一、门市部收现的核算程序

门市部销售商品、集中收款的业务核算程序如图6-3所示。该程序反映企业自设门市部销售商品、集中收款的业务处理过程，具体如下：

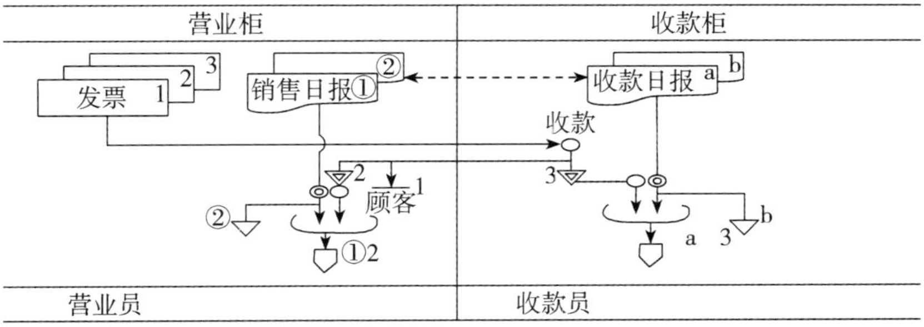

图6-3　门市部销售商品、集中收款的业务处理流程图

（1）营业员填写一式三联发票，由顾客随收取的货款送交收款员；

（2）收款员收款并加盖戳记后，将第三联留下，其余两联送回营业员；

（3）营业员将发票第一联随商品送交顾客，第二联暂存；

（4）每日营业结束，营业员根据发票第二联编制销售日报一式两份，留存一份，将发票第二联和销售日报一份送交会计进行销售收入核算；

（5）每日营业结束，收款员根据发票第三联和货款编制收款日报一式两份，留存一份，将发票第三联、货款和收款日报送交出纳；

（6）会计和出纳将销售日报和收款日报进行核对。

该程序的关键控制点有：①开票人和收款人相分离。②根据不同的发票联分别编制销售日报和收款日报，并进行核对，以保证销售和收款金额的正确。

二、出纳部门零星收现的核算程序

出纳部门零星收现业务核算程序如图6-4所示。该程序反映企业因收取租金、押金、罚金、赔款等在出纳部门直接收取现金的会计处理过程，具体如下：

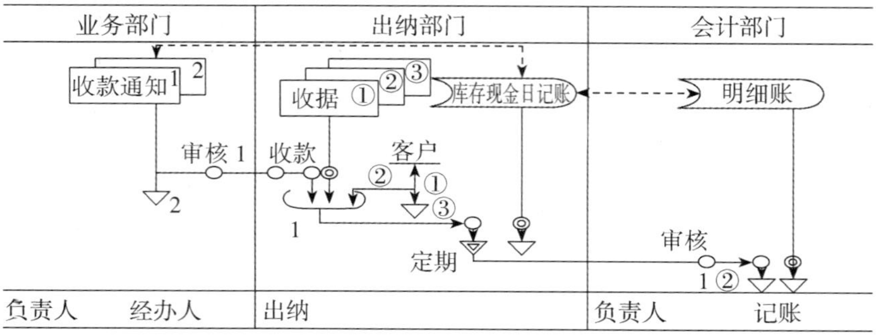

图6-4 出纳部门零星收现业务处理流程图

（1）由业务部门开出一式二联收款通知；

（2）经本部门负责人审核后交出纳部门；

（3）出纳员根据收款通知收取现金，编制收据一式三联，其中一联给客户，一联留存，另一联随同收款通知在登记库存现金日记账后送交会计部门记账，定期进行账账核对。

该程序的关键控制点有：①开票和收款部门分离。出纳员只有凭审核过的收款通知才可办理收款，并出具收款收据。②库存现金总账和明细账分别由出纳员和会计员登记与保管。③定期进行收款通知单、库存现金日记账和总账的核对，以便发现是否多收、少收以及是否有登账错误等。

三、零星费用报销的核算程序

零星费用报销现金支出业务核算程序如图6-5所示。该程序反映企业因出差报销而支付现金的会计处理过程，具体如下：

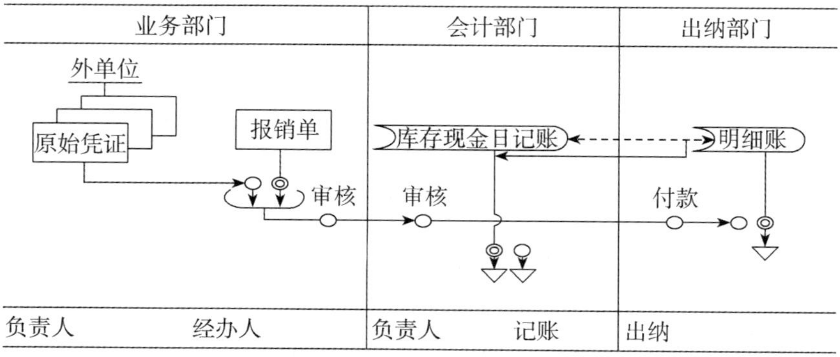

图6-5 零星费用报销现金支出业务处理流程图

（1）由支出费用的业务部门有关人员根据原始凭证编制报销凭证；

（2）业务部门主管审批后，送交会计部门；

（3）经会计主管审核同意后交出纳员付款；

（4）将报销单送会计部门据此编制记账凭证并登账。

该程序的关键控制点有：①费用报销必须要有原始凭证，以保证报销费用数额的真实和正确。②费用报销前，必须由业务部门主管和会计部门主管审核批准，之后授权出纳支付费用。即使由于报销业务频繁或其他特殊原因使会计主管不能对每笔报销业务都进行事前审核，也必须进行事后审核，以保证费用报销合规、合法。③定期进行账账核对。

四、支票签发的核算程序

企业支票签发业务的核算程序如图6-6所示。该程序反映企业采用支票付款结算的会计处理过程，具体如下：

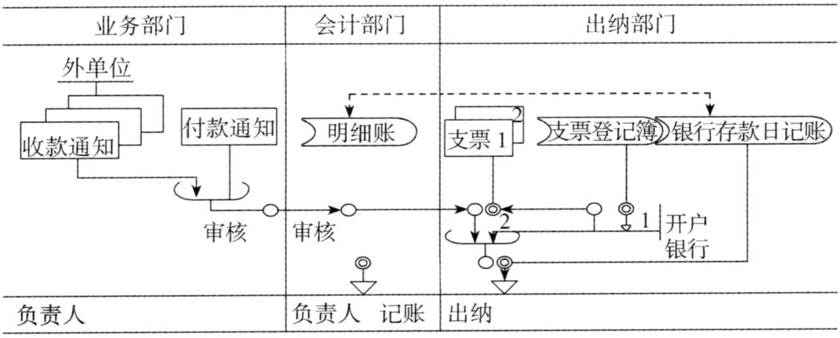

图6-6　支票签发业务处理流程图

（1）业务部门取得外单位收款通知或自制付款原始凭证；

（2）业务部门主管审批后送交会计部门；

（3）会计审核后交出纳支付；

（4）出纳员签发支票并在支票登记簿做好记录；

（5）出纳和会计根据支票回执登记银行存款日记账和其他有关账簿。

该程序的关键控制点有：①付款前由业务部门和会计部门主管审核；②签发的支票作备查记录；③签发支票的印鉴由会计主管保管。

本章小结

货币资金业务流程与核算方法设计的意义是规范建立货币资金收付业务活动，全面、系统地记录与核算货币资金的收付过程，监督与控制货币资金的安全。

现金的内部控制要求有：①明确控制目标；②制定控制流程；③确定控制点和控制措施。

银行存款的内部控制要求有：①明确控制目标；②制定控制流程；③确定控制点和控制措施。

货币资金包括库存现金、备用金、银行存款和其他货币资金，其核算的会计管理制度涉及现金清查方法、备用金的核算方法、银行存款清查方法、银行结算方式选择等。

货币资金核算的主要程序包括：①门市部收现程序设计；②出纳部门收现程序设计；③零星费用报销程序设计；④支票签发程序设计。

思考题

1.货币资金业务流程是怎样的?
2.现金的开支范围是什么?
3.库存现金清查制度有哪两种?各自的目的是什么?
4.与定期清查相比较，不定期清查有什么优点?
5.备用金制度有哪两种?其适用范围有何不同?
6.企业应如何开设银行存款账户?
7.银行结算方式有哪些?其各自的特点是什么?
8.外币存款折算汇率如何选择?
9.在不同的结算方式下，如何确定银行存款的入账时间?
10.简述门市部收现的核算程序。
11.简述出纳部门收现的核算程序。
12.简述零星费用报销的核算程序。
13.简述签发支票支付款项的核算程序。

练习题

1.单项选择题

(1) 货币资金业务流程设计应实现的目标不包括(　　)。

A.满足企业经营业务对货币资金的需要　　B.保证销售款项的及时收取

C.保证货币资金的安全　　D.保证符合国家法律法规的规定

(2) 货币资金业务流程设计不当，会导致出现的财务风险是(　　)。

A.资金使用效率低　　B.资金被非法挪用

C.因违法现金管理规定而被处罚　　D.货币资金管理混乱

(3) 为加强库存现金的管理与控制，防止出纳挪用现金，现金清查制度最好采用(　　)。

A.出纳人员每日清查　　B.非会计人员定期清查

C.非会计人员不定期清查　　D.以上均可

(4) 采用汇兑方式结算，收款记账的时间是(　　)。

A.收到汇款单位已经汇出款项的通知　　B.付款单位同意汇款时

C.收到银行的收账通知时　　D.该笔款项实际兑出现金时

(5) 为保证货币资金业务的合理合法而设计的银行存款业务流程的步骤主要是(　　)。

A.审核原始凭证　　B.审核结算凭证　　C.审核记账凭证　　D.核对对账单

(6) 可以及时发现银行记账错误的银行存款业务流程步骤是(　　)。

A.取得或填制原始凭证　　B.核对对账单并编制银行存款余额调节表

C.登记账簿　　D.账账核对

2.多项选择题

(1) 现金收支业务的步骤包括(　　)。

A.规定授予权限　　B.填制或取得原始凭证

C.填制结算凭证　　D.盘点现金

E.审核原始凭证

(2) 企业的下列款项中，不应在“银行存款”科目中核算的内容有（　　）。

A.现金支票　B.银行汇票　C.银行本票

D.银行承兑汇票　E.信用卡存款

(3) 以下业务中，不适合采用定额备用金制度核算的有（　　）。

A.差旅费　B.临时采购款　C.临时事务借支款

D.材料采购款　E.设备采购款

(4) 企业进行异地结算时，可以采用的结算方式有（　　）。

A.支票　B.银行汇票　C.银行本票

D.托收承付结算　E.汇兑

(5) 银行存款收支业务的流程包括（　　）。

A.授权经办业务　B.取得或填制原始凭证

C.取得或填制结算凭证　D.核对对账单

E.审核结算凭证

(6) 下列关于库存现金业务的说法符合有关规定的有（　　）。

A.职工工资可以用现金支付　B.企业库存现金必须核对最高限额

C.超过结算起点的支付必须通过银行转账　D.企业之间不准相互借用现金

E.企业设置了库存现金日记账，可以不设库存现金总账

(7) 支票签发业务核算程序的关键控制点有（　　）。

A.付款前由业务部门和会计部门主管审核　B.签发的支票作备查记录

C.支票必须由会计主管签发　D.与银行进行核对

E.签发支票的印鉴由会计主管保管

3.判断题

(1) 企业在支付现金之前应经过业务审批和会计审核。（　　）

(2) 有外币银行存款的企业可不必按外币种类单独设置“银行存款日记账”，与人民币账户合记在一本账中即可。（　　）

(3) 出纳人员应该在每日营业结束后，结出库存现金日记账的收支和结余额，清点库存现金实有数，相互核对。（　　）

(4) 库存现金清查是指每天由出纳员进行的现金盘点。（　　）

(5) 采用委托收款结算方式，在付款方拒付时，银行需审查拒付理由。如拒付理由不成立不得拒付。（　　）

(6) 所有的银行存款收支业务在经业务部门主管审批后都必须报上级主管部门审批并签字盖章。（　　）

(7) 可以由非出纳人员逐笔核对银行存款日记账和银行对账单，并编制银行存款余额调节表，调整未达账项。（　　）

业务题

1.下面概括了货币资金的种种违纪现象，请对下列现象进行解释，并设计相应的货币资金业务流程以防止其发生。

(1) 涂改凭证，贪污现金；

(2) 以假代真，贪污现金；

（3）大头小尾，贪污现金；

（4）化整为零，套取现金；

（5）涂改发票，多报冒领；

（6）收入现金不开票，贪污公款；

（7）公款私存，贪污利息；

（8）挪用公款，投资证券；

（9）虚报坏账，贪污货款；

（10）虚报工资，转移资金。

2.参考支票签发核算程序，请设计一个企业签发支票发放工资的核算程序。

案例分析题

资料：2×22年12月，大华会计师事务所对北方公司进行审计，在货币资金业务审计时发现了下列情况：

（1）北方公司现金收、付业务收、付款原始凭证的复核和收、付款凭证的编制由出纳员王某负责。

（2）王某由于生病住院，休假两个月。在此期间，公司指定由会计员李某兼任出纳。

（3）北方公司的支票、印章都由王某一人保管，签收手续也由王某一人执行。

（4）北方公司丢失了3月和5月的由建设银行大连市分行邮寄的银行对账单，且10月和11月的“银行存款余额调节表”尚未编制。

（5）在对北方公司的库存现金进行实地盘点后，发现实际库存现金额为3 425.38元，而库存现金日记账的账面余额为5 825.38元。库存现金中有4张公司职工借款的欠条，合计为2 400元。

要求：北方公司的现金收付业务流程中存在哪些问题？应如何处理北方公司存在的问题？

第七章　采购与付款的业务流程与核算方法设计

学习目标
通过本章学习，学生需在了解采购与付款业务的特点和业务流程设计目的的基础上，掌握采购与付款业务流程的基本环节；掌握采购业务、付款业务的核算方法及会计政策的选择方法；掌握采购与付款业务核算程序的具体设计要点。 采购与付款业务是指工商企业的商品、材料以及事务用品等物资的请购、编制采购计划、订货或采购、验收入库、货款结算等工作。做好采购与付款的业务流程与核算方法设计，对于加强企业采购计划管理、规范采购工作等具有重要意义。

第一节　采购与付款的业务流程设计

思政课堂

信誉为本，打造企业长青密码

采购与付款业务是企业取得外购材料、商品或劳务并支付价款的过程，是生产经营中的重要环节。企业应根据采购与付款业务的特点，合理设计业务流程，从而规范对采购与付款业务的管理，减少采购与付款过程中的差错与舞弊行为。

一、采购与付款业务的特点及业务流程设计目的

（一）采购与付款业务的特点

（1）采购业务与库存管理、生产、销售等活动紧密相关，需统一协调管理。

（2）业务发生频繁、交易金额大。

（3）运行环节多，容易产生管理漏洞。

（二）采购与付款业务的业务流程设计目的

设计采购与付款业务流程的目的主要有以下两点。

（1）加强企业采购计划管理，规范采购工作，保障供应，控制开支。

（2）规范企业采购物资的付款程序，帮助企业正确核算应付账款、及时签订与执行采购合同、审批控制采购付款。

二、采购与付款的业务流程设计①

完善、科学、系统的采购与付款业务流程应包括以下几个环节：编制需求计划和采购计划、请购、选择供应商、确定采购价格、订立框架协议或采购合同、管理

---

①　根据财政部颁布的《企业内部控制应用指引第7号——采购业务》以及《强化采购风险管控 提高企业采购效能——财政部会计司解读〈企业内部控制应用指引第7号——采购业务〉》编写。

供应过程、验收、退货、付款、会计控制等10个环节，其相关流程图如图7-1所示。以下针对各个环节的相关控制点予以描述，其中与采购验货与付款环节相关的核算程序将在第三节阐述。

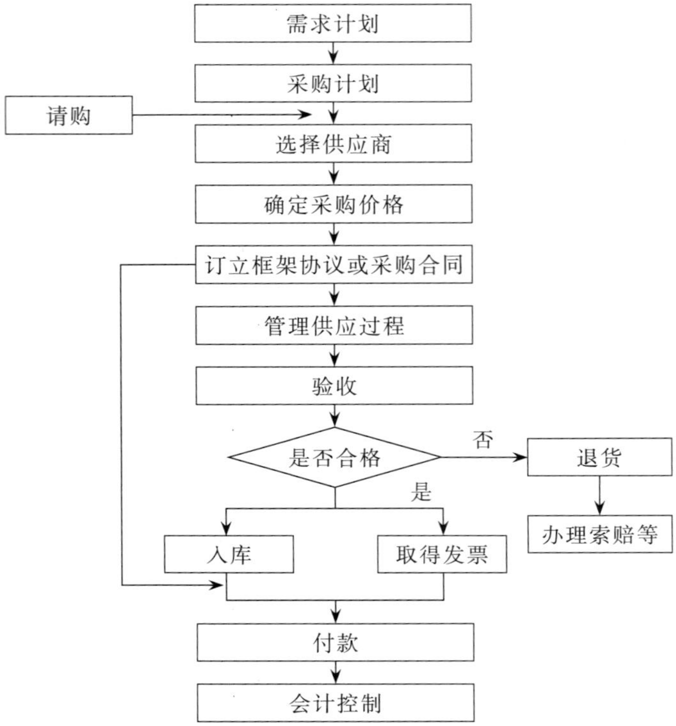

图7-1 采购与付款业务流程图

（一）编制需求计划和采购计划

采购业务从计划（或预算）开始，包括需求计划和采购计划。企业实务中，需求部门一般根据生产经营需要向采购部门提出物资需求计划，采购部门根据该需求计划归类汇总平衡现有库存物资后，统筹安排采购计划，并按规定的权限和程序审批后执行。

该环节的主要风险是：需求或采购计划不合理、不按实际需求安排采购或随意超计划采购，甚至与企业生产经营计划不协调等。其主要管控措施包括：

（1）生产、经营、项目建设等部门，应当根据实际需求准确、及时编制需求计划。

（2）采购计划是企业年度生产经营计划的一部分，在制订年度生产经营计划过程中，企业应当根据发展目标实际需要，结合库存和在途情况，科学安排采购计划，防止采购过高或过低。

（3）采购计划应纳入采购预算管理，经相关负责人审批后，作为企业刚性指令严格执行。

（二）请购

请购是指企业生产经营部门根据采购计划和实际需要，提出的采购申请。该环节的主要风险是：缺乏采购申请制度，请购未经适当审批或超越授权审批，可能导致采购物资过量或短缺，影响企业正常生产经营。其主要管控措施包括：

（1）建立采购申请制度，依据购买物资或接受劳务的类型，确定归口管理部门，授予相应的请购权，明确相关部门或人员的职责权限及相应的请购程序。

（2）具有请购权的部门对于预算内采购项目，应当严格按照预算执行进度办理请购手续，并根据市场变化提出合理采购申请。对于超预算和预算外采购项目，应先履行预算调整程序，由具备相应审批权限的部门或人员审批后，再行办理请购手续。

（3）具备相应审批权限的部门或人员审批采购申请时，应重点关注采购申请内容是否准确、完整，是否符合生产经营需要，是否符合采购计划，是否在采购预算范围内等。对不符合规定的采购申请，应要求请购部门调整请购内容或拒绝批准。

（三）选择供应商

选择供应商，也就是确定采购渠道。它是企业采购业务流程中非常重要的环节。该环节的主要风险是：供应商选择不当，可能导致采购物资质次价高，甚至出现舞弊行为。其主要管控措施包括：

（1）建立科学的供应商评估和准入制度，对供应商资质信誉情况的真实性和合法性进行审查，确定合格的供应商清单，健全企业统一的供应商网络。

（2）建立供应商管理信息系统和供应商淘汰制度，定期对供应商提供商品的质量、价格、交货及时性、供货条件及其资信、经营状况等进行综合评价，根据评价结果对供应商进行合理选择和调整。

（四）确定采购价格

如何以最优“性价比”采购到符合需求的物资，是采购部门的工作重点。该环节的主要风险是：采购定价机制不科学，采购定价方式选择不当，缺乏对重要物资品种价格的跟踪监控，可能导致采购价格不合理，造成企业资金损失。其主要管控措施包括：

（1）建立采购物资定价机制，采取协议采购、招标采购、询比价采购等多种方式合理确定采购价格，最大限度地降低市场变化对企业采购价格的影响。

（2）建立采购价格数据库，定期开展重要物资的市场供求形势及价格走势商情分析并合理利用。

（五）订立框架协议或采购合同

框架协议是企业与供应商之间为建立长期物资购销关系而作出的一种约定。采购合同是指企业根据采购需要、确定的供应商、采购方式、采购价格等情况与供应商签订的具有法律约束力的协议，该协议对双方的权利、义务和违约责任等情况作出了明确规定（企业向供应商支付合同规定的金额、结算方式，供应商按照约定时间、期限、数量与质量、规格交付物资给采购方）。该环节的主要风险是：框架协议签订不当，可能导致物资采购不顺畅；未经授权对外订立采购合同，合同对方主体资格、履约能力等未达要求，合同内容存在重大疏漏和欺诈，可能导致企业合法权益受到侵害。其主要管控措施包括：

（1）对拟签订框架协议的供应商的主体资格、信用状况等进行风险评估；框架协议的签订应引入竞争制度，确保供应商具备履约能力。

（2）根据确定的供应商、采购方式、采购价格等情况，拟订采购合同，准确描述合同条款，明确双方权利、义务和违约责任，按照规定权限签署采购合同。对于影响重大、涉及较高专业技术或法律关系复杂的合同，应当组织法律、技术、财会等专业人员参与谈判，必要时可聘请外部专家参与相关工作。

（3）对重要物资验收量与合同量之间允许的差异，应当作出统一规定。

（六）管理供应过程

管理供应过程，主要是指企业建立严格的采购合同跟踪制度，科学评价供应商的供货情况，并根据合理选择的运输工具和运输方式，办理运输、投保等事宜，实时掌握物资采购供应过程的情况。该环节的主要风险是：缺乏对采购合同履行情况的有效跟踪，运输方式选择不合理，忽视运输过程保险风险，可能导致采购物资损失或无法保证供应。其主要管控措施包括：

（1）依据采购合同中确定的主要条款跟踪合同履行情况，对有可能影响生产或工程进度的异常情况，出具书面报告并及时提出解决方案，采取必要措施，保证需求物资的及时供应。

（2）对重要物资建立并执行合同履约过程中的巡视、点检和监造制度。

（3）根据生产建设进度和采购物资特性等因素，选择合理的运输工具和运输方式，办理运输、投保等事宜。

（4）实行全过程的采购登记制度或信息化管理，确保采购过程的可追溯性。

（七）验收

验收是指企业对采购物资和劳务的检验接收，以确保其符合合同相关规定或产品质量要求。该环节的主要风险是：验收标准不明确、验收程序不规范、对验收中存在的异常情况不作处理，可能造成账实不符、采购物资损失。其主要管控措施包括：

（1）建立严格的采购验收制度，由专门的验收机构或验收人员对采购项目的品种、规格、数量、质量等相关内容进行验收，出具验收证明。涉及大宗和新、特物资采购的，还应对其进行专业测试。

（2）验收过程中发现的异常情况，负责验收的机构或人员应当立即向企业有权管理的相关机构报告，相关机构应当查明原因，及时处理。

（八）退货

对于不合格或毁损物资，采购部门依据检验结果办理让步接收、退货、索赔等事宜。对延迟交货造成生产建设损失的，采购部门要按照合同约定索赔。

企业应当建立退货管理制度，对退货条件、退货手续、货物出库、退货货款回收等作出明确规定，及时收回退货货款。涉及符合索赔条件的退货，应在索赔期内及时办理索赔。

（九）付款

付款是指企业在对采购预算、合同、相关单据凭证、审批程序等内容审核无误后，按照采购合同规定及时向供应商办理支付款项的过程。该环节的主要风险是：付款审核不严格、付款方式不恰当、付款金额控制不严，可能导致企业资金损失或信用受损。其主要管控措施包括：

（1）严格审查采购发票等票据的真实性、合法性和有效性，判断采购款项是否确实应予支付。

（2）根据国家有关支付结算的相关规定和企业生产经营的实际，合理选择付款方式，并严格遵循合同规定，防范付款方式不当带来的法律风险，保证资金安全。

（3）加强预付账款和定金的管理，涉及大额或长期的预付款项，应当定期进行追踪核查，综合分析预付账款的期限、占用款项的合理性、不可收回风险等情况，发现有疑问的预付款项，应当及时采取措施，尽快收回款项。

（十）会计控制

会计控制主要指采购业务会计系统控制。该环节的主要风险是：缺乏有效的采购会计系统控制，未能全面真实地记录和反映企业采购各环节的资金流和实物流情况，相关会计记录与相关采购记录、仓储记录不一致，可能导致企业采购业务未能如实反映，以及采购物资和资金受损。其主要管控措施包括：

（1）企业应当加强对购买、验收、付款业务的会计系统控制，做好采购业务各环节的记录，确保会计记录、采购记录与仓储记录核对一致。

（2）指定专人通过函证等方式，定期向供应商寄发对账函，核对应付账款、应付票据、预付账款等往来款项，对供应商提出的异议应及时查明原因，报有权管理的部门或人员批准后，作出相应调整。

第二节 采购与付款的会计管理制度设计

本节以原材料的核算为例介绍采购业务和付款业务的具体核算方法以及会计管理制度。商品流通企业以及其他行业企业的采购与付款业务的会计管理制度，可参照本节介绍的方法进行设计。

一、采购业务会计管理制度的设计

（一）按实际成本计价的会计核算设计

1.总分类核算

由于材料采购地点和结算方式的不同，材料入库时间和货款支付时间不一定相同，存在以下几种可能：

（1）结算凭证和发票等单据与材料同时到达（单货同时到）。

企业应根据结算凭证、发票账单等凭证在支付货款后，借记“在途物资”“应交税费——应交增值税（进项税额）”科目，贷记“银行存款”科目。若尚未付款或尚未开出承兑商业汇票，则贷记“应付账款”科目；若开出承兑商业汇票，则贷记“应付票据”科目。材料验收入库后，根据收料账单等凭证，借记“原材料”科目，贷记“在途物资”科目。

（2）已支付货款或已开出、承兑商业汇票，但材料尚未到达或尚未验收入库（单到货未到）。

企业应根据结算凭证、发票账单等单据，借记“在途物资”“应交税费——应交增值税（进项税额）”科目，贷记“银行存款”或“应付票据”科目；待收到材料后，再根据收料单，借记“原材料”科目，贷记“在途物资”科目。

（3）材料已到，结算凭证未到，货款尚未支付（货到单未到）。

由于一般在短时间内发票账单就可能到达，为了简化核算手续，在月份之中发生的，可以暂不进行总分类核算，只将收到的材料登入明细分类账，待收到发票账单时，再按实付货款登记总账，进行总分类核算。月末，对于那些结算凭证和发票账单尚未到达的入库材料，可以按材料的合同价格或计划成本计价，暂估入账，借记“原材料”科目，贷记“应付账款”科目；下月初，用红字作同样的记账凭证，予以冲回，以便下月付款或开出、承兑商业汇票时，按正常程序进行记录。

（4）采用预付货款的方式采购材料。

根据有关规定预付材料价款时，按照实际预付金额，借记“预付账款”科目，贷记“银行存款”科目；已经预付货款的材料到达时，根据发票账单等所列的金额，借记“在途物资”“应交税费——应交增值税（进项税额）”科目，贷记“银行存款’科目；预付货款不足而补付时，按补付金额借记“预付账款”科目，贷记“银行存款”科目；退回多付的货款时，借记“银行存款”科目，贷记“预付账款”科目；根据收料单等凭证，借记“原材料”科目，贷记“在途物资”科目。

企业在组织材料采购的总分类核算时，可以根据自己的具体情况，分别采用不同的核算方式。如果材料采购业务较少，则总分类核算可以根据收料凭证逐日编制记账凭证，并据以登记总分类账；如果材料采购业务较多，也可以根据收料凭证整理汇总，定期编制“收料凭证汇总表”，并于月度终了一次登记总分类账。

2.明细分类核算

材料的明细分类核算包括数量核算和价值核算两个部分。

（1）明细分类账的种类。

按实际成本计价的明细分类核算，所使用的明细账包括材料卡片和材料明细分类账（数量金额式）。

材料卡片是登记材料收发结存数量的明细记录，应按材料的品种、规格设置，根据收发料凭证，按日逐笔登记，序时地反映各种材料收发结存的实物数量。

材料明细分类账应按材料的品种和规格设置，采用收、发、余三栏式账页，根据收发料凭证序时登记。从该明细账中，既可取得各种材料的数量资料，又可取得各种材料占用资金及其增减变化的资料。

（2）明细分类账的设置方法。

根据材料卡片和材料明细账的登记部门，明细分类核算的方法分为两种：一种是两套账方式，另一种是一套账方式。

两套账方式是指由仓库设置和登记材料卡片，由财会部门设置和登记材料明细分类账。该方式的优点是：两套账可以起到互相牵制的作用，并且仓储部门可随时掌握库存材料的可供应数量，而会计部门可随时掌握库存材料所占用的资金数量。其缺点是重复记账、工作量大。两套账方式适用于仓储和会计部门距离较远的企业。

一套账方式是指将材料卡片和材料明细分类账合并为一套账，实行账卡合一。账册平时放在仓库，由保管人员负责登记材料的数量，财会人员定期到仓库稽核收发料凭单，并在收发料凭单上标价，登记材料的金额。该方式的优点是节约记账的人力和物力。其缺点是经常稽核、工作量大，尤其是如果保管人员的记录出现差错时，查找起来有困难。一套账方式适用于仓储和会计部门距离较近，能够经常检查的企业。

（二）按计划成本计价的会计核算设计

1.总分类核算

按计划成本计价与按实际成本计价一样，购进材料的入库时间和货款支付时间不一定一样，存在以下几种可能：①结算凭证和发票等单据与材料同时到达；②已支付货款或已开出、承兑商业汇票，但材料尚未到达；③采用预付货款方式采购材料；④材料已到，结算凭证未到，货款尚未支付。计划成本计价法的前三种情况的账务处理与实际成本计价法下的账务处理方法大致相同，而非完全相同，只不过计划成本计价法不再使用“在途物资”这个科目，而是需要设置“材料采购”科目，该科目的借方登记购入材料的实际成本，贷方登记购入材料的计划成本。同时，计算并结转材料成本差异，当实际成本小于计划成本时，应按节约额，借记“材料采购”科目，贷记“材料成本差异”科目；当实际成本大于计划成本时，应按超支额，借记“材料成本差异”科目，贷记“材料采购”科目。

在材料已到、结算凭证未到、货款尚未支付的情况下，与按实际成本计价一样，为简化核算手续，在月份内发生的，可以暂不进行总分类核算，待收到发票账单时，再进行总分类核算。月末，对于那些结算凭证和发票账单尚未到达的入库材料，可以按材料的计划成本暂估入账，借记“原材料”科目，贷记“应付账款”科目；下月初，用红字编制同样的记账凭证，予以冲回，以便下月付款或开出、承兑商业汇票时，按正常程序借记“材料采购”科目，贷记“银行存款”或“应付票据”科目。然后，再根据验收入库凭证按计划价格借记“原材料”科目，贷记“材料采购”科目，贷记或借记“材料成本差异”科目。

2.明细分类核算

（1）“原材料”明细分类账。

仓库和财会部门应分别设置“原材料”明细分类账。仓库按材料的品种和规格设置一套数量金额式的材料明细分类账（或材料卡片）。它的收入和发出栏只记数量，不记金额，结存栏分别记数量和金额，但金额栏不必逐笔计算登记，可以在月末，根据材料的结存量和计划单价计算登记。财会部门按仓库和材料的种类设置，根据仓库转来的材料收发凭证及其计划成本，只登记金额的材料明细账，按期归类汇总登记。两个明细分类账可以互相核对和互相控制。

（2）“材料采购”明细分类账。

财会部门应设置材料采购明细分类账。对于每一笔材料采购业务，其借方金额根据付款凭证等有关单据按实际采购成本登记，其贷方金额根据计划成本计价的收料单登记。月终，对于既有借方金额又有贷方金额的业务，将借方合计数与贷方合计数相比的差异，一次结转到“材料成本差异”明细分类账中去。对于只有借方金额而无贷方金额，即已付款但尚未验收入库的在途材料，应逐笔转入下月的“材料采购”明细分类账，以便材料验收入库时进行账务处理。该明细账提供了外购材料实际成本与计划成本的详细核算资料。

（3）“材料成本差异”明细分类账。

财会部门应设置“材料成本差异”明细分类账。该明细分类账的设置应与材料采购明细分类账的设置口径一致。其账页格式一般采用三栏式。它用来反映各类或各种材料的实际成本与计划成本之间的差异额和差异率，为调整发出材料计划成本提供依据。

（三）按实际成本计价与按计划成本计价的政策对比分析

按实际成本计价时，所计算的材料成本相对来说较准确，而且对于中小型企业来说，核算工作较为简单。但是在这种计价方式下，难以看出采购材料的实际成本与计划成本相比是节约还是超支，难以在账簿中反映材料采购业务的经营成果；由于材料价格变动对产品成本产生的影响得不到反映，所以也不利于考核生产车间的经营成果；同时，材料收发业务频繁的企业，其材料计价的工作量非常大，因此，这种计价方法一般只适用于材料收发业务较少的中小型企业。

与按实际成本计价相比，按计划成本计价的方法具有以下优点：第一，便于考核各类或各种材料采购业务的经营成果，分析材料成本发生节约或超支变动的原因，有利于改进材料采购环节的经营管理工作；第二，可以剔除材料价格变动对产品成本的影响，有利于分析生产环节材料消耗发生节约或超支的原因，有利于考核车间的经营成果；第三，可以加速和简化材料收发凭证的计价和材料明细分类账的登记工作。其缺点是材料成本计算的准确性相对差一些，因为它起到了平滑采购成本的作用。因此，这种计价方法适用于材料收发业务频繁，且具备材料计划成本资料的大型企业。

二、付款业务会计管理制度的设计

企业在支付材料采购费用时，可能采用不同的付款方式，如银行存款支付方式、预付货款方式和赊购方式。不同的付款方式对企业具有不同的影响。因此，企业外购的材料应根据具体情况，分别进行付款业务会计政策选择的设计。

（一）采用银行存款支付方式购入材料

在采用银行存款直接支付的方式购入材料的情况下，企业应于存货验收入库后，按发票账单等结算凭证确定的材料成本，借记“原材料”“周转材料”“库存商品”等科目，按增值税专用发票上注明的增值税进项税额，借记“应交税费——应交增值税（进项税额）”科目，按支付的货款，贷记“银行存款”科目。

（二）采用预付货款方式购入材料

预付账款是指企业按照购货合同规定预付给供应单位的款项。在采用预付货款方式购入存货的情况下，企业应在预付货款时，按照实际支付的金额，借记“预付账款”科目，贷记“银行存款”科目；购入的材料验收入库时，按发票账单等结算凭证确定的存货成本，借记“原材料”“周转材料”“库存商品”等科目，按增值税专用发票上注明的增值税进项税额，借记“应交税费——应交增值税（进项税额）”科目，按材料成本与增值税进项税额之和，贷记“预付账款”科目。预付的货款不足，需补付货款时，按照补付的金额，借记“预付账款”科目，贷记“银行存款”科目；供货方退回多付的货款时，借记“银行存款”科目，贷记“预付账款”科目。

（三）采用赊购方式购入材料

在采用赊购方式购入存货的情况下，企业可以将应付未付的账款记入“应付账款”账户，也可以给供货方开出商业汇票。

1.将应付未付的账款记入“应付账款”账户

应付账款是指企业因购买材料、物资和接受劳务供应等而付给供货单位的账款。在采用赊购方式购入材料并将未付款项记入“应付账款”账户的，一般情况下，企业应于材料验收入库后，按照发票账单等结算凭证确定的材料成本，借记“原材料”“周转材料”“库存商品”等科目，按增值税专用发票上注明的增值税进项税额，借记“应交税费——应交增值税（进项税额）”科目，按应付未付的货款，贷记“应付账款”科目。

如果采用赊购方式购入材料附有现金折扣条件，则其会计处理有总价法和净价法两种方法。

在总价法下，材料验收入库时的会计处理方法与一般情况相同。在支付货款时，由于支付时间的不同，存在以下两种可能：①如果购货方超过现金折扣期限付款，按照实际交易金额，借记“应付账款”科目，按照实际支付的金额，贷记“银行存款”科目。②如果购货方在现金折扣期限内付款，按照实际交易金额，借记“应付账款”科目，贷记“银行存款”科目，现金折扣作为购货价格的扣减，调整购货成本。

在净价法下，企业应于材料入库时，按照实际材料成本扣除现金折扣的金额，借记“原材料”“周转材料”“库存商品”等科目，按增值税专用发票上注明的增值税进项税额，借记“应交税费——应交增值税（进项税额）”科目，按实际交易金额扣除现金折扣的金额，贷记“应付账款”科目。在支付货款时，由于支付时间的不同，存在下列两种可能：①如果购货方在现金折扣期限内付款。按照实际支付金额，借记“应付账款”科目，贷记“银行存款”科目。②如果购货方超过现金折扣期限付款，则按照实际金额扣除现金折扣的金额，借记“应付账款”科目，按实际支付金额，贷记“银行存款”科目，丧失的现金折扣视为购货价格的增加，调增购货成本。

采用总价法，在企业没有享受到现金折扣的情况下，可以保证会计信息的真实性，而在企业享受到现金折扣的情况下，会引起企业高估商品的采购成本和应付账款，人为地提高了材料的采购成本，从而影响企业决策。总价法认为不发生现金折扣是正常的，应以发票价格入账。事实上，现金折扣影响企业款项结算的期限和数额，是企业资金调度能力和经营管理水平的综合体现，因而，将现金折扣作为一项与资金有关的理财损益处理更为合理。理论上，净价法更为合理，销售收入和应收账款按可实现净值入账，能更客观地反映企业的财务状况和经营成果。但是，在会计事务操作中，总价法简便易行，所以采用总价法的企业较多。根据我国《企业会计准则》的规定，企业应付账款的入账价值应当按总价法确认。

2.将开出汇票的账款记入“应付票据”账户

应付票据是指企业购买材料、商品和接受劳务供应等而开出、承兑的商业票据。在采用赊购方式购入材料并将未付款项记入“应付票据”科目的一般情况下，企业应于材料验收入库后，按照发票账单等结算凭证确定的材料成本，借记“原材料”“周转材料”“库存商品”等科目，按增值税专用发票上注明的增值税进项税额，借记“应交税费——应交增值税（进项税额）”科目，按应付未付的货款，贷记“应付票据”科目。

商业票据通常包括期票和商业汇票。我国目前尚未使用期票概念。至于见票即付的各种支票、银行汇票及其他票据，视同货币资金，不属于应付票据的内容。因此，我国的应收票据特指商业汇票。商业汇票的方式适用于企业先发货、后收款，或者双方约定延期付款的商品交易，同城和异地均可使用。商业汇票可以背书转让。符合条件的商业汇票的持票人可持未到期的商业汇票连同贴现凭证，向银行申请贴现。商业票据的付款期限不得超过6个月。商业汇票主要有两种分类方法：一是根据承兑人不同，分为银行承兑汇票和商业承兑汇票；二是按其票面是否载明利率，分为带息商业汇票和不带息商业汇票。

（1）根据承兑人不同进行分类。

①商业承兑汇票。

商业承兑汇票由银行以外的付款人承兑。商业承兑汇票按交易双方约定，由销货企业或购货企业签发，但由购货企业承兑。承兑时，购货企业应在汇票正面记载“承兑”字样和承兑日期并签章。承兑不得附有条件，否则视为拒绝承兑。汇票到期时，购货企业的开户银行凭票将票款划给销售企业或贴现银行。销售企业应在提示付款期限内通过开户银行委托收款或直接向付款人提示付款。对异地委托收款的，销售企业可提前通过开户银行委托收款。汇票到期时，如果购货企业的存款不足以支付票款，开户银行应将汇票退还销售企业，银行不负责付款，由购销双方自行处理。同时，银行对付款人按照签发空头支票的有关付款规定，处以罚金。

②银行承兑汇票。

银行承兑汇票由银行承兑，由在承兑银行开立存款账户的存款人签发。承兑银行按票面金额向出票人收取万分之五的手续费。购货企业应于汇票到期前将票款足额交存其开户银行，以备由承兑银行在汇票到期日或到期日后的见票当日支付货款。销货企业应在汇票到期时将汇票连同进账单送交开户银行，以便转账收款。承兑银行凭汇票将承兑款项无条件转给销货企业。如果购货企业于汇票到期日未能足额交存票款，承兑银行除凭票向持票人无条件付款外，对出票人尚未支付的汇票金额按照每天5%的标准计收罚息。

（2）根据票面是否载明利率进行分类。

①不带息应付票据的核算。

企业设置“应付票据”科目核算应付票据的票面金额。对于不带息应付票据，取得时按照票面面值入账，借记“材料采购”等科目，贷记“应付票据”科目。由于不带息应付票据的到期值等于应付票据的面值，因此不带息票据在持有期间，应付票据账户始终反映票据的账面价值，入账后保持不变。若商业汇票为银行承兑汇票，应将企业已缴纳的手续费借记“财务费用”科目，贷记“银行存款”科目。若商业承兑汇票到期，承兑人违约拒付或无力偿还票款，付款企业应将到期票据按票面金额转入“应付账款”科目。若银行承兑汇票到期，承兑人违约拒付或无力偿还票款，付款企业应将到期票据按票面金额转入“短期借款”科目；对计收的利息，按短期借款利息的处理办法处理。

②带息应付票据的核算。

当企业开出带息商业汇票时，按应付票据的票面面值入账，借记“材料采购”等科目，贷记“应付票据”科目。

在带息应付票据持有期间，对于其票据利息的处理应分情况而定。如果应付票据的出票日与到期日在同一会计年度，且票据金额较小，一般采用简化处理方法，月末不计提利息，在票据到期收回本息时，一次性将利息支出计入当期财务费用，即借记“财务费用”科目；如果应付票据出票日与到期日跨会计年度，则应在会计期末确认当期应付利息，增加应付票据的账面价值，即借记“财务费用”科目，贷记“应付票据”科目。票据到期时，应按实际支付的金额借记“应付票据”科目，贷记“银行存款”科目，按其差额（未计提的利息）借记“财务费用”科目。

如果应收票据利息金额较大，足以对当期损益产生较大影响，则无论该应付票据出票日和到期日是否在同一会计年度，均应按月计提利息，增加应付票据的账面价值，即借记“财务费用”科目，贷记“应付票据”科目。

3.按应付账款和按应付票据作为付款方式的会计政策的比较

应付票据与应付账款不同，虽然都是由交易引起的流动负债，但应付账款是尚未结清的债务，而应付票据是一种期票，是延期付款的证明，有承诺付款的票据作为凭据。应付票据的支付日期是确定的，拟出票之后就能确定该笔款项的兑付日期，而应付账款的支付日期是不确定的。企业应该根据自身的情况，结合每种付款方式的不同特点，选择不同的结算方式。

采用应付账款结算方式，可以为企业延迟付款时间，提高企业资金的利用率，考虑到货币时间价值，还可以为企业赢得更多利润。若应付账款中含有现金折扣，企业还可以根据自身融资情况决定还款时限，产生的财务费用可以用于财务杠杆，为企业合理避税纳税。

采用商业汇票结算方式，可以使企业间的债权债务关系表现为外在的票据，使商业信用票据化，加强约束力，有利于维护和发展市场经济。对于购货企业来说，由于可以延期付款，可以在资金暂时不足的情况下及时购进材料物资，保证生产经营顺利进行。汇票经过承兑，信用较高，可以按期收回货款，防止拖欠。在急需资金时，还可以向银行申请贴现，融通资金，比较灵活。销售企业应根据购货企业的资金和信用情况不同，选用商业承兑汇票或银行承兑汇票，购货企业应加强资金的计划管理，调度好货币资金，在汇票到期以前，将票款送存开户银行，保证按期承付。

（四）采用直接付款、预付账款购入材料和赊购的比较

采用赊购的方式购入材料时，企业延期向供货方付款相当于从供货方筹得短期资金，这种筹资方式是企业在商品交易中凭借商业信誉而获得的，故称为商业信用筹资。若赊购未附有其他条件，则考虑到货币时间价值的问题，选择赊购方式购入材料，企业可以将该款项暂时用于企业经营获得利润。

但是，通常供货方向企业提供“应付账款”“应付票据”这种商业信用筹资会附有一定的商业信用条件，即对企业的付款期限、现金折扣及折扣期限、票据利息等作出规定。由商业信用条件可知，企业延期付款需要付出额外代价。这种代价就是赊购的隐含成本。因此，企业进行赊购方式的筹资决策，就是选择对企业最为有利的情况。具体可分为两种情况：一是企业有能力付款时，需要比较其他投资机会的报酬率与赊购筹资的成本率。若赊购的成本率低于投资报酬率，则应当推迟付款，将资金用于其他投资，反之则应尽早付款。二是企业在付款期内无能力付款时，若赊购的成本率低于银行借款利率，则应当推迟付款，采用商业信用筹资，反之则应向银行借款以尽早付款。

第三节　采购与付款业务核算程序的设计

采购与付款业务核算程序设计主要包括日常采购计划编制、合同签订程序设计、临时采购申请程序设计、材料采购验货付款程序设计以及退货及折让程序设计。

一、日常采购计划编制、合同签订程序设计

日常采购计划编制与合同签订程序如图7-2所示。日常采购计划编制与合同签订程序设计的要点是：

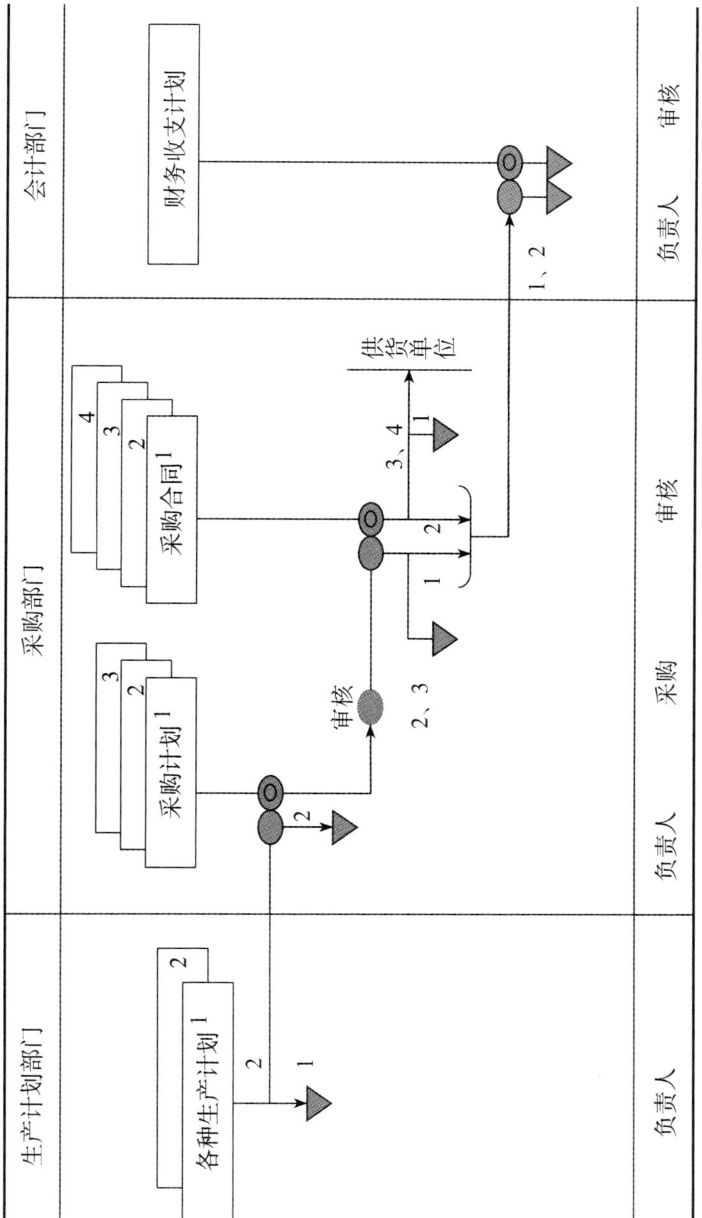

图 7-2　日常采购计划编制与合同签订程序

（1）采购部门根据生产计划部门的各种生产计划编制采购计划。

（2）采购计划经审核批准后与供货单位签订采购合同。

（3）会计部门根据采购计划、采购合同编制财务收支计划。

该流程的关键控制点有：采购计划须经审核批准后才能签订采购合同；会计部门参加采购合同的会签。

二、临时采购申请程序设计

该程序反映企业因临时需要进行采购时申请业务的处理过程。临时采购申请程序如图7-3所示。临时采购申请程序设计的要点是：

（1）请购单位编制请购单交采购部门。

（2）采购部门编制临时采购计划，经审核同意后通知采购员进行采购。

（3）与此同时，通知会计部门以备货款结算。

该流程的关键控制点有：临时采购必须经过授权批准才能办理；会计部门监督临时采购计划的实施。

三、材料采购验货付款程序设计

材料采购验货付款程序如图7-4所示。材料采购验货付款程序设计的要点是：

（1）供货单位在材料发运后，将材料发票、运单和提货单经银行寄往购货单位。

（2）购货单位会计部门收到寄来的单据，将其送交采购部门；采购部门审核合同后据此编制收货单，通知仓库准备收货，另将提货单交企业运输部门提货。

（3）仓库验收后登记保管卡，并将签收的收货单送交采购部门。

（4）采购部门再次审核收货单与合同无误后，将供货单位的发票、代垫运单以及收货单一并送会计部门。

（5）会计部门对照合同副本审核无误后，授权出纳办理货款结算；出纳付款后在发票上加盖“付讫”及日期戳记，与订购单副本一并归档。

该流程的关键控制点有：采购材料入库验收、记账与付款分管；加强收料单与合同的核对，保证材料名称、规格、数量和金额正确；材料验收入库后才支付货款；定期进行账账、账卡和账实核对。

四、退货及折让程序设计

购进货物如发现不合规格、质量不符或其他不符合订购条件时，应及时与对方商量退回、更换或折让等事宜。退货及折让程序设计的要点是：

（1）由仓库填制“请购单”。

（2）由采购部门填制“订购单”或其他契约。

（3）由验收部门验收并编制验收报告。

（4）仓库对照验收报告收料入库，如有差异应报告给会计部门。

（5）如果发票经核准付，会计部门比较购货订单、验收报告及卖方发票。

（6）凭证移送出纳处付款。

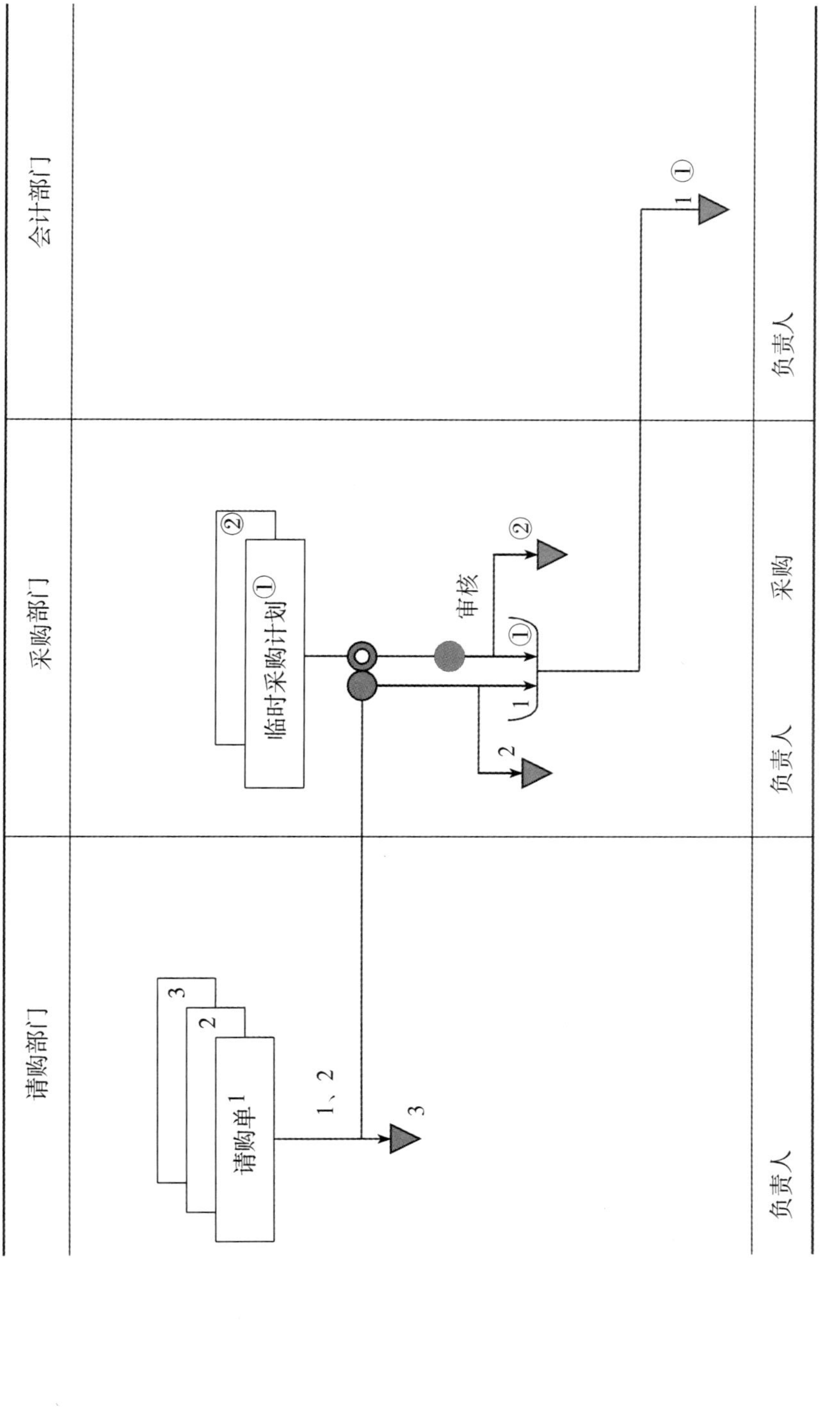

图7-3　临时采购申请程序

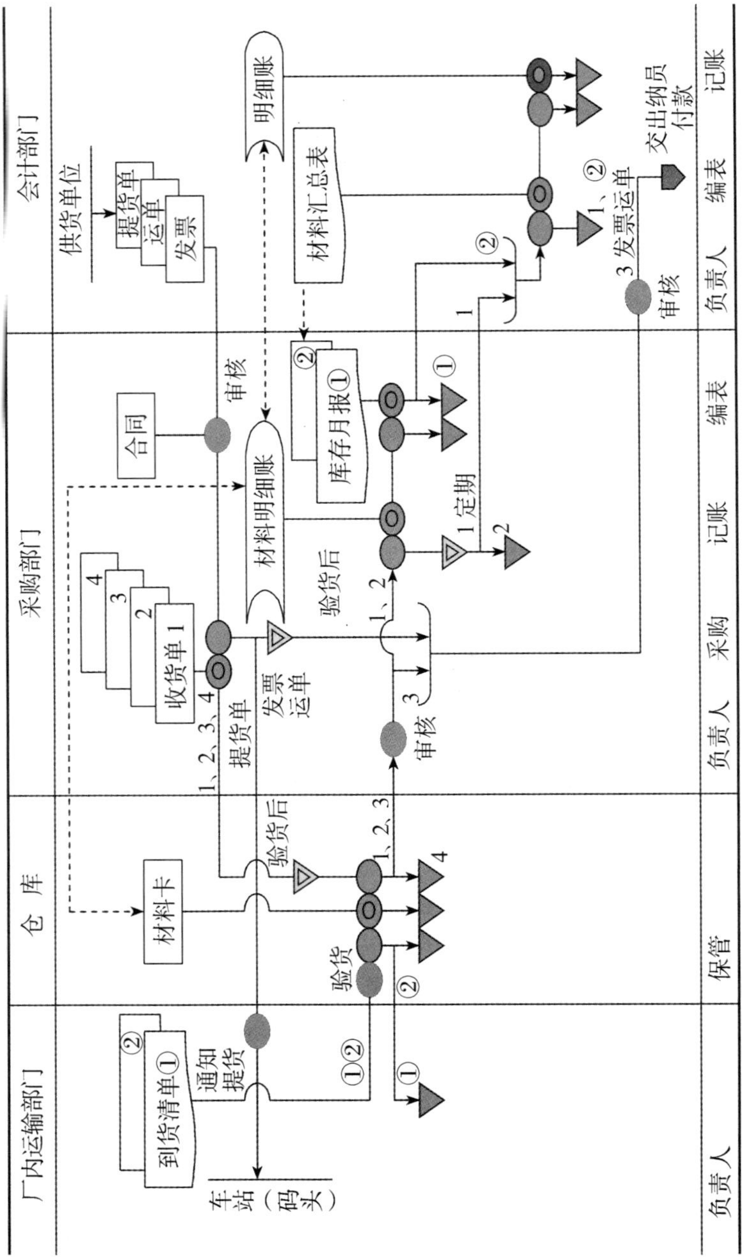

图 7-4　材料采购验货付款程序

该流程的关键控制点有：退货及折让发生时，应由双方协商解决，同意后应由采购部门编制退回及折让通知单，分送有关部门，作为处理依据；送交会计部门的通知单可作为冲减应付账款的凭证。

本章小结

采购与付款的业务流程与核算方法设计包括采购与付款业务流程设计、会计政策选择的设计和业务核算程序的设计三大部分内容。

采购与付款业务流程应包括以下几个环节：编制需求计划和采购计划、请购、选择供应商、确定采购价格、订立框架协议或采购合同、管理供应过程、验收、退货、付款、会计控制。

采购业务的两种具体核算方法：实际成本法和计划成本法下总分类核算和明细分类核算的具体内容以及实际成本法和计划成本法的各自特点（优缺点）。

付款业务的主要结算方式有：银行存款支付方式、预付货款方式和赊购方式下按照应付账款和按照应付票据核算的具体内容以及总价法和净价法、应付账款和应付票据、直接付款和延期付款的比较（优缺点）。

采购与付款业务核算程序设计主要包括日常采购计划编制、合同签订程序的设计、临时采购申请程序的设计、材料采购验货付款程序的设计以及退货及折让程序的设计。

思考题

1.采购与付款的业务流程包括哪些内容？
2.如何设计采购业务核算的实际成本法？
3.如何设计采购业务核算的计划成本法？
4.采购业务核算的实际成本法与计划成本法各自的优缺点体现在哪些方面？
5.直接付款和赊购方式购入材料各自的优缺点体现在哪些方面？
6.采购与付款业务核算程序的主要设计内容有哪些？
7.日常采购计划编制、合同签订程序设计的要点有哪些？
8.临时采购申请程序设计的要点有哪些？
9.材料采购验货付款程序设计的要点有哪些？

练习题

1.单项选择题

（1）仓储和会计部门距离较远的企业适合采用货物明细分类核算的方法是（　　）。

A.一套账　　B.两套账　　C.三套账　　D.四套账

（2）实际成本核算方法适用于（　　）。

A.材料收发业务频繁的大型企业　　B.材料收发业务频繁的小型企业

C.材料收发业务较少的大型企业　　D.材料收发业务较少的中小型企业

（3）在购入材料时，如果企业有能力支付货款，则企业选择赊购方式购入材料的情况是（　　）。

A.银行借款利率高于赊购成本率　　B.银行借款利率低于赊购成本率

C.其他投资机会报酬率高于赊购成本率　　D.其他投资机会报酬率低于赊购成本率

（4）根据生产计划编制日常采购计划的部门是（　　）。

A.计划部门　　B.会计部门　　C.生产部门　　D.采购部门

2.多项选择题

(1) 采购与付款的业务流程设计的目的主要有（　　）。

A.加强企业采购计划管理　　B.规范采购工作

C.保障供应，控制开支　　D.规范企业采购物资的付款程序

E.帮助企业正确核算应付账款、及时签订与执行采购合同、审批控制采购付款

(2) 在计划成本核算方法下，结算凭证和发票等单据与材料同时到达时，正确的会计处理包括（　　）。

A.借：材料采购

　　　应交税费——应交增值税（进项税额）

　　贷：银行存款

B.借：原材料

　　　应交税费——应交增值税（进项税额）

　　贷：银行存款

C.借：材料采购

　　　应交税费——应交增值税（进项税额）

　　贷：应付账款

D.借：原材料

　　贷：应付账款

E.借：原材料

　　贷：材料采购

(3) 计划成本核算方法的缺点不包括（　　）。

A.难以看出采购材料的实际成本与计划成本相比的节约或是超支

B.难以从账簿中反映材料采购业务的经营成果

C.不利于考核生产车间的经营成果

D.对于材料收发业务频繁的企业，材料计价的工作量非常大

E.材料成本计算的准确性相对差一些

(4) 采购业务处理程序设计包括（　　）。

A.日常采购计划编制　　B.采购合同签订程序

C.材料发料程序　　D.临时采购申请程序

E.材料验货付款程序

(5) 临时采购申请程序包括（　　）。

A.请购单位编制请购单交采购部门　　B.采购部门编制临时采购计划

C.采购计划经审核同意后通知采购员采购　　D.通知会计部门准备货款

E.会计部门根据采购合同（计划）编制财务收支计划

3.判断题

(1) 仓库负责对需要购买的已列入存货清单的项目填写请购单，其他部门也可以对所需要购买的未列入存货清单的项目编制请购单。（　　）

(2) 应付账款确认与记录的一项重要控制是要求记录现金支出的人员不得经手现金、有价证券和其他资产。（　　）

(3) 实际成本核算方法可以剔除材料价格变动对产品成本的影响，有利于考核车间的经营成果。( )

(4) 计划成本核算方法适用于材料收发业务频繁，且具备材料计划成本资料的大型企业。( )

(5) 应付账款总价法在购入材料时，按照实际购货成本扣除现金折扣的金额记录。( )

(6) 会计部门可根据采购计划（合同）编制财务收支计划。( )

业务题

华光公司是一家大型制造企业，与各地供应商建立了频繁的钢材采购业务关系。假定你作为该公司会计制度设计小组的骨干成员，请为该公司设计合适的钢材购进核算方法体系，并就钢材采购验货付款程序进行科学设计。

案例分析题

资料：海力公司是一家办公设备生产公司。公司的采购部门在接到其他部门经理授权的服务请求后负责预订劳务（如修理复印机、清扫办公室等）。但是，由于劳务服务并不形成有形的实物，公司不要求编制收货单。会计部门收到接受劳务的发票，只需向授权部门经理核实即付款。宋丽是公司资产管理部门经理。她授权采购部门请她叔叔的公司为海力公司提供劳务服务，但隐瞒了他们的亲戚关系。

这样，宋丽多次要求她叔叔的公司提供劳务服务，而这些劳务并没有必要，有些甚至没有真正提供。她叔叔的公司给海力公司开具提供劳务的发票，骗取现金。海力公司员工最近无意发现了该行为，并向总经理汇报。最终停止了这一欺骗行为。

要求：为了防止类似事件再发生，海力公司应该在订货和付款的程序上作哪些变化？

第八章　生产制造的业务流程与核算方法设计

学习目标
通过本章学习，学生需在了解生产制造的业务特点及业务流程设计目的的基础上，理解与掌握生产制造业务流程的基本环节；掌握生产制造核算方法（实际成本核算基础工作、标准成本核算体系）设计的基本内容及其优缺点；掌握生产制造业务核算程序的具体设计要点。

思政课堂8-1

缅怀欧阳清教授：从实践中来，到实践中去

生产制造业务是企业核心业务之一，其业务质量与耗费水平直接影响企业的产品质量与成本，因此，加强生产制造业务的业务流程与成本核算方法的设计是企业实施成本领先战略、增强竞争能力的关键环节。生产制造的业务流程与核算方法设计的实质就是要设计出一个将产品成本核算与产品生产耗费过程相结合的流程，并将其落实在产品成本核算过程中，即各项生产费用数据的收集、加工、账务处理和报告之中。

思政课堂8-2

规范成本费用内部控制 提升会计信息质量

第一节　生产制造的业务流程设计

企业的生产制造业务是企业的核心业务之一，企业生产制造过程涉及的部门与流程十分繁杂。为了确保企业生产制造业务的协调高效开展，各相关部门既要清楚本部门在产品实现过程中承担的责任，同时还要掌握必要的方法和工具。因而，理顺企业整个生产制造业务流程就显得尤为重要。

一、生产制造业务的特点及业务流程设计目的

（一）生产制造业务的特点

（1）生产制造业务涉及的部门、人员、环节十分繁杂，从而对成本核算提出了更高的要求。

（2）企业生产制造过程中的成本核算控制分为事前控制、事中控制、事后控制，以此确保成本核算的准确性。

（3）企业成本核算方法的种类繁多，企业可根据自身业务流程特点选择不同的成本核算方法。

（二）生产制造业务的业务流程设计目的

（1）规范企业产品成本费用的核算及管理工作，提高企业的经济效益。

（2）提升企业的财务管理能力，使企业费用报销处理过程规范化，控制企业内

耗，节约企业成本，不断完善财务制度体系。

（3）确定企业费用率及费用变化率，便于企业制订费用控制计划，完成企业业务指标，提高企业营业利润。

二、生产制造的业务流程

生产制造业务实质上是一种从货币资金到原材料、生产设备，再到加工中的在产品，最后形成库存商品的资金循环过程。这一过程的起点是制订生产计划，而终点是完工产品经检验合格后验收入库或直接发出给购货商。生产制造主要涉及以下业务活动：计划和安排生产、发出原材料、生产产品、核算产品成本、储存产成品、发出产成品。上述业务活动通常涉及以下部门：生产计划部门、仓库部门、生产部门、会计部门、发运部门等。具体的业务流程如图8-1所示。

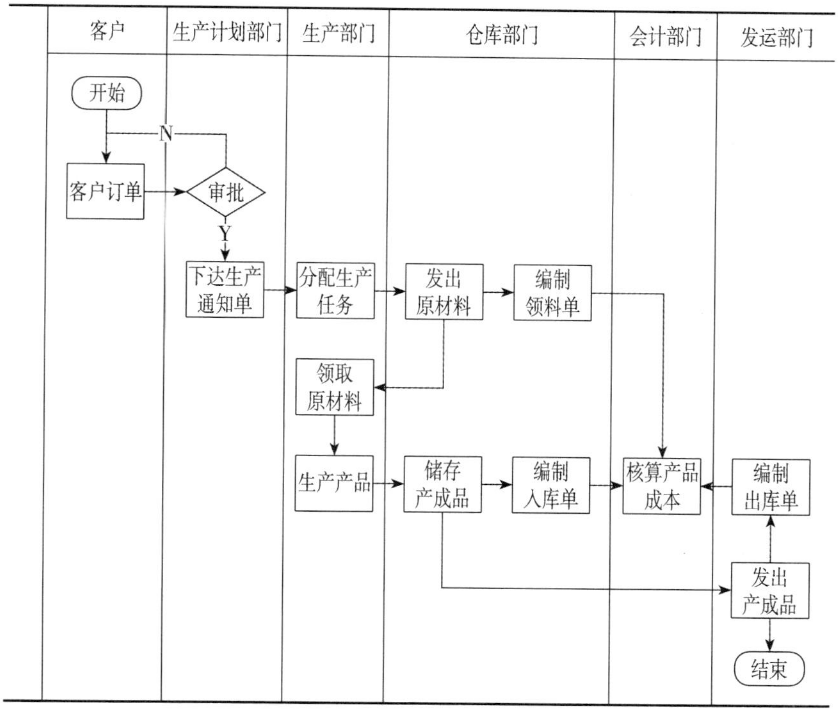

图8-1　生产制造的业务流程图

（一）计划和安排生产

生产计划部门的职责是根据客户订购单或者对销售预测和产品需求的分析来决定生产授权。如果决定授权生产，则签发预先顺序编号的生产通知单。该部门通常应将发出的所有生产通知单顺序编号并加以记录、控制。此外，该部门通常还需要编制一份材料需求报告，列示所需要的材料和零件及其库存。

（二）发出原材料

仓库部门的责任是根据从生产部门收到的领料单发出原材料。领料单上必须列示所需的材料数量、种类以及领料部门的名称。领料单可以一料一单，也可以多料一单，通常需一式三联。仓库发料后，将其中一联连同材料交给领料部门，一联留在仓库登记材料明细账，一联交会计部门进行材料收发核算和成本核算。

（三）生产产品

生产部门在收到生产通知单及领取原材料后，便将生产任务分解到每一个生产工人，并将所领取的原材料交给生产工人，据以执行生产任务。生产工人在完成生产任务后，将完成的产品送交生产部门查点，然后转交检验员验收并办理入库手续，或是将所完成的产品移交下一个部门，作进一步加工。

（四）核算产品成本

为了正确核算并有效控制产品成本，必须建立健全成本会计制度，将生产控制和成本核算有机结合在一起。一方面，生产过程中的各种记录、生产通知单、领料单、计工单、入库单等文件资料都要汇集到会计部门，由会计部门对其进行检查和核对，了解和控制生产过程中存货的实物流转；另一方面，会计部门要设置相应的会计账户，会同有关部门对生产过程中的成本进行核算和控制。成本会计制度可以非常简单，只是在期末记录存货余额；也可以是完善的标准成本制度，持续地记录所有材料、在产品和产成品，并形成对成本差异的分析报告。完善的成本会计制度应该提供原材料转为在产品，在产品转为产成品，以及按成本中心、分批次生产任务通知单或生产周期所消耗的材料、人工和间接费用的分配与归集的详细资料。

（五）储存产成品

产成品入库，须由仓库部门先行点验和检查，然后签收。签收后，将实际入库数量通知会计部门。据此，仓库部门确立了本身应承担的责任，并对验收部门的工作进行验证。除此之外，仓库部门还应根据产成品的品质特征分类存放，并填制标签。

（六）发出产成品

产成品的发出须由独立的发运部门进行。装运产成品时必须持有经有关部门核准的发运通知单，并据此编制出库单。出库单一般为一式四联，一联交仓库部门，一联由发运部门留存，一联送交顾客，一联作为给顾客开发票的依据。

第二节　生产制造的会计管理制度设计

一、实际成本核算方法的设计

从会计核算的角度看，生产制造业务的重要内容是对构成产品成本的各项费用发生情况进行数据的收集、加工和整理，从而确定产品成本，这需要健全的成本核算基础工作。因此，实际成本核算方法设计的一个基本前提就是做好各项基础工作的设计。这些基础工作设计主要包括4个方面。

（一）成本开支范围的设计

在成本开支范围中必须明确规定哪些费用应计入产品生产成本，哪些费用不能计入产品生产成本。这既是正确反映企业产品生产消耗水平的需要，也是企业保持成本计算口径一致的需要。企业成本的开支范围和标准在《企业财务通则》《企业会计准则》中都作了原则性的规定。企业必须遵循这些原则，并结合企业自身的特点，按照以下几个方面的原则制定具体细则：一是正确划分资本性支出和收益性支出的界限；二是正确划分应计入产品成本费用和不应计入产品成本费用的界限；三是正确划分各个会计期间的费用界限；四是正确划分各种产品应负担的费用界限；五是正确划分完工产品和在产品成本的界限。

成本开支范围一经确定，要保持相对稳定，以保证成本计算口径的一致。

（二）制定各项消耗定额

制定各项消耗定额是企业实施定额管理的前提，也是企业编制责任成本预算、进行责任成本控制的基础。合理制定各项消耗定额，就是在正常的生产条件下，多数部门或职工经过努力能够达到、少数部门或职工能够接近、个别部门或职工可以超过的定额水平。

制定各项消耗定额是一项复杂而细致的工作。它需要根据消耗定额的不同种类、不同的生产技术和组织条件，结合企业现实的管理水平，采用不同的方法，综合考虑相关因素计算确定。具体说来，常用的方法有以下4种：

（1）经验估计法，即根据熟练工人、技术人员和定额管理人员的经验数据，直接估算定额水平的一种方法。这种方法的优点是简单易行、制定过程短、工作量小、成本较低；缺点是容易受到估计人员的主观因素影响，技术依据不足，准确性较差。

（2）统计分析法，是根据历史统计资料，经过加工整理，结合企业未来的生产、技术、组织条件和管理方法的变化等因素，进行分析对比，从而确定定额水平的一种方法。这种方法以大量的统计资料为依据，考虑了未来因素的变化，确定的定额比较准确可靠；缺点是容易受历史资料平均数的影响，确定的定额水平比较保守。

（3）技术测定法，是以利用技术测定得到的实际资料为基础，充分考虑未来可能发生的各种变化情况，计算确定定额水平的一种方法。这种方法的优点是比较科学；缺点是制定过程比较复杂、工作量大、成本较高。

（4）类推比较法，是与同类型产品或工序的典型定额标准进行对比分析后，估算定额水平的一种方法。这种方法的优点是简单易行、工作量小、成本较低；缺点是准确性在很大程度上受限于选出的典型定额标准的先进性和合理性。企业究竟采用何种方法制定各项消耗定额，应综合考虑企业的生产特点、管理水平、定额制定人员的业务能力等方面的实际情况，必要时也可以将几种方法结合使用。

（三）建立和健全有关成本核算的原始记录制度

原始记录是按一定格式用数字和文字记录企业生产经营活动的第一手资料。建立健全有关成本核算的原始记录制度是正确进行成本核算、计算产品成本的基础。

企业的生产经营特点和管理要求不同，使用的原始记录也不一样。由于记录的经济业务内容不同，各种原始记录的设计格式也有区别。在设计时要标明以下内容：原始记录的名称、使用或接受原始记录的单位名称、经济业务内容、经济业务发生的数量或金额、填写记录的日期、填写人或填写单位的签名或盖章、原始记录的编号和联次。

企业原始记录一般由业务经办人员或专职人员填写，填写时要做到全面、真实、正确、及时。设计人员、成本会计人员要会同业务经办部门或经办人制定原始记录的传递程序，确保原始记录的及时传递，加强企业的内部控制。

（四）健全与成本有关的各项业务管理制度

产品生产成本是企业的一项非常重要的综合经济指标，建立健全与成本有关的各项业务管理制度是高质量成本管理工作的基础。这些业务管理制度包括：财产物资的计价方法的确定，原材料、在产品、产成品等各项财产物资的收发、领退、转移、报废和盘点制度，固定资产使用、维修、折旧制度，职工考勤制度，费用报销制度等。

二、计划成本核算方法的设计

计划成本会计制度是指事前根据产品生产所需料、工、费的数量和金额与计划计算出计划成本，并将其与会计核算相结合形成的一种产品成本核算制度。计划成本会计制度的特点是在计划成本的基础上计算实际成本，并利用计划作为标准与实际相比较，从而确定成本差异并分析差异形成原因。实质上，它是将成本计算和成本控制相结合的一种会计管理制度，其主要任务是为企业的成本管理提供信息。在会计核算上，它最终还是要计算出完工产品的实际成本。计划成本会计制度包括标准成本会计制度和定额成本会计制度两种具体产品成本核算会计制度。本书以标准成本会计制度的设计方法为例进行介绍。

（一）标准成本的分类

标准成本是指经过仔细调查分析和运用技术测定等科学方法制定的在有效经营条件下应该实现的成本，是根据产品耗费的标准定额和标准价格预先计算的一种目标成本。企业采用的标准成本有多种，按照制定标准成本所依据的生产技术和经营水平分类，可分为理想标准成本、正常标准成本和现实标准成本。

1.理想标准成本

理想标准成本是现有生产条件所能达到的最优水平的成本，根据最少的耗费量、最低的耗费价格和可能实现的最高生产能力利用程度等条件制定。也就是说，它是根据资源无浪费、设备无故障、产出无废品、工时全有效的假设前提而制定出的最低标准成本。显然，由于其前提苛刻，在现实经济生活中几乎无法实现，从而使得理想标准成本难以实际运用。

2.正常标准成本

正常标准成本是根据正常的工作效率、正常的生产能力利用程度和正常价格等条件制定的标准成本。这里所谓“正常”，一般是指过去较长时期的实际数据的统计平均值，是指过去较长时期内所达到的平均水平。因此，用它来评价各个时期的业绩往往不符合实际，用它来控制成本也不够积极。正常标准成本一般只用来估计未来的成本变动趋势。

3.现实标准成本

现实标准成本是根据适用期合理的耗费量、合理的耗费价格和生产能力可能利用的程度等条件制定的切合适用期实际情况的一种标准成本。它是企业通过有效的经营管理措施和努力程度应该达到的标准成本。这种标准成本包容了一部分理论上不应存在，而现实中尚不能避免的设备故障、人工闲置等，是一种切实可行的标准成本。现实标准成本相当于定额成本法中的定额成本。它的用量标准相当于消耗定额，标准用量相当于定额消耗量，标准价格相当于计划价格。标准成本计算法一般采用这种标准成本概念。

（二）标准成本法核算程序

标准成本法也称标准成本会计，是成本会计的重要组成部分。它是指以预先制定的标准成本为基础，用标准成本与实际成本进行比较，核算和分析成本差异的一种产品成本计算方法，也是加强成本控制、评价经营业绩的一种成本控制方法。标准成本法的核心是按标准成本记录和反映产品成本的形成过程和结果，并利用成本差异分析实现对成本的控制。标准成本核算的基本程序如下：

第一步，按照成本项目制定出各种产品的标准成本。

第二步，依据产品的标准成本进行产品成本核算，其中“在制品”（“生产成本”）、“库存商品”和“半成品”账户的借贷方，都按标准成本登记。

第三步，分成本项目计算产品实际成本与标准成本的各种成本差异，并设立对应的成本差异账户进行归集，以用来控制和考核产品成本。差异账户是指实际发生的成本同标准成本相比，产生的差异按其性质设置不同的差异科目，记录和反映各自的差异额。它包括“材料成本差异”“材料数量差异”“工资效率差异”“工资分配率差异”“变动费用效率差异”“变动费用耗费差异”“固定费用效率差异”“固定费用生产能力”“固定费用生产能力利用差异”“固定费用耗费差异”等科目。这些差异科目的借方登记实际成本大于标准成本的超支额（即不利的差异）；贷方登记实际成本小于标准成本的节约额（即有利差异）。在各个成本差异账户中，借方登记超支差异，贷方登记节约差异。

第四步，每月末根据各成本差异账户的借贷方余额编制成本差异汇总表，将各种成本差异余额转入“主营业务成本”或“本年利润”科目，计入当月损益。

第五步，分析各种成本差异，找出产生差异的原因，确定成本责任，进行成本考核。

由此可见，标准成本法的主要内容包括标准成本的制定、成本差异的计算、成本差异的账务处理和成本差异的分析。其中，标准成本的制定是采用标准成本法的前提和关键，据此可以达到成本事前控制的目的；成本差异计算和分析是标准成本法的重点，借此可以促成成本控制目标的实现，并据以进行经济责任的考评。

（三）标准成本的制定

1.直接材料标准成本的制定

直接材料标准成本需按两项标准确定：直接材料用量标准和直接材料标准价格。直接材料用量标准即材料消耗定额，是指单位产品必须耗用的各种直接材料的数额。直接材料用量标准通常应根据企业的产品设计、生产工艺状况，并结合企业的经营管理水平，考虑降低材料消耗的可能等条件制定，所以该标准的制定最好由产品设计部门及相关管理人员负责。材料价格因受诸多因素的影响，其标准的确定相对较难。通常，直接材料标准价格应能反映目前市场价格及未来市场价格的变动情况，考虑最有利的采购条件，如经济采购批量、最经济的运输等，而且应在征询采购部门的意见后制定。在此基础上，直接材料标准成本可确定如下：

直接材料标准成本=直接材料用量标准×直接材料标准价格

2.直接人工标准成本的制定

直接人工标准成本由两项标准确定：直接人工用量标准和直接人工标准价格。直接人工用量标准即工时用量标准、工时标准或工时定额。工时既可以是直接人工生产工时，也可以是机器工时。直接人工标准价格即标准工资率，通常可由劳动工资部门根据用工情况制定。在不同工资制度下，标准工资率有不同表现形式：采用计件工资时，标准工资率就是标准计件工资单价；采用计时工资制时，标准工资率就是单位工时标准工资率。其计算公式为：

单位工时标准工资率=标准工资总额÷标准总工时

在此基础上，直接人工标准成本可确定如下：

直接人工标准成本=工时标准×标准工资率

3.制造费用标准成本的制定

制造费用标准成本由制造费用用量标准和制造费用标准价格两个因素决定。制造费用用量标准即工时用量标准，其含义与直接人工用量标准相同。制造费用标准价格即标准费用分配率。其计算公式为：

标准费用分配率=标准制造费用总额÷标准总工时

在此基础上，制造费用标准成本可确定如下：

制造费用标准成本=工时标准×标准费用分配率

成本按其性态，可以分为变动成本和固定成本。前者随着产量变动而变动；后者相对固定，不随产量变动而变动。因此，制造费用也分为变动制造费用和固定制造费用两类，其标准成本的制定也应在此基础上进行。

4.标准成本卡

为了便于计算和列示产品的标准成本，通常应为每一种产品设立一张标准成本卡，按成本项目、用量标准和标准价格，计算汇总每种产品的单位标准成本。

（四）标准成本差异分析

成本差异是指实际成本与标准成本之间的差额。计算和分析成本差异的目的在于明确差异的程度，找出差异发生的原因，并确定采取纠正差异的措施，及时改进，提高效率，确定差异责任的归属。

1.成本差异的种类

在标准成本计算法下，发生的成本差异是指实际成本偏离标准成本的差额。成本差异按照成本项目分类，可以分为直接材料成本差异、直接人工成本差异和制造费用成本差异等。这些差异还可以按照差异发生的原因（例如用量差异（量差）和价格差异（价差））等进行划分。

2.成本差异分析的内容和方法

进行成本差异分析是采用标准成本制度的关键。下面具体说明直接材料成本差异、直接人工成本差异、变动制造费用成本差异和固定制造费用成本差异分析的方法。

（1）直接材料成本差异的分析。

直接材料成本差异是指直接材料实际成本与其标准成本的差异。它由直接材料用量差异和直接材料价格差异两部分组成。

直接材料用量差异是指由于直接材料实际用量与其标准用量的差异而导致的直接材料成本差异；直接材料价格差异是指由于直接材料实际价格与其标准价格的差异而导致的直接材料成本差异。其分析公式为：

直接材料成本差异=直接材料实际成本-直接材料标准成本

直接材料用量差异=（材料实际用量-材料标准用量）×材料标准价格

直接材料价格差异=（材料实际价格-材料标准价格）×材料实际用量

直接材料用量差异的形成原因是多方面的，有生产部门的原因，也有非生产部门的原因。但总体来说，材料用量差异产生的原因主要有：产品设计变更，用料标准未作相应调整；制造方法或程序变更，用料标准未作相应调整；所用机器或工具变更；材料品质低劣或规格不合；材料本身用量的变动；溢领材料未予退库；操作工人的责任心强弱、技术状况、废品废料率的高低、设备工艺状况等；材料质量状况、材料规格的适应程度等。正因为如此，直接材料用量差异的责任需要通过具体分析方能明确，但其主要责任部门往往是生产部门。

直接材料价格差异是直接材料成本差异中不应由生产部门负责的成本差异。计算和分析直接材料价格差异可以区分部门责任。直接材料价格差异的形成原因较为复杂，有主观原因，也有客观原因，如：材料数量不按标准采购量办理；达到最低存货量时没有及时购补，导致以紧急方式采购，人为失去讨价还价的机会；采购时舍近求远，运费较贵，运输途中损耗增加；使用不必要的快速运输，增加运费；折扣期限内，未能及时付款，丧失优惠；市场价格的变动；供货厂商的变动；运输方式及路线的变动；采购批量的变动等。由于这些导致材料价格产生差异的因素与采购部门的工作情况关系更密切，所以主要责任部门是采购部门。

（2）直接人工成本差异的分析。

直接人工成本差异包括直接人工效率差异和直接人工工资率差异。直接人工的效率差异即直接人工的用量差异，因为在既定产量下人工用量的多少反映着效率的高低；工资率差异即直接人工的价格差异，人工的价格表现为小时工资率。其计算公式为：

直接人工成本差异=直接人工实际成本-直接人工标准成本

直接人工效率差异=（实际人工工时-标准人工工时）×标准工资率

直接人工工资率差异=（实际工资率-标准工资率）×实际人工工时标准

直接人工效率差异的形成原因也是多方面的，如：任用工人不当；工人工作调动频繁；工人对公司政策或领班措施不满；材料品质低劣；工人经验不足；工人技术状况、工作环境和设备条件的好坏等。其主要责任部门还是生产部门。

直接人工工资率差异的形成原因亦较复杂：工资计算方法变更；工人类别或工资率与所做工作不匹配；季节性或紧急性生产；工资制度的变动；工人的升降级；加班或临时工的增减等。一般而言，这种差异的责任不在生产部门，劳动人事部门更应对其承担责任。

（3）变动制造费用成本差异的分析。

变动制造费用成本差异由效率差异和耗费差异两部分组成。变动制造费用效率差异即变动制造费用的用量差异，是由实际耗用工时脱离标准而导致的成本差异；变动制造费用耗费差异即变动制造费用的价格差异，是由变动制造费用或工时的实际耗费脱离标准而导致的成本差异，也称变动制造费用分配率差异。其计算公式为：

变动制造费用差异=变动制造费用实际发生额-变动制造费用标准成本

变动制造费用效率差异=（实际工时-标准工时）×变动制造费用标准分配率

变动制造费用分配率差异=（变动制造费用实际分配率-变动制造费用标准分配率）×实际工时

上述公式中的工时既可以是人工工时，也可以是机器工时。这取决于变动制造费用的分配方法。公式中的标准工时是指实际产量下的标准总工时。

变动制造费用效率差异的形成原因与直接人工效率差异的形成原因基本相同。

变动制造费用耗费差异则是变动制造费用开支额或工时耗费发生变动情况下出现的成本差异，其责任往往在于发生费用的部门。

（4）固定制造费用成本差异的分析。

固定制造费用成本差异是实际固定制造费用与实际产量标准固定制造费用的差异。其计算公式为：

固定制造费用差异=固定制造费用实际发生额-固定制造费用标准成本

从上述公式可以看出，固定制造费用成本差异是在实际产量的基础上计算得出的。由于固定制造费用相对固定，一般不受产量影响，因此，产量变动会影响单位产品成本中的固定制造费用。产量增加时，单位产品应负担的固定制造费用会减少；产量减少时，单位产品应负担的固定制造费用会增加。这就是说，实际产量与设计生产能力规定的产量或计划产量的差异会对产品应负担的固定制造费用产生影响。也正因为如此，固定制造费用成本差异的分析方法与其他费用成本差异的分析方法才有所不同。固定制造费用成本差异的分析方法通常有两差异分析法和三差异分析法两种分析方法。

两差异分析法将固定制造费用成本差异分为耗费差异和能量差异两种成本差异。固定制造费用耗费差异是指实际固定制造费用与计划（也称预算）固定制造费用之间的差异。计划固定制造费用是按计划产量和工时标准、标准费用分配率预先确定的固定制造费用；固定制造费用能量差异是指由于设计或计划的生产能力利用程度的差异而导致的成本差异，也就是实际产量标准工时脱离设计或计划产量标准工时而产生的成本差异。其计算公式为：

固定制造费用耗费差异=实际固定制造费用-计划固定制造费用

=实际固定制造费用-计划产量标准工时×标准费用分配率

固定制造费用能力差异=（计划产量标准工时-实际产量实际工时）×标准费用分配率

制造费用能量差异产生的原因有订货减少、生产能量过剩、停工待料或修理机器、工人不足等方面。制造费用耗费差异产生的原因与人工效率差异产生的原因相同。

两差异分析法比较简单。从上述计算公式可见，两差异分析法没有反映和分析生产效率对固定制造费用成本差异的影响。计算能量差异时，使用的都是标准工时。它说明的是按标准工时反映的生产能力利用情况。如果实际产量标准工时和计划产量标准工时一致，则能量差异为零。但是，实际产量的实际工时可能与其标准工时存在差异，而生产能力的实际利用情况更取决于实际工时而非标准工时。实际工时与标准工时之间的差异属于效率高低的问题。因此，固定制造费用成本差异分析更多地采用三差异分析法。

三差异分析法将固定制造费用的成本差异区分为耗费差异、能力差异和效率差异三种成本差异。其中，耗费差异与两差异分析法相同，其计算公式仍为：

固定制造费用耗费差异=实际固定制造费用-计划产量×工时标准×标准费用分配率

能力差异是指实际产量实际工时脱离计划产量标准工时而引起的生产能力利用程度差异导致的成本差异。其计算公式为：

固定制造费用能力差异=（计划产量标准工时-实际产量实际工时）×标准费用分配率

效率差异是指因生产效率差异导致的实际工时脱离标准工时而产生的成本差异。其计算公式如下：

固定制造费用效率差异=（实际产量实际工时-实际产量标准工时）×标准费用分配率

三差异分析法的能力差异与效率差异之和等于两差异分析法的能量差异。采用三差异分析法能够更好地说明生产能力利用程度和生产效率所导致的成本差异情况，并且便于分清责任。能力差异的责任一般在于管理部门，而效率差异的责任则往往在于生产部门。

三、实际成本法和计划成本法的管理制度对比分析

实际成本法是企业按照生产过程中实际发生的生产费用进行成本核算的方法，而标准成本法则是将核算同控制、计划、分析有机结合而形成的一种比较理想的成本控制系统。计划成本法的优越性是传统成本控制制度不可比拟的。计划成本法的优点主要表现在以下几个方面：

（1）计划成本法有利于企业进行内部控制管理，对生产过程的事前、事中和事后都可以实施监督。计划成本法能及时提示实际成本偏离预定标准的差异，及时反馈各成本项目不同性质的差异，增强企业对成本的敏感性，为迅速采取措施、消除不利因素提供线索。

（2）可作为计量业绩的尺度，能起到对员工的激励和考核作用，提高他们的责任感和积极性。

（3）计划成本法排除了许多偶然因素，代表了成本要素的合理近似值，因而可以作为定价依据，并可作为本量利分析的原始数据资料以及估算产品未来成本的依据，便于作出正确的经营决策。

（4）使用计划成本来记录材料、在产品和销售账户，减少了许多费用的分配计算，可以简化日常的账务处理和报表的编制工作。

（5）用标准成本法进行成本核算时，能与品种法、分批法、分步法等方法结合使用，更具灵活性。

标准成本的主要作用是衡量工作效率和控制成本，同时，也用于存货和销售成本的计价。从管理角度看，对成本加强控制要比单纯进行成本计算更为重要。企业管理者要了解成本的实际水平，更要了解这样的成本水平是否代表或接近一种有效率的经营水平，以便能及时地对成本加强控制。标准成本法在成本控制和管理方面均是一种科学可行的方法。为此，如果各企业大力推行标准成本法，必能更多实现经济效益。但是标准成本法也存在其不足，主要表现在以下几个方面：

（1）标准成本制度必须建立在严密的计量管理和较高的电算化程度之上，同时这一核算方式在灵敏反映各中间产品的实际市场成本上也有较大的局限性。

（2）企业在同时生产多种型号的产品并且涉及的原材料较多的情况下，将成本更新产生的差异按产生来源进行还原分配十分复杂，如果按进销存的金额进行整体比例分配，则在保证总体成本准确的同时个体成本是失真的。这样，对差异的处理陷入了公平与效率之间的两难选择境地。

（3）购入材料入库时，订单价格会与标准成本有差异，标准成本更新后新旧成本之间会产生差异，特定制造单完工入库后所消耗的物料与资源会与成品的标准成本有差异（归在特定制造单上的所有物料消耗与完工的成品的预先设定的标准成本之差）。上述各种差异如何在原材料、在制品、产成品、销售成本间流转、归集、分配是一个棘手的问题，涉及对业务部门的考核问题，其数据可能无法取得业务部门的认同。

（4）使用标准成本系统的成本较高。

第三节 生产制造业务核算程序的设计

一、生产费用归集分配方式设计

产品成本核算的目的是正确计算出产品成本，其核心问题是生产费用按设定的成本计算对象进行归集和分配。生产费用归集分配方式的设计主要包括以下几个方面的内容：

（一）成本计算对象的设计

计算产品成本，必须首先确定成本核算对象。成本核算对象是为计算产品成本而确定的分配归集生产费用的各个对象，即成本的承担者。确定成本核算对象是设置产品成本明细账、分配生产费用和计算产品成本的前提。一般情况下，成本核算对象都是产品，但因为不同企业产品的生产特点不同、管理要求不同，具体的成本核算对象也就不同。例如，在单步骤生产条件下，生产工艺过程不可能或者不需要划分为几个生产步骤，因此只要求按照产品品种计算产品成本。在多步骤生产条件下，由于生产工艺过程是由几个间断的、分散在不同地点进行的生产步骤组成的，为了加强各生产步骤的成本管理，往往不仅要求按照产品品种计算产品成本，还要求按照生产步骤计算产品成本，以便为考核和分析各种产品及各生产步骤的成本计划完成情况提供资料。如果管理上不要求按生产步骤考核生产耗费、计算产品成本，也可以只按产品的品种计算成本。总之，企业生产的特点和管理要求对成本核算对象的确具有较大的影响。成本计算对象的设计既要适应生产组织与生产工艺的特点，又要满足企业加强成本管理的要求。

企业的生产组织、生产工艺特点与成本计算对象的一般关系见表8-1。

表8-1 企业的生产组织、生产工艺特点与成本计算对象

生产组织	生产工艺特点	成本计算对象
大量生产	连续加工	产品加工步骤（需计算自制半成品） 或产品品种（不需计算自制半成品）
	平行加工	产品品种
成批生产	连续加工	产品批别或产品加工步骤
	平行加工	产品批别
单件生产	平行加工	产品品种

（二）成本项目设计

1.成本项目的设计方法

为了控制、考核与分析构成产品成本的各项生产费用的详细情况，在确定成本计算对象以后，还必须对构成产品成本的各项生产费用进行具体的分类，设计出各种成本项目。成本项目的设计有两种方法：

（1）按其经济内容分类设置，可设置外购材料、外购燃料、外购动力、工资、福利费、折旧费、利息和税金等项目。这种分类便于核算企业各个时期各种费用的实际支出水平，可以为核定企业流动资金定额和编制材料采购资金计划提供资料，但由于它不能提供构成产品生产费用的用途等资料，不便于分析各种费用的支出是否合理、节约，因而在实际工作中大多不采用这种分类方法。

（2）按其经济用途分类设置，可设置直接材料、直接工资和制造费用项目。在采用这种分类方法时，直接材料包括生产经营过程中直接用于产品生产或有助于产品形成的原材料、辅助材料、备用配件、外购半成品、燃料、动力、包装物、低值易耗品以及其他直接材料；直接工资包括直接从事产品生产人员的工资、奖金、津贴和补贴等；制造费用包括生产车间和辅助车间为组织和管理生产所发生的各项费用，如车间管理人员工资、车间房屋建筑物和机器设备的折旧费、租赁费、修理费、机物料消耗、水电费和办公费等。

2.成本项目设计的原则

无论采用哪种分类方法设计成本项目，在设计时均需遵循以下四个原则：

（1）成本项目的内容与采用的成本计算方法要保持一致。比如，要采用完全成本法时就要包括一些期间费用。

（2）将尽可能多的成本项目归入直接成本内，从而减少间接费用分配造成的误差。

（3）重要性与恰当性相结合。它一方面要求在制造成本中占有较大比重的直接成本费用应以相应的成本项目单独列示，如企业发生的废品损失较多，应增设“废品损失”项目；另一方面要求成本项目的多少要恰当，分类不能过粗或过细。

（4）根据各种间接费用的不同属性确定不同的间接费用归集方式，从而保持所有成本项目与成本分配基础之间具有相同或相似的因果关系。为了详细记录产品生产所发生的各项生产费用，控制、分析和考核构成产品成本的各项生产费用发生的合理性，在确定成本计算对象以后，还应该对产品生产过程中发生的各种耗费进行进一步的分类，设计出产品成本项目。

（三）生产费用分配标准的设计

1.确定生产费用分配标准的原则

生产制造业务过程发生的生产费用，有的可以直接计入产品成本计算对象，有的则需要按照一定的分配标准间接计入产品成本计算对象。如何确定科学、合理的生产费用分配标准来分配间接费用，是生产费用分配标准设计应解决的问题，也是正确计算产品成本的必要条件。

为了使设计出的生产费用分配标准科学、合理，在设计生产费用分配标准时应遵循以下原则：第一，相关性原则。这一原则要求待分配生产费用与分配标准之间要具有客观、直接的相互依存关系。第二，作为分配标准的因素必须是数据资料易于取得、易于计量的。第三，分配标准的选择要有利于成本控制和成本考核，有利于企业加强成本责任管理。第四，生产费用分配标准一经确定，应保持一定时期的相对稳定。

2.生产费用分配方法与分配标准

生产费用分配的基本方法是比率法，即待分配的生产费用除以各分配对象的分配标准之和，计算出分配率，然后再用各分配对象的分配标准乘以分配率，就可计算确定各分配对象应分配的间接计入费用。其基本的计算公式是：

分配率=分配对象÷各种产品分配标准总数

某种产品应分配数额=该种产品分配标准数×分配率

常用的几种生产分配标准如下：

（1）材料费用的分配。间接计入产品成本的各项材料费用，可以按产品的产量、定额消耗量、定额费用、重量和体积比例等确定分配标准。

（2）燃料费用的分配。它可以根据产品的重量、体积、所耗原材料的数量、所耗原材料费用、燃料定额消耗量或费用比例等确定分配标准。

（3）动力费用的分配。一般按照产品的生产工时、机器工时或定额工时比例等确定分配标准。

（4）工资费用的分配。一般按照产品的生产工时或定额工时比例等确定分配标准。

（5）其他制造费用的分配。一般按照产品的生产工时、机器工时、定额工时、生产工人工资比例或年度计划分配率等确定分配标准。

（6）辅助生产费用的分配。一般按直接分配法、交互分配法、顺序分配法、代数分配法或计划价格分配法等确定分配标准。

（四）完工产品成本和在产品成本划分标准的设计

生产费用经过归集分配后，成本计算单就集中反映了某种产品的全部成本。如果某种产品在计算期内已完工，它反映的就是完工产品成本；如果该产品在计算期内尚未全部完工（有在产品），则反映的该产品成本还需在完工产品和在产品之间进行划分。其划分方法是：

1.不计算在产品成本

不计算在产品成本适用于以下两种情况：①当期末在产品数量较少时；②期末在产品数量虽然较多，但前后各期比较稳定，视同其可以相互抵消。

2.计算在产品成本

当以上条件不具备时，就需要计算在产品成本，用某种产品的全部成本剔除在产品成本后的余额即为完工产品成本。计算在产品成本的常用方法如下：

（1）约当产量比例法。其计算公式为：

在产品约当产量=在产品数量×完工百分比

分配率=（期初在产品成本+本期发生费用）÷（完工产品数量+在产品约当产量）

在产品负担的成本=在产品约当产量×分配率

（2）定额比例法。其计算公式为：

分配率=(期初在产品实际消耗量+本期实际消耗量)÷(完工产品定额消耗量+期末在产品定额消耗量)

在产品实际消耗量=期末在产品定额消耗量×分配率

在产品实际成本=在产品实际消耗量×材料单价（或工资率或费用率）

（3）定额成本法。其计算公式为：

各项定额材料成本=在产品数量×单位消耗定额×计划单价

定额工资成本=在产品数量×工时定额×每小时平均工资

各项定额费用成本=在产品数量×工时定额×每小时计划费用

在产品定额成本=各项定额材料成本+定额工资成本+各项定额费用成本

二、产品成本核算程序设计

适应各种类型生产的特点和管理要求，产品成本计算的基本方法主要有三种：品种法、分批法和分步法。

（一）品种法

品种法是以产品的品种为成本计算对象，归集生产费用、计算产品成本的一种方法。它主要适用于大量大批的单步骤生产，如发电、采掘等企业。在这类企业中，产品的生产工艺过程只有一个加工步骤，并且只能在同一地点加工完成，因而不需要按照生产步骤计算产品成本。在大量大批多步骤生产中，如果企业或车间规模较小，或者车间是封闭式的，即从原材料投入到产品加工完成的全过程都是在一个车间内进行的，或者生产是按流水线组织的，尽管属于复杂生产，但在成本管理工作中不要求提供各步骤的成本资料，也可以用品种法计算成本，如小型水泥厂、制砖厂、织布厂以及辅助生产的蒸汽车间等。品种法的成本核算程序如图8-2所示。

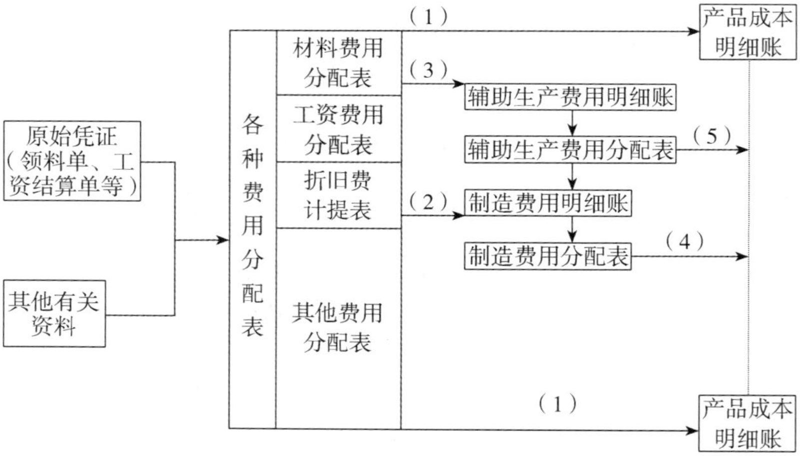

图8-2　品种法的成本核算程序

（二）分批法

分批法是将产品批别或订单作为成本计算对象来归集产品费用并计算产品成本的一种方法，又称订单法。这种方法一般适用于小批单件的多步骤生产，例如重型机械、船舶、精密仪器、专用工具模具和专用设备的制造。在某些单步骤生产下，无论是企业还是车间，如果生产也按小批单件组织，例如某些特殊或精密铸件的熔铸，也可以用分批法，单独计算这些铸件的成本。

分批法成本核算程序流程说明如下：

（1）在开始生产时，财务部门应根据每一份订单或每一批产品生产通知单（内部订单），开设一张成本明细单（产品成本计算单）。

（2）分批法十分强调按单位或批别归集成本，因此各张订单、各批产品所直接耗用的各种材料、费用都要在有关原始凭证上填明订单及生产通知单号，间接费用要填明其用途和费用发生地点。

（3）期末根据费用的原始凭证编制材料、工资等分配表。

（4）结算各辅助生产成本，编制辅助生产费用分配表。

（5）结算各车间的制造费用明细账，编制制造费用分配表，按照规定的分配标准，分配记入各有关成本明细账。

（6）当某订单、生产通知单或某批产品完工、检验合格后，应由车间填制完工通知单，其中一份送会计部门，以便结算成本。

（7）财务部门收到车间送来的完工通知单后，根据产品成本明细账和有关原始凭证资料，编制产品成本计算表。

（8）期末未完工订单的成本明细账所归集的成本费用就是在产品成本。

分批法的成本核算程序如图8-3所示。

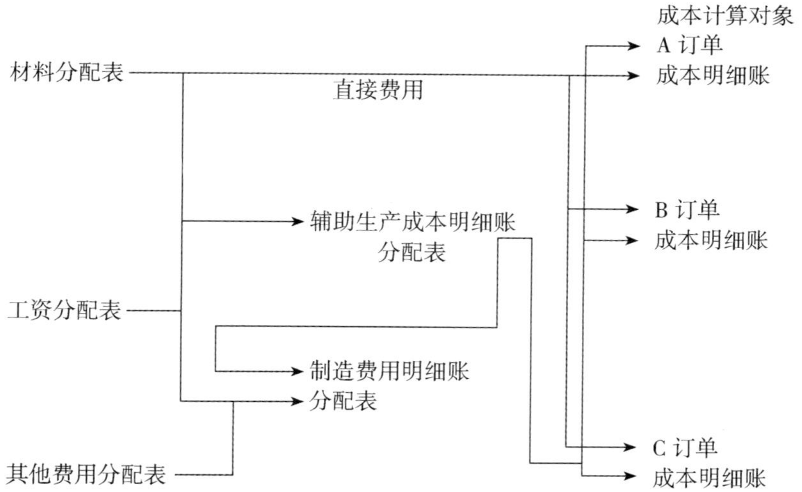

图8-3　分批法的成本核算程序

（三）分步法

分步法是按照产品的生产步骤和产品品种汇集生产费用、计算产品成本的一种方法。它适用于大量大批的多步骤生产，例如冶金、纺织、造纸以及大量大批生产的机械制造等。在这些企业里，生产工艺过程是由若干个在技术上可以间断的生产步骤组成的，即从原材料投入生产到产成品完成，要经过若干个连续的加工步骤。原材料经过一个加工步骤，便生产出形状和性能不同的半成品。上一步骤的半成品是下一步骤的加工对象，直到最后一个步骤加工或装配完毕，才生产出产成品。在这样的企业里，为了加强各生产步骤的成本管理，特别是实行分级管理、分级核算的企业，不仅要求按照产品品种计算产品成本，而且还要求按照生产步骤计算半成品成本，以便为考核和分析各种产品及各生产步骤半成品成本计划的完成情况提供基础数据资料。由于在不同的企业，管理者对每一生产步骤的成本信息的需求不同，为了方便成本计算，分步法又可以分为逐步结转分步法和平行结转分步法两种。

1.逐步结转分步法（计算半成品成本的分步法）

该种方法是按照产品的加工顺序，首先计算第一个加工步骤的半成品成本，然后结转给第二个加工步骤；第二个加工步骤把第一步骤转来的半成品成本加上本步骤发生的费用，计算求得第二个加工步骤的半成品成本；再结转给第三个加工步骤，依此顺序结转累计，一直到最后一个加工步骤才能计算出产成品的成本。这种方法广泛适用于大批量多步骤生产企业。各步骤生产出的半成品主要转给下一步骤继续加工，最后加工成企业产成品。例如，玻璃仪器的生产是配料熔化成玻璃液，经过拉管机拉成玻璃管，再经过烧制制成各种玻璃仪器。为了分别计算各种产成品的成本，也要计算这些半成品成本。半成品成本的计算是产成品成本计算的需要。有的企业各步骤生产出来的半成品可以对外销售，例如，纺织厂的棉纱、钢铁厂的生铁等都经常对外销售。为了计算对外销售半成品成本，也要求计算这些半成品的成本。其成本核算程序如图8-4所示。

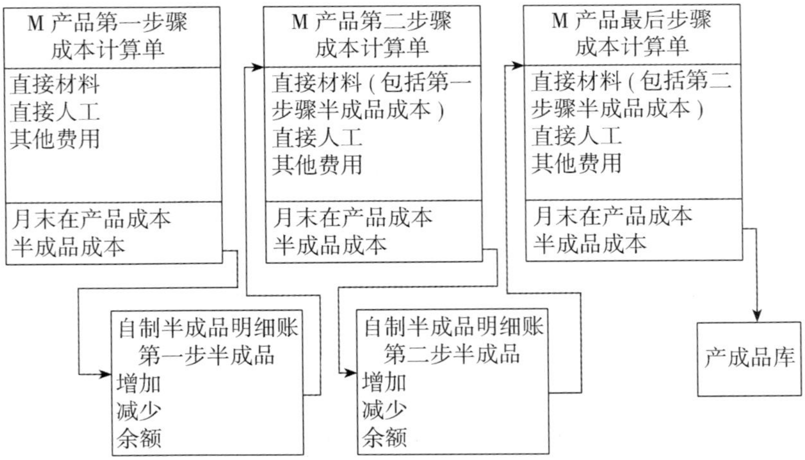

图8-4 逐步结转分步法成本核算程序

2.平行结转分步法（不计算半成品成本的分步法）

该种方法主要适用于大量多步骤装配式生产的企业。在这样的企业里，各步骤半成品的种类很多，很少对外销售，不需要计算半成品成本。如果再采用逐步结转分步法，核算工作量会很大，也没有必要，因此为了简化和加速成本计算工作，采用平行结转分步法更合适。

平行结转分步法，在计算各步骤成本时，不计算各步骤所产半成品的成本，也不计算各步骤所耗上一步骤的半成品成本，只计算本步骤发生的各项费用以及这些费用中有多少应计入产成品成本中。把各步骤计入产成品成本中的费用称为“份额”。将相同产品的各步骤的份额平行结转、汇总，即可计算出该种产品的产成品成本。这种结转成本的方法，就称为平行结转法。其成本核算过程如图8-5所示。

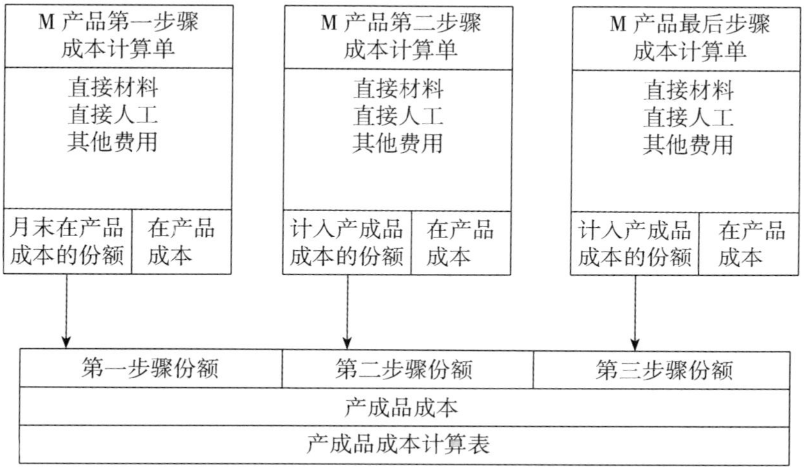

图8-5　平行结转分步法成本核算程序

以上各种方法的比较见表8-2。企业可以根据自己的生产特点和生产工艺以及企业成本管理的需要，科学合理地选用，有时需要多种成本核算方法交叉使用。

表8-2　**成本核算方法的比较**

<table>
<tr><th colspan="2">成本核算方法</th><th>成本核算对象</th><th>成本核算期</th><th>成本结转</th><th>在产品计算</th></tr>
<tr><td colspan="2">品种法</td><td>产品品种</td><td>定期、每月月末</td><td>不结转</td><td>单一品种不核算
多品种核算</td></tr>
<tr><td rowspan="2">分步法</td><td>逐步结转分步法</td><td>各步骤半成品、产成品</td><td rowspan="2">定期、每月月末</td><td>步骤半成品成本结转</td><td rowspan="2">核算在产品成本</td></tr>
<tr><td>平行结转分步法</td><td>各步骤份额、最终产品</td><td>步骤份额结转或单位半成品加工费结转</td></tr>
<tr><td rowspan="2">分批法</td><td>全厂范围或一个封闭车间</td><td rowspan="2">产品批别、件别</td><td rowspan="2">不定期</td><td>不结转</td><td rowspan="2">通常不核算
在产品成本</td></tr>
<tr><td>各步骤连续加工</td><td>逐步结转或平行汇总</td></tr>
</table>

本章小结

生产制造的业务流程与核算方法设计主要包括：生产制造的业务流程设计、会计政策选择设计和业务核算程序设计三大部分内容。

生产制造的业务流程主要包括：计划和安排生产、发出原材料、生产产品、核算产品成本、储存产成品、发出产成品。上述业务活动通常涉及以下部门：生产计划部门、仓库部门、生产部门、会计部门、发运部门等。

生产制造业务的具体核算方法有实际成本核算和计划成本核算（以标准成本核算为例）。实际成本核算方法设计的一个基本前提就是做好各项基础工作的设计。这些基础工作设计主要包括四个方面：成本开支范围的设计、制定各项消耗定额、建立和健全有关成本核算的原始记录制度、健全与成本有关的各项业务管理制度。计划成本会计制度包括标准成本会计制度和定额成本会计制度两种具体产品成本核算会计制度。本章以标准成本会计制度的设计方法为例进行阐述。企业采用的标准成本有多种，按照制定标准成本所依据的生产技术和经营水平分类，分为理想标准成本、正常标准成本和现实标准成本。企业在进行标准成本法核算程序设计时其核心是按标准成本记录和反映产品成本的形成过程和结果，并利用成本差异分析实现对成本的控制，重点把握对各成本项目进行标准成本制定和差异分析的指标的设计。

生产制造业务核算程序设计主要包括生产费用归集分配方式设计和产品成本核算程序设计。生产费用归集分配方式的设计主要包括成本计算对象的设计、成本项目设计、生产费用分配标准设计、完工产品成本和在产品成本划分标准的设计四个方面。适应各种类型生产的特点和管理要求，产品成本计算的基本方法主要有三种：品种法、分批法和分步法。这三种基本方法在成本核算对象、成本核算期以及成本结算要求方面具有各自的特点，企业可以根据自己的生产特点和生产工艺以及企业成本管理的需要科学合理地选用，有时需要多种成本核算方法交叉通用。

思考题

1.生产制造业务活动的内容有哪些？

2.实际成本核算方法设计的基础工作包括哪些要点？

3.标准成本核算体系设计的内容有哪些？

4.如何进行生产费用归集分配方式设计？

5.产品成本核算程序设计要点有哪些？

6.成本核算方法的特点体现在哪些方面？

7.实际成本法与计划成本法的区别有哪些？

练习题

1.单项选择题

（1）根据顾客订单或者对销售预测和存货需求的分析进行生产授权，填制预先编号的生产通知单的部门是（　　）。

A.供应部门　　B.生产计划部门　　C.财务部门　　D.销售部门

（2）生产费用分配的基本方法是分配率法，下列公式正确的是（　　）。

A.分配率=各种产品分配标准总数÷分配对象

B.分配率=分配对象÷各种产品分配标准总数

C.分配率=该种产品分配标准数÷某种产品应分配数额

D.分配率=分配对象÷该种产品分配标准数

(3) 下列不是计算在产品成本的常用方法的是（　　）。

A.约当产量比例法　　B.定额比例法　　C.计划成本分配法　　D.定额成本法

(4) 适用于大批量的多步骤生产的成本计算方法是（　　）。

A.品种法　　B.种类法　　C.分批法　　D.分步法

(5) 标准成本会计制度的一个重要特征是（　　）。

A.组织标准成本差异的核算

B.把定额成本引进了成本核算系统

C."产成品"账户的余额按照实际成本反映

D."生产成本"账户的余额按照实际成本反映

(6) 下列各项中，不属于计划成本法计算生产成本的优点的是（　　）。

A.排除偶然因素　　B.计算过程简单

C.便于进行员工绩效考核及员工激励　　D.便于生产过程的事前、事中、事后监督

2.多项选择题

(1) 下列活动中属于生产制造业务流程的有（　　）。

A.计划和安排生产　　B.发出原材料　　C.核算产品成本　　D.储存产成品

E.销售产成品

(2) 品种法是按产品品种归集产品费用、计算产品成本的方法。它的适用范围是（　　）。

A.小批单件的多步骤生产

B.大量大批的单步骤生产

C.不要求提供各步骤成本资料时的大量大批的多步骤生产

D.要求提供各步骤成本资料时的大量大批的多步骤生产

E.多批单件的多步骤生产

(3) 在下列差异中，属于制造费用的差异有（　　）。

A.变动制造费用效率差异　　B.变动制造费用分配率差异

C.变动制造费用差异和固定制造费用差异　　D.固定制造费用预算差异

E.固定制造费用能量差异

(4) 实际成本会计制度基础工作设计包括的内容有（　　）。

A.制定消耗定额　　B.揭示实际消耗与成本标准的差异

C.计算实际用量的标准成本　　D.分析实际成本与标准成本差异的原因

E.界定成本的开支范围和标准

3.判断题

(1) 成本开支范围一经确定，要保持相对稳定，以保证成本计算口径的一致。（　　）

(2) 交互分配法是辅助生产费用的分配标准。（　　）

(3) 平行结转分步法适用于大量多步骤装配式生产企业。（　　）

(4) 生产费用分配的基本方法是比率法。（　　）

(5) 固定制造费用采用两差异分析法，能更好地说明生产能力利用程度和生产效率所导致的成本差异情况，并且便于分清责任。（　　）

(6) 使用计划成本法进行生产成本核算能及时提示实际成本偏离预定标准的差异，及时反馈

各成本项目不同性质的差异，增强企业对成本的敏感性，为迅速采取措施、消除不利因素提供了线索。 ( )

业务题

1.新华实业公司在成本核算过程中采用分批法。下面是分批法的核算程序流程。请你根据理解，将不完整的部分补充完整。

(1) 在开始生产时，财会部门……

(2) 各张订单、各批产品所直接耗用的各种材料、费用，都要在有关原始凭证上填制订单号及生产通知单号，间接费用要填明其用途和费用发生地点。

(3) 期末根据费用的原始凭证编制……

(4) 编制辅助生产费用分配表。

(5) 编制……并按分配标准记入有关成本明细账。

(6) 当产品完工、检验合格后，由车间填制……

(7) 财会部门收到完工通知单后……

(8) 期末未完工订单的成本明细账所归集的成本费用就是在产品成本。

2.东方实业有限公司是一家生产型企业。新的财务经理上任后，决定放弃使用实际成本会计制度而采用标准成本会计制度。

(1) 请你分析一下财务经理为什么会这么做?

(2) 代他设计一套标准成本会计制度的实施步骤。

案例分析题

资料：广西柳工机械股份有限公司（以下简称“广西柳工”）是以生产销售装载机为主的大型机械制造企业，是广西第一家上市公司。自1997年开始，广西柳工开始采用以内部转移价格为中心、标准成本与作业成本相结合的模式，按照产品设计、工艺路线以及分厂各年的责任，制定直接材料、直接人工和制造费用等的标准成本，并以独立的作业中心为单位加以核算。在划分作业中心标准的同时满足下列5项条件：不同的责任主体、不同的加工手段、不同的加工对象、不同的加工工艺和加工工艺可以间断。

为了便于成本的核算和控制，广西柳工采用了“树形”结构自下而上地汇总零部件、整机的成本，形成事前的标准作业成本。然后，将生产产品实际发生的直接材料与辅助材料的成本，记入各项产品单独的“基本生产”明细账、总括的“直接材料用量差异”和“辅助材料用量差异”账，将燃料动力、直接人工、制造费用按实际发生额记入“基本生产”科目，月末将差异按产出法加以分配。

在这种分权控制的基础上，又形成了相对独立的内部财务控制，设计了一条“分厂与分厂间、分厂与公司外部单位之间存在物流，但不存在资金流和信息流”的机制，提高了企业内部成本核算与成本管理水平。

要求：作业成本法设计的核心内容是什么?

第九章　销售与收款的业务流程与核算方法设计

学习目标

通过本章学习，学生需在了解销售与收款的业务特点及业务流程设计目的的基础上，掌握销售与收款业务流程的基本环节；掌握销售与收款业务的会计政策选择设计的具体内容；掌握销售与收款业务核算程序的具体设计内容和要点。

思政课堂9-1
信用管理为企业发展“保驾护航”

销售是指企业出售商品或提供劳务的业务，它是企业生产经营过程的必要环节。销售商品是工商企业主要销售业务活动，外购商品、材料以及提供非工业性劳务、固定资产出租、无形资产转让等销售活动则是工商企业其他销售业务活动。销售与收款的业务流程设计与核算方法设计的意义在于规范销售与收款业务活动，全面、系统记录与核算销售过程，监督与控制商品的发出与货款的收回。

思政课堂9-2
规范收入业务内部控制
提升会计信息质量

第一节　销售与收款的业务流程设计

销售与收款业务对于大部分企业来说是业务的起点，是利润与现金流量的直接源泉，因此销售与收款业务是企业经营活动中的重要环节，也是内部控制风险最大的一部分。企业应根据销售与收款的业务特点，合理设计销售与收款的业务流程。

一、销售与收款业务的特点和业务流程设计目的

（一）销售与收款业务的特点

思政课堂9-3
坚持准则
守信敬业

（1）销售与收款业务过程极为复杂，从收到客户订购单开始，到最终收到客户货款，企业不仅需要调查客户的信用，与客户展开激烈的价格谈判，全力组织客户需要的货物，还需要灵活地处理销售折让和销售退回。

（2）销售与收款业务不仅涉及企业内部的多个部门，如销售部门、信用管理部门、仓储保管部门和财会部门等，还涉及企业外部的供应商、销售商等，运行环节多，风险因素多，控制难度大，极易产生舞弊和低效率。

（3）销售与收款业务发生频繁，导致会计处理工作量大。另外，收入确认复杂，有时要依靠会计人员的职业判断。一旦收入确认出现错误，会导致会计信息失真，影响企业财务状况和经营成果的真实性和准确性。

（二）销售与收款业务的业务流程设计目的

（1）落实销售与收款各环节的经营管理责任，保证物资和销售款项的安全。

（2）通过制定合理的业务流程，促使相关部门和人员高效协作。

（3）准确、及时地进行会计核算，真实、完整地提供销售与收款环节的会计信息。

二、销售与收款的业务流程①

销售与收款的业务主要包括销售计划管理、客户开发与信用管理、销售定价、订立销售合同、发货、收款、客户服务和会计系统控制等环节。综合不同类型企业形成的销售与收款的业务流程图如图9-1所示，具有普适性。

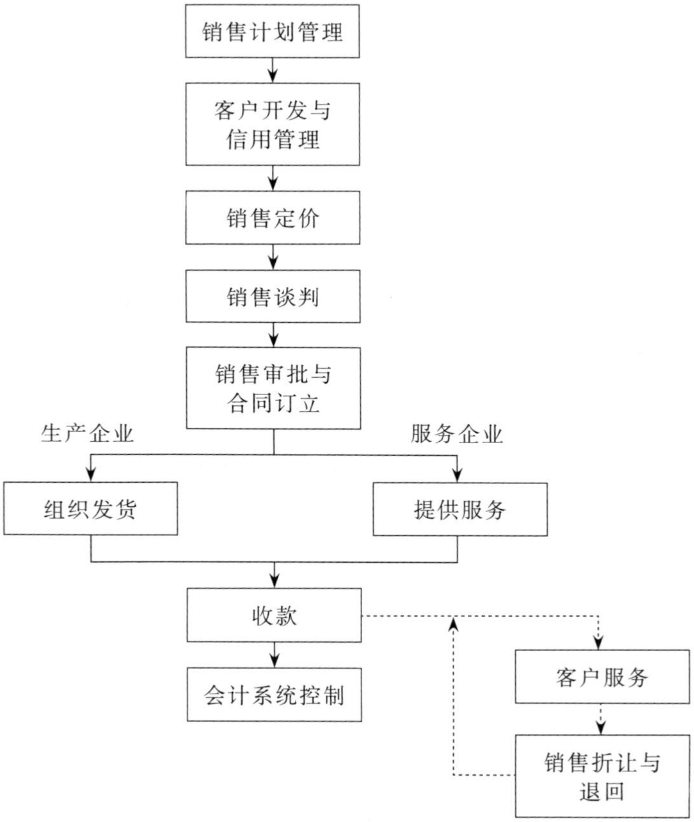

图9-1　销售与收款的业务流程图

（一）销售计划管理

销售计划是指在进行销售预测的基础上，结合企业生产能力，设定总体目标额及不同产品的销售目标额，进而为能实现该目标而设定具体营销方案和实施计划，以支持未来一定期间内销售额的实现。

该环节主要风险是：销售计划缺乏或不合理，或未经授权审批，导致产品结构和生产安排不合理，难以实现企业生产经营的良性循环。主要管控措施有：

① 根据财政部颁布的《企业内部控制应用指引第9号——销售业务》以及《规范销售行为 扩大市场占有——财政部会计司解读〈企业内部控制应用指引第9号——销售业务〉》编写。

（1）企业应当根据发展战略和年度生产经营计划，结合企业实际情况，制订年度销售计划，在此基础上，结合客户订单情况，制订月度销售计划，并按规定的权限和程序审批后下达执行。

（2）定期对各产品（商品）的区域销售额、进销差价、销售计划与实际销售情况等进行分析，结合生产现状，及时调整销售计划，调整后的销售计划需履行相应的审批程序。

（二）客户开发与信用管理

企业在经营管理中应当积极开拓市场份额，加强现有客户维护，开发潜在目标客户，对有销售意向的客户进行资信评估，根据企业自身风险接受程度确定具体的信用等级。

该环节的主要风险是：现有客户管理不足、潜在市场需求开发不够，可能导致客户丢失或市场拓展不力；客户档案不健全，缺乏合理的资信评估，可能导致客户选择不当，销售款项不能收回或遭受欺诈。主要管控措施有：

（1）企业在进行充分市场调查的基础上，合理细分市场并确定目标市场，根据不同目标群体的具体需求，确定定价机制和信用方式，灵活运用销售折扣、销售折让、信用销售、代销和广告宣传等多种策略和营销方式，促进销售目标实现，不断提高市场占有率。

（2）建立和不断更新客户信用动态档案，由与销售部门相对独立的信用管理部门对客户付款情况进行持续跟踪和监控，提出划分、调整客户信用等级的方案。根据客户信用等级和企业信用政策，拟定客户赊销限额和时限，经销售、财会等部门具有相关权限的人员审批。对于境外客户和新开发客户，应当建立严格的信用保证制度。

（三）销售定价

销售定价是指商品价格的确定、调整及相应审批。

该环节的主要风险是：定价或调价不符合价格政策，未能结合市场供需状况、盈利测算等进行适时调整；商品销售价格未经恰当审批，或存在舞弊，可能导致损害企业经济利益或者企业形象。主要管控措施：

（1）根据有关价格政策，综合考虑企业财务目标、营销目标、产品成本、市场状况及竞争对手情况等多方面因素，确定产品基准定价。定期评价产品基准价格的合理性，定价或调价需经具有相应权限人员的审核批准。

（2）在执行基准定价的基础上，针对某些商品可以授予销售部门一定限度的价格浮动权，销售部门可结合产品市场特点，将价格浮动权向下实行逐级递减分配，同时明确权限执行人。价格浮动权限执行人必须严格遵守规定的价格浮动范围，不得擅自突破。

（3）销售折扣、销售折让等政策的制定由具有相应权限人员审核批准。销售折扣、销售折让授予的实际金额、数量、原因及对象应予以记录，并归档备查。

（四）订立销售合同

企业与客户订立销售合同，明确双方权利和义务，以此作为开展销售活动的基本依据。

该环节的主要风险是：合同内容存在重大疏漏和欺诈，未经授权对外订立销售合同，可能导致企业合法权益受到侵害；销售价格、收款期限等违背企业销售政策，可能导致企业经济利益受损。主要管控措施：

（1）订立销售合同前，企业应当指定专门人员与客户进行业务洽谈、磋商或谈判，关注客户信用状况，明确销售定价、结算方式、权利与义务条款等相关内容。重大的销售业务谈判还应当邀请财会、法律等专业人员参加，并形成完整的书面记录。

（2）企业应当建立健全销售合同订立及审批管理制度，明确必须签订合同的范围，规范合同订立程序，确定具体的审核、审批程序和所涉及的部门人员及相应权责。审核、审批应当重点关注销售合同草案中提出的销售价格、信用政策、发货及收款方式等。重要的销售合同，应当征询法律专业人员的意见。

（3）销售合同草案经审批同意后，企业应授权有关人员与客户签订正式销售合同。销售部门将已签订的销售合同分送财务、法律、仓储等部门备查。

（五）发货

发货是根据销售合同的约定向客户提供商品的环节。

该环节的主要风险是：未经授权发货或发货不符合合同约定，可能导致货物损失或客户与企业的销售争议、销售款项不能收回。主要管控措施：

（1）销售部门应当按照经审核后的销售合同开具相关的销售通知交仓储部门和财会部门。

（2）仓储部门应当落实出库、计量、运输等环节的岗位责任，对销售通知进行审核，严格按照所列的发货品种和规格、发货数量、发货时间、发货方式、接货地点等，按规定时间组织发货，形成相应的发货单据，并应连续编号。

（3）企业应当以运输合同或条款等形式明确运输方式，商品短缺、毁损或变质的责任，到货验收方式，运输费用承担，保险等内容，货物交接环节应做好装卸和检验工作，确保货物的安全发运，由客户验收确认。

（4）在发货的整个流程中做好各环节的记录，填制相应的凭证，设置销售台账，实现全过程的销售登记制度。

（六）收款

收款指企业经授权发货后与客户结算的环节。按照发货时是否收到货款，可分为现销和赊销。

该环节的主要风险是：企业信用管理不到位，结算方式选择不当，票据管理不善，账款回收不力，导致销售款项不能收回或遭受欺诈；收款过程中存在舞弊，使企业经济利益受损。主要管控措施：

（1）结合公司销售政策，选择恰当的结算方式，加快款项回收，提高资金的使用效率。对于商业票据，结合销售政策和信用政策，明确应收票据的受理范围和管理措施。

（2）建立票据管理制度，特别是加强商业汇票的管理。

①对票据的取得、贴现、背书、保管等活动予以明确规定。

②严格审查票据的真实性和合法性，防止票据欺诈。

③由专人保管应收票据，对即将到期的应收票据，及时办理托收，定期核对盘点。

④票据贴现、背书应经恰当审批。

（3）加强赊销管理。

①需要赊销的商品，应由信用管理部门按照客户信用等级审核，并经具有相应权限的人员审批。

②赊销商品一般应取得客户的书面确认，必要时，要求客户办理资产抵押、担保等收款保证手续。

③完善应收款项管理制度，落实责任、严格考核、实行奖惩。销售部门负责应收款项的催收，催收记录（包括往来函电）应妥善保存。

（4）加强代销业务款项的管理，及时与代销商结算款项。

（5）收取的现金、银行本票、汇票等应及时缴存银行并登记入账。防止由销售人员直接收取款项，如必须由销售人员收取的，应由财会部门加强监控。

（七）客户服务

客户服务是在企业与客户之间建立信息沟通机制，对客户提出的问题，企业应予以及时解答或反馈、处理，不断改进商品质量和服务水平，以提升客户满意度和忠诚度。客户服务包括产品维修、销售退回、维护升级等。

该环节的主要风险是：客户服务水平低，消费者满意度不高，影响公司品牌形象，造成客户流失。主要管控措施：

（1）结合竞争对手客户服务水平，建立和完善客户服务制度，包括客户服务内容、标准、方式等。

（2）设专人或部门进行客户服务和跟踪。有条件的企业可以按产品线或地理区域建立客户服务中心。加强售前、售中和售后技术服务，实行客户服务人员的薪酬与客户满意度挂钩。

（3）建立产品质量管理制度，加强销售、生产、研发、质量检验等相关部门之间的沟通协调。

（4）做好客户回访工作，定期或不定期开展客户满意度调查；建立客户投诉制度，记录所有的客户投诉，并分析产生原因，提出解决措施。

（5）加强销售退回控制。销售退回需经具有相应权限的人员审批后方可执行；销售退回的商品应当参照物资采购入库管理。

（八）会计系统控制

会计系统控制是指利用记账、核对、岗位职责落实和相互分离、档案管理、工作交接程序等会计控制方法，确保企业会计信息真实、准确、完整。会计系统控制包括销售收入的确认、应收款项的管理、坏账准备的计提和冲销、销售退回的处理等内容。

该环节的主要风险是：缺乏有效的销售业务会计系统控制，可能导致企业账实不符、账证不符、账账不符或者账表不符，影响销售收入、销售成本、应收款项等会计核算的真实性和可靠性。主要管控措施：

（1）企业应当加强对销售、发货、收款业务的会计系统控制，详细记录销售客户、销售合同、销售通知、发运凭证、商业票据、款项收回等情况，确保会计记录、销售记录与仓储记录核对一致。具体为：

①财会部门开具发票时，应依据相关单据（计量单、出库单、货款结算单、销售通知单等）并经相关岗位审核。销售发票应遵循有关发票管理规定，严禁开具虚假发票。

②财会部门对销售报表等原始凭证审核销售价格、数量等，并根据国家统一的会计准则确认销售收入，登记入账。

③财会部门与相关部门月末应核对当月销售数量，保证各部门销售数量的一致性。

（2）建立应收账款清收核查制度，销售部门应定期与客户对账，并取得书面对账凭证，财会部门负责办理资金结算并监督款项回收。

（3）及时收集应收账款相关凭证资料并妥善保管；及时要求客户提供担保；对未按时还款的客户，采取申请支付令、申请诉前保全和起诉等方式及时清收欠款。对收回的非货币性资产应经评估和恰当审批。

（4）企业对于可能成为坏账的应收账款，应当按照国家统一的会计准则计提坏账准备，并按照权限范围和审批程序进行审批。对确定发生的各项坏账，应当查明原因，明确责任，并在履行规定的审批程序后作出会计处理。企业核销的坏账应当进行备查登记，做到账销案存。已核销的坏账又收回时应当及时入账，防止形成账外资金。

第二节　销售与收款的会计管理制度设计

销售与收款会计管理制度的设计包括销售收入的核算方法设计、应收与预付款项的核算方法设计和销售与收款业务的账务处理设计。

一、销售收入的核算方法

（一）销售收入的确认条件

根据2017年修订的《企业会计准则第14号——收入》，销售收入的确认条件与以往不同。

当企业与客户之间的合同同时满足下列条件时，企业应当在客户取得相关商品控制权时确认收入：

（1）合同各方已批准该合同并承诺将履行各自义务。

（2）该合同明确了合同各方与所转让商品或提供劳务（以下简称“转让商品”）相关的权利和义务。

（3）该合同有明确的与所转让商品相关的支付条款。

（4）该合同具有商业实质，即履行该合同将改变企业未来现金流量的风险、时间分布或金额。

（5）企业因向客户转让商品而有权取得的对价很可能收回。

在进行上述判断时需要注意以下三点：

一是合同约定的权利和义务是否具有法律约束力，需要根据企业所处的法律环境和实务操作进行判断，包括合同订立的方式和流程具有法律约束力的时间等。对于合同各方均有权单方面终止完全未执行的合同，且无须对合同其他方作出补偿的，企业应当视为该合同不存在。其中完全未执行的合同，是指企业尚未向客户转让任何合同中承诺的商品，也尚未收取且尚未有权收取已承诺商品的任何对价的合同。

二是合同是否具有商业实质，商业实质是指履行该合同将改变企业未来现金流量的风险、时间分布和金额。关于商业实质，应按照非货币性资产交换中有关商业实质说明进行判断。

三是企业在评估其因向客户转让商品而有权取得的对价是否可能收回时，仅应考虑客户到期时支付对价的能力和意图（即客户的信用风险）。在企业进行判断时，应当考虑是否存在价格折让。存在价格折让的，应当在估计交易价格时进行考虑。企业预期很可能无法收回全部合同对价时，应当判断其原因是客户的信用风险还是企业向客户提供了价格折让所致。

（二）销售收入的计量方法

销售收入的计量是指为了在资产负债表上和利润表上确认和列报财务报表各要素而确定其金额的过程。企业销售商品满足收入确认条件时，应当按照已收或应收合同或协议价款的公允价值确定销售商品收入金额。已收或应收的合同或协议价款不公允的，应当按照公允的交易价格确定收入金额，已收或应收的合同或协议价款与公允的交易价格之间的差额，不应当确认为收入。

在对销售商品收入进行计量时，应注意区别商业折扣、现金折扣和销售折让三个概念。

商业折扣，是指企业为促进商品销售而在商品标价上给予的价格扣除。商业折扣通常用百分数来表示，如5%、10%、15%等。扣减商业折扣后的价格才是商品的实际销售价格。商业折扣通常作为促销的手段，目的是扩大销路，增加销量。一般情况下，商业折扣都直接从商品价目单价格中扣减，购买单位应付的货款和销售单位所应收的货款，都根据直接扣减商业折扣后的价格来计算。因此，商业折扣对企业的会计记录没有影响。

现金折扣，是指债权人为鼓励债务人在规定的期限内付款而向债务人提供的债务扣除。现金折扣一般用符号“折扣率/付款期限”表示。例如，“2/10，1/20，N/30”表示销货方允许客户最长的付款期限为30天，如果客户在10天内付款，销货方可按商品售价给予客户2%的折扣；如果客户在20天内付款，销货方可按商品售价给予客户1%的折扣；如果客户在21天到30天内付款，将不能享受现金折扣。现金折扣发生在企业销售商品之后。企业销售商品后是否发生以及发生多少现金折扣要视买方的付款情况而定。企业在确认销售商品收入时不能确定现金折扣金额。因此，企业销售商品涉及现金折扣的，应当按照扣除现金折扣前的金额确定销售商品收入金额。现金折扣实际上是企业为了尽快回笼资金放弃的收入。在计算现金折扣时，还应注意销售方是按不包含增值税的价款提供现金折扣，还是按包含增值税的价款提供现金折扣。两种情况下购买方享有的折扣金额不同。

销售折让，是指企业因售出商品的质量不合格等而在售价上给予的减让。销售折让如发生在确认销售收入之前，则应在确认销售收入时直接按扣除销售折让后的金额确认；已确认销售收入的售出商品发生销售折让，且不属于资产负债表日后事项的，应在发生时冲减当期销售商品收入。如按规定允许扣减增值税额的，还应冲减已确认的应交增值税销项税额。

现金折扣是否影响销售商品收入的计量，取决于所采用的会计处理方法是总价法还是净价法。

1.总价法

在采用总价法的情况下，企业在确定销售商品收入金额时，不考虑各种预计可能发生的现金折扣，现金折扣在实际发生时调减收入。总价法可以较好地反映企业销售总过程，但如果客户在未来能够得到该项折扣，在销售发生时的计价将导致高估资产和收入。

2.净价法

在采用净价法的情况下，企业在确定销售商品收入金额时，应将现金折扣予以扣除，净额部分确认为销售商品收入。净价法的处理实际上建立在客户都会尽力得到该折扣的假设基础上，防止了虚增资产或收益，但另一方面也存在虚减资产与收益的可能，尤其当客户全额付款时，会出现应收款与实收款不一致的情况，这时必须设立备查账。

考虑到现在我国内地现金折扣业务少，并且企业间往来款项拖欠较为普遍的现实，根据现行企业会计准则要求，企业现金折扣可作为可变对价①，应当根据现金折扣的最佳估计数冲减收入。

在国际上，除上述两种方法外，还有一种混合法。这种方法是从理论上综合了前两种方法的特点，对它们做了折中。它按照总价法反映应收款，按净额记销售收入，二者间的差额作为备抵折扣。这种方法的优点是既能防止虚增收入，又能反映企业销售的全过程，但核算上比较复杂，而且缺乏理论上的依据，应用得并不广泛。

二、应收与预付款项的核算方法

应收与预付款项是指企业在日常生产经营过程中发生的各项债权，包括应收账

① 根据2020年12月财政部会计司对会计处理实务疑难问题的解答。

款、应收票据、其他应收款和预付账款。其他应收款和预付账款的核算比较简单。本节主要讲述应收账款和应收票据核算的设计。

（一）应收账款

应收账款是企业在生产经营活动中，由于销售商品、提供劳务，而应向购货单位或接受劳务单位收取的款项，包括代垫的运杂费、包装费。应收账款的设计主要涉及入账金额的确定和坏账准备提取方法的设计。

（1）应收账款入账金额的确定。一般情况下，应收账款应按照历史成本入账，包括发票金额和代垫的运输费，但如果涉及现金折扣，就存在不同的核算方法：总价法、净价法和混合法。企业可以在这三种方法中进行选择。我国企业会计准则要求选用总价法。①

（2）应收账款的坏账计提方法，主要包括直接转销法和备抵法两种。前者在日常核算中对可能发生的坏账不予考虑，只在发生时计入发生当期的损益。其优点是核算简便，缺点是不符合权责发生制与配比原则。备抵法是采用一定的方法按期估计坏账损失，计入当期费用，并建立坏账准备，待坏账发生时，冲销已提的坏账准备。备抵法的优点是较好地体现了配比的原则，避免企业明盈实亏，并使得应收账款的账面价值更能体现它的可变现价值。

（3）备抵法的计算。我国企业会计准则要求企业采用备抵法核算坏账准备。坏账准备的计算具体有三种方法可以选择：余额百分比法、销货百分比法和账龄分析法。

余额百分比法是按照应收账款余额的一定比例计提坏账准备金。

销货百分比法是以赊销金额的一定百分比作为估计的坏账损失。

这两种方法计算比较简单，但由于其不区分应收账款的时间长短与坏账发生可能性之间的关系，统一按照相同的比例计提坏账准备，不够合理。

账龄分析法是根据应收账款账龄的长短来估计坏账金额的方法。应收账款时间越长，计提坏账的比例越大。这种方法的优点是考虑到坏账与应收账款之间的联系，缺点是计算工作量比其他两种方法大。

（二）应收票据

应收票据是企业持有的、尚未到期兑现的商业汇票。其会计核算设计主要包括两个方面：

（1）入账价值的确定。应收票据可以按照账面价值入账，也可以按照资产的定义，采用应收票据未来能够收到的现金流量（包括票面价值和利息）的现值折现入账。从理论上说，后者更科学一些，但计算起来烦琐，而且不够“谨慎（将利息提前确认）”。我国企业会计准则要求应收票据采用账面价值入账。

（2）贴现的会计核算。在应收票据到期前，企业可以将其持有的商业汇票到银行办理贴现。贴现时，应按实际收到的金额（减去贴息后的净额），借记“银行存款”科目，按贴现利息部分，借记“财务费用”等科目，按商业汇票的票面金额，

---

① 现行准则规定，现金折扣冲减收入，但是否冲减应收款项的金额，尚未有明确依据，此处延续原来规定。

贷记“应收票据”（适用于满足金融资产转移准则规定的金融资产终止确认条件的情形）或“短期借款”（适用于不满足金融资产转移准则规定的金融资产终止确认条件的情形）科目。

（三）应收账款和应收票据对比分析

1.应收账款的账务处理

（1）本科目核算企业因销售商品、提供劳务等经营活动应收取的款项。

企业（保险）按照原保险合同约定应向投保人收取的保费，可将本科目改为“应收保费”科目，并按照投保人进行明细核算。

企业（金融）应收取的手续费和佣金，可将本科目改为“应收手续费及佣金”科目，并按照债务人进行明细核算。

因销售商品、提供劳务等采用递延方式收取合同或协议价款、实质上具有融资性质的，在“长期应收款”科目核算。

（2）本科目可按债务人进行明细核算。

（3）企业发生应收账款，按应收金额，借记本科目，按确认的营业收入，贷记“主营业务收入”“手续费及佣金收入”“保费收入”等科目。收回应收账款时，借记“银行存款”等科目，贷记本科目。涉及增值税销项税额的，还应进行相应的处理。

代购货单位垫付的包装费、运杂费，借记本科目，贷记“银行存款”等科目。收回代垫费用时，借记“银行存款”科目，贷记本科目。

（4）企业与债务人进行债务重组，应当分债务重组的不同方式进行处理。

①收到债务人清偿债务的款项小于该项应收账款账面价值的，应按实际收到的金额，借记“银行存款”等科目，按重组债权已计提的坏账准备，借记“坏账准备”科目，按重组债权的账面余额，贷记本科目，按其差额，借记“投资收益”科目。

收到债务人清偿债务的款项大于该项应收账款账面价值的，应按实际收到的金额，借记“银行存款”等科目，按重组债权已计提的坏账准备，借记“坏账准备”科目，按重组债权的账面余额，贷记本科目，按其差额，贷记“投资收益”科目。

以下债务重组涉及重组债权减值准备的，应当比照此规定进行处理。

②接受债务人用于清偿债务的非现金资产，应按放弃债权的公允价值加相关税费，借记“原材料”“库存商品”“固定资产”“无形资产”等科目，按重组债权已计提的坏账准备，借记“坏账准备”科目，按重组债权的账面余额，贷记本科目，按应支付的相关税费和其他费用，贷记“银行存款”“应交税费”等科目，其差额计入“投资收益”科目。涉及增值税进项税额的，还应进行相应的处理。

③将债权转为投资，应按放弃债权的公允价值加相关税费，借记“长期股权投资”科目，按重组债权已计提的坏账准备，借记“坏账准备”科目，按重组债权的账面余额，贷记本科目，按应支付的相关税费和其他费用，贷记“银行存款”“应交税费”等科目，其差额计入“投资收益”科目。

④以修改其他债务条件进行清偿的，若是实质性修改，应按修改其他债务条件后债权的公允价值，借记本科目，按重组债权已计提的坏账准备，借记“坏账准

备”科目，按重组债权的账面余额，贷记本科目，其差额计入“投资收益”科目。

（5）本账户期末借方余额，反映企业尚未收回的应收账款；期末如为贷方余额，反映企业预收的账款。

2.应收票据的账务处理

（1）应收票据是指企业因销售商品、提供劳务等而收到的商业汇票。企业应当设置“应收票据”科目，本科目反映和监督应收票据取得、票款收回等经济业务。

（2）企业应当按照开出、承兑商业汇票的单位进行明细核算。

（3）应收票据的主要账务处理：

①因债务人抵偿前欠货款而取得的应收票据，借记“应收票据”科目，贷记“应收账款”科目；因企业销售商品、提供劳务等而收到开出、承兑的商业汇票，借记“应收票据”科目，贷记“主营业务收入”“应交税费——应交增值税（销项税额）”等科目。如为带息应收票据，应在会计期末（一般是月末）时，按应收票据的票面价值和确定的利率计提利息，借记“应收票据”科目，贷记“财务费用”科目。

②商业汇票到期收回款项时，应按实际收到的金额，借记“银行存款”科目，贷记“应收票据”科目。如为带息应收票据到期收回，应按收到的本息，借记“银行存款”科目，按票面价值，贷记“应收票据”科目，按其差额，贷记“财务费用”科目。

③企业可以将自己持有的商业汇票背书转让。企业将持有的商业汇票背书转让，以取得所需物资时，按应计入取得物资成本的金额，借记“材料采购”或“原材料”“库存商品”等科目，按专用发票上注明的可抵扣的增值税额，借记“应交税费——应交增值税（进项税额）”科目，按商业汇票的票面金额，贷记“应收票据”科目，如有差额，借记或贷记“银行存款”等科目。

④ 因付款人无力支付票款，收到银行退回的商业承兑汇票、委托收款凭证、未付票款通知书或拒绝付款证明等，按商业汇票的票面金额，借记“应收账款”科目，贷记本科目。

（4）企业应当设置“应收票据备查簿”，逐笔登记每一商业汇票的种类、号数和出票日、票面金额、交易合同号，付款人、承兑人、背书人的姓名或单位名称，到期日，背书转让日，贴现日，贴现率和贴现净额以及收款日和收回金额，退票情况等资料。商业汇票到期结清票款或退票后，应当在备查簿内逐笔注销。

（5）本账户期末借方余额，反映企业期末结存的应收票据金额。

3.应收账款和应收票据的区别

（1）应收账款是企业因为销售产品或提供劳务而应当在一年内向客户收取的销货款，也就是其他企业欠的货款。企业因为采用赊销的办法促销商品，出售后不立即收取货款就形成了应收账款，是公司已有资产。但应收账款的收回存在一定的风险，故设置“坏账准备”科目。坏账准备是应收账款的备抵账户，年底一般按应收账款的3‰至5‰计提。

（2）应收票据是指企业因销售商品或提供劳务等而收到的商业汇票，包括银行承兑汇票和商业承兑汇票。应收票据和应收账款的区别就在于债务人是否有向债权人签发经银行承兑后可以保证付款的票据，并且企业可以选择在票据到期前将其转让给银行。这在会计上叫办理“贴现”。因此，同应收账款相比，应收票据更加可靠，也更加灵活。

三、销售与收款业务的账务处理

企业销售与收款业务的核算主要有“主营业务收入”“主营业务成本”“应收账款”“应收票据”“委托代销商品”“银行存款”“库存商品”“商品进销差价”等账户。

（一）商品销售收入的核算

1.一般销售

对符合确认条件确认本期实现的主营业务收入，应按实际收到或应收的价款，进行如下账务处理：

借：银行存款（或应收账款、应收票据）

　贷：主营业务收入

　　　应交税费——应交增值税（销项税额）

本期发生的销售退回，应冲减当期的主营业务收入，作相反处理，但在年度财务会计报告批准报出之日前发生的，属于报告年度和以前年度的销售退回，应当调整报告年度拟对外提供的财务会计报告有关项目的数据。

2.分期收款销售

分期收款销售合同满足条件，企业应当在客户取得相关商品控制权即企业交付商品时，依据交易价格确认收入。

新收入准则第十五条强调，企业应当根据合同条款，并结合其以往的习惯做法确定交易价格。在确定交易价格时，企业应当考虑可变对价、合同中存在的重大融资成分、非现金对价、应付客户对价等因素的影响。

对于分期收款销售合同，在确定交易价格时，就需要考虑合同中是否存在重大融资成分。根据新收入准则第十七条的规定，合同中存在重大融资成分的，企业应当按照假定客户在取得商品控制权时即以现金支付的应付金额确定交易价格。该交易价格与合同对价之间的差额，应当在合同期间内采用实际利率法摊销。合同开始日，企业预计客户取得商品控制权与客户支付价款间隔不超过一年的，可以不考虑合同中存在的重大融资成分。

3.代销商品销售

（1）视同买断方式。它是指由委托方和受托方签订协议，委托方按协议价收取代销商品的货款，实际售价可由受托方自定，实际售价与协议价之间的差额归受托方所有的销售方式。在这种代销方式下，委托方在交付商品时不确认收入，受托方也不作为购进商品处理。受托方将商品销售后，应按实际售价确认为销售收入，并向委托方开具代销清单。委托方收到代销清单时，再确认收入。

（2）收取手续费方式。它是指受托方根据所代销的商品数量向委托方收取手续费的销售方式。在这种代销方式下，委托方应在受托方将商品销售后，并向委托方开具代销清单时，确认收入；受托方在商品销售后，按应收取的手续费确认收入。

4.需要安装和检验的商品销售

它是指售出的商品需要经过安装和检验等过程的销售方式。在这种销售方式下，在购买方接受交货以及安装和检验完毕前一般不应确认收入，但如果安装程序比较简单，或检验是为最终确定合同价格而必须进行的程序，则可在发出商品时，或在商品销售装运时确认收入。不符合收入确认条件的已发出商品，应单独设置“发出商品”科目。

5.附有销售退回条件的商品销售

对于附有销售退回条款的销售，企业应当在客户取得相关商品控制权时，按照因向客户转让商品而预期有权收取的对价金额（即不包含预期因销售退回将退还的金额）确认收入，按照预期因销售退回将退还的金额确认负债；同时，按照预期将退回商品转让时的账面价值，扣除收回该商品预计发生的成本（包括退回商品的价值减损）后的余额，确认为一项资产，按照所转让商品转让时的账面价值，扣除上述资产成本的净额结转成本。每一资产负债表日，企业应当重新估计未来销售退回情况，如有变化，应当作为会计估计变更进行会计处理。

举例说明：

星海公司如果在2×21年11月销售一批附有销售退回条款的货物，那么按照新收入准则，该公司在11月确认销售收入和销售成本时就应该剔除销售退回的影响因素，就剔除影响后的金额来确认收入和成本，等到2×22年2月实际发生销售退回时，按照实际发生金额作为会计估计变更在当期对原来确认的收入和成本进行进一步的调整。即使属于资产负债表日后事项，也不需要调整2×21年的报表。

6.分期预收款商品销售

它是指购买方在商品尚未收到前按合同约定分期付款，销售方在收到最后一次付款时才交货的销售方式。在这种销售方式下，预收的货款作为一项负债，记入“合同负债”科目，不能确认收入，待交付商品时再确认营业收入。

7.订货销售

它是指已收到全部或部分货款而库存没有现货，需要通过制造等程序才能将商品交付购买方的销售方式。在这种销售方式下，应在商品交付给购买方时确认营业收入的实现，预收的货款作为一项负债，记入“合同负债”科目。

8.以旧换新商品销售

它是指销售方在销售商品的同时回收与所售商品相同的旧商品。在这种销售方式下，销售的商品按照商品销售的方法确认收入，回收的商品作为购进商品处理。

9.商品销售退回

它是指企业售出的商品，由于质量、品种不符合要求等而发生的退货。销售退回应当分别情况处理：

（1）未确认收入的已发出商品的退回，按照记入“发出商品”等科目的金额，其会计分录为：

借：库存商品

　贷：发出商品

采用计划成本或售价核算的，应按计划成本或售价记入“库存商品”科目，并计算成本差异或商品进销差价。

（2）已确认收入的销售商品退回，一般情况下直接冲减退回当月的销售收入、销售成本等。如果该项销售已发生现金折扣，应在退回当月一并处理。

（3）资产负债表日及之前售出的商品在资产负债表日至财务会计报告批准报出日之间发生退回的，应当作为资产负债表日后事项的调整事项处理，调整报告年度的收入和成本等。如果该项销售在资产负债表日及之前已经发生现金折扣，还应同时冲减报告年度的现金折扣。

10.现金折扣

现金折扣是指企业为了尽快回笼资金而给予客户的优惠。现金折扣属于可变对价，企业应当对现金折扣进行估计，按照最佳估计数冲减收入。企业收到货款时，如实际现金折扣与估计金额有差异，相应调整收入金额。购买方实际获得的现金折扣，按照可变对价进行会计处理。

11.销售折让

销售折让是指在商品销售时直接给予购买方的折让。销售折让应在实际发生时直接从当期实现的销售收入中抵减。

12.试运行销售

试运行销售是指企业将固定资产达到预定可使用状态前或者研发过程中产出的产品或副产品对外销售。对试运行销售相关的收入和成本分别进行处理，计入当期损益，不应将试运行销售相关收入抵销相关成本后的净额冲减固定资产成本或者研发支出。

（二）商品销售成本的结转

1.数量进价金额核算法下商品销售成本的结转

工业企业和商品流通企业的批发业务一般对库存商品实行数量进价金额核算法。在数量进价金额核算法下，商品销售成本的计算和结转，按其计算和结转时间的不同分为两种：一是逐日或逐笔计算和结转；二是定期计算和结转。前者于每日反映商品销售收入时，计算和结转商品销售成本，后者于月末计算和结转商品销售成本。月末计算商品销售成本时，可采用先进先出法、加权平均法和移动加权平均法等。无论何时计算和结转商品销售成本，均借记“主营业务成本”科目，贷记“合同履约成本/合同取得成本”科目。

如果是分期收款销售商品，在这种销售方式下，每期销售实现时按本期应结转的销售成本，借记“主营业务成本”科目，贷记“发出商品”科目。

2.售价金额核算法下商品销售成本的结转

在售价金额核算法下，除了每日按商品售价反映主营业务收入和销货款的收取情况，还要按已销商品的售价结转主营业务成本并注销库存商品。零售商品销售的核算，之所以平时按售价结转主营业务成本，是为了正确反映实物负责人的经济责任。商品销售后，必须按售价及时注销库存商品，因而也就相应地按售价结转主营业务成本，待月末再采用一定方法计算已销商品的进销差价，把按售价结转的主营业务成本调整为进价成本。计算本月已销商品进销差价的公式如下：

进销差价率=月末调整前商品进销差价余额÷（月末库存商品余额+本月主营业务成本总额）×100%

本月销售商品应分摊的进销差价=本月主营业务成本总额×进销差价率

其会计分录为：

借：商品进销差价

　贷：主营业务成本

3.进价金额核算法下商品销售成本的结转

在进价金额核算法下，商品销售后，财会部门根据实际销售收入登记“主营业务收入”和“银行存款”等科目，平时不结转主营业务成本，不注销库存商品。月末根据实际盘存商品进价金额倒挤已销商品成本，借记“主营业务成本”科目，贷记“库存商品”科目。

主营业务成本的计算公式是：

本期商品销售成本=期初库存商品金额+本期购进商品金额-期末商品盘存金额

第三节　销售与收款业务核算程序的设计

销售与收款业务包括发出商品和收回货款两个环节，但由于销售业务类型不同，其业务处理会有所区别。销售业务主要有采用合同发货制销售和采用非合同提货制销售两种类型。

一、合同发货制销售业务处理程序

如图9-2所示，采用合同发货制的销售业务处理程序设计的要点体现在以下方面：

（1）销售部门根据销售合同编制发货通知单，分别通知仓库备货和企业内部运输部门办理发货。

（2）货物发出后，销售部门根据仓库签收的发货通知单开具销售发票，登记产成品明细账。

（3）运输部门在办理托运手续后，将提货单和运单送交销售部门。销售部门将其与销售发票一并送交会计部门。

（4）会计部门审核无误后，开具代垫运费清单，并通知出纳员办理货款结算，同时进行销售账务处理。

该流程的关键控制点有：①销售开票、发货、收款和记账分管；②严格按合同发运商品，结算货款；③定期进行账账、账实核对。

二、非合同提货制销售业务处理程序

如图9-3所示，采用非合同提货制的销售业务处理程序设计的要点体现在以下方面：

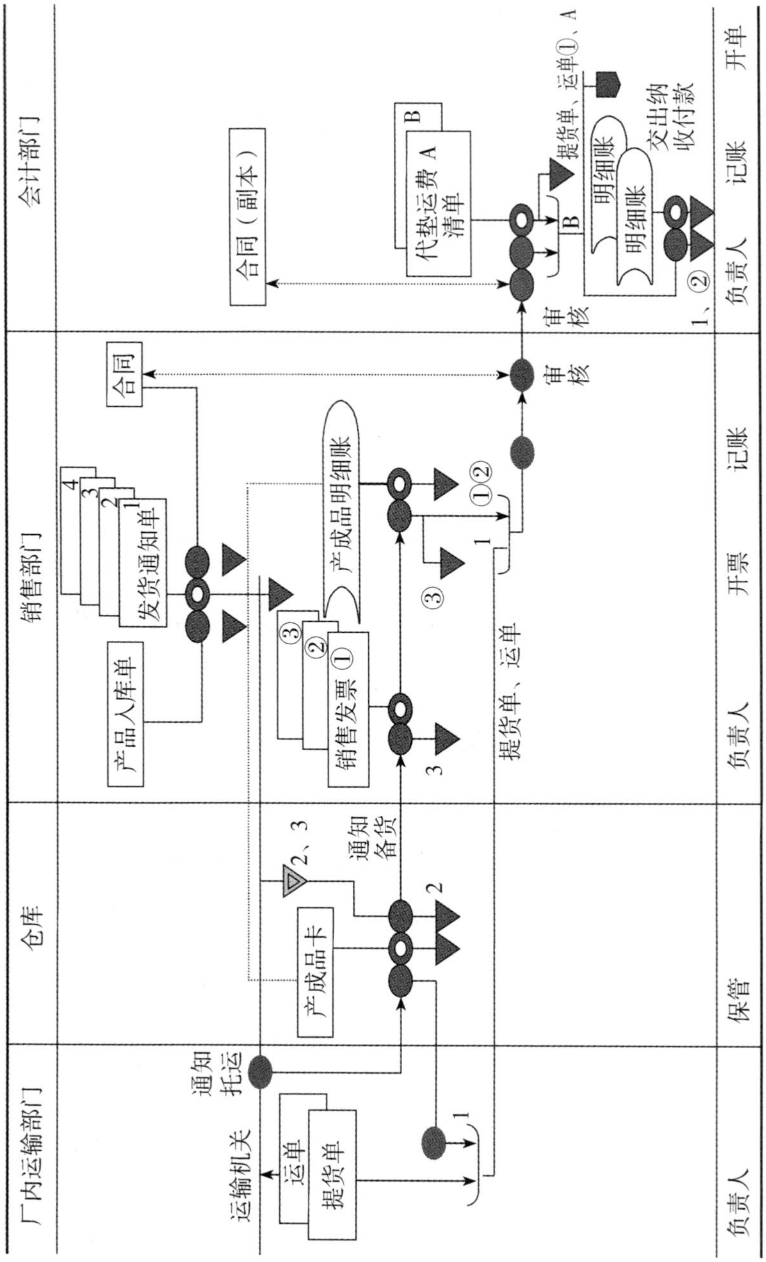

图 9-2 合同发货制销售业务处理程序

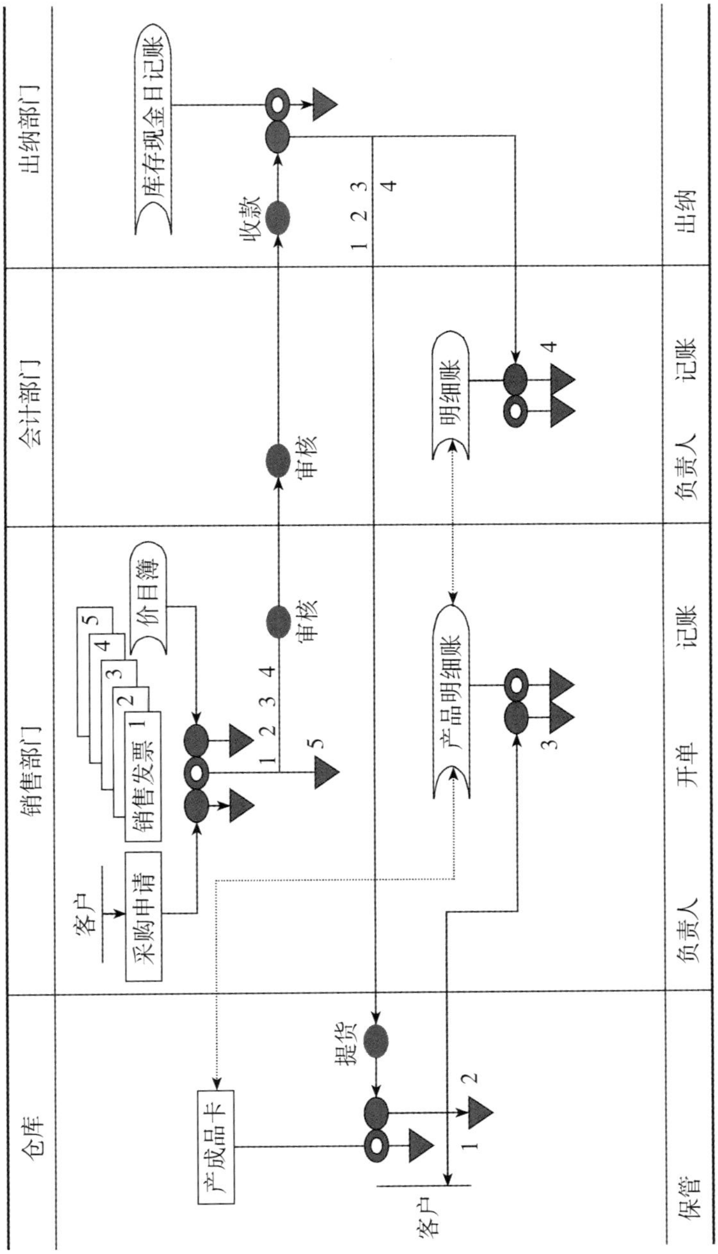

图9-3　非合同提货制销售业务处理程序

（1）销售部门根据客户要求和产品价格目录编制销货发票。

（2）经销售部门主管（或被其授权的销售人员）和会计部门主管审核后，授权出纳部门收款。

（3）仓库根据已经付款的销售发票发货，并登记产成品保管账（卡）。

（4）会计部门进行销售账务处理。

该流程的关键控制点有：①销售开票、发货、收款和记账分管；②销售标准按有关标准执行，并予以审核；③一般情况下先收款后提货，减少销售坏账损失；④定期进行账账、账实核对。

本章小结

销售与收款业务流程设计与核算规程设计的意义：规范销售与收款业务活动，全面、系统记录与核算销售过程，监督与控制商品的发出与货款的收回。本章主要包括三部分内容：销售预收款业务流程设计、销售与收款的会计政策选择设计、销售与收款业务核算程序设计。

销售与收款的业务流程主要环节包括：销售计划管理、客户开发与信用管理、销售定价、订立销售合同、发货、收款、客户服务和会计系统控制等。

销售与收款业务的具体核算方法主要包括：销售商品收入计量时，商业折扣、现金折扣和销售折让的异同点，销售收入核算的总价法和净价法，应收及预付款项的核算方法（应收账款和应收票据的异同点）以及销售与收款业务的账务处理设计。

销售与收款业务核算程序设计主要包括：合同发货制销售业务处理程序设计和非合同提货制销售业务处理程序设计。

思考题

1.销售与收款的业务流程有哪些环节？

2.如何设计销售与收款业务的账户体系？

3.销售与收款业务核算方法设计的主要内容有哪些？

4.如何区分并应用商业折扣、现金折扣和销售折让？

5.如何对比并选择总价法和净价法？

6.应收账款和应收票据的区别有哪些？

7.合同发货制销售业务处理程序的设计要点有哪些？

8.非合同提货制销售业务处理程序的设计要点有哪些？

练习题

1.单项选择题

（1）下列关于销售与收款业务流程说法错误的是（　　）。

A.销售部门分析客户需求，受理客户订单，订单应按类别连续编号

B.所有订单均由授权人核准，并对客户信用状况进行初步核查

C.产品销售计划传送给公司财务部门审定，特别重大的产品销售计划报公司总经理办公室审定

D.财务部根据销售合同和销售实施方案/销售订单查询、核实客户预留资金和客户预付款的

到账情况或客户信用额度的使用情况，向销售部门传送核实信息或据实开具收款通知单

(2) 下列不属于商品销售成本结转方法的是（　　）。

A.数量进价金额核算法　　B.进价金额核算法

C.售价金额核算法　　D.数量售价金额核算法

(3) 分期收款销售商品，在商品发出时，应按实际成本编制会计分录（　　）。

A.借：应收账款

　贷：库存商品

B.借：发出商品

　贷：库存商品

C.借：库存商品

　贷：发出商品

D.借：主营业务成本

　贷：发出商品

(4) 按股份有限公司会计制度的规定：本期发生的销货退回，应冲减本期的销售收入，编制会计分录（　　）。

A.借：主营业务收入

　　应交税费——应交增值税（销项税额）

　贷：银行存款

B.借：主营业务成本

　　应交税费——应交增值税（销项税额）

　贷：银行存款

C.借：主营业务收入

　　应交税费——应交增值税（进项税额）

　贷：银行存款

D.借：主营业务成本

　　应交税费——应交增值税（进项税额）

　贷：银行存款

(5) 现金折扣是企业为了尽快回笼资金而给予客户的优惠，企业在确认商品销售收入时，应根据现金折扣的最佳估计数冲减（　　）。

A.管理费用　　B.财务费用　　C.主营业务收入　　D.营业外收入

(6) 坏账准备的计算方法不包括（　　）。

A.余额百分比法　　B.购货百分比法　　C.销货百分比法　　D.账龄分析法

2.多项选择题

(1) 销售与收款业务的特点包括（　　）。

A.销售与收款过程较为复杂

B.销售与收款业务存在较大风险

C.销售与收款业务的会计处理工作繁杂

D.销售与收款业务的会计处理工作简单易行

(2) 销售与收款业务的主要目的是（　　）。

A.销售产品　　B.取得收入　　C.获取利息　　D.制订计划

（3）下面关于总价法的描述中，正确的是（　　）。

A.在确认商品销售收入时，不考虑预计可能发生的现金折扣

B.现金折扣在实际发生时计入当期财务费用

C.总价法可能高估资产和收入

D.总价法防止了虚增资产或收益

E.现金折扣作为可变对价，应按照最佳估计数冲减收入

（4）属于合同制销售业务处理程序的内容有（　　）。

A.销售部门根据销售合同编制发货通知单

B.销售部门根据客户要求和产品价格目录编制销货发票

C.货物发出后，销售部门登记产成品明细账

D.货物发出后，财会部门登记产成品明细账

E.会计部门对提货单、销售发票等审核无误后，通知出纳员办理货款结算

（5）收到债务人清偿债务的款项大于该项应收账款账面价值的，应当（　　）。

A.应按实际收到的金额，借记“银行存款”等科目

B.按重组债权已计提的坏账准备，借记“坏账准备”科目

C.按重组债权的账面余额，贷记“应收账款”科目

D.按其差额，贷记“投资收益”科目

E.按其损失，贷记“营业外支出”科目

3.判断题

（1）销售退回当时即可办理销账和退款手续。（　　）

（2）工商企业销售业务活动仅指销售商品。（　　）

（3）保证足额安全地收取款项是收款业务控制制度的根本目标。（　　）

（4）商业折扣对企业的会计记录没有影响。（　　）

（5）净价法防止了虚增资产或收益，也存在虚减资产与收益的可能。（　　）

（6）合同发货制销售业务处理中，销售部门根据客户要求和产品价格目录编制销货发票。（　　）

业务题

1.勃海公司是一个生产汽车零部件的厂家，它建立了严格的收支控制程序。

请您为该公司设计代销商品销售收入的核算方法，并就2×22年8月20日与华兴公司的非合同提货制销售业务设计具体程序（用文字说明）。

2.X公司为商品批发企业，与销售业务相关的有营销、财务和仓库三个部门，商品销售业务使用一式五联的发货单。某日Y商店持转账支票用提货制方式前来购货。

请设计X公司五联发货单在该笔销售业务中的流转程序（用文字说明）。

案例分析题

［案例9-1］

资料：T企业1996年由国有企业改制上市，主营房地产业务。上市之初，上下士气高涨，于是投资兴建了一批高档房屋。然而，房屋建成后市场反应冷淡，全年销售情况极不乐观，房屋积压严重。

年终的高层会议上，总裁深吸一口烟说：“必须想个办法。如果年末报表每股收益达不到10%，明年配股就很难，现在公司可是急需现金啊!”与会人员都默不作声，谁都清楚公司的现状，死马如何能够“医活”？总裁的目光巡视一圈，最后落到公司新任CFO的脸上，这是位在业内以精通“资本运营”而闻名的员工。

“办法倒是有一个，”CFO说，“老总，你不是有个好朋友S总吗？我们和他的公司倒签一份销售合同，将房屋卖给他，但不需要他付款，我们做应收款；然后，我们再和他签一份明年以相同价格回购的协议，然后，明年两项交易一冲销，我们互不相欠，但今年年底收入不就留在我们企业了吗？”众皆愕然，想不到收入的确认会如此之容易。那年，在这样的会计制度规定下，T企业就那样“死里逃生”了。

要求：T企业能确认“收入”吗？该项“收入”从性质上看属于什么事项？

[案例9-2]

资料：M公司是一家大型的百货公司，其年销售额超过1 000万美元。为扩大销售额，公司决定采用赊账的政策，但为防止因此产生的拖欠货款的负担，公司在制定赊账政策时非常谨慎，并取得非常好的效果。其制定的信用制度包括：

(1) 每个信用申请表必须完整而又没有歧视性条款，同时还要有3个以上的信用担保人。申请人的信用历史、地址和职业明确标明。这样，在他们违约时可以随时找到他们。

(2) 建立信用分级制度。根据每个顾客的级别分别给予合理的信用额度，并且规定提高额度的特定条件。

(3) 设立清除边缘账户的分系统。

(4) 对那些允许客户的累积信用收取国家法律所许可的最高利息。

(5) 对价格昂贵商品的分期付款信用期限不超过3年。

(6) 建立快速有效的评估系统，既不影响公司的销售，又不产生不合格的客户。

(7) 建立准确、及时反映应收账款变化情况的系统，可以随时了解信用的偿还情况。同时，将信用部门的信息放到一台计算机中以及时获得所需要的所有信息。

(8) 建立信息发布系统，使那些按时支付的客户可以通过邮件获得账单以及一些宣传品。

(9) 对那些超过45天还未支付的客户，在不求助收款代理人和信用公司律师的情况下，制定一套催收标准程序。

(10) 能对信用卡客户的使用权限进行有效鉴别。

对那些应收账款的附设分类账应每天持续记录下去。这一点非常重要。要及时开账单。如果账单不按时发出，那么支付也就很难保证。

要求：M公司的信用政策体现了哪些信用控制要点？其信用政策的正面、负面影响有哪些？

第十章　存货的业务流程与核算方法设计

学习目标

通过本章学习，学生需在了解存货的业务特点及业务流程设计目的的基础上，掌握存货业务流程包括的基本环节；掌握存货跌价和存货盘点会计核算的设计内容及方法；掌握材料存货业务核算程序的具体设计要点。

思政课堂

中国古代会计史的杰出成就

存货是指企业在日常活动中持有以备出售的产成品或商品、处在生产过程中的在产品、在生产过程或提供劳务过程中耗用的材料和物料等。存货是企业一项重要的流动资产，可以说存货是企业利润产生的源泉。存货核算不仅是计算和确定企业生产成本和销售成本、确定期末结存存货成本的重要内容，而且也是恰当地反映企业财务状况、正确地计算企业经营成果的主要依据。

存货的业务流程与核算方法设计的目的是：提供存货的各种真实、完整、有用信息；保证存货的安全；控制存货的流动；监督、落实存货的经营责任；加速存货资金周转；考核存货的经济效益。

第一节　存货的业务流程设计

存货是企业重要的流动资产。为保全存货的安全和完整、合理确定存货价值，防止并及时发现、纠正存货业务中的各种错误和舞弊行为，企业须结合本企业的生产经营特点，合理设计存货的业务流程，并针对业务流程中主要风险点和关键环节，制定有效的控制措施。同时，充分利用计算机信息管理系统，强化会计、出入库等相关记录，确保存货管理全过程的风险得到有效控制。

一、存货的业务特点和业务流程设计目的

（一）存货业务的特点

（1）在企业中，存货经常处于不断销售、耗用、购买或重置中，业务发生频繁；

（2）存货周转涉及企业的采购、生产、储存、销售等多个环节，因此须协调各环节统一管理；

（3）在正常的生产经营活动下，存货能够规律地转换为货币资产或其他资产，但长期不能耗用或销售可能变为积压物资，从而造成企业的损失。

（二）存货的业务流程设计目的

（1）通过存货业务设计，严格规范各种存货收发手续的规定，保护实物财产的安全；

（2）通过存货业务设计，正确反映各种存货增减变动和结存情况，保证企业生产活动的正常进行；

（3）通过存货业务设计，有利于正确计算物化劳动，考核存货资金以及防止存货超储积压。

二、存货的业务流程①

一般生产企业的存货业务包括取得存货、验收入库、仓储保管、领用发出、盘点清查、销售处置等主要环节。存货管理的具体流程如图10-1所示。

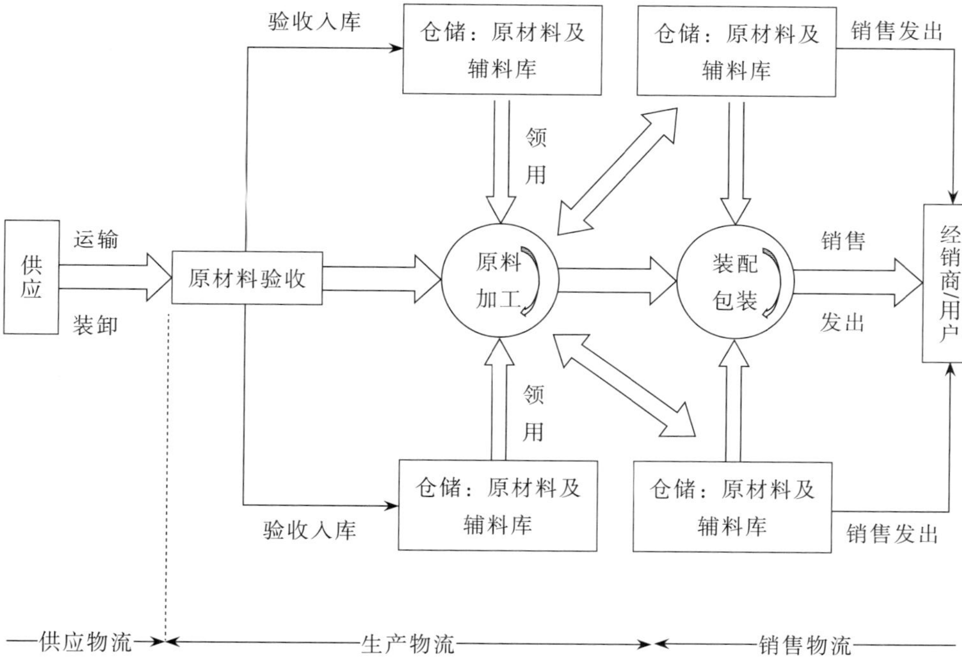

图10-1　存货管理的具体流程

（一）取得存货

存货的取得有外购、委托加工或自行生产等多种方式。财务总监运用一定的存货决策方法确定合理的订货点与安全库存量，达到适量存货、库存成本最低的目的。该环节的主要风险是：存货预算编制不科学、采购计划不合理，可能导致存货积压或短缺。主要管控措施：财务总监应当根据各种存货采购间隔期和当前库存，综合考虑企业生产经营计划、市场供求等因素，充分利用信息系统，合理确定存货采购日期和数量，确保存货处于最佳库存状态。

（二）验收入库

（1）存货的收入应严格按照存货管理制度填制相应的入库单，既作为记账的依据，又是日后复查的证据，所有入库单据应由仓库主管审核。

（2）不论是外购原材料或商品，还是本企业生产的产品，都必须经过验收（质

① 根据财政部颁布的《企业内部控制应用指引第8号——资产管理》以及《保障企业资产安全 全面提升资产效能——财政部会计司解读〈企业内部控制应用指引第8号——资产管理〉》编写。

检）环节，以保证存货的数量和质量符合合同等有关规定或产品质量要求。

该环节的主要风险是：验收程序不规范、标准不明确，可能导致数量克扣、以次充好、账实不符。主要管控措施：

（1）仓储部门对于入库的存货，应根据入库单的内容对存货的数量、质量、品种等进行检查，符合要求的予以入库；不符合要求的，应当及时办理退换货等相关事宜。

（2）入库记录要真实、完整，定期与财会等相关部门核对，不得擅自修改。

（三）仓储保管

生产企业为保证生产过程的连续性，需要对存货进行仓储保管。该环节的主要风险是：存货仓储保管方法不适当、监管不严密，可能导致损坏变质、价值贬损、资源浪费。主要管控措施：

（1）存货在不同仓库之间流动时，应当办理出入库手续。

（2）存货仓储期间要按照仓储物资所要求的储存条件妥善贮存，做好防火、防洪、防盗、防潮、防病虫害、防变质等保管工作，不同批次、型号和用途的产品要分类存放。生产现场的在加工原料、周转材料、半成品等要按照有助于提高生产效率的方式摆放，同时防止浪费、被盗和流失。

（3）对代管、代销、暂存、受托加工的存货，应单独存放和记录，避免与本单位存货混淆。

（4）结合企业实际情况，加强存货的保险投保，保证存货安全，合理降低存货意外损失风险。

（5）仓储部门应对库存物料和产品进行每日巡查和定期抽检，详细记录库存情况；发现毁损、存在跌价迹象的，应及时与生产、采购、财务等相关部门沟通。对于进入仓库的人员应办理进出登记手续，未经授权人员不得接触存货。

（四）领用发出

生产企业生产部门领用原材料、辅料、燃料和零部件等用于生产加工，仓储部门根据销售部门开出的发货单向经销商或用户发出产成品，商品流通领域的批发商根据合同或订货单等向下游经销商或零售商发出商品，消费者凭交款凭证等从零售商处取走商品。该环节的主要风险是：存货领用发出审核不严格、手续不完备，可能导致货物流失。主要管控措施：

（1）企业应当确定适用的存货发出管理模式，制定严格的存货准出制度，明确存货发出和领用的审批权限，健全存货出库手续，加强存货领用记录。

（2）仓储部门应核对经过审核的领料单或发货通知单的内容，做到单据齐全，名称、规格、计量单位准确；符合条件的准予领用或发出，并与领用人当面核对、点清交付。

（3）在商场超市等商品流通企业，在存货销售发出环节应侧重于防止商品失窃、随时整理弃置商品、每日核对销售记录和库存记录等。

（4）对于大批存货、贵重商品或危险品的发出，均应当实行特别授权。

（五）盘点清查

存货盘点清查一方面是要核对实物的数量，是否与相关记录相符、账实相符；另一方面也要关注实物的质量，是否有明显的损坏。该环节的主要风险是：存货盘点清查制度不完善、计划不可行，可能导致工作流于形式、无法查清存货真实状况。主要管控措施：

（1）在清查盘点之前，仓库管理人员应将所经管的存货进行整理。对于尚未点验入库和应当调拨出库的存货，尽可能做好入库和出库手续，避免发生重点、漏点等差错；对霉烂、变质和代管的商品、材料，应当分别存放、分别盘点。

（2）对于库存商品、产品、材料、包装物等，盘点人员必须逐项盘点，逐项记录，盘点的时候要保证盘点结果真实可靠。对于在途商品，应当以供货商的发货清单作为清查依据；如果商品过期仍未到达，应及时查明原因。对于在产品和半成品，应查明数量和完成程度。废料、废品应单独清查。

（3）盘点结束后对账实不符的存货应核实盘盈、盘亏数量和理由，对于损毁的存货，应阐明原因和责任人，然后编制存货盘盈盈亏报告，提出处理意见，上报财务总监审核，报总经理审批。

（六）存货处置

存货销售处置是存货退出企业生产经营活动的环节，包括商品和产成品的正常对外销售以及存货因变质、毁损等进行的处置。该环节的主要风险是：存货报废处置责任不明确、审批不到位，可能导致企业利益受损。主要管控措施：企业应定期对存货进行检查，及时、充分了解存货的存储状态，对于存货变质、毁损、报废或流失的处理要分清责任、分析原因、及时合理。

第二节　存货的会计管理制度设计

存货除了购进、销售（或领用）环节的会计管理制度外，在储存过程中还有以下两个方面的会计管理制度需要说明。

一、存货跌价的会计管理制度

（一）存货跌价时的会计账务处理

由于技术更新和市场供求变化，企业存货价值会发生贬值。这部分损失主要通过设置“资产减值损失”、“存货跌价准备”和“商品削价准备”账户来核算。这些账户一般适用于按照存货的种类设置明细账，实施全面预算管理的企业。存货的跌价损失账户为储存业务部门的业绩考核提供了依据。

按照企业会计准则的规定，在资产负债表日，存货应当按照成本与可变现净值孰低计算。可变现净值是指在日常活动中，存货的估计售价减去至完工时估计将要发生的成本、估计的销售费用以及相关税费后的金额。存货在日常销售过程中，不仅会取得销售收入，也可能发生销售费用和相关税费；为达到预定可销售状态，还可能发生进一步的加工成本。这些销售费用、相关税费和加工成本，均构成销售存货产生的现金流入的抵减项目，只有扣除了这些抵减项目后，才能确定存货的可变现净值。因此，存货的可变现净值由存货的估计售价、至完工时将要发生的成本、估计的销售费用和估计的相关税费等内容构成，是指存货的预计未来净现金流入量，而不是存货的估计售价或合同价。当存货成本低于可变现净值时，存货按成本计量；当存货成本高于可变现净值时，存货按可变现净值计量，同时按照成本高于可变现净值的差额计提存货跌价准备，计入当期损益。当存货可变现净值低于成本时，其核算在理论上既可采用直接转销法，又可采用备抵法。在实务中一般采用备抵法，即存货可变现净值低于成本的损失不直接冲减有关存货账户，而是另设"存货跌价准备"账户核算。其具体做法是：在每一会计期末，比较成本与可变现净值，计算出应计提的存货跌价准备，然后与"存货跌价准备"账户的余额进行比较。

若应提数大于已提数，应予补提：

借：资产减值损失

　贷：存货跌价准备

若应提数小于已提数，则应转销：

借：存货跌价准备

　贷：资产减值损失

当已计提存货跌价准备的存货销售出去或者低价处理时，企业应将"资产减值损失"在利润表中抵减营业利润；在资产负债表中，"存货跌价准备"以存货项目的减项列示。

（二）存货跌价准备的核算

企业通常应当按照单个存货项目计提存货跌价准备。数量繁多、单价较低的存货，可以按照存货类别计提存货跌价准备。与在同一地区生产和销售的产品系列相关、具有相同或类似最终用途或目的，且难以与其他项目分开计量的存货，可以合并计提存货跌价准备。

企业按成本与可变现净值孰低法对存货进行计价时，有三种不同的计算方法可供选择：

（1）单项比较法，也称逐项比较法和个别比较法，指对库存中每一种存货的成本和可变现净值逐项进行比较，每项存货均取较低数，以此确定存货的期末成本。

（2）分类比较法，也称类比法，是指比较存货类别的成本与可变现净值，每类存货取其较低数确定存货的期末成本。

（3）总额比较法，也称综合比较法，是指比较全部存货的总成本与可变现净值总额，以较低数作为期末全部存货的成本。

（三）存货计价方法的比较分析

存货的三种计价方法相比较而言，单项比较法计算的期末成本总计最低，分类比较法次之，总额比较法最高。原因是单项比较法所确定的均为各项存货的最低价，据此计算的结果比较准确，但这种方法的工作量大，存货品种繁多的企业更是如此；总额比较法虽然比其他两种方法简单，但过于粗糙；分类比较法介于二者之间，具有较强的操作性。通常情况下，企业应当按照单个存货项目计提存货跌价准备。如果某些存货具有类似用途并与在同一地区生产和销售的产品系列相关，且实际上难以将其与该系列的其他项目区别开来进行估价，可以合并计量成本与可变现净值；数量繁多、单价较低的存货，可以按存货类别计量成本与可变现净值。也就是说，在有确实依据的前提下，企业可以选择单项比较法和分类比较法。

采用单项比较法提取存货跌价准备，其会计处理应该对应明细账。这样，当对已经计提存货跌价准备的存货进行处理或者其价值又得以恢复时，会计部门可以根据明细科目作相应处理，把存货跌价准备随之转出。当然转出或者冲回的存货跌价准备金额以本明细科目的余额至零为限。存货的跌价主要由市场价格的变动和存货周转时间长短等造成的，所以其责任不由保管部门承担，而应该由负责制订采购计划的采购部门承担这部分跌价损失，把损失作为采购部门的考核依据的内容之一。

由于存货跌价由市场变动引起，属于主观判断，关系到企业资产的减少和利润的减少，在会计政策中属于重要的会计管理，必须建立严格的审批处理制度。

二、存货盘点的会计管理制度

由于保管技术和保管人员的责任心不同，企业存货在清查盘点时会发生账实不符的现象，即存货的盘盈、盘亏，主要通过设置“待处理财产损溢——待处理流动资产损溢”账户来反映存货的实物价值与账面价值的差额。本账户反映了仓储部门对存货的保管情况，为储存业务部门的业绩考核提供了依据。

为保证账实相符，企业对存货进行定期或不定期清查盘点。财产清查后，财会部门须对存货盘点报告单中的盘盈、盘亏及时进行账务处理。

（一）存货盘盈、盘亏的会计账务处理

1.盘盈的存货

企业对于盘盈的存货：

借：原材料

　　周转材料

　　库存商品等

　贷：待处理财产损溢——待处理流动资产损溢

如果存货按计划成本计价，盘盈盘亏的存货需分摊成本差异，使待处理财产损溢科目反映实际损益。

盘点结果与账面不符程度，反映了企业的存货管理质量好坏。好的内部控制制度可以减少企业存货管理发生的差错。因此，一旦发生盘盈盘亏，应于期末前查明原因，并根据企业的管理权限设定，经股东大会或董事会，或经理（厂长）会议或类似机构批准后，在期末结账前处理完毕。盘盈的存货，通常是由企业的日常收发计量或计算上的差错所造成的，其盘盈的存货，可冲减管理费用：

借：待处理财产损溢——待处理流动资产损溢

贷：管理费用

2.盘亏的存货

企业对于盘亏的存货作相反处理：

借：待处理财产损溢——待处理流动资产损溢

贷：原材料

周转材料

库存商品等

对于购进的货物、在产品、产成品发生非正常损失引起盘亏存货应负担的增值税，应一并转入“待处理财产损溢”科目。

借：待处理财产损溢——待处理流动资产损溢

贷：应交税费——应交增值税（进项税额转出）

对于盘亏的存货应根据造成盘亏的原因，分不同情况进行转账。属于定额内损耗以及存货日常收发计量上的差错，经批准后转作管理费用。这部分损失属于正常范围内的损失，不应该由仓库保管员承担责任，不作为对保管员的考核管理依据。

借：管理费用

贷：待处理财产损溢——待处理流动资产损溢

对于确由保管员监守自盗或者严重失职造成的损失，应该责令保管员赔偿或者作为保管员的考核标准，采取扣发保管员奖金的办法。其会计分录如下：

借：其他应收款——××保管员

贷：待处理财产损溢——待处理流动资产损溢

或，

借：营业外支出——非常损失

贷：待处理财产损溢——待处理流动资产损溢

在月末考核时根据储存部门考核办法扣发保管员工资、奖金。对于难以辨别责任，确实无法收回的其他损失，经批准后记入“管理费用”科目：

借：管理费用

贷：待处理财产损溢——待处理流动资产损溢

（二）存货的盘点方法

企业确定存货的实物数量有两种方法：一种是实地盘存制；另一种是永续盘存制。

1.实地盘存制

“实地盘存制”又称“定期盘存制”，是指企业平时只在账簿中登记存货的增加数，不记减少数，期末根据清点所得的实存数，计算本期存货的减少数。

2. 永续盘存制

"永续盘存制"又称"账面盘存制"，是指企业设置各种数量金额的存货明细账，根据有关凭证，逐日逐笔登记材料、产品、商品等的收发领退的数量和金额，随时结出账面结存数量和金额。采用永续盘存制，可随时掌握各种存货的收发、结存情况，有利于存货管理。

为了核对存货账面记录，永续盘存制同时要求进行存货的实物盘点。会计年度终了，应进行一次全面的盘点清查，并编制盘点表，保证账实相符，如有不符应查明原因及时处理。

3. 实地盘存制和永续盘存制的比较分析

实地盘存制的主要优点是简化存货的日常核算工作，但加大了期末的工作量。实地盘存制的主要缺点有：不能随时反映各种物资的收发结存情况，不能随时结转成本，并把物资的自然和人为短缺数隐含在发出数量之内；由于缺乏经常性资料，不便于对存货进行计划和控制，所以实地盘存制的实用性较差。实地盘存制通常仅适用于一些单位价值较低、自然损耗大、数量不稳定、进出频繁的特定货物。

永续盘存制则有利于加强对存货的管理。在各种存货的明细记录中，可以随时反映每一种存货收入、发出和结存的动态。通过账簿记录中的账面结存数，结合不定期的实地盘点，将实际盘存数与账存数相核对，可以查明溢余或者短缺的原因；通过账簿记录还可以随时反映存货是否过多或不足，以便及时合理地组织货源，加速资金周转。永续盘存制的缺点是存货明细记录的工作量比较大，存货品种规格繁多的企业更是如此。

在我国会计实际工作中，采用较多的是永续盘存制。但不论采用何种方法，前后各期应保持一致。

第三节　存货业务核算程序的设计

材料存货业务处理程序包括收料程序和发料程序。商品存货与材料存货业务核算程序有一定区别。商品存货业务核算程序设计内容可结合销售与收款业务核算程序设计进行，本节重点阐述材料存货业务核算程序设计。收料程序可参阅第七章第三节材料采购验货付款程序。本节仅介绍材料发料程序、委托加工材料发料程序和委托加工材料完工验收、付款程序。

一、材料发料程序设计

材料发料程序是指企业一般性领料的业务过程，如图10-2所示。材料发料程序设计的要点是：

（1）领用部门开出一式四联领料单，经审核后到仓库领料；

（2）仓库发料后登记材料保管卡，并将领料单相应联次交给领用部门和供应部门；

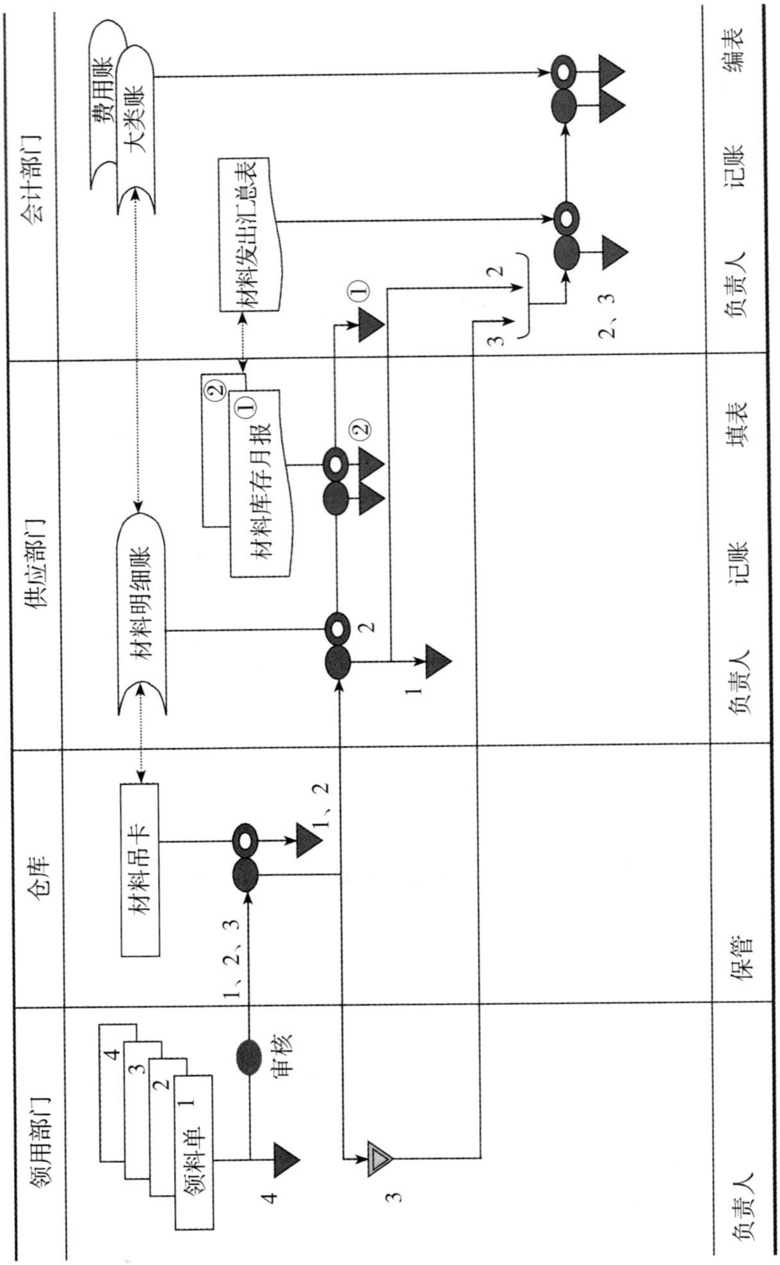
领用部门
仓库
供应部门
会计部门
领料单
1
2
3
4
审核
1、2、3
材料吊卡
1、2
材料明细账
材料库存月报
①
②
材料发出汇总表
费用账
大类账
负责人
保管
负责人
记账
填表
负责人
记账
编表

图10-2 材料发料程序

（3）供应部门根据领料单登记材料明细账，月底根据明细账编制材料库存月报；

（4）会计部门根据领用部门和供应部门送来的领料单进行核对无误后，编制材料发出汇总表，据此登记有关费用账和材料总账。

该流程的关键控制点有：①材料领用审核、发放和记账分管；②会计部门对来自领用部门和供应部门不同来源的领料单进行核对，从而保证领料的真实性和正确性；③定期进行账账、账卡、账实和表表核对。

二、委托加工材料发料程序设计

委托加工材料发料程序反映企业委托外单位加工材料的业务处理过程，如图10-3所示。委托加工材料发料程序设计的要点是：

（1）企业生产计划部门编制委托加工领料单，通知本企业运输部门办理领料及运输；

（2）材料仓库发料、运输部门领取材料后送往外加工单位并取得外单位签收证明；

（3）供应部门根据委托加工领料单登记材料明细账；

（4）月末，生产计划部门、运输部门和供应部门分别将委托加工领料单送至会计部门，会计部门经核对后登记材料发出汇总表上的委托加工材料发出数，并登记有关总账和明细账。

该流程的关键控制点有：①委托加工材料领用、运输、发放和记账分管；②财会部门分别从不同部门核实委托加工材料请领、实领和实发数量的一致性；③定期进行账账、账卡、账实和表表核对。

三、委托加工材料完工验收、付款程序设计

委托加工材料完工验收、付款程序设计反映企业委托加工材料完工验收和加工费结算业务的处理过程，如图10-4所示。委托加工材料完工验收、付款程序设计的要点在于：

（1）委托加工材料加工完毕，由加工单位寄（转）来加工费发票，供应部门将其与原留存的委托加工领料单合在一起，并编制委托加工收料单；

（2）材料仓库收料后，登记材料卡，并将收料单交给供应部门；

（3）供应部门核对无误后，通知会计部门付款，登记材料明细账；

（4）会计部门审核付款凭证无误后，授权出纳员办理付款结算；

（5）供应部门向会计部门定期分别编制材料库存月报和收料汇总表，并进行账卡、账账、账实核对。

该流程的关键控制点有：①核对委托加工领料单和收料单，保证加工材料品种、规格和数量的正确性；②对委托加工材料进行入库检验，并核对加工发票和领料单；③对加工费用进行审核；④定期进行账账、账卡和账实核对。

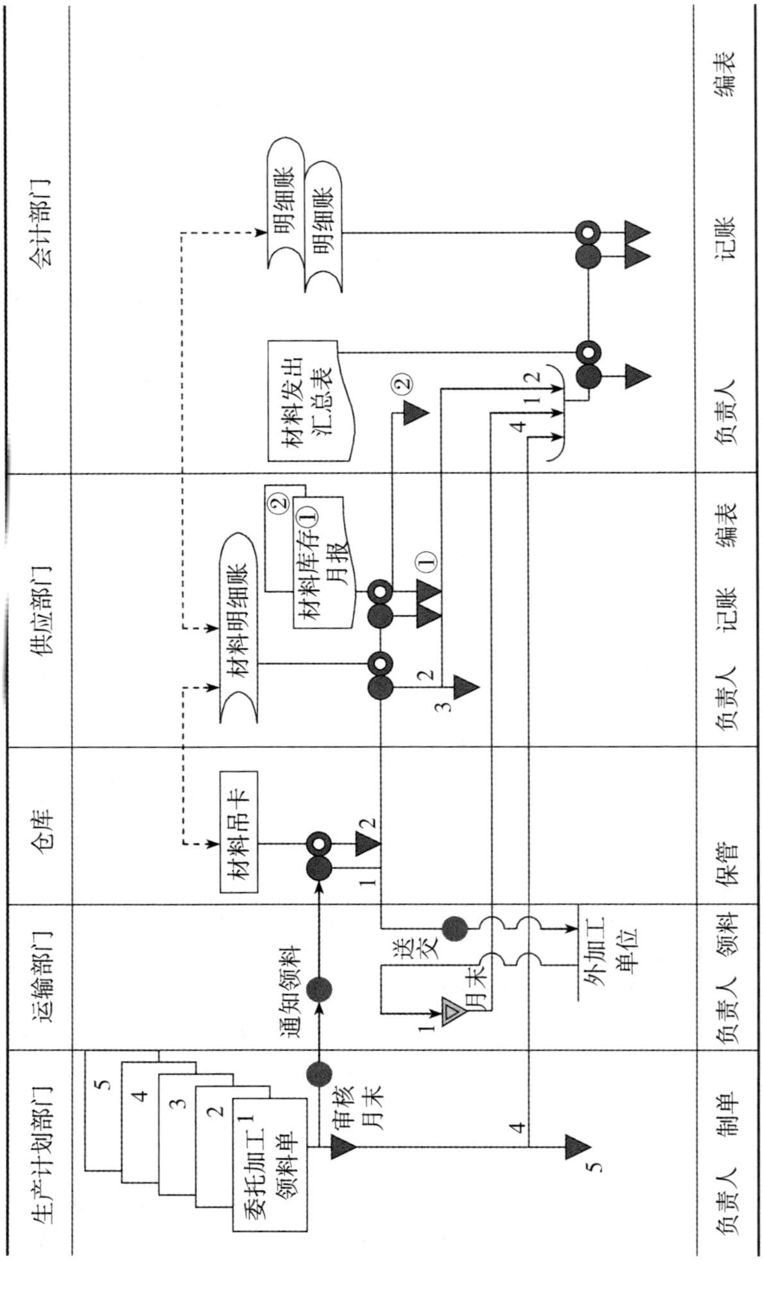

图10-3 委托加工材料发料程序

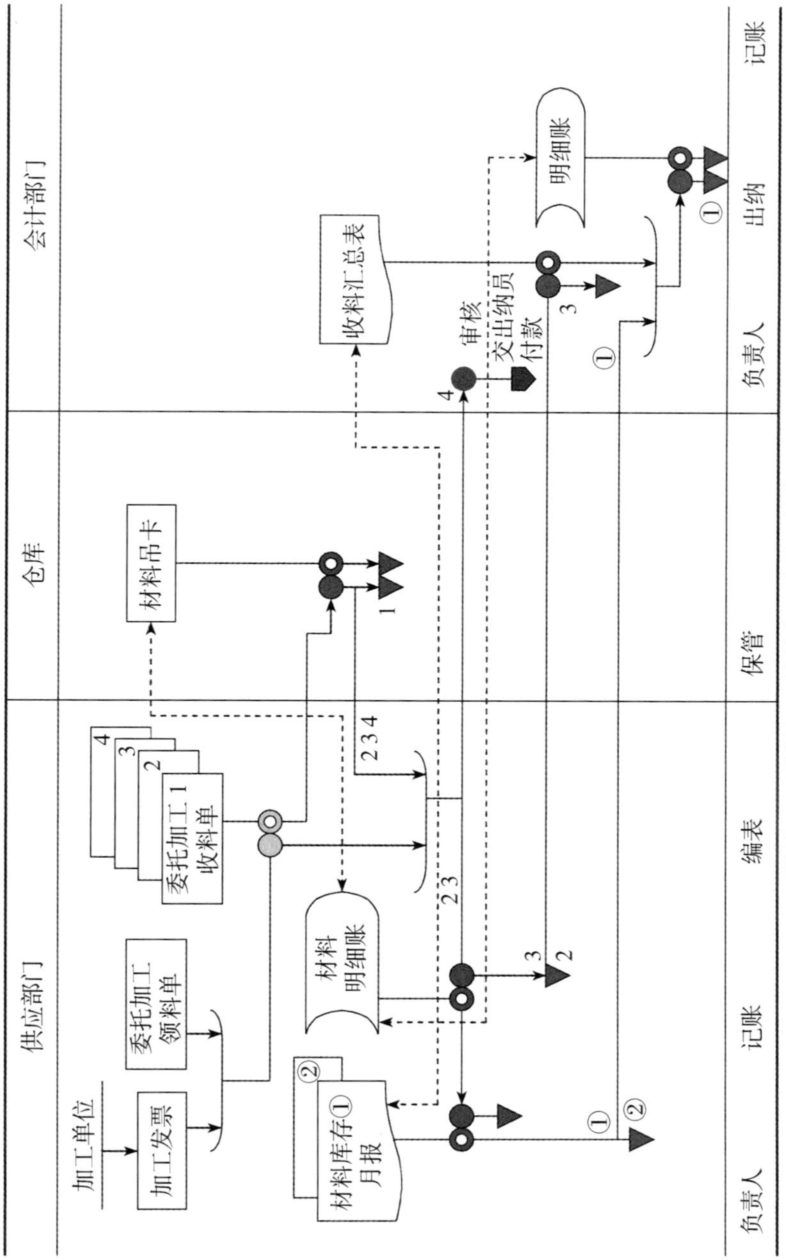

图10-4　委托加工材料完工验收、付款程序

本章小结

存货的业务流程与核算方法设计主要包括存货的业务流程设计、会计政策选择设计和业务核算程序设计三大部分内容。

存货管理的业务流程主要包括取得存货、验收入库、仓储保管、领用发出、盘点清查、存货处置。

存货业务的具体核算方法是存货跌价的会计核算方法及其优缺点、存货盘点的会计核算方法及其优缺点。

存货业务核算程序设计主要包括材料发料程序设计，委托加工材料发料和委托加工材料完工验收、付款程序设计。

思考题

1.存货的业务特点和业务流程设计目的有哪些?

2.存货管理的业务流程的主要环节有哪些?

3.如何设计存货跌价的会计核算方法？存货计价方法的优缺点有哪些?

4.如何设计存货盘点的会计核算方法？存货盘点方法的优缺点有哪些?

5.材料发料程序设计要点有哪些?

6.委托加工材料发料程序设计要点有哪些?

7.委托加工材料完工验收、付款程序设计要点有哪些?

练习题

1.单项选择题

(1) 下列不属于存货业务流程设计的业务特点的是（　　）。

A.在企业中，存货经常处于不断销售、耗用、购买或重置中，业务发生频繁

B.存货周转涉及企业的采购、生产、储存、销售等多个环节，因此须协调各环节统一管理

C.在正常的生产经营活动下，存货能够规律地转换为货币资产或其他资产，但长期不能耗用或销售可能变为积压物资，从而造成企业的损失

D.各种存货的收入、发出必须根据有关规定办理有关手续

(2) 企业按成本与可变现净值孰低法对存货进行计价时，可供选择的计算方法不包括（　　）。

A.单项比较法　　B.分类比较法　　C.差额比较法　　D.总额比较法

(3) 具有较强操作性的存货计价核算方法是（　　）。

A.单项比较法　　B.分类比较法　　C.差额比较法　　D.总额比较法

(4) 委托加工材料发料程序设计的要点不包括（　　）。

A.企业生产计划部门编制委托加工领料单

B.供应部门根据委托加工领料单登记材料明细账

C.材料仓库发料、运输部门领取材料后送往外加工单位并取得外单位签收证明

D.供应部门登记材料发出汇总表上的委托加工材料发出数，并登记有关总账和明细账

2.多项选择题

(1) 存货的业务流程设计目的主要有（　　）。

A.通过存货业务设计，严格各种存货收发手续的规定，保护实物财产的安全

B.通过存货业务设计，保证存货的安全

C.通过存货业务设计，正确反映各种存货增减变动和结存情况，保证企业生产活动的正常进行

D.通过存货业务设计，有利于正确计算物化劳动，考核存货资金以及防止存货超储积压

E.加速存货资金周转，考核存货的经济效益

(2) 存货管理的业务流程设计的控制点包括（　　）。

A.取得存货　　B.验收入库　　C.领用发出

D.存货盘点　　E.销售处置

(3) 关于单项比较方法的描述，正确的有（　　）。

A.据此计算的期末存货成本结果比较准确

B.据此计算的期末存货成本结果有失准确

C.工作量大，尤其存货品种繁多的企业更是如此

D.计算简单，工作量小

E.具有较强的操作性

(4) 应根据造成存货盘亏的原因，分不同情况进行转账，贷记“待处理财产损溢——待处理流动资产损溢”科目，借方的科目可能是（　　）。

A.管理费用　　B.销售费用

C.其他应收款　　D.其他应付款

E.营业外支出

(5) 委托加工材料完工、验收、付款程序设计包括（　　）。

A.由加工单位转来加工费发票，供应部门编制委托加工收料单

B.仓库收料后登记收料卡，并将收料单交供应部门

C.供应部门核对收料单，无误后通知会计部门付款

D.会计部门审核付款凭证无误后，授权出纳员办理付款结算

E.供应部门与会计部门定期分别编制库存月报和收料汇总表

3.判断题

(1) 存货的请领、审批、发放、保管与记账不能由一人包办。　　(　　)

(2) 对于委托单位加工的存货，仓库保管员应根据计划部门填写的“委托外加工发料通知单”进行发料，财会部门据以记账。　　(　　)

(3) 永续盘存制方法下，所有有关收发业务的手续凭证都应有一联送交会计部门，由会计部门进行记录。　　(　　)

(4) 当存货可变现净值低于成本时，在实务中一般采用备抵法。　　(　　)

(5) 材料发料程序设计中，由领用部门编制材料发出汇总表。　　(　　)

业务题

华能公司是一家机械制造企业，业务活动很多，并且建立了规范的业务机构和业务流程。请为该公司设计完整的钢材等委托加工材料发料、完工、验收和付款程序。

案例分析题

资料：上海市华生化工有限公司是一家大型化工企业。其存货的种类包括原材料（化工用

剂、燃料等），在产品（未出炉混合剂等），产成品（涂料等），低值易耗品（包装物、涂料容器）。存货计价方式为加权平均法。存货多属化工品，保质期多在半年，积压情况很少。

1.领料业务

领料业务流程图如图10-5所示。由于是化工业，领料的主要依据是化学反应成分比，因此，不设限额领料制度，首先根据生产计划提出领料申请，经主管厂长签字认可，仓库出具领料单，设4联，生产部门与仓库各保留1联存档记录。财务部门2联，由成本会计设台账入账，按期累计汇总，并与生产部门、仓库进行核对。

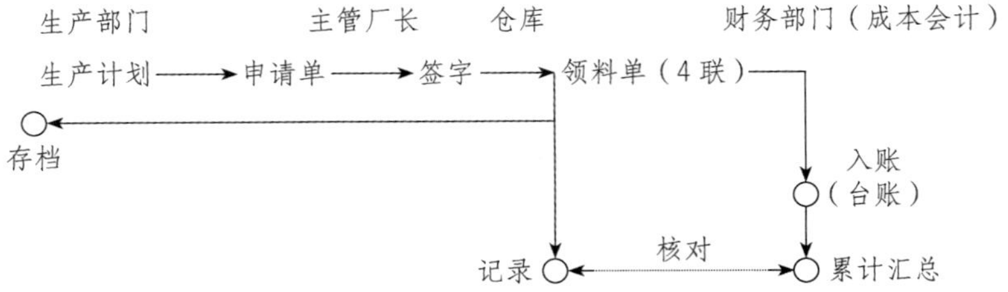

图10-5　领料业务流程图

2.盘存与保管

盘存与保管流程图如图10-6所示。根据存货种类分仓库进行保管，设置存货卡片。采用永续盘存制。仓库保管员与供应部门负责人至少每月进行1次具体盘点，财务部门定期派人抽查，要求做到账账、账卡、账实相符。发生盘盈、盘亏后，由仓库保管人员出具盘盈盘亏表，向上级部门说明原因，审核后交财务部门进行账务处理，盘亏作报废处理并退出进项增值税，盘盈则冲减管理费用。

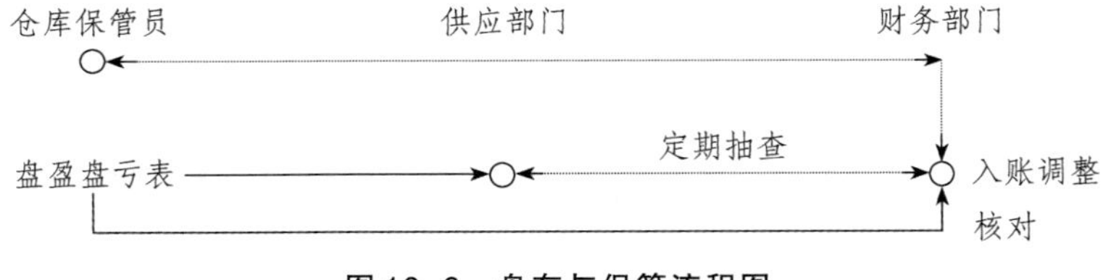

图10-6　盘存与保管流程图

华生公司的存货内部控制总体较为薄弱。财务部门在各环节中主要功能还仅限于记录、汇报，只有在核对账目时起一些监督作用。如果财务部门仅能依据仓库的原始凭证作记录，内部控制就无从着手，极可能在存货收发过程中出现纰漏。

要求：针对华生公司的存货核算现状，应在哪些方面作出改进？

第十一章　投资与筹资的业务流程与核算方法设计

学习目标
通过本章学习，学生需在了解投资与筹资的业务特点及业务流程设计目的的基础上，掌握投资与筹资的业务流程；理解投资与筹资具体业务的会计政策选择的设计；掌握投资与筹资业务核算程序的具体设计要点。

思政课堂11-1

坚持学习，守正创新

投资是指企业为通过分配来增加财富，或为谋求其他利益而将资产让渡给其他单位所获得的另一项资产。投资业务流程的设计，为保护投资资产的安全与完整，正确计量投资价值，反映和监督各类投资的形成、权益及收益的取得、投资收回与投资风险控制的情况以及对投资效益进行科学分析等都具有重要意义。

筹资业务即筹措资金的业务活动。筹资是企业经营活动的开始，企业在日常经营活动中，也将不断地筹资和运用资金，筹资是现代企业重要的理财活动。筹资业务流程的设计，有利于全面、系统和正确地核算筹资业务，有效监督、控制筹资活动；有利于满足生产经营活动对资金需求的同时，降低资金成本，提高资金使用效率。

思政课堂11-2

规范投资活动内部控制提升会计信息质量

第一节　投资与筹资的业务流程设计

投资与筹资业务流程的设计有利于规范与企业筹资管理有关的各项工作，加强筹资管理和财务监控，控制筹资风险，提高企业筹资能力。通过合理筹集资本，为企业生产经营和投资筹集足够的资本；规范和指导企业的投资行为及其各项管理工作，保证企业资金的投资收益。企业应根据投资与筹资业务的特点，合理设计投资与筹资业务的流程。

一、投资业务的业务流程设计

（一）投资业务的特点和业务流程设计目的

1.投资业务的特点

（1）能为企业带来未来经济利益，可以直接或间接地增加流入企业的现金或现金等价物；

（2）收益与风险并存；

（3）投资资产的流动性较强，极易成为舞弊的目标，发生的舞弊行为往往又具有隐蔽性；

（4）投资资产的价值变化较大，容易发生计价不当和财务处理弊端等问题。

2. 投资业务的业务流程设计目的

（1）防范投资风险；

（2）保护投资资产的安全与完整；

（3）提供真实的投资状况和相关财务信息。

（二）投资业务的业务流程①

投资业务流程主要涉及拟订投资方案、投资方案可行性论证及决策、投资计划编制与审批、投资计划实施和投资项目的到期处置五个环节，投资的业务流程图如图 11-1 所示。

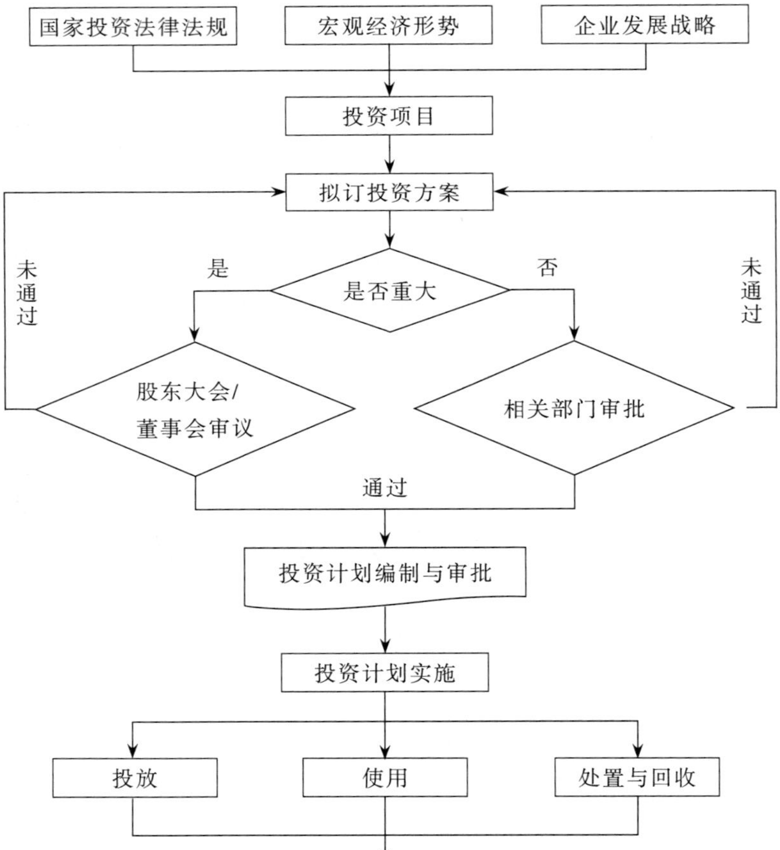

图 11-1 投资的业务流程图

① 根据财政部颁布的《企业内部控制应用指引第6号——资金活动》以及《强化资金风险管控 不断提升企业效益——财政部会计司解读〈企业内部控制应用指引第6号——资金活动〉》编写。

1.拟订投资方案

投资管理部门应根据企业的实际情况来选择投资项目，在选择投资项目时，投资管理部门应考虑的因素为相关的法律法规、宏观经济政策、企业发展战略以及年度经营计划等。

2.投资方案可行性论证及决策

对投资项目应进行严格的可行性研究与分析。可行性研究需要从投资战略是否符合企业的发展战略、是否有可靠的资金来源、能否取得稳定的投资收益、投资风险是否处于可控或可承担范围内、投资活动的技术可行性、市场容量与前景等几个方面进行论证。

重大投资项目，应当报经董事会或股东（大）会批准。投资方案需要经过有关管理部门审批的，应当履行相应的报批程序。

3.投资计划编制与审批

财务部根据审批通过的投资方案，与被投资方签订投资合同或协议，编制详细的投资计划，落实不同阶段的资金投资数量、投资具体内容、项目进度、完成时间、质量标准与要求等，并按程序报经有关部门批准，签订投资合同。

4.投资计划实施

财务部下达总经理审批通过后的投资计划，投资管理部门根据投资计划开展投资活动。财务部根据项目投资考核管理办法对投资项目进行跟踪管理，及时收集被投资方经审计的财务报告等相关资料，定期组织投资效益分析，关注被投资方的财务状况、经营成果、现金流量以及投资合同履行情况，并定期对投资收益与效果进行考核。发现异常情况，应当及时报告并妥善处理。

5.投资项目的到期处置

企业应加强投资收回和处置环节的控制，对投资收回、转让、核销等决策和审批程序作出明确规定。重视投资到期本金的回收；转让投资应当由相关机构或人员合理确定转让价格，报授权批准部门批准，必要时可委托具有相应资质的专门机构进行评估；核销投资应当取得不能收回投资的法律文书和相关证明文件。

二、筹资业务的业务流程设计

（一）筹资业务的特点和业务流程设计目的

1.筹资业务的特点

（1）业务发生不频繁，涉及金额大。

（2）筹资方式多样化，会计核算比较复杂。

（3）容易受到外部环境的影响。

2.筹资业务的业务流程设计目的

（1）实行筹资业务的职责分工、筹资业务预算和审批控制。

（2）正确对筹资业务进行会计核算。

（3）建立和健全筹资业务凭证流转与管理等制度。

（4）保证筹资信息的真实性和完整性以及在财务报表中的正确披露。

（二）筹资业务的业务流程[①]

筹资是企业为了满足对外投资和生产经营的需要，通过发行股票、债券或银行借款等方式筹集资金的活动。本部分主要讲述了一般企业的筹资业务流程，主要有提出筹资方案、筹资方案论证、筹资方案审批、筹资计划编制与执行和筹资活动的监督、评价与责任追究五个环节，图11-2为筹资业务的业务流程图。

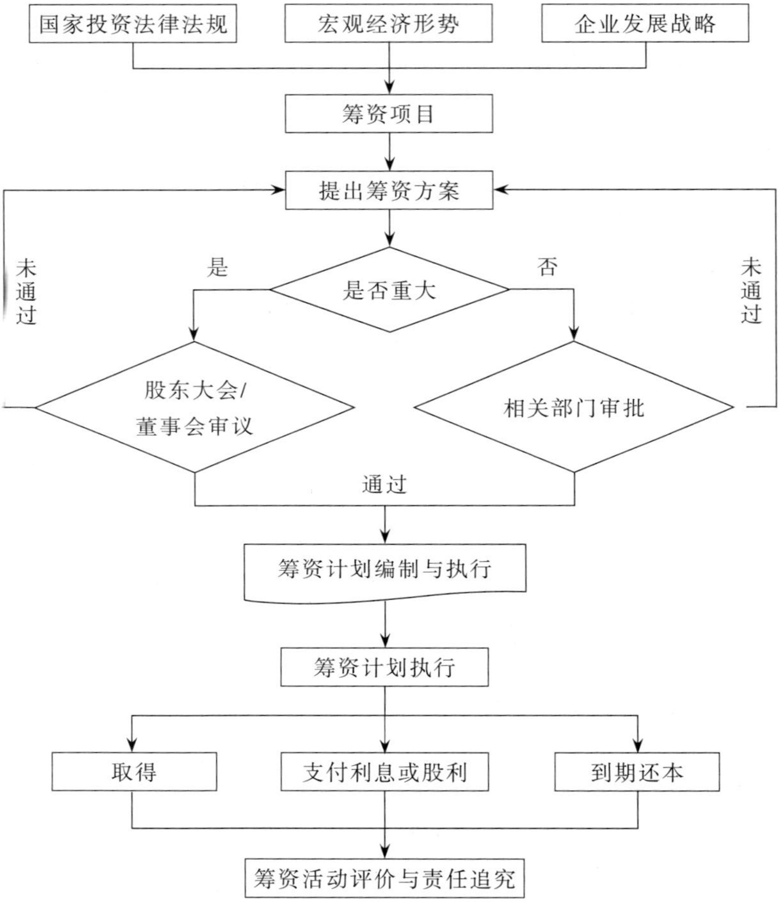

图11-2 筹资业务的业务流程图

1.提出筹资方案

财务部门根据企业经营战略、预算情况与资金现状等因素，提出筹资方案，明确筹资用途、规模、结构和方式等相关内容，对筹资成本和潜在风险作出充分估计。筹资方案经财务总监审阅通过后上报总经理审批。

2.筹资方案论证

企业应当对筹资方案进行科学论证，未经论证的方案不能进行筹资。重大筹资

① 根据财政部颁布的《企业内部控制应用指引第6号——资金活动》以及《强化资金风险管控 不断提升企业效益——财政部会计司解读〈企业内部控制应用指引第6号——资金活动〉》编写。

方案应当形成可行性研究报告，全面反映风险评估情况。企业可以根据实际需要，聘请具有相应资质的专业机构进行可行性研究。

3.筹资方案审批

企业应当对筹资方案进行严格审批，重点关注筹资用途的可行性。重大筹资方案，应当按照规定的权限和程序，实行集体决策审批或者联签制度。

筹资方案需经有关管理部门批准的，应当履行相应的报批程序。筹资方案发生重大变更的，应当重新履行审批程序。

4.筹资计划编制与执行

企业应根据审核批准的筹资方案，编制较为详细的筹资计划，经过财务部门批准后，严格按照规定权限和程序筹集资金。

企业应当加强筹资业务的会计系统控制，设置筹资业务的记录、凭证和账簿，按照国家统一会计制度，正确核算和监督筹资使用、本息偿还、股利支付等相关情况，妥善保管筹资合同或协议、收款凭证、入库凭证等资料，定期与资金提供方进行账务核对，确保筹资活动符合筹资方案的要求。

5.筹资活动的监督、评价与责任追究

企业应加强筹资活动的检查监督，严格按照筹资方案确定的用途使用资金，确保款项的收支、股息和利息的支付、股票和债券的保管等符合有关规定。筹资活动完成后要按规定进行筹资后评价，对存在违规现象的，严格追究其责任。

第二节　投资与筹资的会计管理制度设计

一、投资业务会计管理制度的设计

投资业务会计管理制度的设计包括以摊余成本计量的金融资产的核算、以公允价值计量且其变动计入其他综合收益的金融资产的核算、以公允价值计量且其变动计入当期损益的金融资产的核算、长期股权投资的核算。

（一）以摊余成本计量的金融资产的核算

金融资产同时符合下列条件的，应当分类为以摊余成本计量的金融资产：

第一，企业管理该金融资产的业务模式是以收取合同现金流量为目标；

第二，该金融资产的合同条款规定，在特定日期产生的现金流量，仅为对本金和以未偿付本金金额为基础的利息的支付。

企业的银行存款、应收账款、贷款等均为以摊余成本计量的金融资产。企业持有的普通债券如果是以收取合同现金流量为目标，则属于该类金融资产，应当设置“债权投资”科目核算分类为以摊余成本计量的金融资产中的债权投资。

为了正确地核算以摊余成本计量的金融资产的取得、持有期间的收益确认、溢折价摊销及处置等业务，企业应设置“债权投资”“投资收益”“应收利息”等科目。其中，“债权投资”科目属于资产类，核算企业以摊余成本计量的金融资产，该科目借方登记债权投资的增加额；贷方登记债权投资的减少额，期末借方余额反映企业拥有的债权投资的摊余成本。本科目可按债权投资的类别和品种分别设置“成本”、“利息调整”及“应计利息”等明细科目进行核算。

1.以摊余成本计量的金融资产取得的核算

以摊余成本计量的金融资产应当按取得时的公允价值和相关交易费用之和作为初始确认金额。如果支付的价款中包含已到付息期但尚未领取的利息，应单独确认为应收项目。

企业取得的该项债权投资，应按该投资的面值，借记“债权投资——成本”科目，按支付的价款中包含的已到付息期但尚未领取的利息，借记“应收利息”科目，按实际支付的金额，贷记“银行存款”等科目，按其差额，借记或贷记“债权投资——利息调整”科目。取得债权投资发生的交易费用倒挤入债权投资的账面价值，在“债权投资——利息调整”科目中核算。

2.以摊余成本计量的金融资产利息收入的确认

以摊余成本计量的金融资产在持有期间应当按照摊余成本和实际利率计算确认利息收入，计入投资收益。其中，实际利率是指将金融资产或金融负债在预计存续期的估计未来现金流量，折现为该金融资产账面余额或该金融负债摊余成本所使用的利率。在确定实际利率时，应当在考虑金融资产或金融负债所有合同条款（如提前还款、展期、看涨期权或其他类似期权等）的基础上估计预期现金流量，但不应当考虑预期信用损失。经信用调整的实际利率，是指将购入或源生的已发生信用减值的金融资产在预计存续期的估计未来现金流量，折现为该金融资产摊余成本的利率。在确定经信用调整的实际利率时，应当在考虑金融资产的所有合同条款（例如提前还款、展期、看涨期权或其他类似期权等）以及初始预期信用损失的基础上估计预期现金流量。

以摊余成本计量的金融资产如为分期付息、一次还本债券投资，应于资产负债表日按票面利率计算确定的应收未收利息，借记“应收利息”科目，按以摊余成本计量的金融资产的摊余成本和实际利率计算确定的利息收入，贷记“投资收益”科目，按其差额，借记或贷记“债权投资——利息调整”科目。收到分期付息、一次还本以摊余成本计量的金融资产持有期间支付的利息，借记“银行存款”科目，贷记“应收利息”科目。

以摊余成本计量的金融资产如为一次还本付息债券投资，应于资产负债表日按票面利率计算确定的应收未收利息，借记“债权投资——应计利息”科目，按以摊余成本计量的金融资产的摊余成本和实际利率计算确定的利息收入，贷记“投资收益”科目，按其差额，借记或贷记“债权投资——利息调整”科目。

3 以摊余成本计量的金融资产的处置

企业处置以摊余成本计量的金融资产时，应将所取得的价款与该投资账面价值之间的差额，计入投资收益。

处置债权投资时，按实际收到的金额，借记“银行存款”科目，按债权投资账面余额，贷记“债权投资——成本”“债权投资——应计利息”科目，贷记或借记

“债权投资——利息调整”科目，按其差额，贷记或借记“投资收益”科目。

（二）以公允价值计量且其变动计入其他综合收益的金融资产的核算

该类金融资产包括以下两种类型：

①分类为以公允价值计量且其变动计入其他综合收益的金融资产

金融资产同时符合下列条件的，应当分类为以公允价值计量且其变动计入其他综合收益的金融资产：

第一，企业管理该金融资产的业务模式既以收取合同现金流量为目标又以出售该金融资产为目标；

第二，该金融资产的合同条款规定，在特定日期产生的现金流量，仅为对本金和以未偿付本金金额为基础的利息的支付。

企业持有的普通债券如果既以收取合同现金流量为目标又以出售该债券为目标，则属于该类金融资产，应当设置“其他债权投资”科目核算分类为以公允价值计量且其变动计入其他综合收益的金融资产。

②指定为以公允价值计量且其变动计入其他综合收益的金融资产

企业获取的权益工具投资在初始确认时，可以将非交易性权益工具投资选择指定为以公允价值计量且其变动计入其他综合收益的金融资产。该指定一经作出，不得撤销。

企业投资于除子公司、联营公司以及合营公司以外的其他上市公司股票或非上市公司股权的，都可能属于这种情形。应当设置“其他权益工具投资”科目核算指定为以公允价值计量且其变动计入其他综合收益的非交易性权益工具投资。

1.其他债权投资的核算

为了正确地核算其他债权投资的取得、利息、公允价值变动及处置等业务，企业应设置“其他债权投资”、“其他综合收益”、“投资收益”及“应收利息”等科目。其中，“其他债权投资”属于资产类科目，核算企业取得的分类为以公允价值计量且其变动计入其他综合收益的金融资产（债务工具）的公允价值及取得时发生的相关交易费用，其借方登记其他债权投资的增加额；贷方登记其他债权投资的减少额；期末借方余额反映企业拥有的其他债权投资的公允价值。本科目可按其他债权投资的类别和品种分别设置“成本”、“公允价值变动”及“利息调整”等明细科目进行核算。

（1）其他债权投资取得的核算

其他债权投资应当按取得该金融资产的公允价值和相关交易费用之和作为初始确认金额。如果支付的价款中包含已到付息期但尚未领取的债券利息应单独确认为应收项目。

企业取得其他债权投资，应按债券的面值，借记“其他债权投资——成本”科目，按支付的价款中包含的已到付息期但尚未领取的利息，借记“应收利息”科目，按实际支付的金额，贷记“银行存款”等科目，按差额，借记或贷记“其他债权投资——利息调整”科目。

收到支付的价款中包含的已到付息期但尚未领取的利息，借记“银行存款”科目，贷记“应收利息”科目。

（2）其他债权投资持有期间损益的确认

①债权利息的确认。其他债权投资在持有期间取得的债券利息应当计入投资收益。

资产负债表日，其他债权投资如为分期付息、一次还本债券投资，应按票面利率计算确定的应收未收利息，借记“应收利息”科目，按其他债权投资摊余成本和实际利率计算确定的利息收入，贷记“投资收益”科目，按其差额，借记或贷记“其他债权投资——利息调整”科目；其他债权投资如为一次还本付息债券投资，应于资产负债表日按票面利率计算确定的应收未收利息，借记“其他债权投资——应计利息”科目，按其他债权投资摊余成本和实际利率计算确定的利息收入，贷记“投资收益”科目，按其差额，借记或贷记“其他债权投资——利息调整”科目。收到其他债权投资持有期间支付的利息，借记“银行存款”科目，贷记“应收利息”科目。

②公允价值变动损益的确认。资产负债表日，其他债权投资应当以公允价值计量，且公允价值变动计入其他综合收益。

资产负债表日，其他债权投资的公允价值高于其摊余成本的差额，借记“其他债权投资——公允价值变动”科目，贷记“其他综合收益”科目；公允价值低于其摊余成本的差额，借记“其他综合收益”科目，贷记“其他债权投资——公允价值变动”科目。

（3）其他债权投资的处置

处置其他债权投资时，应将取得的价款与该金融资产账面价值之间的差额，计入投资收益；同时，将原直接计入所有者权益的公允价值变动累计额对应处置部分的金额转出，计入投资收益。

处置其他债权投资时，应按实际收到的金额，借记“银行存款”科目，按该金融资产账面余额，贷记“其他债权投资（成本、公允价值变动、利息调整、应计利息）”科目，按应从所有者权益中转出的公允价值累计变动额，借记或贷记“其他综合收益”科目，按其差额，贷记或借记“投资收益”科目。

2.其他权益工具投资的核算

为了正确地核算其他权益工具投资的取得、应收股利、公允价值变动及处置等业务，企业应设置“其他权益工具投资”“其他综合收益”“投资收益”“应收股利”“盈余公积”“利润分配”等科目。其中，“其他权益工具投资”科目属于资产类，核算企业在初始确认时指定为以公允价值计量且其变动计入其他综合收益的非交易性权益工具投资的公允价值及取得时发生的相关交易费用，其借方登记其他权益工具投资的增加额；贷方登记其他权益工具投资的减少额；期末借方余额反映企业拥有的其他权益工具投资的公允价值。本科目可按其他权益工具投资的类别和品种分别设置“成本”“公允价值变动”等明细科目进行核算。

（1）其他权益工具投资取得的核算

其他权益工具投资应当按取得该金融资产的公允价值和相关交易费用之和作为初始确认金额。如果支付的价款中包含已宣告但尚未发放的现金股利，应单独确认为应收项目。

企业取得其他权益工具投资，应按其公允价值与交易费用之和，借记“其他权益工具投资——成本”科目，按支付的价款中包含的已宣告但尚未发放的现金股利，借记“应收股利”科目，按实际支付的金额，贷记“银行存款”等科目。

收到支付的价款中包含的已宣告但尚未发放的现金股利，借记“银行存款”科目，贷记“应收股利”科目。

（2）其他权益工具投资持有期间损益的确认

①现金股利收益的确认。其他权益工具投资在持有期间取得现金股利，应当计入投资收益。

资产负债表日，其他权益工具投资持有期间被投资单位宣告发放现金股利，按应享有的份额，借记“应收股利”科目，贷记“投资收益”科目，收到其他权益工具投资发放的现金股利，借记“银行存款”科目，贷记“应收股利”科目。

②公允价值变动损益的确认。资产负债表日，其他权益工具投资应当以公允价值计量，且公允价值变动计入其他综合收益。

资产负债表日，其他权益工具投资的公允价值高于其账面余额的差额，借记“其他权益工具投资——公允价值变动”科目，贷记“其他综合收益”科目；公允价值低于其账面余额的差额，借记“其他综合收益”科目，贷记“其他权益工具投资——公允价值变动”科目。

（3）其他权益工具投资的处置

处置其他权益工具投资时，应将取得的价款与该金融资产账面价值之间的差额，计入留存收益；同时，将原直接计入所有者权益的公允价值变动累计额对应处置部分的金额转出，计入留存收益。

处置其他权益工具投资时，应按实际收到的金额，借记“银行存款”科目，按该金融资产账面余额，贷记“其他权益工具投资（成本、公允价值变动）”科目，按应从所有者权益中转出的公允价值累计变动额，借记或贷记“其他综合收益”科目，按其差额，贷记或借记“盈余公积”“利润分配——未分配利润”科目。

（三）以公允价值计量且其变动计入当期损益的金融资产的核算

按照上述分类为以摊余成本计量的金融资产和以公允价值计量且其变动计入其他综合收益的金融资产之外的金融资产，企业应当将其分类为以公允价值计量且其变动计入当期损益的金融资产。

企业持有的普通股股票，除了对子公司、联营公司以及合营公司的投资和指定为以公允价值计量且其变动计入其他综合收益的金融资产，应当分类为该类金融资产。应当设置“交易性金融资产”科目核算以公允价值计量且其变动计入当期损益的金融资产。企业持有的直接指定为以公允价值计量且其变动计入当期损益的金融资产也在本科目核算。

为了正确地核算以公允价值计量且其变动计入当期损益的金融资产的取得、收取股利或利息、公允价值变动及处置等业务，企业应设置“交易性金融资产”“公允价值变动损益”“投资收益”“应收股利”“应收利息”等科目。其中，“交易性金融资产”科目属于资产类，核算企业分类为或指定为以公允价值计量且其变动计入当期损益的金融资产的公允价值，借方登记交易性金融资产的增加额；贷方登记交易性金融资产的减少额；期末借方余额反映企业拥有的交易性金融资产的公允价值。本科目可按交易性金融资产的类别和品种分别设置“成本”“公允价值变动”等明细科目进行核算。

1.以公允价值计量且其变动计入当期损益的金融资产取得的核算

以公允价值计量且其变动计入当期损益的金融资产应当按照取得时的公允价值作为初始确认金额，相关的交易费用在发生时计入当期损益。如果实际支付的价款中包含已宣告但尚未发放的现金股利或已到付息期但尚未领取的债券利息，应当单独确认为应收项目，不计入以公允价值计量且其变动计入当期损益的金融资产的初始确认金额。

企业取得以公允价值计量且其变动计入当期损益的金融资产，按其公允价值（不含支付的价款中所包含的已宣告但尚未发放的现金股利或已到付息期但尚未领取的债券利息），借记“交易性金融资产——成本”科目，按发生的交易费用，借记“投资收益”科目，按已宣告但尚未发放的现金股利或已到付息期但尚未领取的债券利息，借记“应收股利”或“应收利息”科目，按实际支付的金额，贷记“银行存款”等科目；收到上列现金股利或债券利息时，借记“银行存款”科目，贷记“应收股利”或“应收利息”科目。

2.以公允价值计量且其变动计入当期损益的金融资产持有期间的核算

（1）现金股利或债券利息的会计处理。企业在持有以公允价值计量且其变动计入当期损益的金融资产期间所获得的现金股利或债券利息，应当确认为投资收益。

持有以公允价值计量且其变动计入当期损益的金融资产期间，被投资单位宣告发放现金股利时，投资企业按应享有的份额，借记“应收股利”科目，贷记“投资收益”科目；资产负债表日，投资企业按分期付息、一次还本债券投资的票面利率计提利息时，借记“应收利息”科目，贷记“投资收益”科目；收到上述现金股利或债券利息时，借记“银行存款”科目，贷记“应收股利”或“应收利息”科目。

（2）以公允价值计量且其变动计入当期损益的金融资产的期末计量。资产负债表日，以公允价值计量且其变动计入当期损益的金融资产的公允价值高于其账面余额时，应按二者之间的差额，借记“交易性金融资产——公允价值变动”科目，贷记“公允价值变动损益”科目；公允价值低于其账面余额时，应按二者之间差额，借记“公允价值变动损益”科目，贷记“交易性金融资产——公允价值变动”科目。

3. 以公允价值计量且其变动计入当期损益的金融资产的处置

企业处置以公允价值计量且其变动计入当期损益的金融资产的主要会计问题，是正确确认处置损益。以公允价值计量且其变动计入当期损益的金融资产的处置损益，是指处置以公允价值计量且其变动计入当期损益的金融资产实际收到的价款，减去所处置以公允价值计量且其变动计入当期损益的金融资产账面余额后的差额。其中，以公允价值计量且其变动计入当期损益的金融资产的账面余额，是指以公允价值计量且其变动计入当期损益的金融资产的初始计量金额加上或减去资产负债表日公允价值变动后的金额。如果在处置以公允价值计量且其变动计入当期损益的金融资产时，已计入应收项目的现金股利或债券利息尚未收回，还应先从处置价款中扣除该部分现金股利或债券利息之后，确认处置损益。

处置以公允价值计量且其变动计入当期损益的金融资产时，应按实际收到的处置价款，借记“银行存款”科目，按该以公允价值计量且其变动计入当期损益的金融资产的初始成本，贷记“交易性金融资产——成本”科目，按该金融资产的公允价值变动，贷记或借记“交易性金融资产——公允价值变动”科目，按其差额，贷记或借记“投资收益”科目。

（四）长期股权投资的核算

长期股权投资是指企业准备长期持有的权益性投资，包括：企业持有的能够对被投资单位实施控制的权益性投资，即对子公司投资；企业持有的能够与其他合营方一同对被投资单位实施共同控制的权益性投资，即对合营企业投资；企业持有的能够对被投资单位施加重大影响的权益性投资，即对联营企业投资。

除上述情况以外，企业持有的其他权益性投资，应当按照金融工具确认和计量准则的规定，划分为以公允价值计量且其变动计入当期损益的金融资产或以公允价值计量且其变动计入其他综合收益的金融资产。

1. 长期股权投资取得的核算

长期股权投资可以通过企业合并形成，也可以通过企业合并以外的其他方式取得。在不同的取得方式下，长期股权投资初始成本的确定方法有所不同，但是无论企业以何种方式取得长期股权投资，实际支付的价款或对价中包含的已宣告但尚未领取的现金股利或利润，应作为应收项目单独入账，不构成取得长期股权投资的成本。

（1）同一控制下企业合并形成的长期股权投资。同一控制下企业合并形成的长期股权投资，应当在合并日按照取得被合并方在最终控制方合并报表中所有者权益账面价值的份额作为长期股权投资的初始投资成本。长期股权投资的初始投资成本与支付的现金、转让的非现金资产等合并对价的账面价值之间的差额，应当调整资本公积；资本公积不足冲减的，调整留存收益。合并方为进行企业合并发生的各项直接相关费用，包括为进行企业合并而支付的审计费用、评估费用和法律服务费用等，应当于发生时计入当期损益。

合并方应在合并日按取得被合并方在最终控制方合并报表中所有者权益账面价值的份额，借记“长期股权投资——成本”科目，按享有被投资单位已宣告但尚未发放的现金股利或利润，借记“应收股利”科目，按支付的合并对价的账面价值，贷记有关资产或借记有关负债科目，按其贷方差额，贷记“资本公积——股本溢价（或资本溢价）”科目。如为借方差额，应借记“资本公积——股本溢价（或资本溢价）”科目，资本公积（股本溢价）不足冲减的，应依次借记“盈余公积”“利润分配——未分配利润”科目。

（2）非同一控制下企业合并形成的长期股权投资。非同一控制下企业合并形成的长期股权投资，应当以确定的合并成本作为长期股权投资的初始投资成本。合并成本，是指购买方在购买日为取得对被购买方的控制权而支付的现金、非现金资产等合并对价的公允价值之和。购买方发生的审计、法律服务、评估咨询等中介费用以及其他相关管理费用，与同一控制下企业合并相一致，应当于发生时计入当期损益。

购买方在购买日作为合并对价付出的非现金资产公允价值与其账面价值之间的差额，应当作为资产处置，按照下列情况分别处理：

①付出资产为存货的，应当作为销售处理，以其公允价值确认收入，同时结转相应的成本。

②按照最新准则规定,固定资产或者无形资产其处置净损益的处理区分为两种情况。其中，固定资产或者无形资产出售、转让或将固定资产用于对外投资、非货币性资产交换产生的利得或损失计入“资产处置收益”科目；固定资产或者无形资产属于已丧失使用功能正常报废或毁损产生的利得或损失，分别计入“营业外收入”科目或“营业外支出”科目。

③付出资产为长期股权投资的，应当计入投资收益。

购买方在购买日作为合并对价付出的非现金资产公允价值与其账面价值之间的差额，应当作为资产处置，其中，付出资产为固定资产、无形资产的，应当计入资产处置损益。

购买方应在购买日按企业合并成本（不含应自被投资单位收取的现金股利或利润），借记“长期股权投资——成本”科目，按享有被投资单位已宣告但尚未发放的现金股利或利润，借记“应收股利”科目，按发生的直接相关费用，借记“管理费用”科目，按支付合并对价的账面价值，贷记有关资产等科目，按发生的直接相关费用，贷记“银行存款”科目，按其差额，贷记或者借记“资产处置损益”或“投资收益”等科目。

（3）以其他方式取得的长期股权投资。除企业合并形成的长期股权投资外，企业还可以通过支付现金、非现金资产等非企业合并的其他方式取得长期股权投资。以支付现金、非现金资产等以其他方式取得的长期股权投资，应当按照实际支付的价款、非现金资产等的公允价值（包括与取得长期股权投资直接相关的费用、税金及其他必要支出），作为初始投资成本。

此外，为发行权益性证券支付的手续费、佣金等与权益性证券发行直接相关的费用，按照《企业会计准则第37号——金融工具列报》的规定，不构成取得长期股权投资的成本，该部分费用应冲减权益性证券的溢价收入，冲减不足部分应该冲减盈余公积和未分配利润。

2.长期股权投资的后续计量

企业取得的长期股权投资在持有期间，要根据所持股份的性质、占被投资单位股份总额比例的大小以及对被投资单位财务和经营政策的影响程度等，分别采用成本法或权益法进行会计处理。

（1）长期股权投资的成本法。成本法，是指长期股权投资的价值通常按初始投资成本计量，除追加或收回投资外，一般不对长期股权投资的账面价值进行调整的一种会计处理方法。

企业应当设置“长期股权投资——成本”账户，反映长期股权投资的初始投资成本。在持有长期股权投资期间，当被投资单位宣告分派现金股利或利润时，投资企业按应享有的部分确认投资收益，但确认的投资收益仅限于被投资单位接受投资后产生的累积净利润的分配额。所获得的现金股利或利润超过上述数额的部分，应冲减长期股权投资的初始投资成本，不能确认为投资收益。被投资单位未分派股利，投资企业不作任何会计处理。

（2）长期股权投资的权益法。权益法，是指长期股权投资最初以投资成本计量，以后则要根据投资企业应享有被投资单位所有者权益份额的变动，对长期股权投资的账面价值进行相应调整的一种会计处理方法。

①会计账户的设置。在“长期股权投资”账户下，应当设置“投资成本”“损益调整”“其他综合收益”“其他权益变动”等明细账户，分别反映长期股权投资的初始投资成本以及因被投资单位所有者权益发生增减变动而对长期股权投资账面价值进行调整的金额。

②取得长期股权投资的会计处理。企业在取得长期股权投资时，按照确定的初始投资成本入账。假如长期股权投资的初始投资成本大于投资时应享有被投资单位可辨认净资产公允价值的份额，则不调整长期股权投资的初始投资成本；假如长期股权投资的初始投资成本小于投资时应享有被投资单位可辨认净资产公允价值的份额，则其差额应当计入营业外收入，同时调整长期股权投资的初始投资成本。投资企业应享有被投资单位可辨认净资产公允价值的份额，可用下列公式计算：

$$\text{应享有被投资单位可辨认净资产公允价值份额}=\text{投资时被投资单位可辨认净资产公允价值总额}\times\text{投资企业持股比例}$$

值得注意的是，风险投资机构、共同基金以及类似主体可以将其持有的对联营企业或合营企业投资在初始确认时，确认为以公允价值计量且其变动计入当期损益的金融资产，这是长期股权投资准则对于这种特定机构持有的联营企业或合营企业投资的特殊规定，企业不能将其指定为以公允价值计量且其变动计入其他综合收益的金融资产。

（3）长期股权投资成本法与权益法的比较。

企业的长期股权投资，应当根据不同情况，分别采用成本法或权益法进行核算。

成本法适用于企业持有的能够对被投资单位实施控制的长期股权投资。也就是说，投资方持有的对子公司的投资应当采用成本法，投资方为投资性主体且子公司不纳入其合并财务报表的除外。控制是指投资方拥有对被投资方的权力，可以通过参与被投资方的相关活动而享有可变回报，并且有能力运用对被投资方的权力影响其回报金额。

投资企业对被投资单位具有共同控制或重大影响的长期股权投资，即对合营企业和联营企业的投资，采用权益法核算。共同控制，是指按照相关约定对某项安排所共同的控制，并且该安排的相关活动必须经过分享控制权的参与方一致同意后才能决策。重大影响，是指投资方对被投资方的财务和经营政策有参与决策的权利，但是不能控制或者与其他方一起共同控制这些政策的制定。

（4）持有长期股权投资期间投资损益的确认。投资企业取得长期股权投资后，应当按照被投资单位实现的净利润或发生的净亏损中，投资企业应享有或应分担的份额确认投资损益，同时相应调整长期股权投资的账面价值；被投资单位宣告分派现金股利或利润时，投资企业按应分得的部分，相应减少长期股权投资的账面价值；被投资单位分派股票股利时，投资企业不进行账务处理，但应在备查簿中登记增加的股份。

（5）其他综合收益的会计处理。被投资单位确认的其他综合收益及变动会影响被投资单位的所有者权益总额，进而影响投资企业应该享有被投资单位所有者权益的份额。所以，当被投资单位其他综合收益发生变动时，在持股比例不变的情况下，投资企业应按照持股比例计算的应享有或承担的部分，调整长期股权投资的账面价值，同时增加或减少其他综合收益。

（6）被投资单位所有者权益其他变动的会计处理。投资企业对于被投资单位除净损益、其他综合收益以及利润分配以外所有者权益的其他变动，在持股比例不变的情况下，按照持股比例计算的应享有或承担的部分，调整长期股权投资的账面价值，同时增加或减少资本公积（其他资本公积）。

3.长期股权投资的处置

处置长期股权投资发生的损益应当在符合股权转让条件时予以确认，计入处置当期投资损益。长期股权投资的处置损益，是指取得的处置收入与长期股权投资的账面价值和已确认但尚未收到的现金股利之间的差额。采用权益法核算的长期股权投资，在处置该项投资时，采用与被投资单位直接处置相关资产或负债相同的基础，按相应比例对原计入其他综合收益的部分进行会计处理。

（五）投资项目不同核算方法的对比分析（见表11-1）

表11-1　**投资项目不同核算方法的对比分析**

项目		取得			持有期间		处置
		初始确认	交易费用	已宣告但尚未发放的现金股利或已到付息期但尚未领取的债券利息	现金股利或债券利息	公允价值变动	—
以摊余成本计量的金融资产		按取得时的公允价值和相关交易费用之和	计入初始成本	单独确认为应收项目	按照摊余成本和实际利率计算利息收入计入投资收益	—	将所取得的价款与该投资账面价值之间的差额，计入投资收益
以公允价值计量且其变动计入其他综合收益的金融资产	其他债权投资	按取得该金融资产的公允价值和相关交易费用之和	计入初始成本	单独确认为应收项目	按照摊余成本和实际利率计算利息收入计入投资收益	计入其他综合收益	将取得的价款与该金融资产账面价值之间的差额，计入投资收益；同时，将原直接计入所有者权益的公允价值变动累计额对应处置部分的金额转出，计入投资收益
	其他权益工具投资	按取得该金融资产的公允价值和相关交易费用之和	计入初始成本	单独确认为应收项目	计入投资收益	计入其他综合收益	将取得的价款与该金融资产账面价值之间的差额，计入留存收益；同时，将原直接计入所有者权益的公允价值变动累计额对应处置部分的金额转出，计入留存收益
以公允价值计量且其变动计入当期损益的金融资产		按照取得时的公允价值	计入投资收益	单独确认为应收项目	确认为投资收益	计入当期损益（公允价值变动损益）	将取得的价款与该金融资产账面余额之间的差额，计入投资收益

续表

<table>
<tr><th rowspan="2">项目</th><th colspan="3">取得</th><th colspan="2">持有期间</th><th>处置</th></tr>
<tr><th>初始确认</th><th>交易费用</th><th>已宣告但尚未发放的现金股利或已到付息期但尚未领取的债券利息</th><th>现金股利或债券利息</th><th>公允价值变动</th><th>—</th></tr>
<tr><td rowspan="3">长期股权投资</td><td>同一控制</td><td>在合并日按照取得被合并方在最终控制方合并报表中所有者权益账面价值的份额作为初始投资成本。付出资产等的账面价值与享有被投资单位所有者权益账面价值份额的差额计入资本公积</td><td>计入管理费用</td><td rowspan="3">作为应收项目单独入账</td><td>成本法核算</td><td rowspan="3">(1) 按照取得的处置收入与长期股权投资的账面价值和已确认但尚未收到的现金股利之间的差额，计入处置当期投资损益
(2) 采用权益法核算的长期股权投资，在处置该项投资时，采用与被投资单位直接处置相关资产或负债相同的基础，按相应比例对原计入其他综合收益的部分进行会计处理</td></tr>
<tr><td>非同一控制</td><td>以确定的合并成本作为初始投资成本。付出资产公允价值与账面价值的差额计入当期损益</td><td>计入管理费用</td><td>成本法核算</td></tr>
<tr><td>企业以合并以外的方式取得</td><td>应当按照实际支付的价款、非现金资产等的公允价值作为初始投资成本。付出资产公允价值与账面价值的差额计入当期损益</td><td>计入初始成本</td><td>(1) 不存在共同控制或重大影响，并且在活跃市场中没有报价、公允价值不能可靠计量：成本法核算
(2) 存在共同控制或重大影响：权益法核算</td></tr>
</table>

（1）以摊余成本计量的金融资产是指同时符合下列条件的金融资产：①企业管理该金融资产的业务模式是以收取合同现金流量为目标；②该金融资产的合同条款规定，在特定日期产生的现金流量，仅为对本金和以未偿付本金金额为基础的利息的支付。通常情况下，企业的银行存款、应收账款、贷款等均为以摊余成本计量的金融资产。企业持有的普通债券如果是以收取合同现金流量为目标，则属于该类金融资产，

应当设置“债权投资”科目核算分类为以摊余成本计量的金融资产中的债权投资。

（2）以公允价值计量且其变动计入其他综合收益的金融资产主要包括两类：一是分类为以公允价值计量且其变动计入其他综合收益的金融资产，该类金融资产必须同时符合下列条件：①企业管理该金融资产的业务模式既以收取合同现金流量为目标又以出售该金融资产为目标；②该金融资产的合同条款规定，在特定日期产生的现金流量，仅为对本金和以未偿付本金金额为基础的利息的支付。企业持有的普通债券如果既以收取合同现金流量为目标又以出售该债券为目标，则属于该类金融资产，应当设置“其他债权投资”科目核算分类为以公允价值计量且其变动计入其他综合收益的金融资产。二是指定为以公允价值计量且其变动计入其他综合收益的金融资产，企业获取的权益工具投资在初始确认时，可以将非交易性权益工具投资选择指定为以公允价值计量且其变动计入其他综合收益的金融资产。该指定一经作出，不得撤销。企业投资于除子公司、联营公司以及合营公司以外的其他上市公司股票或非上市公司股权的，都可能属于这种情形。应当设置“其他权益工具投资”科目核算指定为以公允价值计量且其变动计入其他综合收益的金融资产。

（3）以公允价值计量且其变动计入当期损益的金融资产是指按照上述两种分类为以摊余成本计量的金融资产和以公允价值计量且其变动计入其他综合收益的金融资产之外的金融资产。企业持有的普通股股票，除了对子公司、联营公司以及合营公司的投资和指定为以公允价值计量且其变动计入其他综合收益的金融资产，应当分类为该类金融资产。应当设置“交易性金融资产”科目核算以公允价值计量且其变动计入当期损益的金融资产。企业持有的直接指定为以公允价值计量且其变动计入当期损益的金融资产也在本科目核算。

（4）长期股权投资的特征：①长期持有；②获取经济利益，并承担相应风险；③除股票投资外，长期股权投资通常不能随时出售；④长期股权投资相对于长期债券投资而言，投资风险较大。根据特征可以看出，长期股权投资通常具有投资大、投资期限长、风险大以及能为企业带来较大的利益，但是通常企业进行长期股权投资的目的不仅是取得投资收益，还有可能是为了能够控制被投资单位。因此当企业为了对被投资单位施加重大影响，以达到控制原材料供应、控制销售渠道和达到规模效益等目的以分散经营风险时可以选择这种核算方法。

二、筹资业务会计管理制度的设计

筹资业务会计管理制度的设计主要包括负债性筹资业务会计管理制度的设计和权益性筹资业务会计管理制度的设计。

（一）负债性筹资业务会计管理制度的设计

1.流动负债的会计核算

（1）短期借款的会计核算。

短期借款是指企业向银行或其他金融机构借入的、偿还期限在1年以下（含1年）的各种借款。这部分借款一般是企业为维持正常生产经营所需资金而借入的或为抵偿某项债务而借入的款项。短期借款的债权人一般称该款项为“流动资金借款”。企业从银行及其他金融机构借入的短期款项，无论用于哪个方面，都需要反映借入的本金及利息。

①短期借款取得的会计核算。

为了正确反映短期借款的取得、归还及结余情况，企业应设置“短期借款”账户。取得借款时，根据借入的本金，借记“银行存款”科目，贷记“短期借款”科目。“短期借款”账户应按短期借款的种类设置明细分类账，进行明细分类核算。

②短期借款利息的核算。

短期借款是为生产经营的需要而借入的，其利息应作为费用计入当期损益。企业为了正确核算短期借款的利息情况，还应设置“应付利息”与“财务费用”账户，这是短期借款的会计核算重点。

③短期借款归还的核算。

短期借款到期时，应及时归还。对偿付的本金借记“短期借款”科目，对同时偿付的利息借记“应付利息”或“财务费用”科目，按偿付的本息贷记“银行存款”科目。

（2）交易性金融负债的会计核算。

交易性金融负债是指企业采用短期获利模式进行融资所形成的负债。满足以下条件之一的金融资产或金融负债，应当划分为交易性金融负债：①取得该金融资产或承担该金融负债的目的，主要是为了近期内出售、回购或赎回；②属于进行集中管理的可辨认金融工具组合的一部分，并且有客观证据表明企业近期采用短期获利方式对该组合进行管理；③属于衍生工具。

企业应设置“交易性金融负债”账户，核算交易性金融负债的公允价值。并按照交易性金融负债的类别，分别设置“本金”和“公允价值变动”明细账户进行明细核算。其中，“本金”明细账户反映交易性金融负债的初始确认金额；“公允价值变动”明细账户反映交易性金融负债在持有期间的公允价值变动金额。

与以公允价值计量且其变动计入当期损益的金融资产相似，交易性金融负债应当按照公允价值进行初始计量和后续计量。初始计量时，企业应当按照交易性金融负债的公允价值，借记“银行存款”科目，贷记“交易性金融负债——成本”科目。相关交易费用应当在发生时直接计入当期损益。后续计量时，根据企业会计准则的规定，交易性金融负债的价值应按资产负债表日的公允价值反映，公允价值的变动计入当期损益。

2.非流动负债的会计核算

在我国会计实务中，除长期应付债券按公允价值（现值）入账外，其他非流动负债一般直接按负债发生时的实际金额记账。

（1）长期借款的核算。

长期借款是企业向银行或其他金融机构借入的、偿还期限超过1年的各种借款。企业取得长期借款，必须按照规定的程序进行，一般要经过申请、审批、签订合同和划拨款项等四个步骤。在借款的使用期间，应按期支付利息，到期偿还本金。为了核算长期借款的取得、计息和归还情况，企业应设置“长期借款”账户。该账户属于负债类账户，贷方登记取得的长期借款本金及利息，借方登记归还的本金及利息，期末余额在贷方，反映尚未归还的借款本金及利息。该账户应按借款的种类或用途设置明细账户，进行明细分类核算。

按照现行制度的规定，对长期借款的利息费用等，应根据权责发生制的要求，按期预提计入所购建资产的成本（即资本化），或直接计入当期损益（即费用化）。具体地说，就是在该长期借款所进行的长期工程项目完工之前发生的利息，应将其资本化，计入该工程成本；在工程完工达到预定可使用状态之后产生的利息支出应停止借款利息资本化而予以费用化，即在利息发生的当期将其直接计入财务费用。因此，企业取得长期借款时，应借记“银行存款”科目，贷记“长期借款”科目；计算利息时应借记“在建工程”“财务费用”等科目，贷记“长期借款”科目；偿还借款、支付利息时应借记“长期借款”科目，贷记“银行存款”科目。

（2）企业债券的核算方法。

债券是企业为筹集资金而依照法定程序发行，约定在一定日期还本付息的有价证券。企业发行债券必须经国家有关部门批准，委托银行或其他金融机构代理发行。发行债券筹集的资金可用于购建固定资产，也可用于补充流动资金。企业发行的期限超过1年的债券，构成了一项长期负债。

①债券发行的核算。

为了反映和监督债券的发行、归还和付息情况，发行债券的企业，应设置“应付债券”账户。该账户贷方登记应付债券的本金和应计利息，借方登记偿还债券本金和支付利息的金额，余额在贷方，表示尚未偿还的债券本金和利息。该账户应下设“面值”“利息调整”和“应计利息”等明细账户，进行明细分类核算。

企业发行债券无论是按面值还是溢价或折价，均应按债券面值记入“应付债券——面值”科目。当企业按面值发行债券时，债券价格与债券面值一致，可按债券面值金额借记“银行存款”等科目，贷记“应付债券——面值”科目。

当企业溢价发行债券时，债券价格高于债券面值金额，按实际收到的款项借记“银行存款”等科目，按债券的面值金额贷记“应付债券——面值”科目，按实际收到的款项与票面金额的差额贷记“应付债券——利息调整”科目。

当企业折价发行债券时，债券价格低于债券面值金额，按实际收到的款项借记“银行存款”等科目，按债券的面值金额贷记“应付债券——面值”科目，按实际收到的款项与票面金额的差额借记“应付债券——利息调整”科目。

②债券利息、溢价和折价摊销的核算。

企业应根据权责发生制的要求按期计提应付债券的利息费用，并按所筹资金的用途，分别计入财务费用或有关资产的成本，即借记“财务费用”或“在建工程”等科目。同时，对于一次还本付息的债券利息应贷记“应付债券——应计利息”科目，而对于分期付息、一次还本的债券利息则应贷记“应付利息”科目。

实际工作中，对债券溢价和折价的摊销应采用实际利率法。实际利率法是以债券发行时的实际利率，乘以每期期初债券的账面价值（亦称摊余成本），求得该期的利息费用，利息费用与实际支付利息的差额，即为该期溢、折价的摊销额，用公式表示如下：

溢价摊销额=应付利息-当期利息费用

折价摊销额=当期利息费用-应付利息

当期利息费用=债券该期期初账面价值×市场利率

③债券还本的核算。

债券到期时，发行企业应根据发行债券时规定的还本期限与方式，偿还债券持有人的本金。溢、折价发行的债券，由于溢、折价在债券的整个存续期内已经摊销完毕，使得应付债券账面价值与面值一致，所以无论是面值发行、溢价发行还是折价发行的债券到期时，对于分期付息到期还本的债券，在偿还时均可按票面价值借记“应付债券——面值”科目，贷记“银行存款”科目。对于到期一次还本付息的债券，到期时除偿还债券本金外还需要偿付利息。由于其每期应付利息已记入“应付债券——应计利息”科目的贷方，故偿付本息时应借记“应付债券——面值”和“应付债券——应计利息”科目，贷记“银行存款”科目。

（3）其他非流动负债。

其他非流动负债包括租赁负债、长期应付款等。企业设置“长期应付款”账户，主要用来核算补偿贸易引进设备应付款等负债。采用补偿贸易方式引进设备时，企业可先取得设备，设备投产后，用其生产的产品偿还设备价款。因此，尚未支付的设备价款形成企业的一项长期负债。企业设置“租赁负债”账户，核算企业除短期租赁和低价值资产租赁外的其他租赁而应向出租人支付款项形成的负债。除具有一般长期负债的特点外，“租赁负债”和“长期应付款”账户与一般负债类账户的结构基本相同。

3.流动负债融资和非流动负债融资的对比分析

采用流动负债的方式融资，资金到位快，容易取得，长期负债的债权人往往要对债务人进行全面的财务调查以保护其自身的利益，因而所需时间一般较长且不易获得，而短期负债在短时间内就可以归还，债权人顾虑相对较少。流动负债融资的限制相对宽松，因而企业的资金使用较为灵活、富有弹性。不仅如此，流动负债的融资成本要低于长期负债。但是短期负债需要在短期内偿还，需要企业在短期内能够拿出足够的资金偿还到期债务，因而短期负债融资的风险相对较高。

采用非流动负债的方式融资，可以弥补企业长期发展资金的不足。企业不需要在短期内偿还到期债务，因此非流动负债的还债压力较小，融资风险相对较低。但是非流动负债融资的成本较高，款项使用方式的限制较多。

（二）权益性筹资业务会计管理制度的设计

权益性筹资业务就是企业吸收直接投资和对社会公开发行股票，该业务的会计核算并不复杂，重点是对筹资的财务决策环节的控制。其会计核算需设置“实收资本”账户，按投资者设置明细账。企业除通过“实收资本”总账和明细账进行实收资本核算外，还必须设置股东名册，详细登记股东的姓名（或名称）、住所以及出资额等。

1.吸收直接投资的核算

股东以现金投入的资本，应以实际收到或者存入企业开户银行的金额作为实收资本入账。

如果股东以非现金出资，如实物资产或无形资产投资，接受的实物资产和无形资产投资，应按评估或双方确认的价值（或实物的发票价值）及相关的税金作为实收资本入账，同时借记“原材料”“固定资产”“无形资产”等科目。

2.股票发行的核算

股份有限公司以发行股票方式筹集的股本通过“股本”账户核算，按照《企业会计制度》的规定，对既发行普通股又发行优先股的企业而言，“股本”账户下应分设明细账户，对普通股和不同类型的优先股分别进行登记。股份有限公司因发行股票、可转换债券调换成股票、发放股票股利等原因取得股本时记入“股本”科目贷方，按法定程序报经批准减少注册资本的公司在实际发还股款时记入该科目借方，“股本”科目贷方余额表示公司所拥有的股本总额。公司发行股票时，在收到现金等资产时，将实际收到的金额借记“库存现金”“银行存款”科目，按股票面值和核定的股份总额的乘积计算的金额贷记“股本”科目。股票的转让只变更股东，而不改变股本总额，因此，只需在股东名册中记载，而无须在“股本”科目中记录，而且一般情况下的股票发行都是溢价发行，其溢价金额记入“资本公积”科目。

当股本减少时，比如采用收购本企业股票方式减资的，在实际购入企业股票时登记入账。股份有限公司采用收购本公司股票（股票回购）方式减资时按注销股票的面值总额减少股本，回购股票支付的价款超过面值总额的部分依次减少资本公积、盈余公积和未分配利润。公司按法定程序以股票回购方式减少注册资本，借记“股本”“资本公积”科目，贷记“银行存款”科目。如果公司回购股票支付的价款低于面值总额，支付的价款低于面值总额的部分增加资本公积。

（三）负债性筹资和权益性筹资的对比分析

企业采用负债的方式进行筹资所筹集的资本并非永久的，当负债到期时企业必须偿还。而权益性融资所筹集的资本则具有永久性。采用负债方式筹资的资金有固定的利息负担，权益性筹资没有固定的股利负担。负债性筹资和权益性筹资的资本持有者具有的权利和义务各有不同，具体体现在以下几个方面：

1.债权人与股东在投票权上权利不同

当公司处于持续经营的正常状态下，股东在决策中起主导作用，债权人不参与企业决策。但在公司的持续经营受到威胁，尤其是当公司出现清偿违约的情况下，股东的主导作用就要让位于债权人。

2.债权人与股东的索取权不同

债权人受到债务契约的约束，它的索取权为企业的固定收益，而股东作为公司的权益所有者，股东的索取权则为剩余索取权。两种不同的索取权对公司的决策行为有着重大的影响。股东为使自己的剩余索取权最大化，有可能会侵害债权人的权益，比如进行有风险的投资，并将投资成功获得的利益归为己有，而将投资失败的风险转嫁给债权人承担。由于对公司的索取权不同，使得负债和权益的收益性和风险性产生了很大的区别。

3.债权人与股东对权益主张的顺序不同

债权人有要求公司按期还本付息的权利，而股东收益的分配没有一定的强制性，股东投入的股本作为公司的永久性资金来源，不能随意被股东抽回。公司一旦不能偿还到期的债务，就有可能进入破产清算，届时债权人将优先于股东获得资金清偿。

4.负债性筹资和权益性筹资的成本不同

负债性筹资支付的利息可以在公司所得税前开支，而权益性筹资的红利则在税后支付。因此，负债性筹资可降低公司的资本成本，利用财务杠杆提高公司的价值，增加每股盈余，对实现股东财富的最大化有着积极的影响。

5.负债性筹资和权益性筹资对股东权益的影响不同

通过发行债券的方式融资不会摊薄公司的每股收益。公司每股收益的高低直接影响股票市盈率的高低，在我国当前的证券监管体制与资本市场中，市盈率是市场评价上市公司股价的一个重要依据，也直接影响上市公司首次发行新股的价格，以及再次融资的价格。但是，在负债性筹资资本的边际成本超过其边际收益时，负债将带来负的收益，反而降低了股本收益率。

第三节　投资与筹资业务核算程序的设计

一、投资业务核算程序的设计

投资业务会计政策选择的设计包括以摊余成本计量的金融资产的核算、以公允价值计量且其变动计入其他综合收益的金融资产的核算、以公允价值计量且其变动计入当期损益的金融资产的核算、长期股权投资的核算。下面从有价证券的购入、出售和投资收益三个方面说明其一般业务核算程序的设计。

（一）有价证券购入程序设计

有价证券购入程序如图11-3所示，有价证券购入程序的设计要点是：

（1）由投资业务部门编制“股票或债券的投资计划建议书”，经批准后据此填制“证券购入通知单”一式两联，一联留存，一联交财会部门审批后转至出纳部门。

（2）出纳根据“证券购入通知单”开出支票，经审核盖章并登记支票登记簿后交证券公司。

（3）收到证券公司的交割单后，出纳部门根据交割单、支票存根及“证券购入通知单”编制付款凭证，并据以登记银行存款日记账或“其他货币资金——存出投资款”明细账。

（4）会计部门收到付款凭证及有关单据后，登记有关账簿及有价证券登记簿。

该流程的关键控制点有：①投资计划的编制与审批、保管职能要分离。②投资数额较小时，投资计划可由负责投资业务的经理审批；投资数额较大时，投资计划则需经董事会或总经理审批。③签发支票时，会计部门应根据“证券购入通知单”加以审核。④定期核对总账与明细账、各明细账与有价证券登记簿，注意审核投资的数量、金额、品种是否正确。⑤证券定期要由独立于证券业务的人员进行盘点。

（二）有价证券出售程序设计

有价证券出售程序如图11-4所示，有价证券出售程序的设计要点是：

（1）投资业务部门根据证券市场价格及企业投资目标的实现程度，提出证券出售申请。

（2）出售申请经投资决策部门（人）审核批准后，编制证券出售通知单，交证券经纪人办理出售手续。

（3）会计部门收到证券公司交来的交割单和银行转来的收款通知，审核以后，交出纳部门编制收款凭证，并登记银行存款日记账或“其他货币资金——存出投资款”明细账。

（4）会计部门根据出纳部门转来的收款凭证及有关原始凭证，登记有关账簿及有价证券登记簿。

该流程的关键控制点有：①证券出售要经授权批准；②投资部门、出纳部门和会计部门要定期核对证券出售通知单、收账通知单和证券出售单据，以保证每笔证券卖出收益正确入账。

（三）有价证券投资收益程序设计

1.投资股票获得的股利投资收益的业务处理。其具体内容如下：

首先，会计部门根据上市公司股利分配公告和证券股利收入划账单据编制投资收益表，并据以编制转账凭证、登记投资等有关账簿。其次，会计部门根据银行

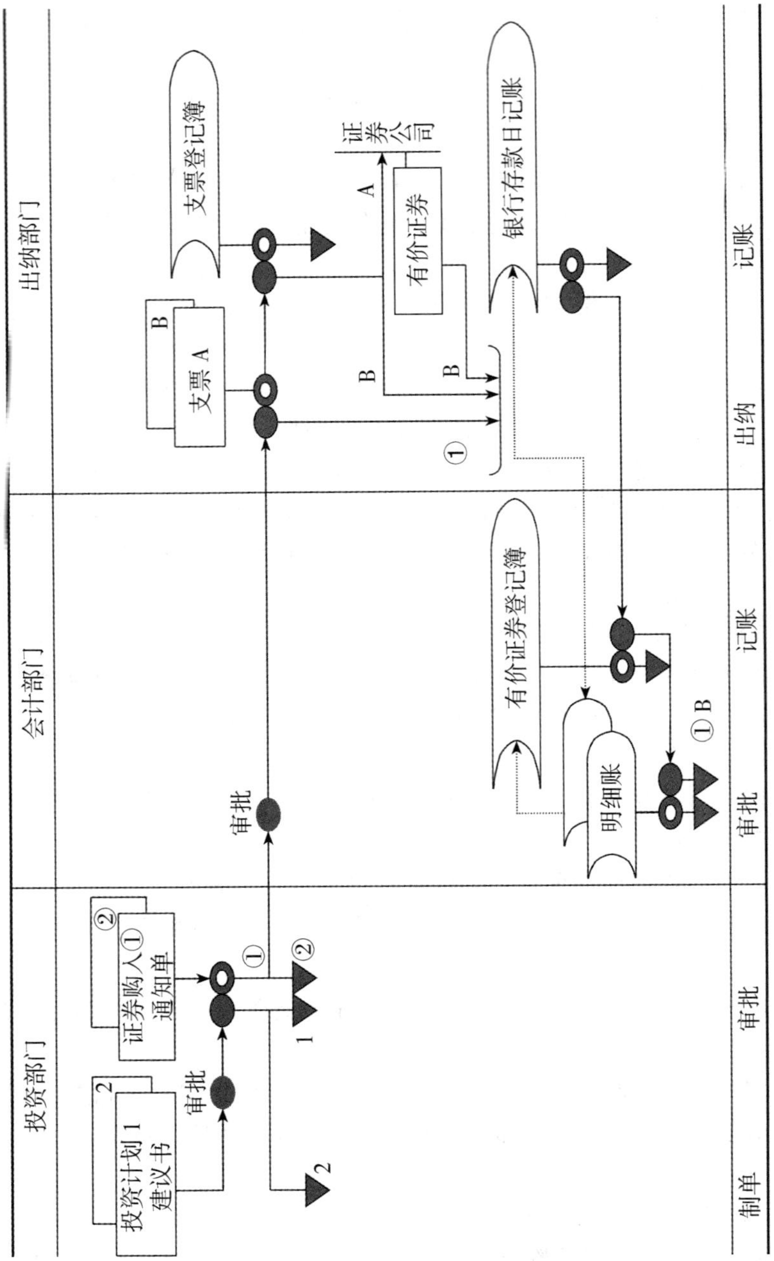

图11-3 有价证券购入程序

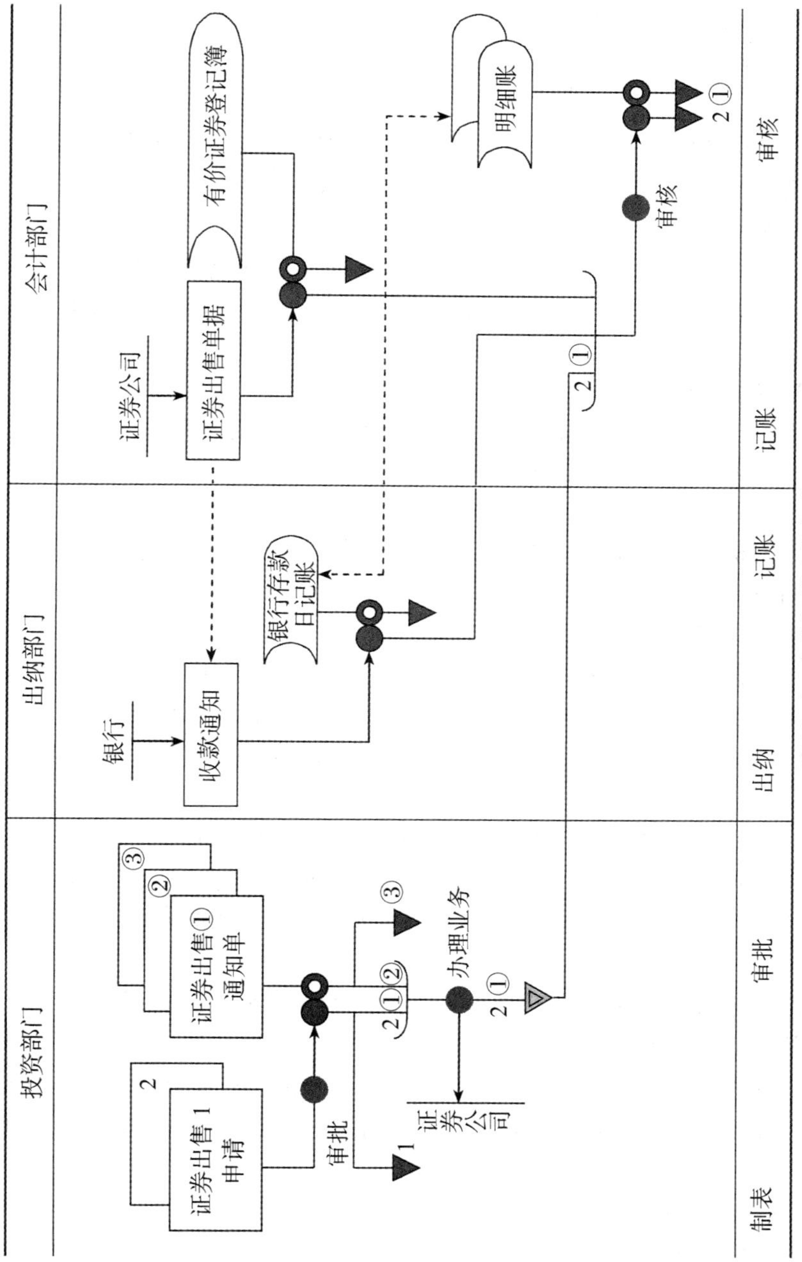

图11-4　有价证券出售程序

转来的股利收入收账通知编制收款凭证。

2.投资债券获得利息收益的业务处理。其具体内容如下：

首先，会计部门在期末根据债券的票面利率和面值计算期间利息收入，如果溢、折价购入的还应同时计算溢、折价的本期摊销额，填制债券溢、折价摊销表，并根据债券溢、折价摊销表记录编制转账凭证登记投资收益等有关账簿。

其次，出纳部门根据银行转来的利息收入收账通知单编制收款凭证。

一般情况下，有价证券投资收益程序如图11-5所示。该流程的关键控制点有：①编制投资收益表前应核对有关收账、划账凭证；②对已公告发放但尚未收到的股利，要及时查明原因；③定期查阅有价证券登记簿，了解各种有价证券投资收益是否正常，账上结余的证券投资品种和数量与证券投资收益的品种和金额是否相符。

二、筹资业务核算程序的设计

筹资业务核算程序设计的主要内容包括股票发行业务程序设计、股利分配业务程序设计、债券发行业务程序设计和银行借款业务程序设计。

（一）股票发行业务程序设计

该流程反映股票发行业务中授权批准、记账与收款的业务处理过程。股票发行程序如图11-6所示。

股票发行程序设计的要点是：

（1）企业证券部门根据审批意见在核定的股份总额范围内授权委托证券公司销售股票并签订承销协议一式两份，一份自留，一份交证券公司保存。

（2）证券公司销售股票结束后将股东交款单及股东名册送交企业证券部门。

（3）企业证券部门审核后登记股东名册，并将股东交款单送交会计部门。

（4）出纳部门收到证券公司转交的交款清单和银行收款通知时，经审核编制收款凭证并登记银行存款日记账，并将收款凭证和有关单据送交企业证券部门。

（5）证券部门据以在股东名册上登记收到股款日期，并将收款凭证和有关单据转送会计部门进行账务处理。

该流程的关键控制点有：①股票发行、收款、记账职务分离；②核对股票交款单金额合计和银行收款通知金额合计；③核对股东名册持有数合计与会计报表列示发行股数合计。

（二）股利分配业务程序设计

该流程反映股利分配业务中审批、记账、付款的处理过程。股利分配程序如图11-7所示。

股利分配程序设计的要点是：

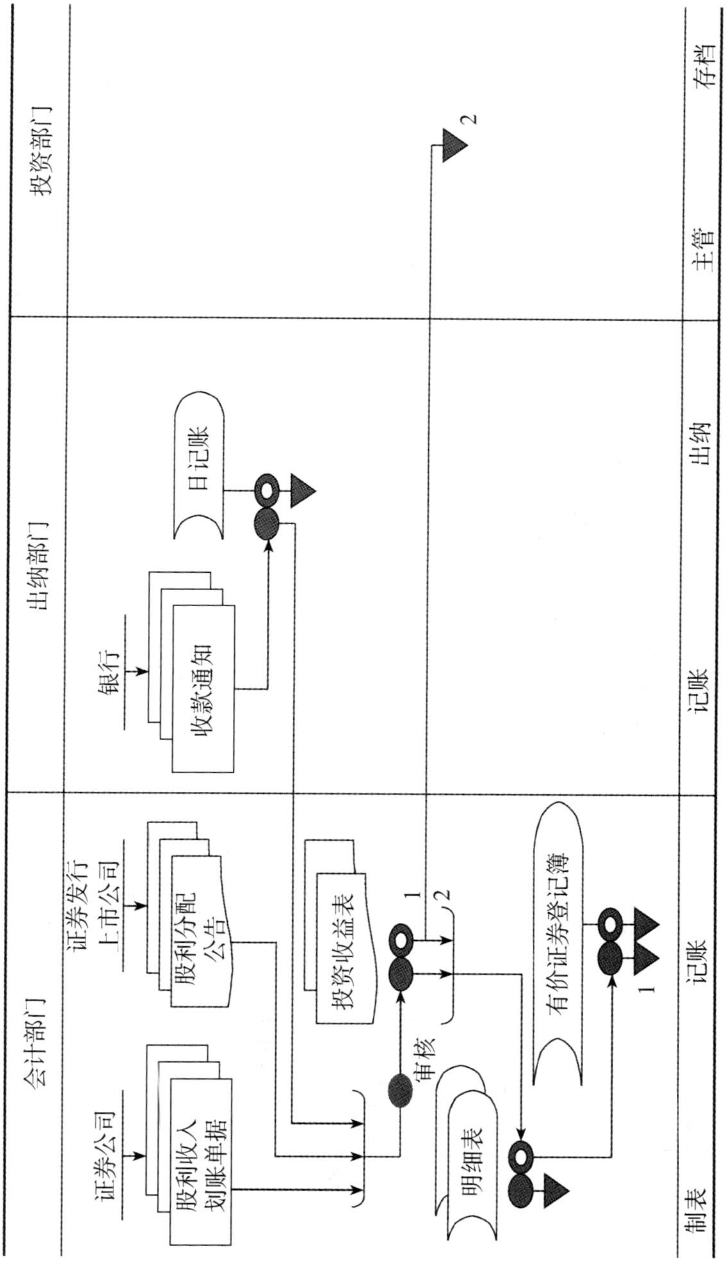

图11-5　有价证券投资收益程序

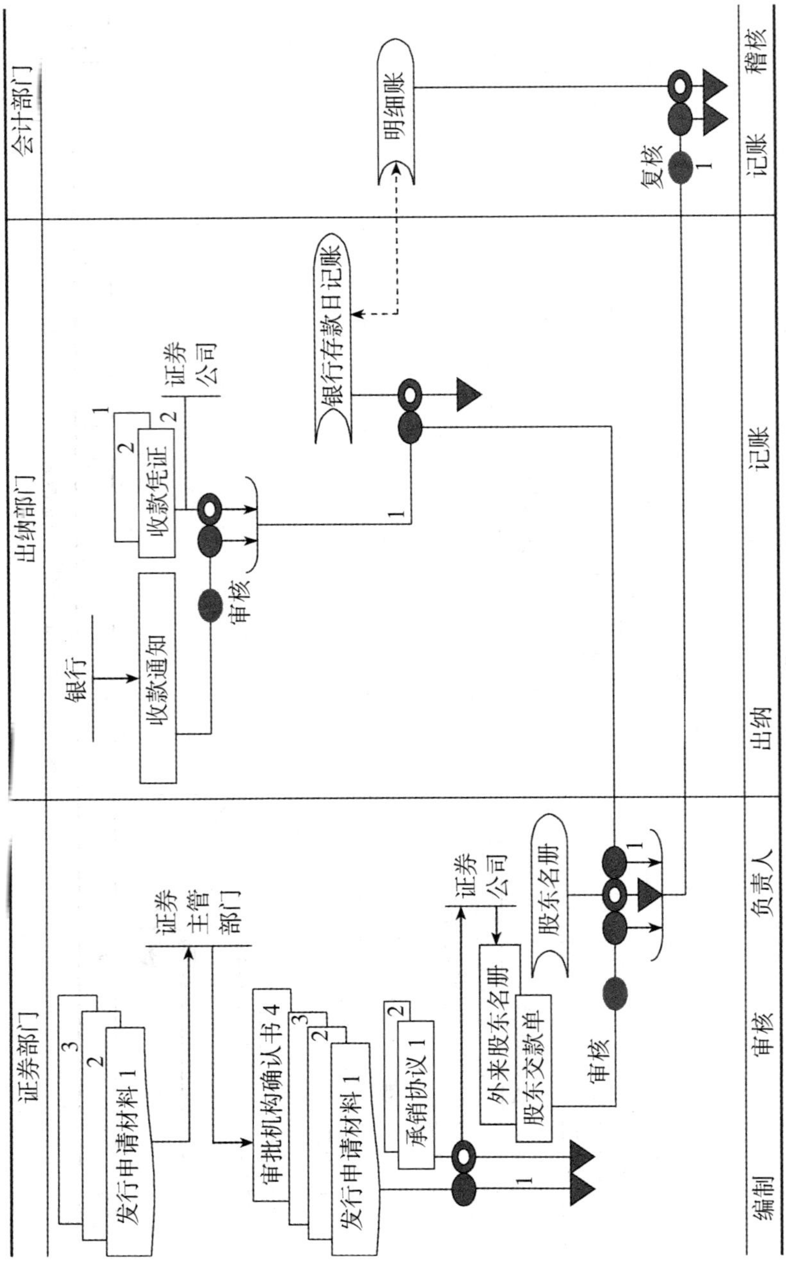

证券部门
出纳部门
会计部门
发行申请材料 1
2
3
证券主管部门
审批机构确认书 4
3
2
发行申请材料 1
承销协议 1
2
证券公司
外来股东名册
股东交款单
股东名册
审核
银行
收款通知
审核
收款凭证
2
1
证券公司
银行存款日记账
明细账
复核
编制
审核
负责人
出纳
记账
记账
稽核

图11-6 股票发行程序

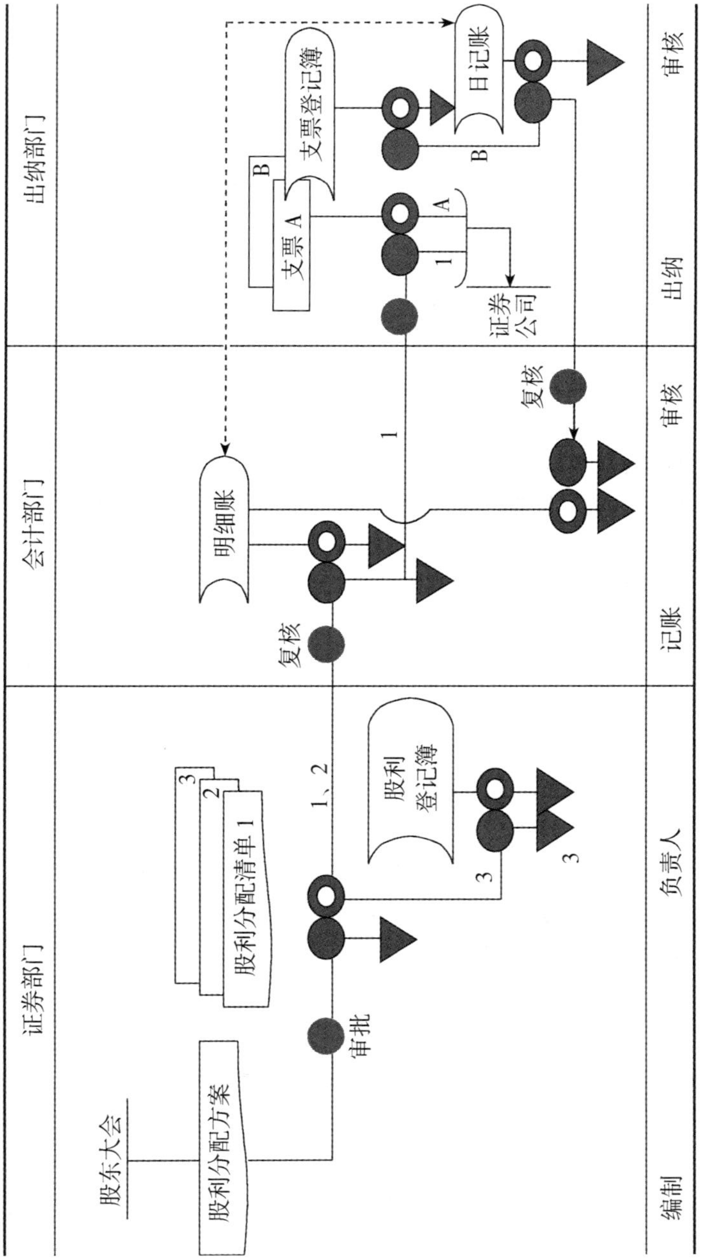
证券部门
会计部门
出纳部门
股东大会
股利分配方案
审批
股利分配清单 1
2
3
1、2
股利登记簿
3
3
复核
明细账
1
支票 A
B
支票登记簿
A
1
证券公司
日记账
B
复核
编制
负责人
记账
审核
出纳
审核

图11-7　股利分配程序

（1）企业证券部门根据通过的股利分配方案进行分配，登记股利登记簿并编制股利分配清单一式三份，一份自留，两份送会计部门。

（2）会计部门对股利分配清单进行复核后，登记应付股利明细账，清单一份自留，一份送出纳部门。

（3）出纳部门收到审核过的股利分配清单后签发支票，连同清单送证券公司委托发放股利，并按支票副本编制付款凭证，据以登记银行存款日记账，付款凭证和支票副本送回会计部门。

（4）会计部门复核登记应付股利明细账，并通知证券部门在股利备查簿中登记股利支付日期，会计部门定期进行账账核对。

该流程的关键控制点有：①股利发行、记录职务分离；②股利分配的清单与股东名册中的股东人数要核对相符；③检查股利支付与股东收款金额的一致性。

（三）债券发行业务程序设计

该流程反映债券发行业务中批准、记账、收款的处理过程。债券发行程序如图11-8所示。

债券发行程序设计的要点是：

（1）企业申请发行债券得到批准后，委托证券公司发行，并签订承销协议（一式两份）。

（2）证券公司受托发行结束后，将交款清单送交企业证券部门，据以填列应付债券明细表，并将交款清单送交会计部门。

（3）出纳部门收到证券公司转来的交款清单和银行收款通知时，经审核后编制收款凭证，并登记银行存款日记账，然后将收款凭证和有关单证交证券部门。

（4）证券部门在应付债券明细表中登记发行日期，并将收款凭证和有关单证转送会计部门，进行相关会计核算。

该流程的关键控制点有：①债券发行、收款记录职务分离；②核对交款清单、应付债券明细表和银行收款通知金额的一致性。

（四）银行借款业务程序设计

银行借款程序如图11-9所示。

银行借款程序设计的要点是：

（1）企业根据生产经营需求提出借款申请审批书送交银行审批。

（2）银行审查批准贷款后，与企业签订借款合同（一式两份），银行据此办理具体借款业务，进行款项划拨。

（3）企业会计部门在借款入账后，根据银行收款通知和借款合同进行相关账务处理。

该流程的关键控制点有：①银行借款审批、收款、记录职务分离；②借款合同需经主管领导审批；③核对银行收款通知和借款合同金额的一致性。

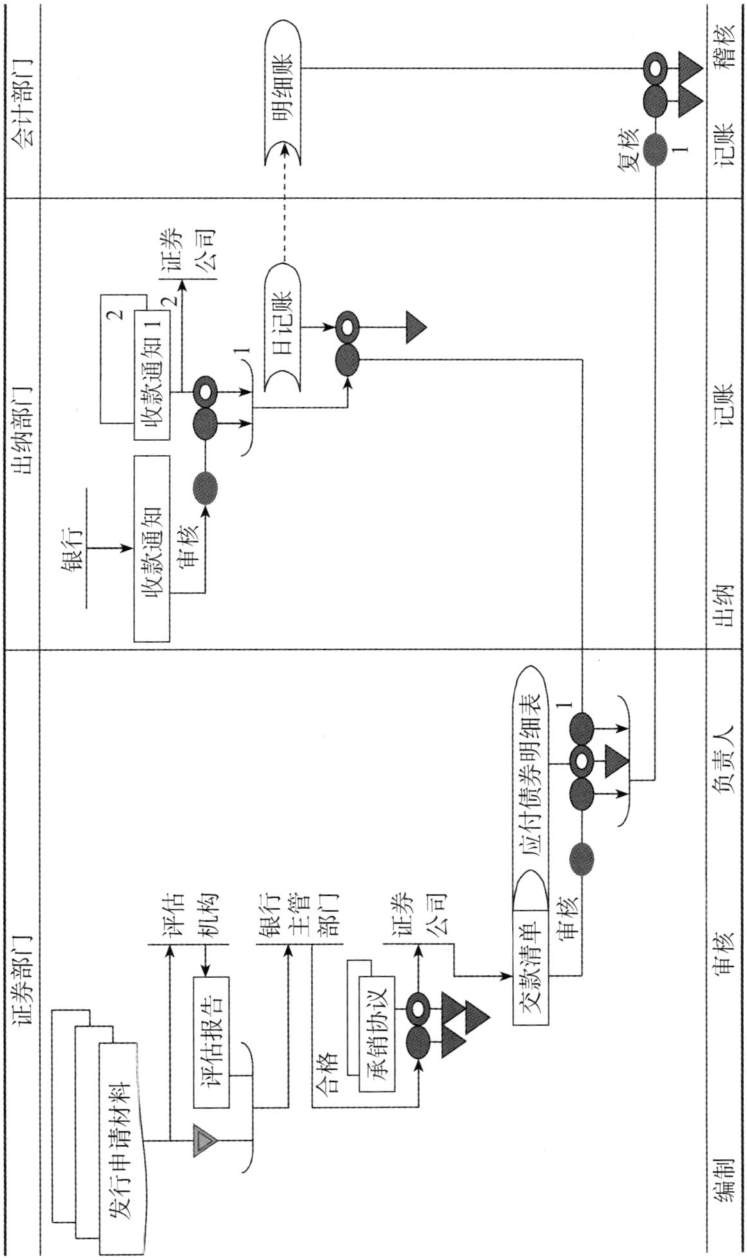
证券部门
出纳部门
会计部门
发行申请材料
评估机构
评估报告
银行主管部门
合格
承销协议
证券公司
交款清单
审核
应付债券明细表
银行
收款通知
审核
收款通知 1
2
证券公司
日记账
明细账
复核
编制
审核
负责人
出纳
记账
记账
稽核

图11-8　债券发行程序

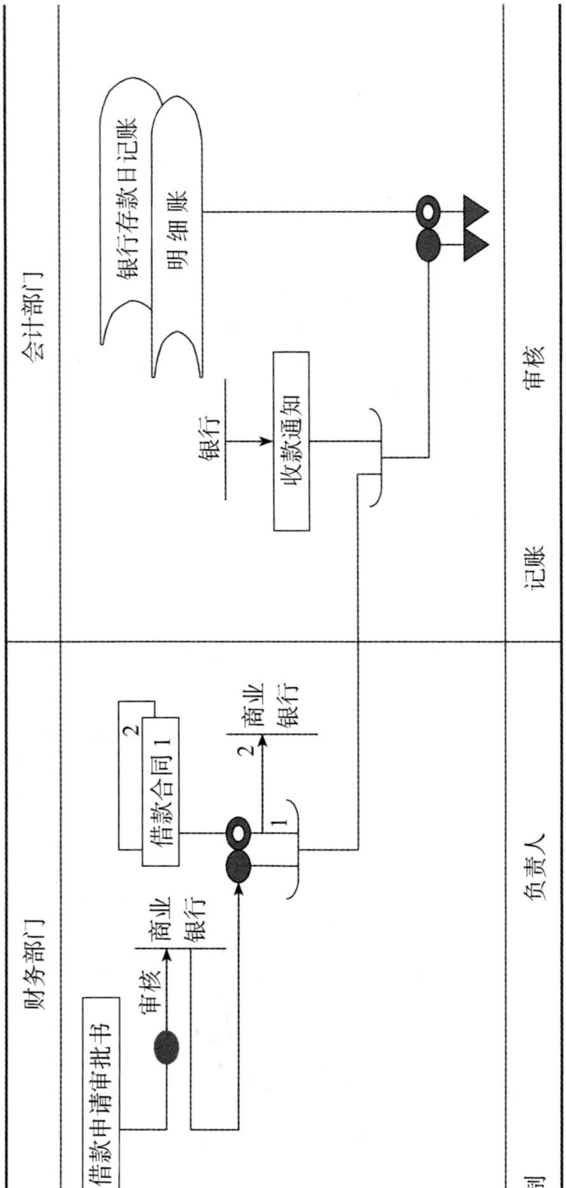
财务部门
会计部门
借款申请审批书
审核
商业银行
借款合同 1
2
1
2
商业银行
银行
收款通知
银行存款日记账
明细账
编制
负责人
记账
审核

图11-9 银行借款程序

本章小结

投资与筹资的业务流程与核算方法设计包括：业务流程设计、会计政策选择的设计和业务核算程序的设计三大部分内容。

投资业务流程的设计对于保护投资资产的安全与完整，正确计量投资价值，反映和监督各类投资的形成、权益及收益的取得、投资收回与投资风险控制的情况以及对投资效益进行科学分析等都具有重要意义。

投资管理的业务流程主要包括：拟订投资方案、投资方案可行性论证及决策、投资计划编制与审批、投资计划实施和投资项目的到期处置五个环节。

筹资业务流程的设计，有利于全面、系统和正确地核算筹资业务，有效监督、控制筹资活动；有利于满足生产经营活动对资金需求的同时，降低资金成本，提高资金使用效率。

筹资管理的业务流程主要包括：提出筹资方案、筹资方案论证、筹资方案审批、筹资计划编制与执行和筹资活动的监督、评价与责任追究五个环节。

投资业务会计政策选择的设计是：以摊余成本计量的金融资产的核算、以公允价值计量且其变动计入其他综合收益的金融资产的核算、以公允价值计量且其变动计入当期损益的金融资产的核算、长期股权投资的核算（成本法与权益法的选择）；核算方法的特点和对比分析。

筹资业务会计政策选择的设计是：负债性筹资业务会计政策的设计（流动负债的会计核算和非流动负债会计核算）；权益性筹资会计政策的设计（吸收直接投资和股票发行）以及负债性筹资和权益性筹资的对比分析。

投资业务核算程序设计主要包括有价证券购入程序设计、有价证券出售程序设计和有价证券投资收益程序设计。

筹资业务核算程序设计主要包括股票发行业务程序设计、股利分配业务程序设计、债券发行业务程序设计和银行借款业务程序设计。

思考题

1. 投资与筹资的业务流程设计目的分别是什么？
2. 投资的业务流程包括哪些环节？
3. 筹资的业务流程包括哪些环节？
4. 如何设计以摊余成本计量的金融资产的核算方法？
5. 如何设计以公允价值计量且其变动计入其他综合收益的金融资产的核算方法？
6. 如何设计以公允价值计量且其变动计入当期损益的金融资产的核算方法？
7. 如何设计长期股权投资的核算方法？
8. 长期股权投资的成本法和权益法有什么区别？
9. 如何设计负债性筹资业务的会计政策的选择？
10. 如何设计权益性筹资业务的会计政策的选择？
11. 负债性筹资和权益性筹资的异同点有哪些？
12. 有价证券购入程序设计的要点有哪些？
13. 有价证券出售程序设计的要点有哪些？
14. 有价证券投资收益设计的要点有哪些？
15. 股票发行业务程序设计的要点有哪些？

16.股利分配业务程序设计的要点有哪些？
17.债券发行业务程序设计的要点有哪些？
18.银行借款业务程序设计的要点有哪些？

练习题

1.单项选择题

(1) 投资业务操作人员与会计人员相分离是为了保证（ ）。

A.会计账簿对有价证券的安全进行有效监控

B.业务运行和会计记录的相互核对与控制

C.防范投资决策风险

D.审批人员客观地分析投资的可行性、合理性

(2) 在长期股权投资中，实际支付的价款中包含的已宣告但尚未领取的现金股利时，应通过（ ）账户进行核算。

A.“应付股利” B.“长期股权投资”

C.“长期股权投资——损益调整” D.“应收股利”

(3) 在投资业务管理制度的选择过程中，企业管理该金融资产的业务模式既以收取合同现金流量为目标又以出售该金融资产为目标，且该金融资产的合同条款规定，在特定日期产生的现金流量，仅为对本金和以未偿付本金金额为基础的利息的支付，那么企业应该选择的核算方法是（ ）。

A. 以公允价值计量且其变动计入当期损益的金融资产的核算

B. 以公允价值计量且其变动计入其他综合收益的金融资产的核算

C. 以摊余成本计量的金融资产的核算

D. 长期股权投资的核算

(4) 交易性金融负债应当按照（ ）进行初始计量。

A.取得时的公允价值计量

B.取得时的公允价值和相关交易费用之和计量

C.取得被合并方所有者权益账面价值的份额计量

D.实际收到的价款计量

(5) 在有价证券的业务处理过程中，出纳部门编制收款凭证并登记银行存款日记账的根据是银行转来的收款通知和会计部门转来的（ ）。

A.证券投资目录 B.证券购入通知单

C.证券出售通知单 D.银行存款日记账

(6) 筹资业务会计核算程序设计不包括（ ）。

A.股票发行业务程序设计 B.债券发行业务程序设计

C.股利分配业务程序设计 D.债券出售（处置）业务程序设计

2.多项选择题

(1) 投资与筹资业务流程的设计有利于（ ）。

A.规范与企业筹资管理有关的各项工作 B.加强筹资管理和财务监控

C.控制筹资风险 D.提高企业筹资能力

(2) 企业对外发行的债券，在计算每期实际利息费用时，应考虑的内容包括（ ）。

A.债券折价摊销额　　B.债券溢价摊销额　　C.应计利息

D.债券手续费　　E.债券印刷费

(3) 我国《企业会计制度》规定，企业持有的长期股权投资在（　　）情况下应采用成本法核算。

A.投资企业对被投资企业无控制、无共同控制且无重大影响

B.不准备长期持有被投资单位的股份

C.准备长期持有被投资单位的股份

D.被投资单位在严格的限制条件下经营，其向投资企业转移资金的能力受到限制

(4) 我国《企业会计准则》中规定，应当划分为以公允价值计量且其变动计入其他综合收益的金融资产需要同时满足的条件有（　　）。

A.企业管理该金融资产的业务模式以收取合同现金流量为目标

B.企业管理该金融资产的业务模式以出售该金融资产为目标

C.该金融资产的合同条款规定，在特定日期产生的现金流量，仅为对本金和以未偿付本金金额为基础的利息的支付

D.企业管理该金融资产的业务模式既以收取合同现金流量为目标又以出售该金融资产为目标

(5) 下列关于长期借款费用处理方法的描述，不正确的是（　　）。

A.对因购建固定资产而专门借入的款项所发生的利息，在固定资产达到预定可使用状态前发生的，应当予以资本化

B.对因购建固定资产而专门借入的款项所发生的利息，在固定资产达到预定可使用状态前发生的，于发生当期直接计入当期财务费用

C.对因专门借款而发生的辅助费用，如果金额较小，可于发生当期确认为费用

D.除专门借款以外安排其他借款所发生的借款利息，属于企业正常经营过程中发生的，应计入当期财务费用

E.除专门借款以外安排其他借款所发生的借款利息，属于企业正常经营过程中发生的，计入长期待摊费用

(6) 负债性筹资和权益性筹资的不同点是（　　）。

A.债权人与股东在投票权方面存在权利大小的不同

B.债权人与股东对公司的剩余索取权不同

C.债权人与股东对权益主张的顺序不同

D.负债性融资和权益性融资的成本不同

E.负债性融资和权益性融资对股东权益的影响不同

(7) 有价证券出售业务的核算程序包括如下几个步骤，请指出错误的排列顺序（　　）。

①会计部门收到证券公司转来的“证券出售通知单”后进行审核，并交出纳部门

②投资业务部门根据证券市场价格及企业投资目标的实现程度，提出证券出售申请，经审批后编制“证券出售通知单”办理证券的卖出手续

③出纳部门根据会计部门转来的“证券出售通知单”及银行转来的收款通知编制收款凭证，并登记银行存款日记账

④会计部门根据出纳部门转来的收款凭证及有关原始凭证，登记有关账簿及有价证券登记簿

A.①②③④　　B.②①④③　　C.②①③④

D.③④①②　　　　　　E.①③④②

3.判断题

（1）董事会对筹资计划和实施细则的审核结果，可以口头形式存在。（　）

（2）在取得以公允价值计量且其变动计入当期损益的金融资产时，已宣告但尚未发放的现金股利或已到付息期但尚未领取的债券利息应计入以公允价值计量且其变动计入当期损益的金融资产的初始确认金额。（　）

（3）除专门借款以外安排其他借款，所发生的借款利息、溢价或折价的摊销、汇兑差额和辅助费用，一律于发生当期确认为费用。（　）

（4）企业投资购入的股票、债券或核准后已印刷好但尚未发行的股票、债券一般需要自行保管。（　）

（5）公司回购股票支付的价款低于面值总额的部分，可增加资本公积。（　）

业务题

资料　华光公司有一笔闲置资金，公司董事会打算进行一项长期股权投资活动，由于投资活动存在巨大的风险，公司建立了严格的投资调查审批制度，并有严密的业务处理程序，根据实际情况，公司采用了权益法进行核算。

要求：

（1）请设计一套符合华光公司实际情况的证券购入业务处理程序。

（2）请设计华光公司在初始投资时的账务处理方法。

（3）设想一下，华光公司为什么会采取权益法进行核算？

（4）假设华光公司的资金不足，需要处置手里的部分有价证券，请设计一套处置有价证券的业务处理程序。

案例分析题

［案例11-1］

资料：1997年11月，八佰伴集团在中国香港宣告破产，它是最早与我国零售业合资的日方企业，北京赛特、上海第一百货都有其股份，其业务分布在美国、新加坡以及中国香港等16个国家和地区。导致八佰伴破产的根本原因是企业高投资带来的资金周转不灵。1982年，八佰伴发行870亿日元可转换债券和附认股权债券，将募集到的资金投入到国际性扩张中。到1993年，八佰伴共有负债约770亿日元，高达销售额的5倍。因股市低迷，债转股工作进展缓慢，对八佰伴形成了巨大的偿债压力。从1994年开始的3年经营计划中，八佰伴原本预计实现现金流量大约为300亿日元，而该阶段投资则高达900亿日元。为挽回局面，八佰伴当时将位于中国香港的不动产进行处置，将当时预计于1995年12月在上海完成的总价1 500万美元的购物中心进行处置，并且预计在股价恢复后再发行100亿日元的附认股权债券。然而，随着泡沫经济的崩溃，八佰伴集团最终未能起死回生。

要求：资金流量在企业投资决策中有什么作用？如何降低资金流量引发的经营风险？

［案例11-2］

资料：韩国第二大企业集团大宇集团（简称“大宇”）于1999年11月1日向新闻界正式宣布，该集团董事长金宇中以及14名下属公司的总经理决定辞职，以表示“对大宇集团的债务危机负责，并为推行结构调整创造条件”。韩国媒体认为，这意味着“大宇集团解体进程已经完成”“大宇集团已经消失”。

大宇集团于1967年开始奠基建厂。经过30年的发展，通过政府政策、银行信贷的支持和在海内外的大力并购，大宇集团成为规模直逼现代集团的庞大商业帝国。1998年年底，大宇集团的总资产高达640亿美元，营业额占韩国GDP的5%；业务涉及贸易、汽车、电子、通用设备、重型机械、化纤和造船等众多行业；国内所属企业曾多达41家，海外公司数量创下过600家的记录，鼎盛时期，大宇集团的海外雇员多达几十万人，“大宇”成为国际知名品牌。大宇集团是“章鱼足式”扩张模式的积极推行者，认为企业规模越大，就越能立于不败之地，即所谓的“大马不死”。据报道，1993年金宇中提出“世界化经营”战略时，大宇在海外的企业只有15家，而到1998年年底已增至600多家，“等于每3天增加一家企业”。还有更让韩国人为大宇着迷的是，在韩国陷入金融危机的1997年，大宇不仅没有被危机压倒，反而在国内的集团排名中由第4位上升到了第2位，金宇中本人也被美国《幸福》杂志评为亚洲风云人物。

1997年年底，韩国发生金融危机后，其他企业集团都开始收缩规模，但大宇仍然我行我素，结果债务越背越重。尤其是到了1998年年初，韩国政府提出“五大企业集团进行自律结构调整”方针后，其他集团把结构调整的重点放在改善财务结构方面，努力减轻债务负担。大宇却认为，只要提高开工率，增加销售额和出口就能躲过这场危机。因此，它继续大量发行债券，进行“借贷式经营”。1998年大宇发行的公司债券达7万亿韩元（约58.33亿美元）。1998年第四季度，大宇的债务危机已初露端倪，在各方援助下才避过了债务灾难。此后，在严峻的债务压力下，大梦方醒的大宇虽进行了种种努力，但为时已晚。1999年7月中旬，大宇向韩国政府发出求救信号，同年7月27日，大宇因“延迟重组”被韩国4家债权银行接管，到了8月11日，大宇在压力下屈服，降价出售两家财务出现问题的公司，8月16日，大宇与债权人达成协议（简称“8月16日协议”），在1999年年底前，出售盈利能力最佳的大宇证券公司以及大宇电器公司、大宇造船公司和大宇建筑公司等，大宇的汽车项目资产免遭处理。“8月16日协议”的达成，表明大宇已处于破产清算前夕，处于生死存亡的险境。由于在此后的几个月中，经营状况依然得不到改善，资产负债率仍然居高不下，大宇最终上演了本文开头所述的那一幕。

要求：如何认识举债经营对企业的影响？如何降低企业筹资业务所引发的风险？

第十二章　固定资产、无形资产的业务流程与核算方法设计

学习目标

通过本章学习，学生需要在了解固定资产、无形资产的业务特点及业务流程设计目的的基础上，掌握固定资产、无形资产业务流程的基本环节；掌握固定资产、无形资产的会计政策选择的设计；掌握固定资产业务核算程序的设计内容与要点。

思政课堂

掌握财经法律规范，及时更新财税知识

固定资产是指同时具有下列特征的有形资产：为生产商品、提供劳务、出租或经营管理而持有的，使用寿命超过一个会计年度。固定资产是企业生产经营的主要劳动资料，是企业创造财富不可或缺的手段。无形资产是指企业拥有或者控制的没有实物形态的可辨认非货币性资产。随着科学技术的迅猛发展，无形资产在企业的经营管理中发挥着越来越重要的作用。

通过固定资产业务流程设计与核算规程的设计，强化固定资产投资效益的管理、减少投资风险、保证固定资产的安全完整及合理使用。通过无形资产业务流程设计与核算规程的设计，可以保证无形资产取得、摊销的真实性、合法性和客观性，正确揭示无形资产信息，从而最大限度地发挥无形资产在企业经营管理中的作用。

第一节　固定资产、无形资产的业务流程设计

拥有一定数量和规模的固定资产和无形资产是企业开展生产经营活动的前提和基础。通常情况下，固定资产和无形资产在企业资产中所占比重较高。因此，建立必要的业务流程不仅对固定资产、无形资产的正确核算有重大影响，而且直接影响企业的财务状况和经营成果的准确性，也影响资产的安全性、完整性以及效用性。企业应根据固定资产、无形资产的业务特点，合理设计业务流程。

一、固定资产的业务流程设计

（一）固定资产业务的特点及业务流程设计目的

1.固定资产业务特点

固定资产是企业的重要经济资源，其业务主要有以下几个方面的特点：

（1）固定资产具有价值大、使用周期长的特点，其业务所涉及的部门较多，因此，固定资产业务需要一套科学合理的管理系统，从采购、使用到最后的报废清理，需要合理统一执行程序。

（2）固定资产的价值转移主要通过固定资产折旧的方式实现。因此，折旧方法的选择在固定资产日常管理活动中的意义重大。

2. 固定资产的业务流程设计目的

企业应根据固定资产的特点和管理要求，建立健全企业固定资产业务的相关管理和监督流程。企业固定资产业务流程的相关要求主要有：

（1）切实加强固定资产管理，合理配置、正确使用各类固定资产，保护固定资产的安全与完整，提高固定资产的使用和效率。

（2）及时发现和纠正固定资产业务中可能出现的错弊，监督固定资产业务核算的合规性和恰当性。

（二）固定资产业务流程①

完善的固定资产业务流程应包括：取得、验收移交、日常维护、更新改造和淘汰处置等五个环节，固定资产的业务流程图如图12-1所示。

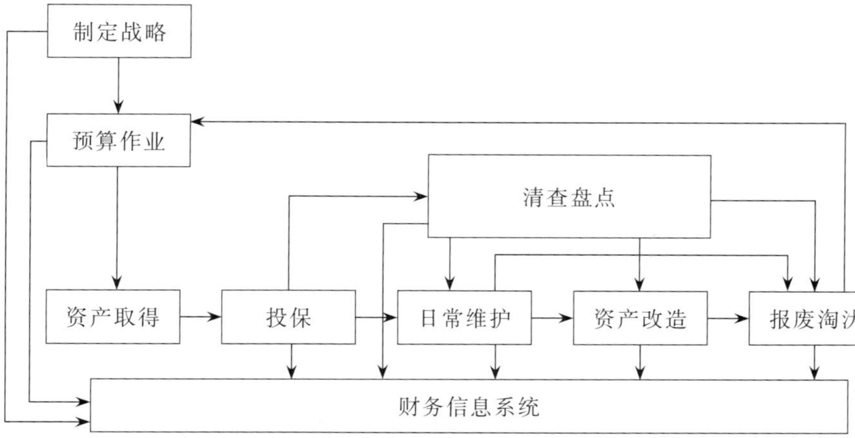

图12-1　固定资产的业务流程图

1. 固定资产取得

（1）财务部门制定固定资产预算审批、申购、采购、报销、报损及盘存制度。

（2）管理层对固定资产管理制度草案进行修改、补充、审定，并将制度下发各部门执行。

（3）设备管理部门结合实际情况制订固定资产申购计划与预算清单，预算清单中应详细列明申报物品的名称、规格、数量，并提供与市场价格相符的预算报价。

（4）财务部门按照制度进行比价，并对各部门上报的申购计划进行合理性、可行性审核，将审核后的申购计划提交管理层审批。

① 根据财政部颁布的《企业内部控制应用指引第8号——资产管理》以及《保障企业资产安全 全面提升资产效能——财政部会计司解读〈企业内部控制应用指引第8号——资产管理〉》编写。

（5）审批完成后，设备管理部门按管理层审核通过的申购计划制订固定资产采购计划并将采购货物的发票、合同等相关文件资料送至财务部门留存，确保所购设备符合采购计划或批件的要求。

该环节的主要风险是：①新增固定资产验收程序不规范，可能导致资产质量不符要求、进而影响资产运行。②固定资产投保制度不健全，可能导致应投保资产未投保、索赔不力，不能有效防范资产损失风险。

主要管控措施：①建立严格的固定资产交付使用验收制度。②重视和加强固定资产的投保工作。

2. 资产登记造册

企业取得每项固定资产后均需要进行详细登记，编制固定资产目录，建立固定资产卡片，便于固定资产的统计、检查和后续管理。

送达财务部门的购货发票必须经管理层审核，财务部门还需核对发票的相关信息，并根据相关情况及时作出调整。经审核无误的购货发票由财务部门办理报销手续，进行货款结算，同时办理固定资产入账手续；设备部门建立固定资产卡片，注明固定资产的归属单位以及名称、规格、价格、数量、购置时间等详细资料，并根据固定资产卡片记录情况，建立固定资产台账。

该环节的主要风险是：固定资产登记内容不完整，可能导致资产流失、资产信息失真、账实不符。主要管控措施：

（1）根据固定资产的定义，制定适合本企业的固定资产目录，或固定资产卡片，应列明固定资产编号、名称、种类、所在地点、使用部门、责任人、数量、账面价值、使用年限、损耗等内容。

（2）固定资产目录和卡片均应定期或不定期复核，保证信息的真实和完整。

3. 固定资产运行管理

（1）财务部门入账后进行固定资产总账及明细账的核算，应定期核对固定资产的账目（一般每半年一次），确保固定资产台账与设备部、行政部等设备使用或管理部门台账相符，并且与设备部建立的固定资产账目进行对应。

（2）设备部根据各部门提交的固定资产报废、转移、折旧、报废报告及时对固定资产进行清理、核对，并报管理层审批。

（3）依据批示，财务部门调整固定资产账目，设备部变更固定资产卡片和台账。

该环节的主要风险是：固定资产操作不当、失修或维护过剩，可能造成资产使用效率低、产品残次率高，甚至发生生产事故，或资源浪费。主要管控措施：

（1）建立固定资产运行管理档案，并据以制订合理的日常维修和大修理计划。

（2）固定资产实物管理部门审核施工单位资质和资信，并建立管理档案；重大项目应专项审计。

（3）企业生产线等关键设备的操作人员上岗前应由具有资质的技术人员对其进行充分的岗前培训，保证资产使用流程与既定操作流程相符，确保安全运行，提高使用效率。

4. 固定资产升级改造

（1）企业需要定期或不定期对固定资产进行升级改造，以便不断提高产品质量，开发新品种，降低能源资源消耗，保证生产的安全环保。

（2）固定资产更新有部分更新与整体更新两种情形，部分更新的目的通常包括局部技术改造、更换高性能部件、增加新功能等方面，需权衡更新活动的成本与效益综合决策；整体更新主要指对陈旧设备的淘汰与全面升级，更侧重于资产技术的先进性，符合企业的整体发展战略。

该环节的主要风险是：固定资产更新改造不够，可能造成企业产品线老化、缺乏市场竞争力。主要管控措施：

（1）定期结合盈利能力和企业发展可持续性对固定资产技术先进性进行评估。

（2）管理部门需对技改方案实施过程适时监控、加强管理，有条件企业建立技改专项资金并定期或不定期审计。

5. 资产清查

财务部门应组织各部门于一定时间（最好是半年、至少是一年）对企业的固定资产进行一次全面、详细的盘点；对账、物进行认证核对，编制固定资产盘存盘盈表，详细说明盈亏原因，由盘点部门与使用部门双方签字，装订成册。将最终盘点结果整理、汇总，交管理层审定，管理层相关人员对盘点报告提出处理意见并签字。由于疏于管理而造成的损失，要对责任人提出行政处罚及索赔意见。

该环节的风险主要是：固定资产丢失、毁损等造成账实不符、或资产贬值严重。主要管控措施：

（1）财务部门组织固定资产使用部门和管理部门定期进行清查，明确资产权属，确保实物与卡、财务账表相符。

（2）在清查结束后，清查人员需要编制清查报告，管理部门需就清查报告进行审核，确保真实性、可靠性。

6. 固定资产处置

（1）对使用期满、正常报废的固定资产，应由固定资产使用部门或管理部门填制固定资产报废单，经企业授权部门或人员批准后对该固定资产进行报废清理。

（2）对使用期限未满、非正常报废的固定资产，应由固定资产使用部门提出报废申请，注明报废理由、估计清理费用和可回收残值、预计处置价格等。企业应组织有关部门进行技术鉴定，按规定程序审批后进行报废清理。

（3）对拟出售或投资转出及非货币交换的固定资产，应由有关部门或人员提出处置申请，对固定资产价值进行评估，并出具资产评估报告。报经企业授权部门或人员批准后予以出售或转让。

（4）对出租的固定资产由相关管理部门提出出租或出借的申请，写明申请的理由，并由相关授权人员和部门就申请进行审核。审核通过后应签订出租或出借合同，包括合同双方的具体情况，出租的原因和期限等内容。

该环节的主要风险是：固定资产处置方式不合理，可能造成企业经济损失。

主要管控措施：企业应当建立健全固定资产处置的相关制度，区分固定资产不同的处置方式，采取相应控制措施,确定固定资产处置的范围、标准、程序和审批权限，保证固定资产处置的科学性，使企业的资源得到有效的运用。

二、无形资产的业务流程设计

（一）无形资产业务的特点和业务流程设计目的

1.无形资产业务的特点

（1）无形资产是一种特殊的商品，具有价值和使用价值，会给企业带来巨大的经济效益。相比于其他资产，无形资产需要采取一定的保护措施，因此，设计无形资产业务时需考虑相关保护措施，防止企业资源流失。

（2）相对于其他资产，无形资产价值的波动性较大，因此，应加强对无形资产价值的合理“测量”，及时对无形资产作出合理调整。

2.无形资产的业务流程设计目的

企业应根据无形资产的特点和管理要求，建立健全企业无形资产业务的相关管理和监督流程。企业无形资产业务流程设计的主要目的有：

（1）明确职责分工、权限范围和审批程序，规范无形资产管理，梳理无形资产各项作业程序，提高无形资产管理工作效率与效能。

（2）确保无形资产确认、计量、报告、取得、使用、保护、处置等各项工作合理合法，决策科学，降低无形资产管理的风险，维护企业权益。

（3）防止并及时发现和纠正无形资产业务中的各种差错和弊端，提高无形资产的经济效益。

（二）无形资产的业务流程[①]

企业从取得到处置无形资产的过程主要包括：无形资产的取得、验收并落实权属、自用或授权其他单位使用、安全防范、技术升级与更新换代、处置与转移等环节，无形资产的业务流程图如图12-2所示。

1.无形资产的取得与验收

无形资产的取得与验收环节的主要风险是:取得的无形资产不具先进性，或权属不清，可能导致企业资源浪费或引发法律诉讼。主要管控措施：

（1）企业应当建立严格的无形资产交付使用验收制度，明确无形资产的权属关系，及时办理产权登记手续。

（2）企业外购无形资产，必须仔细审核有关合同协议等法律文件，及时取得无形资产所有权的有效证明文件，同时特别关注外购无形资产的技术先进性。

（3）企业自行开发的无形资产，应由研发部门，无形资产管理部门、使用部门共同填制无形资产移交使用验收单，移交使用部门使用。

（4）企业购入或者以支付土地出让金方式取得的土地使用权，必须取得土地使用权的有效证明文件。

---

① 根据财政部颁布的《企业内部控制应用指引第8号——资产管理》以及《保障企业资产安全 全面提升资产效能——财政部会计司解读〈企业内部控制应用指引第8号——资产管理〉》编写。

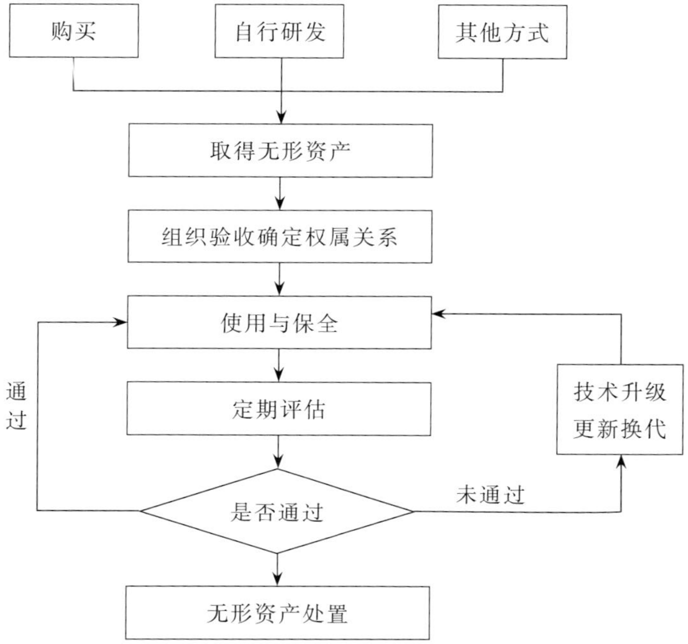

图 12-2　无形资产的业务流程图

（5）当无形资产权属关系发生变动时，应当按照规定及时办理权证转移手续。

2. 无形资产的使用与保全

（1）日常管理与检查。

财务部门与无形资产使用单位必须严格执行无形资产管理制度，做好无形资产使用与保全管理工作，涉及的主要内容有：检查无形资产使用等相关记录是否完整；检查无形资产账面与实际价值是否相符以及二者间差异的调整情况；检查无形资产的使用价值、经济效益等，判断是否符合处置等标准；对无形资产的使用情况进行分析并编制检查分析报告。

（2）使用跟踪与报告。

在规定期限内编制无形资产使用报告，总结无形资产的使用情况、经济效益、风险规避等。财务部审查评估无形资产使用单位的使用报告，提出改进意见与建议，并报告管理层审核。审核通过后，财务部与无形资产使用单位进行工作改进，提高无形资产的使用效率与经济效益。

该环节的主要风险是：①无形资产使用效率低，效能发挥不到位。②缺乏严格的保密制度，致使体现在无形资产中的商业机密泄漏。③对商标等无形资产疏于管理，导致其他企业侵权，严重损害企业利益。主要管控措施：

（1）强化无形资产使用过程的风险管控，充分发挥无形资产对提升企业产品质量和市场影响力的重要作用。

（2）建立健全无形资产核心技术保密制度，对技术资料等无形资产的保管及接触应保有记录，实行责任追究，保证无形资产的安全与完整。

（3）对侵害本企业无形资产的，要积极取证并形成书面调查记录，提出维权对策，按规定程序审核并上报。

3.无形资产的技术升级与更新换代

该环节的主要风险是：无形资产内含的技术未能及时升级换代，导致技术落后或存在重大技术安全隐患。主要管控措施：

（1）企业应当定期对专利、专有技术等无形资产的先进性进行评估。

（2）发现某项无形资产给企业带来经济利益的能力受到重大不利影响时，应当考虑淘汰落后技术，同时加大研发投入，不断推动企业自主创新与技术升级，确保企业在市场经济竞争中始终处于优势地位。

4.无形资产的处置

（1）处置方案的编制与审批。

根据检查分析情况，结合企业无形资产处置范围、权限、标准等，提出处置意见。组织相关人员对处置意见进行审查、论证，确保检查技术鉴定论证过程透明合理，编制处置方案，报管理层审核。

（2）无形资产账务处理。

财务部门与无形资产使用单位共同处置无形资产，在处置过程中应当按照法律法规及企业相关规定办理无形资产转让、报废等手续，应当遵循公开、公正、公平的原则，严格履行审批手续，未经批准不得自行处置无形资产。监督无形资产使用单位处理无形资产，确保无形资产得到合法处理，根据处理结果，按照会计准则进行无形资产账务处理。

该环节的主要风险在于：①无形资产长期闲置或低效使用，就会逐渐失去其使用价值；②无形资产处置不当，往往造成企业资产流失。主要管控措施：

（1）企业应当建立无形资产处置的相关管理制度，明确无形资产处置的范围、标准、程序和审批权限等要求。

（2）无形资产的处置应由独立于无形资产管理部门和使用部门的其他部门或人员按照规定的权限和程序办理。

（3）应当选择合理的方式确定处置价格，并报经企业授权部门或人员审批。

（4）重大的无形资产处置，应当委托具有资质的中介机构进行资产评估。

第二节　固定资产、无形资产的会计管理制度设计

一、固定资产的会计管理制度设计

固定资产业务的核算，需设置“固定资产”“在建工程”“工程物资”“累计折旧”“固定资产清理”等账户。

（一）固定资产取得的核算方法

固定资产取得的会计核算方法主要是固定资产入账价值的确定。固定资产在取得时，应按取得时的成本入账。固定资产取得时的成本应当根据具体情况分别确定：

（1）外购固定资产的成本，包括购买价款，相关税费（相关的增值税进项税额可以抵扣），使固定资产达到预定可使用状态前所发生的可归属于该项资产的运输费、装卸费、安装费和专业人员服务费等。

（2）自行建造的固定资产，按建造该项资产达到预定可使用状态前所发生的全部支出，作为入账价值。

（3）投资者投入固定资产的成本，应当按照投资合同或协议约定的价值确定，但合同或协议约定价值不公允的除外。

（4）租入的固定资产。企业执行《企业会计准则第21号——租赁》（2018）后，承租方除短期租赁和低价值资产租赁外，不再区分经营经营和融资租赁，应当对租赁确认使用权资产和租赁负债。在租赁期开始日，承租人应当按照成本对使用权资产进行初始计量，该成本包括以下四项：①租赁负债的初始计量金额。②在租赁期开始日或之前支付的租赁付款额；存在租赁激励的，应扣除已享受的租赁激励相关金额。③承租人发生的初始直接费用。④承租人为拆卸及移除租赁资产、复原租赁资产所在场地或将租赁资产恢复至租赁条款约定状态预计将发生的成本。租赁负债按照租赁期开始日尚未支付的租赁付款额的现值进行初始计量，在计算租赁付款额的现值时，承租人应当采用租赁内含利率作为折现率；无法确定租赁内含利率的，应当采用承租人增量借款利率作为折现率。

租赁付款额是指承租人向出租人支付的与在租赁期内使用租赁资产的权利相关的款项，包括：①固定付款额及实质固定付款额，存在租赁激励的，扣除租赁激励相关金额。②取决于指数或比率的可变租赁付款额，该款项在初始计量时根据租赁期开始日的指数或比率确定。③购买选择权的行权价格，前提是承租人合理确定将行使该选择权。④行使终止租赁选择权需支付的款项，前提是租赁期反映出承租人将行使终止租赁选择权。⑤根据承租人提供的担保余值预计应支付的款项。

（5）在原有固定资产的基础上进行改建、扩建的，按原固定资产的账面价值，加上由于改建、扩建而使该项资产达到预定可使用状态前发生的支出，减去改建、扩建过程中发生的变价收入，作为入账价值。

（6）债务重组取得的固定资产。企业接受的债务人以非现金资产抵偿债务方式取得的固定资产，或以应收债权换入的固定资产，其成本包括放弃债权的公允价值和使该资产达到预定可使用状态 前所发生的可直接归属于该资产的税金、运输费、装卸费、安装费、专业人员服务 费等其他成本。

（7）以非货币性资产交换换入的固定资产，应按以下规定确定其入账价值：

①非货币性资产交换同时满足下列条件的，应当以公允价值为基础计量：A.该项交换具有商业实质；B.换入资产或换出资产的公允价值能够可靠地计量。判断非货币性资产交换具有商业实质与否的条件是：换入资产的未来现金流量在风险、时间分布或金额方面与换出资产显著不同；使用换入资产所产生的预计未来现金流量现值与继续使用换出资产不同，且其差额与换入资产和换出资产的公允价值相比

是重大的。若涉及补价：A.支付补价的，应当以换出资产的公允价值，加上支付补价的公允价值和应支付的相关税费，作为换入资产的成本，换出资产的公允价值与其账面价值之间的差额计入当期损益。B.收到补价的，以换出资产的公允价值，减去收到补价的公允价值，加上应支付的相关税费，作为换入资产的成本，换出资产的公允价值与其账面价值之间的差额计入当期损益。

②非货币性资产交换不满足以上条件的，应当以账面价值为基础计量。对于换入资产，企业应当以换出资产的账面价值和支付的相关税费作为换入资产的初始计量金额；对于换出资产，终止确认时不确认损益。若涉及补价：A.支付补价的，以换出资产的账面价值，加上支付补价的账面价值和应支付的相关税费，作为换入资产的初始计量金额，不确认损益。B.收到补价的，以换出资产的账面价值，减去收到补价的公允价值，加上应支付的相关税费，作为换入资产的初始计量金额，不确认损益。

（8）接受捐赠的固定资产，应按以下规定确定其入账价值：

①捐赠方提供了有关凭据的，按凭据上标明的金额加上应支付的相关税费，作为入账价值。

②捐赠方没有提供有关凭据的，应按如下顺序确定其入账价值：同类或类似固定资产存在活跃市场的，按同类或类似固定资产的市场价格估计的金额，加上应支付的相关税费，作为入账价值；同类或类似固定资产不存在活跃市场的，按该接受捐赠的固定资产的预计未来现金流量现值，作为入账价值。

③如受赠的是旧的固定资产，按照上述方法确认的价值，减去按该项资产的新旧程度估计的价值损耗后的余额，作为入账价值。

（9）盘盈的固定资产，按同类或类似固定资产的市场价格，减去按该项资产的新旧程度估计的价值损耗后的余额，作为入账价值。

（10）存在弃置费用的固定资产，应按以下规定确定其入账价值。对于特殊行业的特殊固定资产，确定其初始成本时，还应考虑弃置费用。弃置费用通常是指根据国家法律和行政法规、国际公约等规定，企业承担的环境保护和生态恢复等义务所确定的支出，如核电站核设施等的弃置和恢复环境义务。

弃置费用的金额与其现值比较差额通常较大，需要考虑货币时间价值，对于这些特殊行业的特殊固定资产，企业应当根据《企业会计准则第13号——或有事项》，按照现值计算确定应计入固定资产成本的金额和相应的预计负债。在固定资产的使用寿命内按照预计负债的摊余成本和实际利率计算确定的利息费用应当在发生时计入财务费用。

（二）固定资产折旧的核算

1.固定资产折旧的提取范围

（1）固定资产计提折旧的空间范围。下列固定资产应当计提折旧：房屋和建筑物；在用的机器设备、仪器仪表、运输工具、工具器具；季节性停用、大修理停用的固定资产；租赁资产和以经营租赁方式租出的固定资产。达到预定可使用状态应当计提折旧的固定资产，在年度内办理竣工决算手续的，应当按照实际成本调整原来的暂估价值，并调整已计提的折旧额，作为调整当月的成本、费用处理。在年度内尚未办理竣工决算的，则应当按照估计价值暂估入账，并计提折旧，待办理了竣工决算手续后，再按照实际成本调整原来的暂估价值，但不需要调整原已计提的折旧额。

下列固定资产不计提折旧：已提足折旧继续使用的固定资产、处于更新改造过程停止使用的固定资产等。

（2）固定资产计提折旧的时间范围。由于企业要按月计算利润，按权责发生制和配比原则，固定资产应按月计提折旧。在计提折旧时，对于在月份中间投入使用或退出的固定资产，原则上应按固定资产的实际使用天数计算最为合理，但这样势必使计算工作量加大，再加上企业月份中间投入使用和退出的固定资产也是相对均衡的，因此，现行制度都规定，固定资产计提折旧以月初应计提折旧的固定资产原价为依据，当月增加的固定资产当月不计提折旧，从下月起开始计提折旧；当月减少的固定资产当月照提折旧，从下月起停止计提折旧。

固定资产提足折旧后，不论能否继续使用，均不再提取折旧；提前报废的固定资产，也不再补提折旧。所谓提足折旧，是指已经提足该项固定资产应提的折旧总额。应提的折旧总额为固定资产原价减去预计残值加上预计清理费用。

2.固定资产折旧的计算方法

企业应当根据自身固定资产的性质和消耗方式，合理地确定固定资产使用年限、预计净残值，并根据科技发展、环境及其他因素的变化，选择恰当的折旧计算方法。折旧的计算方法可以采用平均年限法、工作量法、年数总和法、双倍余额递减法等。

平均年限法也称直线法，它认为折旧是因时间的推移所带来的陈旧和破坏，并非使用造成的磨损，所以不管固定资产如何使用，认为它在各个会计期间的服务总成本是相同的。平均年限折旧法模式简单，但它忽略了折现因素，按直线法计算的净利，会给人们以投入资本总额的收入率在不断提高的假象。企业固定资产一般都采用该种方法计提折旧。

工作量法是指按照固定资产预计完成的工作总量平均计提折旧的方法。采用这种方法时，假定固定资产的服务潜力随着完成工作量的增加而逐渐递减，其效能与固定资产的新旧程度无关。因此，固定资产的应计提折旧总额可以均匀地摊配于预计的每一单位工作量。工作量法适用于企业专业车队的客、货运汽车，大型设备以及大型建筑施工机械。工作量法的优点是按照实际使用过程磨损程度计算，能正确反映运输工具、精密设备等使用程度，而且可以把折旧费用与业务成果联系起来。缺点：①与直线法类似。②工作量法未能考虑到修理和维修费用的递增以及操作效率或收入的递减等因素。

年数总和法也叫年限合计折旧法，它是以固定资产折旧年限的各年可使用年限相加之和为分母，以各年可使用年限为分子来计算各年折旧额的计算方法。

双倍余额递减法是根据固定资产净值乘以折旧率来计算折旧额的折旧计算方法。按现行财务制度的规定，采用双倍余额递减法计算折旧的固定资产，应在固定资产折旧年限到期前的两年内，将固定资产净值扣除预计净残值后的净额平均摊销。采取最后两年平均摊销是因为随着固定资产净值的逐年减少，各年计提的折旧额也应逐年递减。但如果不平均分摊，计算出来的折旧额在倒数第二年可能比最后一年低。

后两种方法又可以统称为加速折旧法。加速折旧法的特征是在固定资产的使用早期多提折旧，后期少提折旧，每期计提的折旧数随着固定资产使用时间的推移而逐渐减少，加速折旧法克服了直线法的不足。但缺点是年数总和法对影响折旧分配需要考虑的因素不能完全考虑并体现，双倍余额递减法如果不顾固定资产净残值估计的实际情况，机械地照搬公式，则其应用可能会走入误区，并将造成固定资产使用末期折旧计算的不当和错误。可以采取加速折旧法的固定资产包括：由于技术进步，产品更新换代较快的固定资产；常年处于强震动、高腐蚀状态的固定资产。

上述各种折旧计算方法都各有利弊，企业应根据所处行业及经营性质选取适合自身的固定资产折旧方法。应当注意的是，折旧方法一经确定，不得随意变更，如确需变更，应在会计报表附注中予以说明。企业至少应当于每年年度终了时，对固定资产的使用寿命、预计净残值和折旧方法进行复核。

企业因更新改造等原因而调整固定资产价值的，应当根据调整后的价值，预计尚可使用年限和净残值，按选用的折旧方法计提折旧。

对于以接受捐赠方式得到的旧的固定资产，企业应当按照确定的固定资产入账价值、预计尚可使用年限、预计净残值，按选用的折旧方法计提折旧。

对于租入的固定资产，承租人应当对使用权资产计提折旧。承租人能够合理确定租赁期届满时取得租赁资产所有权的，应当在租赁资产剩余使用寿命内计提折旧；无法合理确定租赁期届满时能够取得租赁资产所有权的，应当在租赁期与租赁资产剩余使用寿命两者孰短的期间内计提折旧。

固定资产按月计提折旧时，应根据“固定资产折旧计算分配表”列示的当月折旧额，按固定资产的服务对象，分别借记“制造费用”“销售费用”“管理费用”“其他业务成本”等科目，贷记“累计折旧”科目。

（三）设备报废清理程序设计

企业应当定期对固定资产进行大修理，固定资产大修理支出应当同时符合以下条件：一是修理支出达到取得固定资产时的计税基础50%以上，二是修理后固定资产使用年限延长2年以上。企业对支出较大且收益期超过1年的大修理费用，一般作为长期待摊费用处理，在下一次大修理之前进行平均摊销。有确凿证据表明符合固定资产的确认条件的部分，可以计入固定资产成本；不符合固定资产的确认条件的应当费用化，计入当期损益。

固定资产日常修理费用，直接计入当期费用。

（四）固定资产出售、报废、毁损的核算

对于那些不适用或不需用的固定资产，可以出售转让；对于由于使用磨损而到期报废，或由于技术进步等提前报废，或由于自然灾害等非正常损失发生毁损的固定资产要进行清理。固定资产清理的核算分为以下几个步骤：

（1）将固定资产的净值转入清理。按固定资产净值借记“固定资产清理”科目，按已提的折旧借记“累计折旧”账户，按固定资产原价贷记“固定资产”科目。

（2）记录发生的清理费用。按实际发生的清理费用，借记“固定资产清理”科目，贷记货币资金有关科目。

（3）记录应缴纳的增值税税金。对税法规定的销售固定资产应缴纳的增值税，借记“固定资产清理”账户，贷记“应交税费”科目。

（4）记录出售及残料收入。按实际收到的出售价款及残料变价收入等，借记“银行存款”“原材料”等科目，贷记“固定资产清理”科目。

（5）记录应由保险公司或过失人赔偿的损失。企业计算或收到保险公司或过失人赔偿的损失时，借记“银行存款”或“其他应收款”科目，贷记“固定资产清理”科目。

（6）结转固定资产清理损益。根据文件《财政部关于修订印发一般企业财务报表格式的通知》，利润表中新增“资产处置收益”项目，反映企业出售划分为持有待售的非流动资产（金融工具、长期股权投资和投资性房地产除外）或处置组时确认的处置利得或损失，以及处置未划分为持有待售的固定资产、在建工程、生产性生物资产及无形资产而产生的处置利得或损失。非货币性资产交换产生的利得或损失也包括在本项目内。该项目应根据在损益类科目新设置的“资产处置损益”科目的发生额分析填列；如为处置损失，以“-”号填列。

因此，结转固定资产清理损益应更新如下：固定资产清理后发生的净收益，应区别不同情况处理。属于企业筹建期间的，借记“固定资产清理”科目，贷记“递延资产”科目；属于生产经营期间的，借记“固定资产清理”科目，贷记“资产处置损益”或“营业外收入”科目。固定资产清理发生的净损失，应区别不同情况处理。属于企业筹建期间的，借记“递延资产”科目，贷记“固定资产清理”科目；属于生产经营期间的，借记“资产处置损益”或“营业外支出”科目，贷记“固定资产清理”账户。

（五）固定资产清查的核算

企业对固定资产应当定期或者至少每年实地盘点一次。对盘盈、盘亏、毁损的固定资产，应当查明原因，写出书面报告，并根据企业的管理权限，经股东大会、董事会会议、经理（厂长）会议或类似机构批准后，在期末结账前处理完毕。盘盈的固定资产，作为前期差错处理；盘亏或毁损的固定资产，在减去过失人或者保险公司等应收款项和残料价值之后，计入当期营业外支出。

盘盈、盘亏或毁损的固定资产，在期末结账前未经批准的，在对外提供财务会计报告时应按上述规定进行处理，并在会计报表附注中进行说明。如果其后批准处理的金额与已处理的金额不一致，应按其差额调整会计报表相关项目的年初数。

（六）固定资产期末计价的核算

企业的固定资产应当在期末按照账面价值与可收回金额孰低法进行计量，对可收回金额低于账面价值的差额，应当计提固定资产减值准备。按应减记的金额，借记“资产减值损失”科目，贷记“固定资产减值准备”科目。在资产负债表中，固定资产减值准备应当作为固定资产净值的减项反映。

二、无形资产的会计管理制度设计

无形资产业务核算需设置的账户主要有“无形资产”账户、“研发支出”账户、“累计摊销”账户和“无形资产减值准备”账户。

（一）无形资产取得的核算

企业的无形资产在取得时，应按取得时的实际成本计量。取得时的实际成本应按以下规定确定：

（1）外购无形资产的成本，包括购买价款、相关税费以及直接归属于使该项资产达到预定用途所发生的其他支出。

（2）投资者投入无形资产的成本，应当按照投资合同或协议约定的价值确定，但合同或协议约定价值不公允的除外。

（3）企业以资产清偿债务方式进行债务重组的，债权人应当在相关资产符合其定义和确认条件时予以确认，初始确认受让的金融资产以外的资产时，应当以成本计量。其中，无形资产的成本包括放弃债权的公允价值和可直接归属于使该资产达到预定用途所发生的税金等其他成本；放弃债权的公允价值与账面价值之间的差额，应当计入当期损益。

（4）以非货币性资产交换换入的无形资产，应按以下规定确定其入账价值：①非货币性资产交换同时满足下列条件的，应当以公允价值为基础计量：A.该项交换具有商业实质；B.换入资产或换出资产的公允价值能够可靠地计量。判断非货币性资产交换具有商业实质与否的条件是：换入资产的未来现金流量在风险、时间分布或金额方面与换出资产显著不同；使用换入资产所产生的预计未来现金流量现值与继续使用换出资产不同，且其差额与换入资产和换出资产的公允价值相比是重大的。若涉及补价：A.支付补价的，应当以换出资产的公允价值，加上支付补价的公允价值和应支付的相关税费，作为换入资产的成本，换出资产的公允价值与其账面价值之间的差额计入当期损益。B.收到补价的，以换出资产的公允价值，减去收到补价的公允价值，加上应支付的相关税费，作为换入资产的成本，换出资产的公允价值与其账面价值之间的差额计入当期损益。②非货币性资产交换不满足以上条件的，应当以账面价值为基础计量。对于换入资产，企业应当以换出资产的账面价值和支付的相关税费作为换入资产的初始计量金额；对于换出资产，终止确认时不确认损益。若涉及补价：A.支付补价的，以换出资产的账面价值，加上支付补价的账面价值和应支付的相关税费，作为换入资产的初始计量金额，不确认损益。B.收到补价的，以换出资产的账面价值，减去收到补价的公允价值，加上应支付的相关税费，作为换入资产的初始计量金额，不确认损益。

（5）接受捐赠的无形资产，应按以下规定确定其实际成本：①捐赠方提供了有关凭据的，按凭据上标明的金额加上应支付的相关税费，作为实际成本。②捐赠方没有提供有关凭据的，按如下顺序确定其实际成本：A.同类或类似无形资产存在活跃市场的，按同类或类似无形资产的市场价格估计的金额，加上应支付的相关税费，作为实际成本。B.同类或类似无形资产不存在活跃市场的，按该接受捐赠的无形资产的预计未来现金流量现值，作为实际成本。

（6）自行开发的无形资产，其成本的确认应遵从《企业会计准则第6号——无形资产》第四条："无形资产同时满足下列条件的，才能予以确认：与该无形资产有关的经济利益很可能流入企业；该无形资产的成本能够可靠地计量。"《企业会计准则第6号——无形资产》第九条规定："企业内部研究开发项目开发阶段的支出，同时满足下列条件的，才能确认为无形资产：完成该无形资产以使其能够使用或出售在技术上具有可行性；具有完成该无形资产并使用或出售的意图；无形资产产生经济利益的方式，包括能够证明运用该无形资产生产的产品存在市场或无形资产自身存在市场，无形资产将在内部使用的，应当证明其有用性；有足够的技术、财务资源和其他资源支持，以完成该无形资产的开发，并有能力使用或出售该无形资产；归属于该无形资产开发阶段的支出能够可靠地计量。"至达到预定用途前所发生的支出总额，对于同一项无形资产在开发过程中达到资本化条件，已经费用化计入当期损益的支出不再调整。无形资产按其取得途径，借记"无形资产"科目，贷记"银行存款""实收资本""资本公积"等科目。无形资产在确认后发生的支出，应在发生时计入当期损益。

（二）无形资产摊销的核算

使用寿命有限的无形资产，其应摊销金额应当在使用寿命内系统合理地进行摊销。使用寿命不确定的无形资产不应摊销。企业摊销无形资产，应当自无形资产可供使用时起，至不再作为无形资产确认时止。

企业选择的无形资产摊销方法，应当反映与该项无形资产有关的经济利益的预期实现方式。在进行实务操作时，企业可以参照固定资产的折旧方法，对无形资产的摊销采用直线法、产量法和加速摊销法。

（1）直线法。直线法又称平均年限法，是将无形资产的应摊销金额均衡地分配于每一会计期间的一种方法。这种方法的优点是计算简便，易于掌握。缺点是就符合会计的客观性原则和配比原则的要求而言，不够理想。稳定性强的无形资产，如商标权、著作权、土地使用权等适合采用这种摊销方法。另外，无法可靠确定预期实现方式的，应当采用直线法摊销。

（2）产量法。产量法是指以无形资产在整个使用期间所提供的产量为基础来计算应摊销额的一种方法。它是以每单位产量耗费的无形资产价值相等为前提的。如果无形资产在整个使用期间所提供的工作量可以采用产品的生产产量或工作时数等进行确定，则适合使用这种摊销方法。

（3）加速摊销法。加速摊销法是相对于每年摊销额相等的匀速直线摊销法而言的，是无形资产在使用的前期多计摊销，后期少计摊销，摊销额逐年递减的一种摊销方法。采用加速摊销法，目的是使无形资产成本在估计使用年限内加快得到补偿。加速摊销法有余额递减法和年数总和法。

余额递减法是在前期不考虑无形资产预计残值的前提下，根据每期期初无形资产的成本减去累计摊销后的金额和若干倍的直线法摊销率计算无形资产摊销额的一种方法。在双倍余额递减法下，无形资产在后期的账面净值可能会低于其残值，因此，应在摊销年限到期前两年内，将无形资产成本减去累计摊销额再扣除预计残值后的余额进行平均摊销。

年数总和法是将无形资产的成本减去预计残值后的金额乘以逐年递减的摊销率计算每年摊销额的一种方法。摊销率的分子代表无形资产尚可使用的年数，分母代表各年年初固定资产尚可使用的年数总和。

对于与知识、技术、产品更新联系比较紧密的知识产权类无形资产，如专利权、非专利技术，采用加速摊销法比采用直线摊销法有更多的优点，具体表现在：首先，加速摊销法更符合配比原则，这类无形资产使用前期，由于明显处于垄断和独占地位，可以给企业带来较高的收益。但是随着新技术的不断出现以及模拟、仿制技术水平的提高，垄断地位会逐渐丧失，所带来的收益也会逐年减少。根据配比原则，对此类无形资产宜采用加速摊销法。其次，加速摊销法更符合稳健性原则。采用加速摊销法，使得无形资产的前期摊销得多，后期摊销得少，如果无形资产被提前淘汰，剩余无形资产的成本也较低，因而风险较小。

无形资产的摊销金额一般应当计入当期损益，其他会计准则另有规定的除外。计提摊销无形资产价值时，借记“管理费用”“其他业务成本”等科目，贷记“累计摊销”科目。无形资产预期不能为企业带来经济利益的，应当将该无形资产的账面价值予以转销。

企业至少应当于每年年度终了，对使用寿命有限的无形资产的使用寿命及摊销方法进行复核。无形资产的使用寿命及摊销方法与以前估计不同的，应当改变摊销期限和摊销方法。企业应当在每个会计期间对使用寿命不确定的无形资产的使用寿命进行复核。如果有证据表明无形资产的使用寿命是有限的，应当估计其使用寿命，并按无形资产相关准则规定处理。

（三）无形资产期末计价的核算

企业应当在资产负债表日判断资产是否存在可能发生减值的迹象。对于使用寿命不确定的无形资产，无论是否存在减值迹象，每年都应当进行减值测试。

存在下列迹象的，表明资产可能发生了减值：

（1）资产的市价当期大幅度下跌，其跌幅明显高于因时间的推移或者正常使用而预计的下跌。

（2）企业经营所处的经济、技术或者法律等环境以及资产所处的市场在当期或者将在近期发生重大变化，从而对企业产生不利影响。

（3）市场利率或者其他市场投资报酬率在当期已经提高，从而影响企业计算资产预计未来现金流量现值的折现率，导致资产可收回金额大幅度降低。

（4）有证据表明资产已经陈旧、过时或者其实体已经损坏。

（5）资产已经或者将被闲置、终止使用或者计划提前处置。

（6）企业内部报告的证据表明资产的经济绩效已经低于或者将低于预期，如资产所创造的净现金流量或者实现的营业利润（或者亏损）远远低于（或者高于）预计金额等。

（7）其他表明资产可能已经发生减值的迹象。

无形资产存在减值迹象的，应当估计其可收回金额。若无形资产的可收回金额低于其账面价值，则按应减记的金额，借记“资产减值损失”科目，贷记“无形资产减值准备”科目。

（四）无形资产处置的核算

无形资产的处置主要包括用无形资产对外投资和转让无形资产两个方面内容：

1.用无形资产对外投资

根据文件《财政部关于修订印发一般企业财务报表格式的通知》，无形资产对外投资会计核算应更新如下：无形资产对外投出时，借记“长期股权投资”科目，贷记“无形资产”“应交税费”科目。若对外投出无形资产评估的价值小于或大于无形资产的账面价值，应将其差额记入“资产处置损益”或“资本公积”科目。

2.转让无形资产

无形资产的转让有转让所有权和使用权两种方式。

（1）转让无形资产所有权时，借记“银行存款”科目，贷记“其他业务收入”科目；同时，借记“其他业务成本”科目，贷记“无形资产”和“应交税费”科目。

（2）转让无形资产使用权时，由于并不丧失无形资产的所有权，因而只需反映转让收入，而无须调整无形资产的账面价值。借记“银行存款”科目，贷记“其他业务收入”科目；同时，借记“其他业务成本”科目，贷记“应交税费”科目。

（五）无形资产摊销与固定资产提取折旧的区别

会计业务中，企业在取得固定资产后，应当按月计提折旧，当月增加的固定资产，当月不提折旧，从下月起计提折旧；当月减少的固定资产，当月仍提折旧，从下月起停止计提折旧。固定资产提足折旧后，不管能否继续使用，均不再提取折旧；提前报废的固定资产，也不再提取折旧。

企业在取得无形资产后，应当自取得当月起在预计使用年限内分期摊销，处置无形资产的当月不再摊销，也就是说无形资产摊销的起始日和停止日为：当月增加的无形资产，当月开始摊销；当月减少的无形资产，当月不再摊销。

第三节　固定资产、无形资产业务核算程序的设计

固定资产业务核算程序设计，主要包括设备更新申请批准程序设计，设备采购、验收、付款程序设计和设备报废清理程序设计。

一、设备更新申请批准程序设计

设备更新申请批准程序设计的目的在于正确反映和有效控制固定资产更新申请批准实施的处理过程。设备更新申请批准程序如图12-3所示。

设备更新申请批准程序设计的要点包括：

（1）由设备管理部门编制设备更新计划，交总工程师室（或类似机构）审批。

（2）经审批后，如属外购设备，则总工程师室编制设备购买通知单，一式三份；如属自制设备，则编制自制设备制造任务书，交辅助生产部门安排制造。

（3）设备管理部门根据设备购买通知单与供货单位签订合同，并将合同副本、设备购买通知单和自制设备制造任务书交财会部门留存，作为外购设备付款和自制设备核算的依据。

该流程的关键控制点有：①设备更新计划必须经过审批才能实施；②财会部门参加合同会签。

二、设备采购、验收、付款程序设计

设备采购、验收、付款程序设计的目的在于正确反映和有效控制固定资产从采购、验收到付款的业务处理过程，如图12-4所示。

设备采购、验收、付款程序设计的要点包括：

（1）供货单位根据合同发货后，将设备购买发票和运输提货单函寄至设备管理部门；

（2）设备管理部门根据有关设备购买通知单和合同编制设备入库单（一式三联），并分别通知运输部门提货和设备仓库准备接货；

（3）企业内部运输部门提取设备后编制到货清单，并交设备管理部门验收，验收无误后登记设备库存账，并通知财会部门付款；

（4）财会部门核对合同副本和设备购买通知单，经确认无误后办理货款结算，并登记有关总账和明细账。

该流程的关键控制点有：①提货、验收、付款分管；②设备验收、付款均要核对有关合同和凭证；③定期进行账账、账实核对。

三、设备报废清理程序设计

设备报废清理程序设计的目的在于保证设备报废清理合规有序地进行，如图12-5所示。

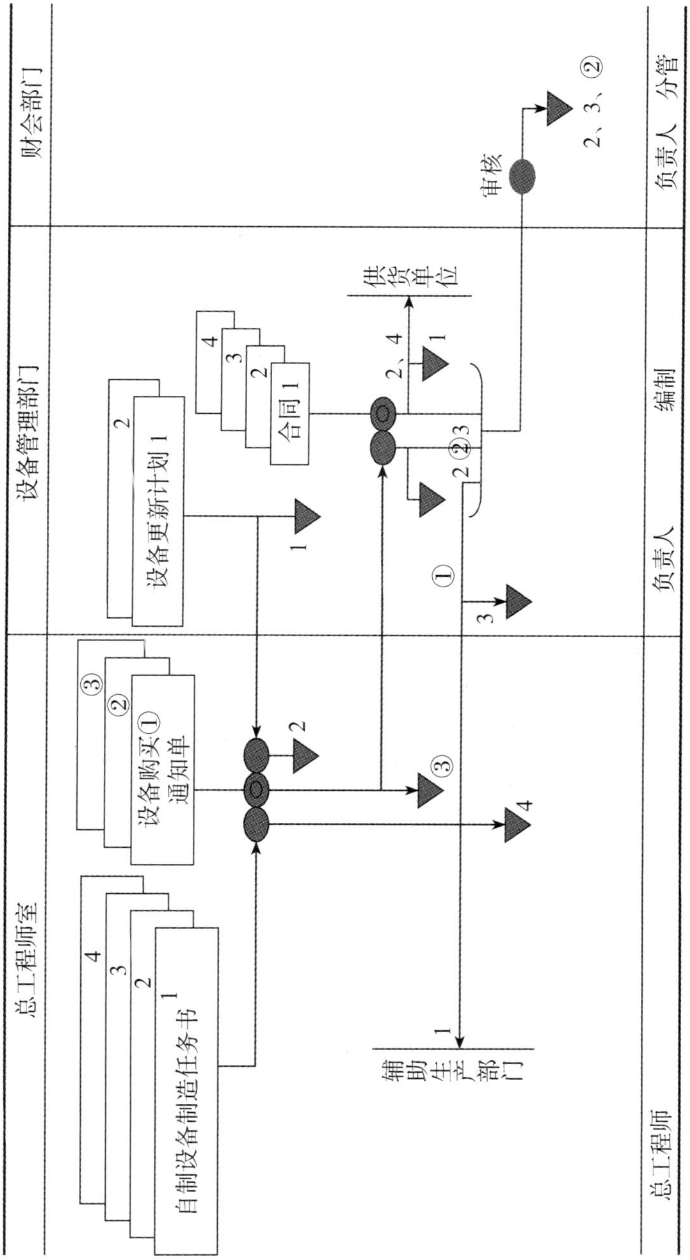

图12-3　设备更新申请批准程序

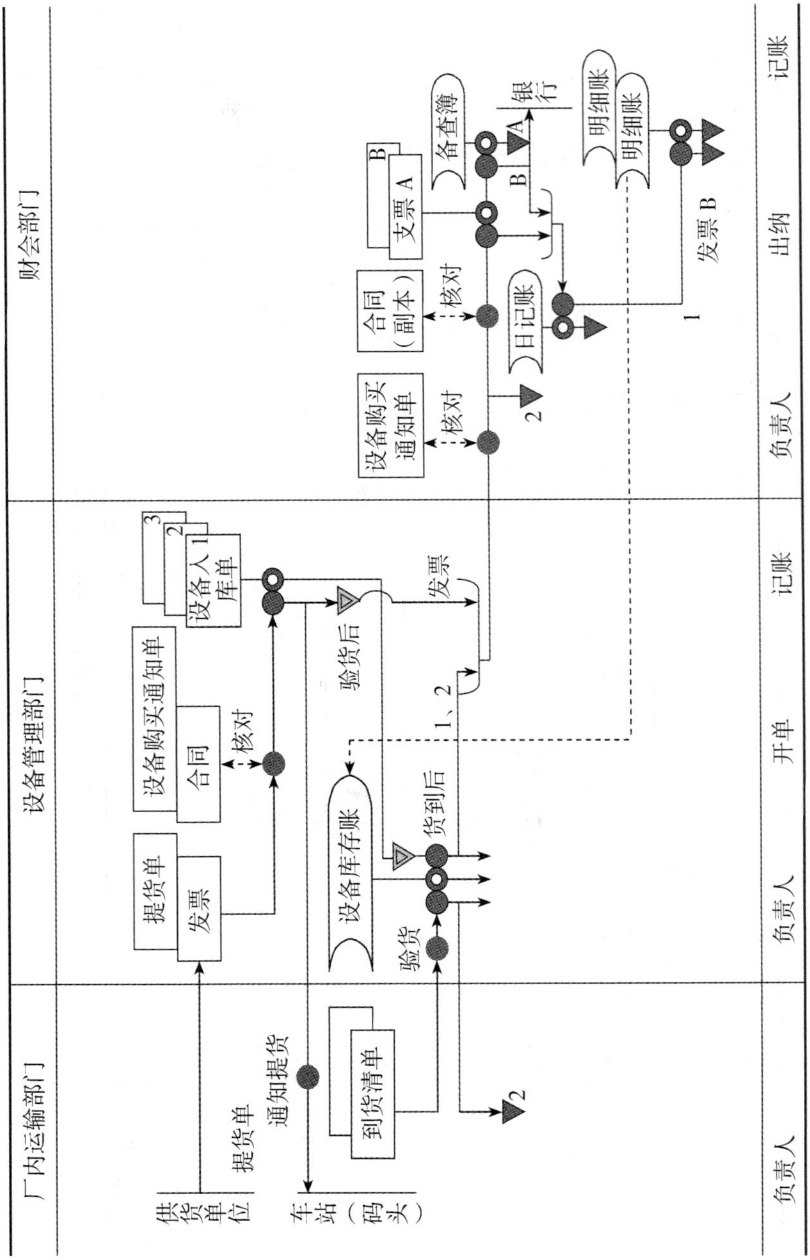

图12-4 设备采购、验收、付款程序

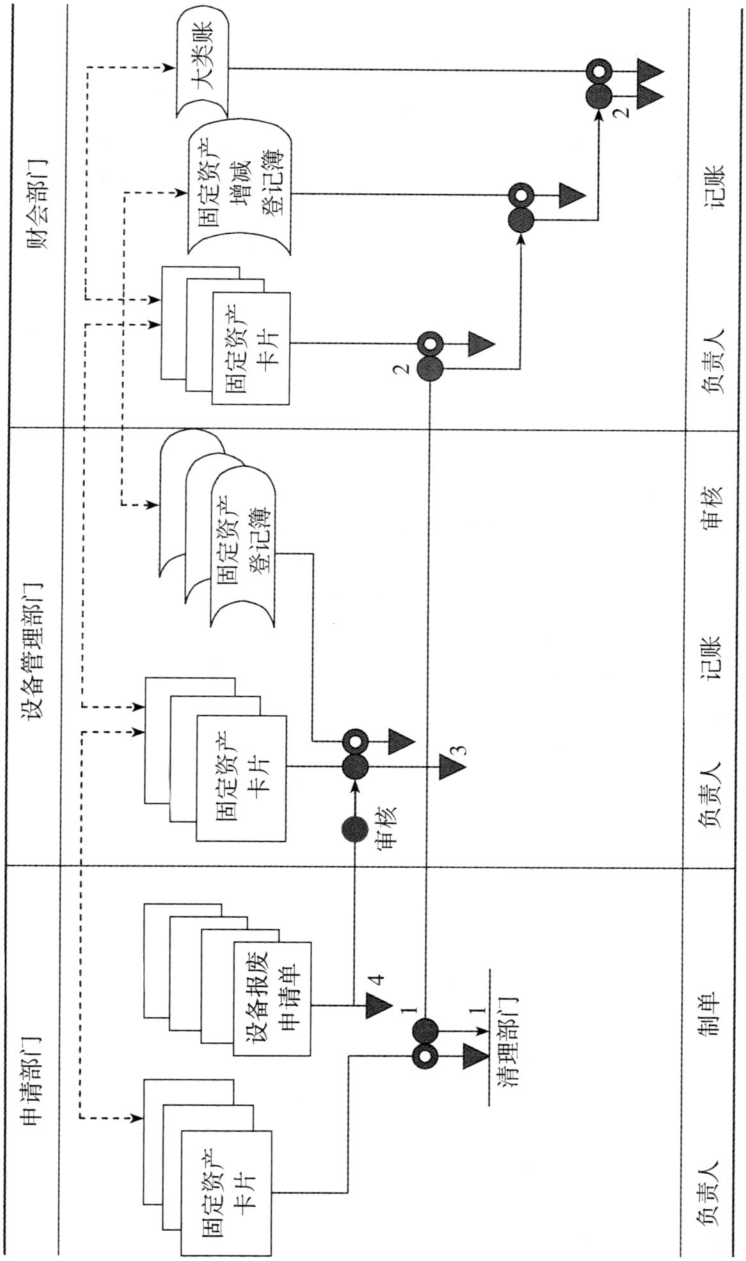

图12-5　设备报废清理程序

设备报废清理程序设计的要点包括：

（1）设备使用部门提出设备报废申请报设备管理部门；

（2）设备管理部门审核同意后，注销该部门的固定资产卡片，并在固定资产登记簿中做好记录；

（3）设备管理部门通知使用部门注销固定资产卡片，通知清理部门清理报废设备，通知会计部门注销固定资产卡片，并进行固定资产报废清理核算。

该流程的关键控制点有：①设备报废必须经过审核后才能办理；②对固定资产增减变动及时做好记录；③定期核对使用部门、设备管理部门和财会部门的固定资产卡片，并保证账卡、账实相符。

本章小结

通过固定资产、无形资产业务流程设计与核算规程的设计，强化固定资产投资效益的管理、减少投资风险；保证固定资产的安全完整及合理使用；保证无形资产取得和摊销的真实性、合法性、客观性；正确揭示无形资产信息，最大限度地发挥无形资产在企业经营管理中的作用。本章主要包括三部分内容：固定资产、无形资产的业务流程设计，固定资产、无形资产的会计政策选择设计，固定资产业务的核算程序设计。

固定资产的业务流程主要包括：取得、验收移交、日常维护、更新改造和淘汰处置。

无形资产业务流程主要包括：无形资产的取得、验收并落实权属、自用或授权其他单位使用、安全防范、技术升级与更新换代、处置与转移等环节。

固定资产业务的核算方法有：固定资产取得的核算，固定资产折旧的核算（固定资产折旧方法的对比分析），固定资产日常维护的核算，固定资产出售、报废、毁损的核算，固定资产清查的核算，固定资产期末计价的核算。

无形资产业务的核算方法有：无形资产取得的核算，无形资产摊销的核算（无形资产摊销方法的对比分析），无形资产期末计价的核算，无形资产处置的核算。

固定资产业务核算程序设计主要包括：设备更新申请批准程序设计，设备采购、验收、付款程序设计和设备报废清理程序设计。

思考题

1. 固定资产、无形资产的业务流程主要有哪些？
2. 固定资产业务涉及的会计凭证有哪些？
3. 如何设计固定资产业务的核算方法，固定资产折旧方法的优缺点有哪些？
4. 如何设计无形资产业务的核算方法，无形资产摊销方法的优缺点有哪些？
5. 无形资产摊销与固定资产提取折旧的区别有哪些？
6. 设备更新申请批准程序设计的要点有哪些？
7. 设备采购、验收、付款程序设计的要点有哪些？
8. 设备报废清理程序设计的要点有哪些？

练习题

1.单项选择题

(1) 职务分离在固定资产内部控制制度中体现为（　　）。

A.采购人员与使用人员相分离　　B.使用人员与会计人员相分离
C.采购人员与审批人员相分离　　D.维修人员与使用人员相分离

(2) 体现无形资产时效性的内部控制制度是（　　）。

A.支出预算控制制度　　B.保密控制制度
C.审核入账控制制度　　D.无形资产摊销控制制度

(3) 固定资产发生盘盈时，据以入账的价值是（　　）。

A.原始价值　　B.重置完全价值　　C.折余价值　　D.评估确认价值

(4) 核算企业库存的用于建造或修理固定资产工程项目的各种物资的实际成本的科目是（　　）科目。

A.“固定资产清理”　　B.“固定资产”　　C.“工程物资”　　D.“在建工程”

(5) 在无形资产摊销的相关账务处理中，借方是（　　）科目。

A.“制造费用”　　B.“生产成本”　　C.“其他业务成本”　　D.“管理费用”

2.多项选择题

(1) 固定资产业务流程主要有哪几个方面的内容（　　）。

A.购置固定资产环节　　B.固定资产验收环节
C.固定资产维修、保养、计提折旧环节　　D.固定资产清查环节
E.固定资产处置环节

(2) 以下关于固定资产取得和处置控制制度的叙述中，正确的是（　　）。

A.使用部门发现固定资产需要报废时，为提高工作效率，可直接执行对固定资产的报废清理处置
B.固定资产不需进行总分类核算，但要严格做到账、卡、物相符
C.要形成有专人负责的固定资产使用管理制度
D.对清理报废的固定资产残值要及时入账
E.固定资产的核算不需要参照原始凭证

(3) 我国现行的财务制度规定，折旧的计算方法可以采用（　　）。

A.年数总和法　　B.双倍余额递减法　　C.平均年限法
D.后进先出法　　E.先进先出法

(4) 会计业务中，企业在取得固定资产后，应当按月计提折旧，当月发生变动的固定资产，其计提方法是（　　）。

A.当月增加的固定资产，当月不提折旧，从下月起计提折旧
B.当月增加的固定资产，当月开始计提折旧
C.当月减少的固定资产，当月仍提折旧，从下月起停止计提折旧
D.当月减少的固定资产，当月停止计提折旧

(5) 我国现行的财务制度规定，无形资产摊销的计算方法可以采用（　　）。

A.抛物线法　　B.直线法　　C.产量法
D.余额递减法　　E.年数总和法

(6) 企业转让无形资产的方式有(　　)。

A.转让其价值　　B.转让其开发研究权　　C.转让其所有权

D.转让其使用权　　E.禁止转让

(7) 下述关于设备更新申请批准程序设计的描述,正确的是(　　)。

A.由设备管理部门编制设备更新计划交总工程师室审批

B.经审批后,如属外购设备,总工程师室编制设备购买通知单(一式三份)

C.经审批后,如属自制设备,编制自制设备制造任务书交辅助生产部门安排制造

D.设备管理部门根据设备购买通知单与供货单位签订合同

E.总工程师室将合同副本、设备购买通知单和自制设备制造任务书交财会部门留存

3.判断题

(1) 根据管理要求进行固定资产分类和划分固定资产项目,属于规范固定资产管理的基础工作。　　(　　)

(2) 在建工程项目交付使用以前的固定资产不需计提折旧。　　(　　)

(3) 盘亏的固定资产经批准处理后,最后记入"固定资产清理"科目。　　(　　)

(4) 采用双倍余额递减折旧法计算折旧的固定资产,应在其固定资产折旧年限到期两年内,将固定资产净值扣除预计净残值后的净额平均摊销。　　(　　)

(5) 商誉只能在合并时才能确认入账。　　(　　)

(6) 如对外投出无形资产评估的价值小于无形资产的账面价值,则应将其差额记入"营业外支出"科目。　　(　　)

业务题

1.大华公司是一家重型设备生产企业,内部控制制度薄弱。假定你是公司新聘的管理咨询专家,请为该公司设计固定资产业务内部控制制度,并就某大型设备采购、验收、付款程序进行设计(以文字进行说明)。

2.根据固定资产的业务特点,结合资产负债表的编制要求,设计固定资产的主要核算账户,并设计固定资产出售、报废和毁损的核算内容。

案例分析题

[案例12-1]

资料:李莉是一家上市公司印刷科技公司的会计人员,公司目前正面临财务危机,所以想方设法削减开支。公司CEO要求李莉在计算某种特殊用途的机器的折旧时,将使用年限由原来的5年增加到10年,该CEO认为此举将大大节约折旧费用,因为该方法将机器资产的折旧费用减少了一半。

要求:试分析应该由谁决定企业固定资产的预计使用年限?考虑到CEO的要求,李莉将如何去做?

[案例12-2]

资料:行军金属公司几年前出资120 000元为其安全门锁和其他产品购买了著名的商标。商标使用3年后,该公司完全退出了制锁行业,将生产集中于飞机零部件的制造。该公司将该商标每年摊销3 000元,分40年摊销完毕,摊销现在还在继续。

要求:行军金属公司这种做法是否合理,为什么?

第十三章 责任会计制度设计

学习目标

通过本章学习，学生要了解责任会计的内容，理解责任会计制度设计的意义、原则和责任，理解预算制度设计，掌握内部转移价格、内部结算制度和责任会计报告的设计。

第一节 责任会计制度设计的意义与原则

思政课堂

海尔“三张表”实现用户、企业及员工共赢

责任会计是企业为了有效地控制各责任中心的职责履行情况，并合理地确定与其职责履行相关的经济利益，而建立的一套行之有效的、能及时和正确地反映、评价和考核各责任中心实际经营业绩的一种企业内部会计制度。责任会计的重要特性在于强调以责任中心为组织基础，收集资料、编制计划并提供计划实际完成情况的会计信息。一套完整的责任会计制度通常包括以下几项具体内容：划分责任中心、规定权责范围、确定责任核算系统、建立企业内部转移价格和内部结算制度、编制责任报告、考评工作业绩。

一、责任会计制度设计的意义

随着现代经济的发展，企业规模不断扩大，传统的企业集中管理模式已无法满足经营管理的需要。为了有效地控制、管理庞大的经济组织，分权管理模式应运而生。采用分权管理优点在于：

第一，通过授予各部门管理人员一定的决策权以及通过为他们提供许多发挥其创造力的机会，可以提高各层管理人员的工作积极性。

第二，由于部门的计划、决策和控制是与其所处的特定环境或特定问题密切相关的，因而能迅速及时地解决问题，提高管理效率。

第三，通过业绩评价和奖惩措施，将各部门管理人员的利益同其经营业绩紧密联系，从而使管理人员的利益与企业保持高度一致。

第四，通过分权后的部门化组织结构划分，由各部门的管理人员承担企业的日常管理工作，可使企业最高管理层将精力集中在企业战略目标的制定及其控制管理上。

但分权管理也会带来相应问题，诸如部门以牺牲整体利益为代价实现自身利益，部门之间产生摩擦、恶性竞争等问题。为使分权管理扬利去弊，责任会计应运而生。通过设计一套行之有效的、完整的责任会计制度，将企业划分为各种不同形式的责任中心，建立起以责任中心为主体，以责、权、利相统一为特征，以责任预算、责任控制、责任考核为内容，通过信息的积累、加工和反馈而形成的企业内部控制系统，就可以使企业确定的目标、组织、控制、决策等达到最优组合。

二、责任会计制度设计的原则

在设计责任会计制度时，应遵循以下几个基本原则：

（一）责任主体原则

在分权管理模式下，企业经营管理的责任也随着经营决策权的下放一起层层落实到各级管理部门，使各级管理部门在充分运用经营决策权的同时，也对其经营管理的有效性承担相应的经济责任。为了考核、评价各级管理部门经济责任的落实情况，责任会计的核算必须按各级管理部门设置相应的责任中心，建立责任主体，并以责任中心为对象进行会计资料的搜集、加工整理、记录、计算对比和分析等工作。

（二）目标一致原则

无论是集中管理还是分权管理，其最终目的都是实现企业的整体目标。因此，当经营决策权被授予各级管理部门时，实际上就是将企业的整体目标分解成各责任中心的具体目标。为此，责任会计制度的设计，无论是责任中心权责范围的确定，还是责任预算的编制、责任中心的业绩考评，都必须始终注意与企业的整体目标保持一致，避免因片面追求局部利益而损害整体利益。

（三）可控性原则

各责任中心的利益与其经营业绩直接挂钩，因此，对各责任中心的业绩考核与评价，包括收入和费用的核算，必须以责任中心自身能够控制为原则。一个责任中心，自身不能有效地控制其可实现的收入或发生的费用，也就很难合理地反映其实际工作业绩，从而也无法进行相应的评价与奖惩。因此，设计责任会计制度，在责任中心的责任目标、责任预算、责任核算与责任考核等方面，必须始终关注可控性原则，尽可能排除责任中心不能控制的因素。

（四）激励原则

分权管理及相应的责任会计的建立，都是为最大限度地调动各责任中心员工的工作积极性，提高工作质量，更好地实现企业的整体目标。这就要求对各责任中心的责任目标、责任预算的确定相对合理，它包括两个方面：一是目标合理、切实可行。目标过高，会挫伤员工的积极性；反之，也不利于企业整体目标的实现。二是奖励水平与努力程度相适应。充分而有效的激励能够使员工保持甚至进一步提高工作的努力程度，激励水平过高或者过低都会对员工的努力程度起到消极影响。

（五）反馈原则

责任会计的管理集中在事前、事中和事后三个方面，这些都需要相应的信息反馈，尤其是事中、事后管理。只有及时、准确地反馈生产经营中的各种相关信息，才能有效实施管理控制。这就要求责任会计制度的设计必须保证以下两个信息反馈渠道的畅通：一是信息向责任中心的反馈，使其能够及时了解预算的执行情况，以便采取有效措施调整偏离目标或预算的差异；二是向责任中心的上级反馈，以便上级管理部门进行适当反应。

（六）重要性原则

重要性原则要求责任会计制度在责任预算、责任核算、业绩考核、报告及评价等方面的指标设计，应注意在全面中突出重点，注重成本效益性。

第二节　责任中心的设计

责任中心是指具有一定的管理权限并承担相应经济责任的企业内部单位，其基本特征是责、权、利相统一。划分责任中心的目的是调动企业的一切积极因素，使各中心在其职责范围内努力工作，为实现企业的总体目标创造有利条件。设置责任中心是进行责任会计设计的首要问题。

一、责任中心设计的原则

在一家企业里，如何设置责任中心、设置多少责任中心，取决于以下几个基本原则：

（一）与企业的组织机构相适应

一家企业的经营管理机构是由一个个既相互依存又相互制约的管理部门形成的完整体系。无论是集权管理的企业还是分权管理的企业，它都会有若干个部门和若干管理层次。这就要求责任会计作为企业内部管理的一种形式，其责任中心的设置，一方面必须与企业的组织机构相适应；另一方面必须对企业原有的组织机构作通盘研究，统筹设计，根据责任会计的要求进行适当调整，将责任会计管理与企业管理的其他形式有机结合。

（二）能够划清责任单独核算

为保证责任中心经营管理责任的有效实施，企业的各个责任中心就必须单独核算。只有以划清各责任中心的责任范围为前提，才能对责任中心进行单独核算。

（三）使责、权、利紧密结合

在责、权、利三者中，责是核心，权是尽责的必要条件，利是履行责任的内在动力。它要求企业对责任中心的管理要做到：第一，让责任中心拥有与企业总体管理目标相协调，并且与其职能责任相适应的经营决策权；第二，使其承担与其经营决策权相适应的经济责任；第三，建立与其责任相配套的利益机制。

二、责任中心的设计

由于授权范围的不同，各责任中心承担的经济责任也不会相同。按授权范围和责任范围的不同，责任中心可以设置成本中心、利润中心、投资中心三种形式。

（一）成本中心的设计

1.成本中心的含义

成本中心是对成本费用负责的责任中心，即只考核所发生的成本和费用，而不形成收入或不考核其收入的责任单位。这类责任中心大多是指只负责产品生产的生产部门、劳务提供部门以及给予一定费用指标的企业管理科室。

成本中心是责任中心中应用较为广泛的一种责任中心形式。企业可以将中间产品（或服务）、辅助产品（或服务）的提供方设置为内部成本中心，上至工厂一级，下至车间、工段、班组，甚至个人都可划分为成本中心，可以说只要有费用支出的地方，就可以建立成本中心。由于成本中心的规模大小不一，各成本中心的控制、考核的内容也不相同。成本中心有两种类型，标准成本中心和费用中心。标准成本中心通常是指，通过技术分析可以相对可靠地估算出该部门成本发生的数额的成本中心，如产品成本中的直接材料、直接人工、制造费用等。其特点是投入（耗用）量与产出量有密切关系，成本可通过标准成本或弹性预算予以控制。或者说标准成本中心是对那些实际产出量的标准成本负责的成本中心。

一般而言，成本中心的特点是只衡量成本费用，不衡量收益。成本中心没有经营权和销售权，其工作成果不会形成可以用货币计量的收入。例如，一个生产车间，由于其所生产的产品仅为企业生产过程的一个组成部分，不能单独出售，因而不可能计算货币收入；有的成本中心可能有少量的收入，但不是主要的考核内容，因而没有必要计算货币收入。成本中心的目标与责任成本相关，这个责任成本是当期发生的各项可控成本之和。可控成本是相对于不可控成本而言的。凡是责任中心能控制的各种耗费，称为可控成本；凡是责任中心不能控制的各种耗费，称为不可控成本。具体而言，可控成本应具备如下三个条件：

第一，责任中心能够通过一定的方式了解将要发生的成本。

第二，责任中心能够对发生的成本进行计量。

第三，责任中心能够通过自己的行为对成本加以调节和控制。

凡不能同时具备上述三个条件的成本通常为不可控成本，一般不在成本中心的责任范围之内。

2.成本中心的考核

成本中心考核的主要内容是责任成本，即将成本中心实际发生的责任成本同预算的责任成本目标或目标成本进行比较，包括成本（费用）降低额和降低率。其计算公式如下：

成本（费用）降低额=预算成本（费用）-实际成本

成本（费用）降低率=成本降低额÷预算成本×100%

在对成本中心进行考核时，需要注意的是，如果预算产量与实际产量不一致，则应按弹性预算的方法首先调整预算指标，然后再计算上述指标。

（二）利润中心的设计

1.利润中心的含义

利润中心是既对成本费用负责，又对利润负责的责任中心，由于利润等于收入减去成本和费用，所以利润中心实际上既要对收入负责，又要对成本费用负责。一般情况下，企业可将直接对外销售或有一定销售决策权的责任单位设置为内部利润中心。在一家企业中，利润中心往往处于较高的层次，如分厂、分公司、有独立经营权的各部门，包括辅助生产部门或封闭式生产车间等。各利润中心都自成一体，独立经营，但也相互协调。与成本中心相比，利润中心的权力和责任都相对要大得多。

利润中心可以分为自然的利润中心和人为的利润中心。自然的利润中心是指以对外销售产品而取得实际收入为特征的利润中心。这类责任中心一般具有产品销售权、价格制定权、材料采购权、生产决策权。例如，当公司采取事业部制时，每个事业部均有销售、生产、采购的机能，有很大的独立性，这些事业部就是自然的利润中心。人为的利润中心是以产品在企业内部流转而取得“内部销售收入”为特征的利润中心，即在企业内部按照内部结算价格将产品转让给本企业其他部门，取得收入，实现内部利润的责任中心。这类责任中心一般也应具有独立的经营管理权，即能够自主决定本利润中心的产品品种、产品产量、作业方法、人员调配、资金使用等。

2.利润中心的考核

考核利润中心的指标主要是利润，但对于不同范围的利润中心来说，其利润指标的表现形式也不相同，但一般都包括毛利、贡献毛益和营业利润三种形式。

（1）毛利。毛利等于销售净额与销售成本之差。作为利润中心的考核指标，它包含了利润中心管理者所能控制的收入和销售产品成本两个因素，有利于各部门进行成本分析与控制。此外，由于这一指标不考虑销售费用因素，能促使各部门管理者调整产品结构，以最大限度地获取毛利，为最终利润的实现奠定基础。在采用这一指标时，应注意由于毛利的增加所引起的销售费用的相应增加，从而导致净收益减少的问题。

（2）贡献毛益。贡献毛益是毛利额减去直接费用后的差额。在计算贡献毛益时首先要区分直接费用和间接费用。这里的直接费用是指那些由于特定部门的业务所引起、能直接归属于该部门并能为该部门所控制的费用，如与销售量相关的推销员工资等。间接费用则是指那些由企业整体受益、不能直接归属于某一部门的费用，如企业管理人员工资等。某一部门的毛利减去部门直接费用后即为该部门的贡献毛益。采用贡献毛益指标对利润中心进行考核评价，有三个明显的优势：一是由于将各部门可以影响和控制的一部分销售费用（直接费用）计入各部门，使这些费用的减少既有利于部门创利额的增加，又有利于企业净收益的增加，保持了利润中心目标与企业整体目标的一致。二是贡献毛益指标更好地体现了可控性原则，能促使各部门充分利用公用设备、设施，节约有关费用。三是采用贡献毛益指标有利于企业高层管理者的决策，即当一个部门发生亏损时，只要它能创造贡献毛益，在没有其他合理方案的前提下，就应当保留。

（3）营业利润。营业利润是在上述贡献毛益的基础上减去各部门应负担的间接费用（包括摊销费用和管理费用）后的余额。采用营业利润作为考核指标，不但可以克服毛利指标可能出现的利润中心目标与企业整体目标的不一致，也考虑到了企业发生的间接费用都是间接地为各部门经营服务的事实，但间接费用在各部门之间的分配，应根据企业的具体情况，有公平合理的基础，这是保证营业利润可控及保护各部门工作积极性的关键。

（三）投资中心的设计

1.投资中心的含义

投资中心是对投资负责的责任中心，其特点是既要对成本和利润负责，又要对投资效果负责。由于投资是为了获利，因而投资中心同时也是利润中心。它与利润中心的区别主要有：①利润中心没有投资决策权，它是负责在企业确定投资方向后进行具体的经营；②投资中心拥有投资决策权，即能够相对独立地运用其所掌握的资金，有权购置和处理固定资产，扩大或缩小生产能力。投资中心在责任中心中处于最高层次，它既有最大的决策权，又承担最大的责任。投资中心是分权管理模式的最突出表现，大型集团公司的分公司、子公司往往都是投资中心。在组织形式上，成本中心基本上不是独立的法人，利润中心可以是（也可以不是）独立的法人，但投资中心一般都是独立的法人。

2.投资中心的考核

评价投资中心业绩的指标，主要是投资利润率和剩余收益。

（1）投资利润率。投资利润率又称投资报酬率，是指投资中心所获得的利润与投资额之间的比率，其计算公式为：

$$投资利润率=\frac{利润}{投资额}\times 100\%$$

为便于分析，投资利润率还可扩展为：

$$投资利润率=\frac{销售收入}{投资额}\times\frac{成本费用}{销售收入}\times\frac{利润}{成本费用}$$

$$=资本周转率\times销售成本率\times成本费用利润率$$

投资利润率是目前许多公司十分偏爱的评价投资中心业绩的指标。其优点如下：一是能反映投资中心的综合盈利能力；二是投资利润率具有可比性，体现了资本的获利能力，有利于评价各投资中心经营业绩；三是可以作为选择投资机会的依据，有利于调整资本流量和存量，优化资源配置；四是以投资利润率作为评价投资中心经营业绩的尺度，有利于正确引导投资中心的管理行为，避免短期行为。以投资利润率作为评价指标的不足之处是缺乏全局观念，各投资公司为达到较高的投资利润率，可能会采取减少投资的方式，损害集团的整体利益。

（2）剩余收益。剩余收益是指投资中心获得的利润扣除其最低投资收益后的余额。其计算公式为：

剩余收益=利润−投资额（或净资产占用额）×规定或预期的最低投资收益率

以剩余收益作为投资中心经营业绩评价指标的基本要求是，只要投资利润率大于预期的最低投资收益率，该项投资便是可行的。一项投资，只要其投资利润率高于预期最低投资收益率，就能为投资中心和企业所接受。反之，该投资项目既不会为企业，也不会为投资中心所接受。它避免了投资利润率的缺陷，与投资利润率起互补作用，可以在投资决策方面使投资中心利益和企业整体利益保持一致。

三、责任预算分解制度的设计

责任预算是指以责任中心为对象，以其可控的收入、成本和利润等为内容编制的预算。责任预算既是责任中心的努力目标和控制依据，又是考核责任中心业绩的标准，同时也是企业总预算的具体化，可以和总预算融为一体。预算分解应按各责任中心权、责、利相匹配的原则进行，既公平合理，又有利于企业实现预算目标。预算考核以预算完成情况为考核核心，通过预算执行情况与预算目标的比较，确定差异并查明产生差异的原因，进而据以评价各责任中心的工作业绩，并通过与相应的激励制度挂钩，促进其与预算目标相一致。[①]责任预算分解制度设计包括责任预算分解制度设计原则和责任预算编制方法两个方面。

（一）责任预算分解制度设计原则

责任预算分解制度的设计应遵循以下四个原则：

1.以明确的经营目标为前提

责任预算作为联结企业整体经营目标与目标落实的中介，它是以定量方式将企业的整体经营目标具体地描述为各责任中心的经营目标，使之明确各自为目标的完成应作出何种程度的贡献。经营目标的确定是会计管理活动的起点，同时也是责任预算编制的基础。

2.全面性与突出重点相结合

责任预算对影响经营目标实现的各项业务都要以金额或数量的形式进行反映，应尽量避免由于缺乏周详的考虑而影响目标的实现，使有关责任指标之间相互衔接，保证责任预算的综合平衡。同时，企业经营的多面性、复杂化导致责任预算编制的困难程度增加，因此，在编制责任预算时，又要注意抓住经营重点。

3.积极可行并留有余地

面对竞争激烈的市场环境，任何一家企业，无论其规模多大，管理水平多高，也不可能洞悉市场的一切，不可能十分准确地计算出自身的产品销售量、销售额及费用水平等一系列数据指标，因而在责任预算编制时必须留有余地。

4.编制过程要充分民主集中，先自上而下再由下而上反复论证

责任预算在编制程序上，首先要由企业依据种种预测资料制定出以获得目标为中心的全年经营目标，并按责任中心的具体情况将经营目标分解为数量指标和价值指标，下达给有关责任中心。其次，由各责任中心根据自身情况提出资金、技术、设备、材料、用工等方面的安排及相应的意见和要求，然后经企业与各责任中心反复协调、平衡后，由各责任中心结合企业制定的内部结算价格编制出各自的责任预算。最后由企业依据各责任中心的预算进行平衡、修订，编制出企业的责任预算下发到各责任中心，作为具有强制约束力的文件，要求责任中心予以执行。

（二）责任预算编制流程和方法的设计

企业应建立和完善预算编制的工作制度，明确预算编制依据、编制内容、编制

---

① 参考《管理会计应用指引第200号——预算控制》第一、四章。

程序和编制方法，确保预算编制依据合理、内容全面、程序规范、方法科学，确保形成各层级广泛接受的、符合业务假设的、可实现的预算控制目标。[①]编制责任预算的目的在于将责任中心的经济责任数量化。责任预算编制基本程序和方法有两种：

一种是在企业总预算的基础上，从责任中心的角度，对总预算进行层层分解而形成的各责任中心的预算。或者说，是把总预算确定的目标，按照企业内部各责任中心进行划分，落实到企业的各个部门和各级单位，以保证实现企业的总体目标。这种自上而下、指标层层分解的方式比较常见，其优点是使整个企业变得便于统一指挥和调度，其不足之处是可能遏制责任中心工作的积极性和创造性。

另一种是采取自下而上的方式，即由各个责任中心首先自行列示各自的预算指标，层层汇总，最后由企业负责人或诸如预算委员会等机构进行汇总和调整，从而建立企业总预算。这种方式有利于发挥各责任中心的积极性，但容易使各责任中心只注意本中心的具体情况，或者局限于本部门管理的狭窄范围之内，影响到企业总目标的实现。

责任预算的编制一般按照分级编制、逐级汇总的方式，除了上述自上而下、自下而上的两种基本流程外，还可以采用上下结合或多维度相协调的流程编制预算。预算编制流程与编制方法的选择应与企业现有管理模式相适应。责任预算的编制程序与企业组织机构设置和经营管理方式有密切关系。组织机构设置与经营管理方式不同，责任预算的编制流程也会有很大差异，在编制责任预算时，应根据企业现有原理模式及自身特点来选择编制方法。

第三节　责任核算系统的设计

在责任核算系统下，要求分别考核各责任中心的经营业绩，为此，当各责任中心相互提供产品或劳务时，应当按照合理的内部转移价格进行结算，对于因责任归属而发生的责任成本也应进行转移和清算，以便分清各责任中心的经济责任，明确各责任中心的业绩，为考核提供依据。进行责任核算系统设计时，需要设计内部转移价格和内部结算制度以及选择适合本企业特点的责任会计核算方法。

一、内部转移价格和内部结算制度的设计

（一）内部转移价格的设计

为界定各责任中心的经济责任，计量其绩效，为实施激励提供可靠依据，需要对企业内部各责任中心之间相互提供的，即内部所转移的各种产品、服务、资金等都进行结算，并确定其转移价格。由于转移价格的确定直接涉及与其相关的各责任中心的利益，因此企业在制定内部转移价格时必须根据各种产品或劳务的具体情况，将其确定得科学、合理，使之无可争议，为内部结算、考核打好基础。

所谓内部转移价格，是指企业内部分公司、分厂、车间、分部等责任中心之间相互提供产品（或服务）、资金等内部交易时所采用的计价标准。从企业总体来

① 参考《管理会计应用指引第200号——预算管理》第三章。

看，内部转移价格无论怎样制定，都不影响企业的利润总数，影响的只是利润或内部利润在各责任中心之间的分配情况。

1.内部转移价格的设计原则

（1）合规性原则。内部转移价格的制定、执行及调整应符合相关会计、财务、税收等法律法规的规定。

（2）效益性原则。企业内部转移价格的制定方法，应以企业整体利益最大化为目标，避免为追求局部最优而损害企业整体利益的情况；同时，应兼顾各责任中心及员工利益，充分调动各方积极性。

（3）适应性原则。内部转移定价体系应当与企业所处行业特征、企业战略、业务流程、产品（或服务）特点、业绩评价体系等相适应，使企业能够统筹各责任中心利益，对内部转移价格达成共识。

2.内部转移价格的设计类型

企业绩效管理委员会或类似机构应根据各责任中心的性质和业务特点，分别确定适当的内部转移定价形式。内部转移定价通常分为价格型、成本型和协商型。

（1）价格型内部转移定价。它是指以市场价格为基础制定的、由成本和毛利构成内部转移价格的方法，一般适用于内部利润中心。以市场价格作为内部转移价格的责任中心，应该是独立经营核算的利润中心。它们有权决定生产的数量、出售或购买的对象及其相应的价格。通常认为，市场价格是制定内部转移价格的最好依据。因为市场价格最能体现责任中心的基本要求，即在企业内部引进市场机制，制造一种竞争气氛，使其中每个利润中心实质上都成为独立的机构，各自经营、相互竞争，最终通过利润指标来考核和评价其工作成果。采用价格型内部转移定价，一般有以下三种情况：第一，责任中心所提供的产品（或服务）经常外销且外销比例较大的，或所提供的产品（或服务）有外部活跃市场可靠报价的，可以外销价或活跃市场报价作为内部转移价格。第二，责任中心一般不对外销售且外部市场没有可靠报价的产品（或服务），或企业管理层和有关各方认为不需要频繁变动价格的，可以参照外部市场价或预测价制定模拟市场价作为内部转移价格。第三，没有外部市场但企业出于管理需要设置为模拟利润中心的责任中心，可以在生产成本基础上加一定比例毛利作为内部转移价格。

但是，以市场价格作为内部转移价格时，应注意两点：第一，在中间产品有外部市场，可向外部单位销售，或从外部单位购买时，以市场价格作为内部转移价格，并不等于直接将市场价格用作结算，而应在此基础上，对外部价格进行一些必要的调整。外部销售价格一般包括销售费、广告费及运输费等。这些费用在内部转移时，一般可避免发生。为使利益在各责任中心分配得更公平，这些可避免的费用应从市场价格中扣除，即以市场价格减去对外的销售费、广告费等才是尚未销售的中间产品价格。第二，以市场价格为依据制定内部转移价格时，通常假设中间产品有完全竞争的市场或中间产品提供部门（即“卖”方）无闲置生产能力，但完全竞争的市场条件是很难找到的，而且市场价格也受到一定的限制，有些产品（半成品）没有现成的市价，而另一些产品只有非完全竞争市场价格，不能直接作为内部转移价格。

（2）成本型内部转移定价。以产品成本作为内部转移价格，是制定转移价格最简的方法。由于成本有不同的概念，如实际成本、标准成本和变动成本等，因此在制定内部转移价格时，也分别有不同的方法。

实际成本法是以中间产品生产时发生的生产成本作为内部转移价格。这种方法的优点就是简单，但只是一种实际成本的计算转让过程，严格来讲不能作为一种内部“价格”发挥其在各部门之间划清经济责任和调节企业内部利润的作用。因此，这种方法对于产品或劳务的提供部门降低成本缺乏激励作用。

实际成本加成法是在实际成本的基础上加上一定的利润作为内部转移价格。这种方法能够让提供中间产品的部门取得一定的利润，适用于各成本中心相互转移产品或劳务时确定价格，但是这种转移价格包含了实际成本，成绩和缺陷转嫁现象不能消除，无助于调动提供部门降低成本、增加利润的积极性，而加成具有主观随意性，影响双方经营业绩的正确评价。

变动成本法是以变动成本作为内部转移价格的一种方法。这种方法的优点是符合成本性态，能够明确揭示成本与产量的关系，便于考核各责任中心的工作业绩，有利于企业和各责任中心进行生产经营决策。其缺点是不包含固定成本，不能反映劳动生产率的变化对单位固定成本的影响，割裂了固定成本与产量之间的关系，不利于调动各责任中心增加产量的积极性。

基于上述实际成本法、变动成本法制定内部转移价格的缺陷，成本型内部转移定价是指以标准成本等相对稳定的成本数据为基础，制定内部转移价格的方法，一般适用于内部成本中心。这种方法最大的优点是将管理和核算工作结合起来，可以避免成绩和缺陷转嫁现象的发生，使责任分明，能调动双方的积极性。标准成本法适用于成本中心产品的转移。企业在应用标准成本法时，应依据各责任中心的责任成本和成本控制标准，按照业绩考核制度和办法，定期进行成本管理业绩的考核与评价，为各责任中心和人员的激励奠定基础。同时，应定期将实际成本与标准成本进行比较和分析，确定差异数额及性质，揭示差异形成的动因，落实责任中心，寻求可行的改进途径和措施。①

（3）协商型内部转移定价。是指企业内部供求双方为使双方利益相对均衡，通过协商机制制定内部转移价格的方法，主要适用于分权程度较高的情形。协商价的取值范围通常较宽，一般不高于市场价，不低于变动成本。

以内部协商价格作为内部转移价格，具有一定的弹性，可以照顾双方利益并得到双方的认可，但在确定内部协商价格时，容易使双方争执不休，造成部门间的矛盾。如果过多地依赖上级管理当局的仲裁，又会降低衡量部门业绩的能力。

---

① 参考《管理会计应用指引第302号——标准成本法》第三章。

（二）内部结算制度的设计

只有建立以内部转移价格为基础的内部结算制度，才能及时、准确地反映各责任中心之间的相互联系和责任关系。内部结算制度的形式有很多种，如内部转让通知单方式、内部托收承付结算方式、内部货币结算方式、内部银行支票方式等。各种结算制度的繁简程度不一，适合各种不同类型的企业和责任单位。因此，企业必须根据自身的实际需要进行选择确定。

除以外销价或活跃市场报价制定的内部转移价格可能随市场行情波动而变动较频繁外，其余内部转移价格应在一定期间内保持相对稳定，以使需求方责任中心的绩效不受供给方责任中心绩效变化的影响。

（三）内部转移定价的分析与评价

企业应及时对内部转移定价形成的结果进行汇总分析，作为考核责任中心绩效的依据；同时，应监测内部转移定价体系运行情况，协调、裁决交易中的争议，保障内部转移定价体系运转顺畅。

内部转移定价能够清晰反映企业内部供需各方的责任界限，为绩效评价和激励提供客观依据，有利于企业优化资源配置。但由于可能受到相关因素影响，内部转移定价体系产生的定价结果不合理，造成信息扭曲，误导相关方行为，从而损害企业局部或整体利益。因此，企业应定期开展内部转移定价应用评价工作，根据内外部环境变化及时修订、调整定价策略。

二、责任会计核算方法的设计

企业责任会计核算是责任会计设计的一个重要环节，同时它也是有别于财务会计核算的一个特殊体系。按照责任会计核算与财务会计核算的相互关系，责任会计的核算方法一般分为双轨制和单轨制两种模式。

（一）双轨制核算模式

双轨制核算是指在不影响和改变企业原有财务会计核算的前提下，根据企业内部控制和责任管理的需要，在财务会计核算体系之外，构建一套独立的责任会计核算体系，进行责任收入、责任成本、责任利润等方面的核算。

实行双轨制核算，在责任会计核算上，可以完全按照内部控制管理的要求，设置独立的账户、独立编制凭证、独立登记账簿，从而专门提供企业各责任中心责任预算的完成情况，但也存在以下两个缺点：一是由于设置双重的核算体系，加大了日常账务处理的工作量，造成重复性劳动。二是由于两个彼此具有相互联系的核算内容相互脱节，致使财务会计和责任会计所提供的信息之间缺少直接联系，不利于企业管理当局将企业的整个财务状况、经营成果和各责任中心的责任考核相结合进行综合分析。因此，双轨制核算一般只适用于实行责任会计的初期，随着企业管理水平的提高和会计人员在业务实践中的经验积累，一般都会转向单轨制核算。

（二）单轨制核算模式

单轨制核算是指将责任会计的核算纳入财务会计的核算体系，使责任会计核算与财务会计核算合二为一，通过设置一套账簿同时进行责任会计与财务会计的核算。

在这种核算模式下，企业必须根据对各责任中心进行考核的需要，增设内部核算账户，或在正常的财务会计账户下，按对各责任中心的考核内容增设二级或三级明细分类账户。在按统一的财务会计制度反映企业财务状况、经营成果的同时，也根据内部管理需要，反映各责任中心的财务状况和经营成果。例如，在“主营业务成本”账户下，按不同的成本或利润中心设置二级账户，如果企业需要分门别类地反映成本项目，也可按成本项目设置三级明细账户，或按成本项目设置二级账户，按责任中心设置三级明细账户。这类账户主要还有“主营业务收入”“税金及附加”“销售费用”“管理费用”“财务费用”“本年利润”等。

单轨制核算时，责任中心既要计算责任成本，同时也要计算产品成本。二者结合的形式一般有责任成本与产品成本结合核算的形式、责任成本与产品变动成本结合核算的形式两种。

采用责任成本与产品成本结合核算的形式，其核算方法有两种：第一种是以传统的产品成本核算体系为基础设置账簿，计算产品制造成本，并将责任中心当期发生的不可控费用剔除掉，计算责任成本。责任成本的计算是通过编制调整成本计算表完成的，无须另行设置账簿。第二种是在责任中心的生产费用类账户下，分设“可控费用”和“不可控费用”明细账，将可控费用和不可控费用分别进行登记，并分别在各种产品之间进行分配。责任中心各种产品的当期可控成本之和为实际责任成本，某种产品的可控费用与不可控费用之和为该产品的实际成本。这两种责任成本与产品制造成本相结合的核算方法，都能够避免双轨制会计核算下成本计算工作的重复。

责任成本与产品变动成本结合核算的形式，一般以变动成本法为基础设置账簿并核算。具体地说，由车间及以下层次的责任中心按照变动成本法计算产品成本，变动成本按产品进行归集；固定成本按成本中心进行归集，分为可控成本和不可控成本。成本中心当期发生的可控变动成本与可控固定成本之和为责任中心的责任成本。责任成本与产品变动成本相结合的核算形式，能够清晰地表明产量变动与成本控制水平引起的成本变动，便于合理考核责任中心的工作业绩。

第四节　责任会计报告的设计

责任中心的业绩考核是通过编制责任会计报告来完成的。责任会计报告（简称“责任报告”）又称业绩报告、绩效报告，它是根据责任会计记录编制的反映责任预算实际执行情况的会计报告，是系统、全面地反映企业内部各级责任中心生产经营活动过程、资金运动情况及其结果的总括性文件。因此，责任会计报告的设计是责任会计制度设计的一项重要内容。

一、责任会计报告设计的基本要求

（一）内容系统

责任会计制度要求以按责任中心编制的责任预算为起点，对预算的执行情况进行系统地记录、计量，按期编制责任报告，对责任中心进行考核。责任报告要能够系统地反映企业内部经济活动的全貌，在不同层次的责任中心编制不同的责任报告，其详细程度应根据各责任中心管理人员的管理需要来调整，因此，各企业责任报告的内容会不尽相同，但必须以最低的责任层次为起点，将责任报告逐级汇总（如成本中心的从班组到车间），直至向企业最高管理层的报告，形成企业的一个责任报告系统。

（二）信息相关

它要求责任会计报告所披露的信息必须与所要报告的管理者需要相关。一方面，它能够提供该层管理人员所能控制的因素，并能提供对责任预算指标有影响的指标。另一方面，要保持指标的形成具有清晰的逻辑层次。同时，还要以文字形式提出需要管理当局引起特别注意的地方。

（三）形式灵活

由于责任会计报告是对各责任中心的责任履行情况所作出的专门报告，因此，在将责任预算、实际执行情况及其产生的差异用报表列示的同时，还必须对重大差异予以分析，查找原因，并作出说明或提出改进建议。可见，与财务会计的财务报告不同，责任会计报告是企业的一种内部报告，它必须根据管理当局的需要进行灵活多样的设计。除了编制报表以外，还必须采用数据分析、文字说明等方式进行报告。

二、责任会计报告的种类

责任会计报告按不同的标志可以有多种不同的分类。但责任中心是责任会计的报告主体，责任会计报告按不同类型的责任中心分类并进行设计是最重要的。下面就不同类型责任中心的责任报告格式和内容分别加以说明。

（一）成本中心的责任报告

成本中心的责任报告应主要反映其责任成本的预算额、实际发生额及其差异额，并按成本或费用项目分别列示。采用不同成本计算方法的责任中心，其责任报告的成本或费用项目也不相同。表13-1是采用变动成本法计算成本的成本中心责任报告。

通过成本中心的责任报告，可以了解成本中心责任成本预算的完成情况和产生差异的原因，有助于对成本中心进行控制，并据此对各成本中心的业绩进行考核。

（二）利润中心的责任报告

利润中心的责任报告主要反映其责任利润的预算额、实际发生额和差异额，并按利润的形成过程分项列示。其一般格式见表13-2。

表 13-1 **成本中心责任报告**

编制单位： 年 月 金额单位：

项目	预算	实际	超支（节约）	差异原因
可控成本				
变动成本				
直接材料				
直接人工				
变动制造费用				
变动成本合计				
固定成本				
固定制造费用				
⋮				
固定成本合计				

表 13-2 **利润中心责任报告**

编制单位： 年 月 金额单位：

项目	预算	实际	超支（节约）	差异原因
销售净额				
销售成本				
毛利				
部门直接费用				
人员工资				
广告费				
折旧费				
部门直接费用合计				
部门贡献毛益				
间接费用				
管理人员工资				
办公费用				
销售费用				
间接费用合计				
营业利润				

利润中心的利润差异较大时，应在责任报告中进行分析并进行说明。通过利润中心的责任报告，可以了解利润中心的销售、成本等情况，分析影响责任中心目标利润完成的主要原因，并据以对利润中心的工作业绩进行评价。

（三）投资中心的责任报告

投资中心的责任报告主要反映投资利润预算完成情况，包括利润预算的完成情况、投资利润率和资本周转率指标的完成情况。其一般格式见表13-3。

表13-3　**投资中心责任报告**

编制单位：　　年　月　　金额单位：

项目	预算	实际	超支（节约）	差异原因
销售净额				
销售成本				
毛利				
部门直接费用				
人员工资				
广告费				
折旧费				
部门直接费用合计				
部门贡献毛益				
间接费用				
管理人员工资				
办公费用				
销售费用				
间接费用合计				
营业利润				
资产平均占用额				
资本周转率				
销售利润率				
投资利润率				
剩余收益				

在投资中心的责任报告中，应对投资利润率预算的完成情况，影响投资利润率变动的原因进行重点分析。

本章小结

随着现代经济的发展，分权管理模式应运而生。为使分权管理扬利去弊，责任会计应运而生。

在设计责任会计制度时，应遵循以下几个基本原则：责任主体原则、目标一致原则、可控性原则、激励原则、反馈原则、重要性原则。

设置责任中心是进行责任会计设计的首要问题。在一家企业里，如何设置责任中心、设置多少责任中心，取决于几个基本原则：①与企业的组织机构相适应；②能够划清责任单独核算；③使责、权、利紧密结合。

按授权范围和责任范围的不同，责任中心可以设置成本中心、利润中心、投资中心三种形式，本章分别介绍了各种责任中心的含义和考核指标的设计。成本中心的考核指标有成本（费用）降低额和成本（费用）降低率；利润中心的考核指标有毛利、贡献毛益和营业利润；投资中心的考核指标有投资利润率和剩余收益。

责任预算分解制度设计包括责任预算分解制度设计原则和责任预算编制方法两个方面。其原则有：①以明确的经营目标为前提；②全面性与突出重点相结合；③积极可行并留有余地；④充分民主集中。责任预算编制的方法有：①在企业总预算的基础上，从责任中心的角度，对总预算进行层层分解而形成的各责任中心的预算；②采取自下而上的方式，即由各个责任中心首先自行列示各自的预算指标，而后进行层层汇总。

各责任中心相互提供产品或劳务时，应当按照合理的内部转移价格进行结算。进行责任核算系统设计时，需要设计内部转移价格和内部结算制度以及选择适合本企业特点的责任会计核算方法。

内部转移价格的设计类型有：①价格型内部转移定价；②成本型内部转移定价；③协商型内部转移定价。

内部结算制度的形式有很多种，如内部转让通知单方式、内部托收承付结算方式、内部货币结算方式、内部银行支票方式等。

责任会计的核算模式一般分为双轨制和单轨制两种。

责任会计报告的设计是责任会计制度设计的一项重要内容。设计时应符合以下要求：①内容系统；②信息相关；③形式灵活。

按责任中心分类，责任报告有三种：①成本中心的责任报告；②利润中心的责任报告；③投资中心的责任报告。

思考题

1. 责任会计制度设计的原则是什么？
2. 责任中心设计的原则是什么？
3. 责任中心有哪几种形式？
4. 投资中心业绩评价指标有哪些？
5. 责任预算编制方法有几种？其优缺点如何？
6. 内部转移价格的设计原则是什么？

7. 内部转移价格有几种类型？各有什么优缺点？

8. 责任会计的核算模式有哪两种？各适用于什么单位？

9. 责任会计报告设计的基本要求有哪些？

10. 如何编制责任会计报告？

练习题

1. 单项选择题

(1) 制定内部转移价格最简单的方法是（　　）。

A. 市场价格　　B. 协商价格

C. 实际成本　　D. 标准成本

(2) 反映投资利润预算完成情况需设计的责任中心是（　　）。

A. 成本中心　　B. 收入中心　　C. 投资中心　　D. 利润中心

(3) 为合理考核和评价责任中心的业绩应遵循的原则是（　　）。

A. 责任主体原则　　B. 目标一致原则　　C. 可控性原则　　D. 激励原则

2. 多项选择题

(1) 一套完整的责任会计制度的具体内容通常包括（　　）。

A. 划分责任中心，规定权责范围　　B. 确定责任核算系统

C. 建立企业内部转移价格和内部结算制度　　D. 编制责任报告

E. 考评工作业绩

(2) 责任中心的形式包括（　　）。

A. 成本中心　　B. 收入中心　　C. 投资中心

D. 利润中心　　E. 筹资中心

(3) 内部转移价格的设计类型包括（　　）。

A. 市场价格　　B. 协商价格　　C. 计划价格

D. 国家指导价格　　E. 以“成本”作为内部转移价格

(4) 责任会计的核算模式一般可分为（　　）。

A. 双轨制　　B. 全面制　　C. 单项制

D. 单轨制　　E. 单一制

3. 判断题

(1) 责任会计的核算必须按各级管理部门设置相应的责任中心，建立责任主体。（　　）

(2) 对各责任中心的业绩考核与评价，应该包括该责任中心所取得的全部收入和发生的全部费用。（　　）

(3) 从企业总体来看，内部转移价格的制定，将影响企业的利润总数。（　　）

(4) 责任会计报告按不同类型的责任中心分类并进行设计是最重要的。（　　）

业务题

资料：北方公司下属A、B两个分公司，各分公司下属三个部门：销售部门、生产部门、行政管理部门，其具体组织机构设置如图13-1所示。

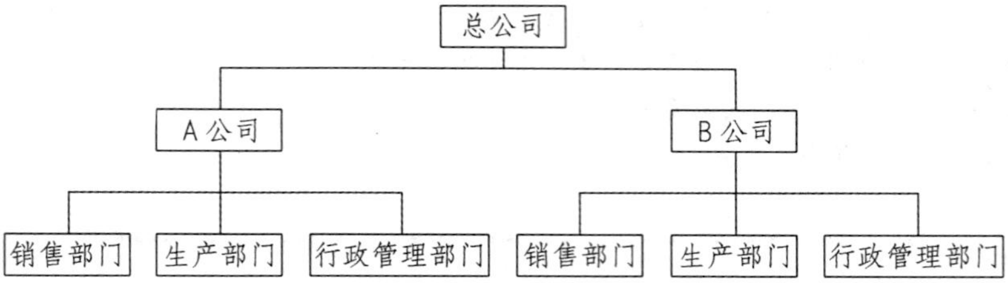

图13-1　北方公司具体组织机构设置图

要求：请你为该公司设计编制年度责任预算。